Stephanie Hellekamps · Jean-Luc Le Cam · Anne Conrad (Hrsg.)

Schulbücher und Lektüren in der vormodernen Unterrichtspraxis

Zeitschrift für Erziehungswissenschaft
Sonderheft 17 | 2012

Stephanie Hellekamps
Jean-Luc Le Cam
Anne Conrad (Hrsg.)

Schulbücher und Lektüren in der vormodernen Unterrichtspraxis

Zeitschrift für
Erziehungswissenschaft

Sonderheft 17 | 2012

Zeitschrift für Erziehungswissenschaft

Herausgegeben von:
Jürgen Baumert (Schriftleitung), Hans-Peter Blossfeld, Yvonne Ehrenspeck, Ingrid Gogolin (Schriftleitung), Bettina Hannover, Stephanie Hellekamps, Heinz-Hermann Krüger (Schriftleitung), Harm Kuper (Schriftleitung, Geschäftsführung), Dieter Lenzen, Meinert A. Meyer, Manfred Prenzel, Thomas Rauschenbach, Hans-Günther Roßbach, Uwe Sander, Annette Scheunpflug, Christoph Wulf

Herausgeber des Sonderheftes Schulbücher und Lektüren in der vormodernen Unterrichtspraxis: Stephanie Hellekamps, Jean-Luc Le Cam und Anne Conrad

Redaktion und Rezensionen:
Friedrich Rost

Seit 2006 in SSCI

Anschrift der Redaktion:
Zeitschrift für Erziehungswissenschaft
c/o Freie Universität Berlin, Arbeitsbereich Weiterbildung und Bildungsmanagement,
Arnimallee 12, 14195 Berlin
Tel.: +49 (30) 8 38-55888; Fax: -55889, E-Mail: zfe@zedat.fu-berlin.de
Homepages: http://zfe-online.de Volltexte: http://zfe-digital.de

Beirat: Neville Alexander (Kapstadt), Jean-Marie Barbier (Paris), Jacky Beillerot † (Paris), Wilfried Bos (Dortmund), Elliot W. Eisner (Stanford/USA), Frieda Heyting (Amsterdam), Axel Honneth (Frankfurt a.M.), Marianne Horstkemper (Potsdam), Ludwig Huber (Bielefeld), Yasuo Imai (Tokyo), Jochen Kade (Frankfurt a.M.), Anastassios Kodakos (Rhodos), Gunther Kress (London), Sverker Lindblad (Göteborg), Christian Lüders (München), Niklas Luhmann † (Bielefeld), Joan-Carles Mèlich (Barcelona), Hans Merkens (Berlin), Klaus Mollenhauer † (Göttingen), Christiane Schiersmann (Heidelberg), Wolfgang Seitter (Marburg), Rudolf Tippelt (München), Gisela Trommsdorff (Konstanz), Philip Wexler (Jerusalem), John White (London), Christopher Winch (Northampton)

Springer VS | Springer Fachmedien Wiesbaden GmbH
Abraham-Lincoln-Str. 46 | 65189 Wiesbaden, www.springer-vs.de
Amtsgericht Wiesbaden, HRB 9754
USt-IdNr. DE811148419

Geschäftsführer: Dr. Ralf Birkelbach (Vors.)	*Gesamtleitung* Anzeigen und Märkte: Armin Gross
Armin Gross	*Gesamtleitung Marketing und Individual Sales:* Rolf-Günther Hobbeling
Albrecht F. Schirmacher	*Gesamtleitung Produktion:* Christian Staral

Director Sozialwissenschaften & Forschungspublikationen: Dr. Reinald Klockenbusch
Programmleitung: Dr. Andreas Beierwaltes

Kundenservice: Springer Customer Service Center GmbH; Service VS Verlag, Haberstr. 7, 69126 Heidelberg,
Telefon: +49 (0)6221/345-4303; Telefax: +49 (0)6221/345-4229; Montag bis Freitag 8.00 Uhr bis 18.00 Uhr
E-mail: springervs-service@springer.com
Marketing: Ronald Schmidt-Serrière M.A.; Telefon: (06 11) 78 78-280; Telefax: (06 11) 78 78-439
E-Mail: Ronald.Schmidt-Serriere@springer.com
Anzeigenleitung: Yvonne Guderjahn; Telefon: (06 11) 78 78-155; Telefax: (06 11) 78 78-430
E-Mail: Yvonne.Guderjahn@best-ad-media.de
Anzeigendisposition: Monika Dannenberger; Telefon: (06 11) 78 78-148; Telefax: (06 11) 78 78-443
E-Mail: monika.dannenberger@best-ad-media.de
Anzeigenpreise: Es gelten die Mediadaten vom 1.11.2011
Produktion: Dagmar Orth; Telefon: (0 62 21) 4 87-8902
E-Mail: dagmar.orth@springer.com

Bezugsmöglichkeiten 2012: Jährlich erscheinen 4 Hefte. Jahresabonnement/privat (print+online) € 107,–; Jahresabonnement/ privat (nur online) € 89,–; Jahresabonnement/Bibliotheken/Institutionen € 208,–; Jahresabonnement Studierende/Emeriti (print+online) – bei Vorlage einer Studienbescheinigung € 49,–. Alle Print-Preise zuzüglich Versandkosten. Alle Preise und Versandkosten unterliegen der Preisbindung. Die Bezugspreise enthalten die gültige Mehrwertsteuer. Kündigungen des Abonnements müssen spätestens 6 Wochen vor Ablauf des Bezugszeitraumes schriftlich mit Nennung der Kundennummer erfolgen. Jährlich können Sonderhefte (Beihefte) erscheinen, die nach Umfang berechnet und den Abonnenten des laufenden Jahrgangs mit einem Nachlass von mindestens 25% des üblichen Ladenpreises geliefert werden. Bei Nichtgefallen können die Sonderhefte innerhalb einer Frist von drei Wochen zurückgegeben werden.
Zuschriften, die den Vertrieb oder Anzeigen betreffen, bitte nur an den Verlag.

© Springer VS | Springer Fachmedien Wiesbaden.

Springer VS ist eine Marke von Springer DE. Springer DE ist Teil der Fachverlagsgruppe Springer Science+Business Media.

Alle Rechte vorbehalten. Kein Teil dieser Zeitschrift darf ohne schriftliche Genehmigung des Verlages vervielfältigt oder verbreitet werden. Unter dieses Verbot fällt insbesondere die gewerbliche Vervielfältigung per Kopie, die Aufnahme in elektronische Datenbanken und die Vervielfältigung auf CD-Rom und allen anderen elektronischen Datenträgern.

Jedes Abonnement Print und Online beinhaltet eine Freischaltung für das Archiv der Zeitschrift für Erziehungswissenschaft. Der Zugang gilt ausschließlich für den einzelnen Empfänger des Abonnements. Für eine Freischaltung des Unternehmens/ Bibliothek/Institution wenden Sie sich bitte an Herrn Rüdiger Schwenk (Tel.: +49(0)611-7878357 oder ruediger.schwenk@springer.com).

Satz: Crest Premedia Solutions, Pune, Indien
www.zfe-digital.de
ISSN 1434-663X (Print)
ISSN 1862-5215 (Online)

Zeitschrift für Erziehungswissenschaft

15. Jahrgang · Sonderheft 17 · 2012

Inhaltsverzeichnis

Einleitung

Stephanie Hellekamps/Jean-Luc Le Cam/Anne Conrad
Einleitung: Schulbücher und Lektüren in der vormodernen Unterrichtspraxis 1

Schulbücher und Lektüren im Spätmittelalter und an der Schwelle zur Neuzeit

Michael Baldzuhn
Das Ritual des Textverstehens. Zu Konzeption und Gebrauch des spätmittelalterlichen
Schulbuchs 13

Hans Rudolf Velten
Frühe Lese- und Schreiblernbücher des 16. Jahrhunderts. Zu Valentin Ickelsamers
Die rechte weis, aufs kürtzist lesen zu lernen (1527) und *Teütsche Grammatica* (1532?) ... 31

Lesen, Schreiben, Rechnen und die Buchproduktion für den Elementarunterricht

Stefan Ehrenpreis
Katechismen und Katechese. Frühneuzeitliche Schulbücher als politisch-sozialer
Konfliktstoff im Konfessionellen Zeitalter 49

John Exalto
Alphabet, Bibel, Katechismus: Das ABC der vormodernen Grundschule in den
Niederlanden 65

Kurt Wesoly
Rechenunterricht und Rechenbücher bis zur Mitte des 18. Jahrhunderts, mit besonderer
Berücksichtigung des Herzogtums Berg 79

Emmanuelle Chapron
Das Elementarschulbuch im 18. Jahrhundert: Räumliche Ausbreitung und
Handelspraktiken zwischen Paris und der Champagne (1680–1730) 91

Lektüren und Lehrbücher an Lateinschulen, Gymnasien und Schulen der Konvente

Martin Holý
Schulbücher und Lektüren in der Unterrichtspraxis an böhmischen und mährischen
Lateinschulen des 16. und frühen 17. Jahrhunderts 105

Jean-Luc Le Cam
Schulbücher zwischen Vorschrift, Angebot und Gebrauch: das Beispiel des
braunschweigischen Gelehrtenschulwesens im 17. Jahrhundert 121

Anne Conrad
Lernmaterialien und Lesepraxis in Ursulinenschulen des 17. und 18. Jahrhunderts 153

Stephanie Hellekamps/Hans-Ulrich Musolff
Zur Didaktik der Frühaufklärung. Schulbücher und Lektüren für den
Philosophieunterricht am Soester Gymnasium zu Beginn des 18. Jahrhunderts 167

Cour et noblesse: Die Erziehung des Adels

Sylvène Edouard
The books used by Mary Stuart for the exercise on „Acquérir de la doctrine"
(1554–1555) 185

Dominique Picco
Bücher und Lektüren für junge Mädchen. Das Beispiel Saint-Cyr
(Ende 17. Jahrhundert bis 1750) 203

Pascale Mormiche
Lehrbücher und Lektüren zur Erziehung französischer Prinzen im 17. und
18. Jahrhundert 219

Annie Bruter
The use of the French „Abreges d'Histoire" during the 17th and 18th centuries 237

Einleitung: Schulbücher und Lektüren in der vormodernen Unterrichtspraxis

Stephanie Hellekamps · Jean-Luc Le Cam · Anne Conrad

Introduction: schoolbooks and reading in early modern lessons

Lesen zu können ist nicht nur eine wesentliche Voraussetzung für den Erwerb von Kenntnissen in nahezu allen Schulfächern sowie für Ausbildung und Studium, sondern für die Teilhabe am gesellschaftlichen Leben in der Moderne überhaupt. In den PISA-Untersuchungen kommt der Lesekompetenz daher eine Schlüsselstellung unter den getesteten Kompetenzen zu. Sie gilt als „universelles Kulturwerkzeug", da ohne Lesekompetenz eine selbstbestimmte und damit befriedigende Lebensführung in der Moderne nicht möglich ist (Klieme et al. 2010, S. 24). PISA geht bei der Erfassung von Leseleistungen von einem weiten Kompetenzbegriff aus: Da das Lesen für die kulturelle Teilhabe während des gesamten Lebenslaufs von entscheidender Bedeutung bleibt, intendiert schulischer Unterricht nicht nur die Befähigung der Heranwachsenden dazu, Texte unterschiedlicher Schwierigkeitsgrade zu verstehen und zu beurteilen. Vielmehr geht es auch um die Ausbildung einer Haltung, die das Lesen als kulturelle Praktik und „die aktive Teilhabe an der Gemeinschaft der Lesenden" schätzt (ebd., S. 74). Inzwischen besitzen wir dank internationaler Forscherteams und komplexer Erhebungsmethoden differenziertes Wissen darüber, auf welchen Kompetenzniveaus Jugendliche der verschiedenen OECD- und anderer Staaten lesen können, welche Lesestrategien sie praktizieren, wie groß ihre Lesemotivation ist etc.

© Springer Fachmedien Wiesbaden 2012

S. Hellekamps (✉)
Institut für Erziehungswissenschaft, Westf. Wilhelms-Universität Münster,
Bispinghof 5/8, 48143 Münster, Deutschland
E-Mail: hellekam@uni-muenster.de

J.-L. Le Cam
Université de Bretagne Occidentale, Brest 35 rue Léo Lagrange,
29000 Quimper, Frankreich
E-Mail: Jean-Luc.LeCam@univ-brest.fr

A. Conrad
Institut für Katholische Theologie, Universität des Saarlandes,
Campus A 4.2, 66123 Saarbrücken, Deutschland
E-Mail: a.conrad@mx.uni-saarland.de

Sehr viel geringer ist hingegen unsere Kenntnis der vormodernen Lesepraktiken, deren Erforschung ganz eigene Wege und Verfahren erfordert. Anlässlich seiner 13. Tagung, die im November 2011 am *Zentrum für interdisziplinäre Forschung* in Bielefeld (ZiF) stattfand, hat sich der „Arbeitskreis für die Vormoderne in der Erziehungsgeschichte" (AVE) mit Fragen nach Inhalten und Methoden des Lesens und Lernens von Kindern und Jugendlichen in der Vormoderne befasst. Welche Texte und Autoren haben Kinder und Jugendliche im späten Mittelalter und in der frühen Neuzeit gelesen, und wie wurden ihre Lektüren von Lehrern, Lehrerinnen, Eltern und anderen Erziehern angeregt? Wie gestaltete sich die Normierung, Produktion und Verbreitung von Schulbüchern? An regionalen Beispielen aus Frankreich, den Niederlanden und dem Alten Reich wird in den aus der Tagung hervorgegangenen Beiträgen gezeigt, welche Schulbücher und anderen Lektüren das Lernen der Heranwachsenden bestimmt haben und welche Praktiken des Lesens im Unterricht vorherrschend waren. Die Untersuchungen beziehen sich auf die Zeit des Spätmittelalters bis zur ersten Hälfte des 18. Jahrhunderts und schließen Elementarbildung und Sekundarunterricht an Schulen, das häusliche Selbststudium und die Unterweisung im höfischen Kontext ein. Auch der Zusammenhang von Alphabetisierung und religiöser Bildung wird erörtert.

Unter ‚Schulbüchern' werden zum einen solche Texte verstanden, die von ihren Autoren explizit zu Unterrichtszwecken verfasst wurden, wie z. B. Grammatiken, Vokabularien und Katechismen, und die von Kindern und Jugendlichen in der Schule zum Lernen verwendet wurden. Zum anderen gehören dazu Texte, deren Beziehung zum Schulunterricht durch zeitgenössische Zeugnisse nachgewiesen ist, ohne dass die Verwendung im schulischen Kontext von den Autoren intendiert worden war. Beispiele für diese letztere Textsorte sind etwa die antiken und mittelalterlichen *Auctores* oder religiöse Schriften. ‚Andere Lektüren' umfassen solche Unterrichtstexte, die Kinder und Jugendliche in Gebrauchssituationen außerhalb der Schule zum Lernen genutzt haben.

Um zu erforschen, *wie* gelesen und gelernt wurde, ist die Kombination verschiedener sowohl normativer als auch von Schülern benutzter Quellen und qualitativer und quantitativer Methoden unumgänglich. Das hängt mit der ungewöhnlich dürftigen Überlieferung zusammen. Schul- und Unterrichtsbücher wurden in besonderem Maße durch *Ge*brauch *ver*braucht und damit von weiterer Überlieferung ausgeschlossen (vgl. Henkel 1988, S. 7 f.). Die wenigen erhaltenen Exemplare sind zumeist solche, die frühzeitig gebunden und dadurch der Nutzung entzogen und konserviert wurden (vgl. ebd., S. 149). Ein neueres Beispiel für diese Nicht-Benutzung im Schulunterricht stellen die beiden von Hergenhahn gefundenen und publizierten Exemplare eines Dortmunder Rechenbuches aus dem 16. Jh. dar (Hergenhahn 2007). Damit aber fehlen ihnen gerade diejenigen Spuren des Gebrauchs, die Aufschluss über die Praktiken des Lesens und Lernens geben könnten. Wo sich hingegen bei erhaltenen Exemplaren von Lehrwerken Gebrauchsspuren in Form von Besitzvermerken, Datumsangaben und Glossen finden, sind mitunter Rückschlüsse auf die tatsächlichen Verwendungsweisen der Bücher im Unterricht möglich. Bernhard hat für die Rezeption von Boethius' Schriften zum Quadrivium im Schulunterricht aus der Unterscheidung von Typen der Glossierung gezeigt, wie auf spezifische Methoden des Unterrichts geschlossen werden kann (Bernhard 1996, S. 23). Die Untersuchung von Texten lateinischer Klassiker, die mit grammatikalischen Erläuterungen und Erklärungen für den Unterricht des französischen Dauphins herausgegeben wurden, gibt ebenfalls Aufschluss über den Gebrauch dieser Texte im Unterricht (vgl. Volpilhac-Auger 2000). Hinweise zu den wirklichen Lektürepraktiken können auch aus der Einteilung eines Inhalts auf einer gedruckten Buchseite gewonnen werden. Satz, Umbruch, Bilder, leere Seiten für Notizen etc. haben das Lesen mitbestimmt, die Sehweise des lesenden Schülers/der Schülerin dirigiert und dadurch ihre Rezeptionen mitgesteuert (vgl. Martin 2000).

Gleichwohl bleibt es schwierig, die Anwendungszusammenhänge der überlieferten Texte zu rekonstruieren (vgl. Blair 2008, S. 39 ff.). Schulpolitische Vorschriften, Schulordnungen und Schulprogramme bieten zwar weitere Anhaltspunkte. Doch bekanntlich besteht zwischen Norm und Praxis eine Kluft. So haben Bodemann und Dabrowski durch Vergleich des Überlieferungsbestandes von Handschriften der Ulmer Lateinschule mit den Schulordnungen und Lektionsplänen dieser Schule aus dem 15. Jh. festgestellt, dass die Unterrichtswirklichkeit vom Plan abwich. Im Elementarunterricht wurden neben den im Lektionsplan vorgegebenen beiden Standardgrammatiken auch mehrere Grammatiken verwendet, die weder in den Schulordnungen noch in den Lektionsplänen erwähnt wurden (Bodemann und Dabrowski 2000, S. 39). Eine Diskrepanz zwischen den normativen Vorgaben und dem wirklichen Unterricht haben auch die Studien von Albertini (1986), Caspard (1990) und Compère und Pralon-Julia (1992) nachgewiesen. Überdies lässt die Konzentration auf das schulische Lernen die außerschulischen Praktiken des Erwerbs von Wissen und Können außer Acht. Damit aber bleibt das Lernen der Mädchen, das oft im häuslichen Kontext stattfand, zumeist unberücksichtigt (vgl. Jacobi 2008, S. 273).

Um trotz der lückenhaften Überlieferung zu neuen Erkenntnissen über die vormodernen Lektürepraktiken zu kommen, werden in einigen unserer Beiträge überlieferte (Schul-) Bibliotheksbestände mit ihren Inventarverzeichnissen und Bücherlisten ausgewertet. Dies hat sich sowohl im Kontext der höfischen Unterweisung als auch in der Konventserziehung als fruchtbar erwiesen, wie die Beiträge von Pascale Mormiche, Dominique Picco und Anne Conrad zeigen. Ferner ergab die Untersuchung der Auflagenhöhe und des Verbreitungsgrades von Schulbüchern Hinweise auf ihre tatsächliche Nutzung. In diesem Zusammenhang wurde nach der Bedeutung örtlicher Offizinen für den Schulbuchdruck gefragt. Hinsichtlich der geographischen Verbreitung von Schulbüchern hatte bereits Puff für den deutschsprachigen Raum 1480–1560 eine weite Streuung festgestellt: „Im allgemeinen bedienten gedruckte Unterrichtstexte nicht nur einen städtischen oder territorialen Buchmarkt, sondern reichten darüber hinaus." (1996, S. 259) Tatsächlich wird die Erforschung der technischen Herstellung, Auflagenhöhe und geographischen Verbreitung von Schulbüchern durch ihre geringe Beachtung in Nachlässen und durch die geringe Zahl überlieferter Inventare oder Rechnungen von Buchhändlern erschwert, wie schon Dainville (1947/1978) und Desgraves (1973) festgestellt haben. Die bisherigen Forschungsbefunde können nun insbesondere durch die wirtschaftsgeschichtlich akzentuierte Studie Emmanuelle Chaprons ergänzt werden. Chapron zufolge kann von einem *einheitlichen* Markt für Schulbücher, der durch Angebot und Nachfrage bestimmt worden wäre, nicht gesprochen werden, da nicht nur ökonomische Strategien, sondern auch administrative Verordnungen, Familienbeziehungen und Netzwerke der Händler Produktion und Distribution von Schulbüchern regulierten. Das Ineinander von obrigkeitlich festgesetzter Norm (z. B. hinsichtlich der zu verwendenden Schulbücher) und (kontrollierter) Praxis studiert Jean-Luc Le Cam am Beispiel der Schulpolitik im Herzogtum Braunschweig-Wolfenbüttel. Aufschluss über den Gebrauch von Lernmaterialien im Unterricht in der Spannung von Norm und Praxis geben (Schul-)Inspektionsberichte, die sich als weitere wichtige Quellen erwiesen. Mit ihrem interdisziplinären Zugang erprobte die AVE-Tagung somit verschiedene Wege und Methoden, um die tatsächlichen Lektürepraktiken von Kindern und Jugendlichen in den Blick zu bringen. Der vorliegende Band präsentiert die Ergebnisse dieses Austausches, an dem sich Vertreterinnen und Vertreter der Geschichtswissenschaft, Erziehungswissenschaft, Theologie und Germanistik beteiligt haben. Die bereits erwähnte geographische Beschränkung gewährleistet die Vergleichbarkeit der Studien, die sozialhistorische, bildungs- und schulgeschichtliche Perspektiven verschränken und auch den konfessionellen Aspekt mit berücksichtigen. Wesentliche Impulse bezog die Diskussion aus der mediävistischen und frühneuzeitlichen Germanistik, die sich seit den späten 80er Jahren verstärkt der Erforschung des Verhältnisses von Mündlichkeit und Schriftlichkeit im Unterrichtsgeschehen vom 9. bis zum 17. Jh. zugewandt hat. Durch die Untersuchung von Schul-Handschriften wurde die Geschichte des Zusammenhangs von schriftlicher und mündlicher Kommunikation im Trivialunterricht des deutschen Reichs als Abfolge von Verschriftlichungsschüben eines wesentlich mündlichen Geschehens nachgewiesen (vgl. Baldzuhn 2009; Bodemann und Grubmüller 1992; Grubmüller 2000). Diesem Schwerpunkt war auch der Eröffnungsvortrag gewidmet, mit dem zugleich dieser Band beginnt, weil er in grundlegender Weise auf die methodischen Probleme verweist, die sich ergeben, wenn die Eigenart des vormodernen Lernens aufgehellt werden soll.

In seinem Beitrag *Das Ritual des Textverstehens. Zu Konzeption und Gebrauch des spätmittelalterlichen Schulbuchs* betont Michael Baldzuhn, dass sich vormoderner Unterricht für die bildungshistorische Forschung als ein nur schwach institutionalisiertes Geschehen mit allenfalls gering ausgeprägter organisatorischer und didaktisch-methodischer Selbstreflexion präsentiert. So ist oft nur schwer zu entscheiden, ob ein überliefertes Schulbuch ursprünglich für die Hand des Lehrers oder des Schülers oder beider gedacht war. Auch wo sich an den Büchern Nutzungsspuren in Form von Interlinearglossen oder Kommentaren zeigen, könne nicht unmittelbar auf die Unterrichtspraktiken geschlossen werden, denen sich diese Spuren angeblich verdanken. Denn auch die Kommentierung selbst sei entscheidend durch Vorlagen tradiert worden. Wie es gleichwohl möglich ist, zu einer Vorstellung des individuellen Unterrichts zu gelangen, veranschaulicht Baldzuhn am Arrangement von Text, Kommentar und Glossen der *Disticha Catonis* sowie der spätantiken Fabeln des Avian auf handgeschriebenen, später gedruckten Seiten. Indem er auch den medialen Aspekt des Buchs beleuchtet, verfolgt Baldzuhn, in welchem Maße Schüler und Lehrer in schriftlichen und mündlichen Praktiken am spätmittelalterlichen (Latein-)Unterricht beteiligt waren.

Den mit der Erfindung des Buchdrucks erweiterten Möglichkeiten des Schriftspracherwerbs ist der Beitrag *Frühe Lese- und Schreiblernbücher des 16. Jahrhunderts. Zu Valentin Ickelsamers* Die rechte weis, aufs kürzist lesen zu lernen *(1527) und* Teütsche Grammatica *(1532) von Hans Rudolf Velten gewidmet. Die beiden von Velten untersuchten Texte repräsentieren den Typus der frühneuzeitlichen Anleitungsschrift, die das „Selbstlernen" betonte und sich als vielseitig verwendbares Unterrichtsmedium anbot. Solche Schriften konnten sowohl von Lehrern als didaktische Hilfsmittel genutzt, als auch im häuslichen Unterricht oder zum Selbststudium herangezogen werden. Velten zeigt den innovativen Ansatz von Ickelsamers Leselernmethode, die ihren Ausgang nicht mehr von den Buchstaben, sondern von den Lauten nahm und zunächst auf eine Bewusstheit der Lernenden über die phonetische Artikulation abzielte. Auch kritisierte Ickelsamer den bis dahin üblichen Rückgriff auf die lateinische Grammatik beim deutschen Schriftspracherwerb und erarbeitete eine alternative deutsche Sprachlehre. Dass sowohl die Leselernmethode als auch die Anleitung zum Verständnis der grammatischen Struktur der Sprache in ein umfassenderes religiöses Bildungskonzept eingebettet waren, macht Velten überzeugend deutlich.

Schulisches Lesen und Lernen waren in der frühen Neuzeit oft eng mit religiösen Erziehungsabsichten verknüpft. Dies gilt in besonderem Maße für den Elementarunterricht, während sich auf den weiterführenden Stufen immer auch die fachlichen Ausbildungsansprüche geltend machten, die die religiösen Intentionen relativieren konnten (vgl. die verschiedenen Beiträge in Musolff et al. 2008). Die Verwobenheit von Religion und Erziehung zeigen die Beiträge von Stefan Ehrenpreis und John Exalto an Beispielen aus Franken und den Niederlanden im 16. und 17. Jh. auf. Ehrenpreis beobachtet Prozesse des Lesens und Lernens an den Praktiken der Katechese. Je nach Blickwinkel stellt sich diese teils als eine Form der Sozialdisziplinierung, teils als ein Medium zum Erlernen der Kulturtechniken dar. Am Beispiel der Reichsstadt Nürnberg und des Fürstentums Ansbach zeichnet Ehrenpreis in seinem Beitrag *Katechismen und Katechese. Frühneuzeitliche Schulbücher als politisch-sozialer Konfliktstoff im Konfessionellen Zeitalter* nach, inwiefern die Katechese im 16. und 17. Jh. eine Schnittstelle der erzieherischen Ansprüche von (Elementar-)Schule, Kirchengemeinde und Familie bildete. So zeigten etwa die öffentlichen Katechismusprüfungen sonntags nach dem Gottesdienst, was die Kinder im schulischen Unterricht gelernt hatten. Dies wiederum warf ein Licht auf den Grad der Integration einer Familie in das bestehende Normengefüge der Gemeinde. Das Interesse der Obrigkeiten an der Katechese erhellt auch aus der Privilegierung regionaler Buchdrucker, der Kontrolle des Buchmarkts und der Katechismusproduktion sowie der Buchzensur.

Das Erlernen des Lesens und Schreibens in den drei ersten Schuljahren erläutert John Exalto mit Blick auf *Alphabet, Bibel, Katechismus: Das ABC der vormodernen Grundschule in den Niederlanden*. Auffallend früh gingen die Kinder zur Schule, nämlich im Alter von vier oder fünf Jahren. Welche Unterrichtsmaterialien für das Lesenlernen im Religionsunterricht und für das fortgeschrittenere Lesen erwarteten diese Kinder? Exalto zeigt u. a. die Verwendung des unter Leitung des polnischen Theologen Jan Łaski verfassten „Hahnenbuchs" sowie der Kindertestamentesammlung des reformierten Pfarrers Wilhelmus Eversdijk im Unterricht auf. Testamente bildeten auch eine verbreitete außerschulische Lektüre. Darüber hinaus macht Exalto deutlich, inwiefern im niederländischen Elementarschulwesen (und nicht nur dort) vielfältige Impulse zur Ausbildung des eigenen religiösen und kulturellen Selbstverständnisses genutzt wurden. Dass dabei viel auswendig gelernt wurde, betrachteten die Zeitgenossen insgesamt als selbstverständlichen Bestandteil der Aneignung geistiger Gehalte.

Zum Elementarunterricht gehörte seit der frühen Neuzeit das Rechnen. Das ist nicht selbstverständlich: Rechenunterricht hat in den offiziellen Lehrplänen und Schulordnungen der weiterführenden Schulen bis in das 18. Jh. hinein oft nur eine marginale Rolle gespielt, auch wenn dies nicht bedeutet, dass er keinen Ort im Curriculum gehabt hätte (vgl. Bruchhäuser 2005, S. 105; Musolff 2005, S. 194 f.). Daran, dass die Schulordnungen für den Elementarunterricht das Rechnenlernen demgegenüber häufig ausdrücklich vorsahen, erinnert Kurt Wesoly in seinem Beitrag über *Rechenunterricht und Rechenbücher bis zur Mitte des 18. Jahrhunderts, mit besonderer Berücksichtigung des Herzogtums Berg*. Schwerpunkte und Niveau dieses Rechenunterrichts, so Wesolys Prämisse, werden u. a. an den überlieferten Lehrwerken fassbar. Er stellt fest, dass trotz z. T. anderslautender Vorreden in den Lehrwerken deren Adressaten oft weniger die Kinder als die Rechenmeister gewesen sind, die mit diesen Büchern unterrichteten. Abnehmer dieser Lehrwerke waren – wie im Fall Ickelsamers – auch Autodidakten. Wesoly zeigt, an welch praxisnahen Beispielen vornehmlich aus der kaufmännischen Tätigkeit das Rechenbuch von Servatius Schlyper aus dem Jahr 1734 veranschaulichte, was Kinder und Jugendliche zu lernen hatten, die oder deren Eltern für sie den Kaufmannsberuf anstrebten. Dazu gehörten das Rechnen mit Brüchen, Umrechnungen von Maßen, Gewichten und Münzen und v. a. die *Regula de Tri*, der Dreisatz. Dass auch die handwerklichen und bäuerlichen Schichten einschlägige Kenntnisse gehabt haben mussten, macht Wesoly mit Verweis auf Rechnungslegungen, Geschäftsbücher und Steuerberechnungen deutlich.

Fragen nach dem Absatz von Schulbüchern und Lehrmaterial für den Primarunterricht stehen im Mittelpunkt des bereits erwähnten wirtschaftsgeschichtlich angelegten Beitrags von Emmanuelle Chapron über *Das Elementarschulbuch im 18. Jahrhundert: Räumliche Ausbreitung und Handelspraktiken zwischen Paris und der Champagne (1680–1730)*. Gestützt auf eine außergewöhnlich gute Überlieferung des Verwaltungsschrifttums erschließt Chapron die Beziehungen zwischen Druckereien und Buchhandel und veranschaulicht die Verbreitung von Lehrwerken mit Blick auf die lokalen und überregionalen Marktstrukturen. Im Zusammenhang dieser Verbreitung spielte die Erteilung von Druckprivilegien eine wichtige Rolle. Am Beispiel der Ursulinen wird der Erwerb von Schulbüchern im Klassensatz nachgewiesen.

Während die Lehrwerke für den Elementarunterricht zumeist explizit für den Unterricht verfasst und in den Offizinen produziert wurden, lagen dem Sekundarunterricht auch Werke zugrunde, die von ihren Autoren keineswegs als Unterrichtsliteratur gedacht waren. Solche Werke, wie z. B. die Rhetorik des Aristoteles oder Briefe Ciceros, sind oft in einer für den Schulgebrauch eingerichteten Form erschienen. In seinem Beitrag *Schulbücher und Lektüren in der Unterrichtspraxis an böhmischen und mährischen Lateinschulen des 16. und frühen 17. Jahrhunderts* weist Martin Holý die zahlreichen für den Unterrichtsgebrauch an städtischen, kirchlichen oder privaten Lateinschulen bestimmten Texte und Bücher nach. Dabei stehen die primär schulisch intendierten Werke im Vordergrund, insbesondere solche Lehrbücher und andere Texte, die für das Lateinlernen und damit für das Hauptfach dieser Schulen genutzt wurden: Grammatiken, verschiedene Wörterbücher, Werke zur Rhetorik usw.

Jean-Luc Le Cam stellt *Schulbücher zwischen Vorschrift, Angebot und Gebrauch am Beispiel des braunschweigischen Gelehrtenschulwesens im 17. Jahrhundert* vor. Als sehr ergiebige Quellen haben sich die schon genannten, von ihm ausgewerteten Inspektionsberichte Christoph Schraders erwiesen. Sie erlauben einen Einblick in die Schulpolitik Herzog Augusts des Jüngeren, der genaue Vorschriften zu den zu nutzenden Schulbüchern erließ. Damit begegnete die Obrigkeit u. a. dem zu häufigen Austausch von Schulbüchern bzw. ihrem parallelen Gebrauch, was zumeist dem Lehrerwechsel geschuldet war. In jährlichen Visitationen wurde überprüft, ob die tatsächlich genutzten Schulbücher mit denen übereinstimmten, die in der Schulordnung von 1651 vorgesehen waren. Die strikten Vorgaben begünstigten die Hofdruckerei der Gebrüder Stern, denn es sollten vorzugsweise solche Lehrbücher verwendet werden, die im Land gedruckt wurden. Trotz der obrigkeitlichen Normierung und Kontrolle der Schulbücher und trotz der merkantilistischen Politik konstatiert der Beitrag eine fortwährende Diskrepanz zwischen Norm und Praxis, wobei dieser Befund unterschiedlich ausfällt, je nachdem, ob Lateinschulen mit nur wenigen Klassenstufen oder Gymnasien inspiziert wurden. Auch spielte die Entfernung einer Schule zur Residenz eine nicht unerhebliche Rolle für die Durchsetzung der herzoglichen Vorgaben. Dass die Schulreform in Braunschweig-Wolfenbüttel keineswegs originell war, sondern sich am Vorbild Leidens orientierte, beweist einmal mehr den enormen kulturellen Einfluss der Niederlande auf das Bildungswesen in den deutschen Ländern.

Den Unterricht der Mädchen bringt Anne Conrad in ihrem Beitrag über *Lernmaterialien und Lesepraxis an Ursulinenschulen des 17. und 18. Jahrhunderts* in den Blick. Sie stützt sich auf die nachweisbaren Buchbestände, auf die Lehrende und Lernende in ihrem Unterricht zurückgreifen konnten. Indem sie die allgemeinen Angaben des Pariser Schulreglements von 1652 zu Schulorganisation und Erziehungszielen sowie zur religiösen Bildung in den Ursulinenkonventen mit dem rekonstruierbaren Bibliotheksbestand des Erfurter Ursulinenklosters in Beziehung setzt, gewinnt sie eine Vorstellung von der inhaltlich-curricularen Ausgestaltung des Unterrichts. Wie bei einer geistlichen Gemeinschaft, die sich zunächst der Katechese, dann verstärkt der Mädchenbildung gewidmet hat, zu erwarten ist, weist der Bibliotheksbestand eine Reihe von Katechismusausgaben und anderen religiösen Schriften auf. Aber es finden sich auch "gelehrte Lektüren" weltlichen Inhalts, z. B. eine griechisch-lateinische Aristoteles-Ausgabe oder Titel zur Geographie und Zeitgeschichte. Auch im Vergleich mit dem Konvent der Würzburger Ursulinen bleibt die Schwierigkeit, aus dem Nachweis vorhandener Bücher auf die wirklichen Lektürepraktiken zu schließen. Die Problematik der Quellenlage verdeutlicht einmal mehr, dass auch normative Quellen wie das zitierte Schulreglement nicht außer Acht gelassen werden dürfen, sondern dass sie – im Abgleich mit Quellen, die näher an die Lesepraxis heranführen – durchaus Hinweise auf diese Praxis geben können.

Inwiefern Gebrauchsspuren der von Schülern und Lehrern genutzten Lehrwerke in Kombination mit anderen Quellen, insbesondere Disputationen und einem Lektionsplan, über die curricularen Schwerpunkte und die methodische Gestaltung des Unterrichts Aufschluss geben können, veranschaulicht der Beitrag von Stephanie Hellekamps und Hans-Ulrich Musolff *Zur Didaktik der Frühaufklärung. Schulbücher und Lektüren für den Philosophieunterricht am Soester Gymnasium zu Beginn des 18. Jahrhunderts*. Die Glossierung, die ein Schüler an dem Lehrbuch seines Lehrers, des Soester Rektors Rumpaeus, anbrachte, deutet auf einen inhaltlich und methodisch orthodoxen Unterricht hin. Demgegenüber lassen die Glossen des Konrektors Marci, die sich in dem von ihm benutzten Exemplar von Descartes' *Passiones animae* finden, auf ein anderes didaktisches Konzept schließen. Sein eher diskursiv angelegter Unterricht zielte auf das kritische Selbstdenken der Schüler. Wie groß der tatsächliche Lernerfolg der gemäß einer cartesianisch inspirierten Didaktik unterrichteten Schüler war, lässt sich auf der Grundlage der vorliegenden Quellen allerdings nicht mit Sicherheit feststellen. Wohl aber lässt sich die Häufigkeitsverteilung von eher orthodox oder eher diskursiv ausgerichtetem Unterricht für den Zeitraum 1600–1750 auch quantitativ bestimmen. Gegenüber dem frühneuzeitlichen Lernen an städtischen Lateinschulen und Gymnasien sowie an den Schulen der Konvente deuten eine hochgradig ausgewählte Lehrerschaft und die Repräsentativität und Vielfalt der zur Verfügung stehenden Lehrbücher und Lernmaterialien auf das besondere Anspruchsniveau der Adelserziehung hin. Welche Lernerfolge unter diesen Bedingungen möglich waren, veranschaulicht der Beitrag von Sylvène Edouard über *The Books used by Mary Stuart for the exercise on „Acquérir dela doctrine" (1554–1555)*. Edouard untersucht die verschriftlichten Ergebnisse tatsächlicher Lektüren an einer besonders aussagekräftigen Quelle, nämlich einem Korpus von 64 in Briefform gehaltenen Texten, die die junge Königin von Schottland im Alter von elf Jahren auf Anregung ihres Lehrers verfasst hat. Diese Texte sind im Kontext rhetorischer Übungen entstanden, denen eine Reihe von Werken zugrundelag, die als vorbildlich anerkannt waren. Der Beitrag zeigt, auf welche Werke sich Maria Stuart gestützt hat (u. a. auf Texte von Erasmus und Plutarch sowie eine Fabel von Äsop), und wie sie sich mit ihren Vorlagen auseinandergesetzt hat. Die Aneignung der Texte durch die junge Rezipientin erfolgte durch nachahmendes Schreiben, das die Intensität der wiederholten Lektüren anschaulich macht.

Die mehrfach erwähnte Diskrepanz zwischen Norm und Praxis, die die Historikerin zur Nutzung verschiedenartiger Quellen nötigt, wird auch an dem Beitrag von Dominique Picco über *Bücher und Lektüren für junge Mädchen. Das Beispiel Saint-Cyr (Ende des 17. Jahrhunderts bis 1750)* fassbar. Dass die „gelehrte Frau" dem zeitgenössischen Rollenbild in der Erziehung der jungen Mädchen keineswegs entsprach, veranschaulicht Picco insbesondere an der Korrespondenz der Madame de Maintenon sowie an verschiedenen Schriften zur weiblichen Erziehung Claude Fleurys und François de Fénelons. Die erzieherische Wirklichkeit entsprach den zeitgenössischen pädagogischen Theorien aber nur zum Teil. Dies zeigt das Beispiel der von Ludwig XIV. auf Betreiben Madame de Maintenons gegründeten Erziehungsanstalt von Saint-Cyr, die für die Töchter verarmter Adeliger eingerichtet wurde. Während die pädagogische Konzeption auf eine im Wesentlichen religiöse Erziehung abzielte und entsprechende Lektüren vorsah, zeigen die Inventarverzeichnisse der Bibliothek darüber hinaus auch wissenschaftliche Werke, Bücher zur Geschichte und zu den Künsten.

Den Bildungsgang zweier französischer Prinzen erläutert Pascale Mormiche. In ihrem Beitrag *Lehrbücher und Lektüren zur Erziehung französischer Prinzen im 17. und 18. Jahrhundert* untersucht sie die Bibliothek mit ihren je verschiedenen Beständen, die der junge König Ludwig XV. vor und um 1730 sowie ab ca. 1736 sein Sohn, der Dauphin, zu Unterrichtszwecken nutzten. Diese Bibliothek repräsentiert das Niveau der fortgeschrittenen Bildung, da die elementare Bildung im Kreis der Gouvernanten stattfand. Mormiche rekonstruiert anhand des überlieferten Bibliothekskataloges aus dem Jahr 1730, welchen Bildungshorizont die Bibliothek für den jungen Ludwig XV. repräsentiert haben muss. Mit Blick auf die inhaltliche Vielschichtigkeit des Bestandes weist sie frühere Forschungsmeinungen zurück, denen zufolge Erziehung und Unterricht Ludwigs XV. eindimensional gewesen seien. Im Vergleich zu dessen Bildungsgang zeuge der des Dauphin – wiederum ausweislich des für seine Unterrichtszeit rekonstruierbaren Bibliotheksbestandes – von einer stärkeren Anlehnung an die Curricula der *Collèges*. Unter der

Prämisse, dass die Prinzen die ihnen verfügbaren Bücher auch wirklich gelesen haben, sei ihr Bildungsniveau nach dem Ende ihrer Unterrichtszeit, so führt Mormiche aus, beachtlich gewesen.

Dem *Use of the French „Abrégés d'histoire" during the 17th and 18th Centuries*, die in manchen *Collèges* sowie für die Prinzenerziehung verwendet wurden, ist der Beitrag von Annie Bruter gewidmet. Diese historischen Tabellen mit Namenlisten von Herrschern sollten den Schülern ein chronologisches Gerüst vermitteln. Aus zeitgenössischen Methodenbüchern sowie der Einrichtung dieser Tabellenwerke schließt Bruter auf den Gebrauch durch die Schüler: Namenlisten in Versform wurden memoriert und um weitere Fakten ergänzt. Es ging darum, die Sukzessionen von Fürsten und Königen sowie Ereignisabfolgen in einer Zeit lehrbar und lernbar zu machen, als Geschichte noch kein eigentliches Fach des Lehrplans war und historische Studien in der Lektüre der antiken Historiographen bestanden.

Die in diesem Band versammelten Beiträge verdeutlichen die v. a. methodischen Schwierigkeiten, auf die Ebene des tatsächlichen Unterrichts in der Vormoderne vorzudringen. Nicht in jeder Untersuchung kann der Nachweis der wirklichen oder zumindest wahrscheinlichen Lektüren erbracht werden. Mitunter wird mit Indizien für die allenfalls mögliche Nutzung von Lehrwerken argumentiert. Dies betrifft insbesondere die Beiträge, die bisher nur die in einem Untersuchungszeitraum und Untersuchungsgebiet im Allgemeinen vorfindlichen Buchbestände auflisten können. Bezogen auf einzelne Regionen sind aber auch präzisere Aussagen zur Nutzung, Verbreitung und Normierung von Schulbüchern möglich. Es gab Märkte der Schulbuch- und Unterrichtsliteratur, wie die lokale Studie zur Champagne zeigt, denn Unterricht fand weitgehend auf schriftgestützter Basis statt. Dies gilt schon für die Zeit vor dem Buchdruck, worauf die Schul-Handschriften zu den *Fabulae* Avians und den (deutschen) *Disticha Catonis* hinweisen. Die Auswertung überlieferter Bibliotheks- und Inventarverzeichnisse verdeutlicht den *Anspruch* des zu Lernenden vom Erwerb der ersten Fremdsprache, des Lateinischen, an bis zur Lektüre antiker Autoren in der Originalsprache und zeitgenössischer philosophischer, historischer und geographischer Darstellungen und Überblicke. Als durchgängige Schwierigkeit erweist es sich, Aussagen über die konkreten Vermittlungsformen im Unterricht zu machen. Um das nur schwer erforschbare Verhältnis von Mündlichkeit und Schriftlichkeit im Unterricht weiter aufzuhellen oder das Maß selbständigen Lernens festzustellen, ist der Rückgriff auf die authentischen Handschriften und Bücher sowie auf Besitzvermerke und Glossen unerlässlich. Eine Neubewertung erfährt schließlich das Auswendiglernen: Das Memorieren diente der Versenkung in einen Inhalt und dessen Aneignung, so dass er als geistiges Potential fortwirken konnte.

Dass die 13. AVE-Tagung stattfinden konnte und deren Ergebnisse nun in diesem Band vorgestellt werden können, ist dem Engagement vieler einzelner Personen und der Großzügigkeit mehrerer Institutionen zu verdanken. Ohne die beträchtliche finanzielle Förderung durch das ZiF in Bielefeld wäre es nicht möglich gewesen, dieses interdisziplinäre bildungshistorische Gespräch durchzuführen. Die unbürokratisch-rasche Zusage finanzieller Unterstützung durch das Institut français d'histoire en Allemagne hat es erlaubt, dass wir Simultanübersetzungen vom Französischen ins Deutsche und umgekehrt anbieten konnten. Die Université de Bretagne occidentale hat die Übersetzung einiger Texte für die Publikation dieses Bandes gefördert. Allen drei Institutionen sei an dieser Stelle ganz herzlich für ihre Unterstützung gedankt. Wir danken den Simultandolmetscherinnen Steffi Gleißner und Heide Ruppert, die viel zur Lebendigkeit des Austausches beigetragen haben, und Dietmar Trempenau für seine sehr sorgfältigen Übersetzungen einiger französischer Beiträge ins Deutsche. Ob eine Tagung gelingt, hat immer auch viel mit der Atmosphäre des Ortes zu tun, an der sie stattfindet. Wir sind Trixi Valentin und dem Team vom ZiF für das sehr angenehme Arbeitsklima und die ausgezeichnete Organisation der Tagung zu großem Dank verpflichtet. Zu danken haben wir ferner den Moderatorinnen und Moderatoren der einzelnen Sektionen für ihre sachkundige Diskussionsleitung: Alwin Hanschmidt (Vechta), Jürgen Helmchen (Münster), Juliane Jacobi (Potsdam), Hans-Ulrich Musolff (Münster), Andreas Rutz (Bonn) und Serge Tomamichel (Lyon). Jürgen Helmchen danken wir auch für seine simultane Übersetzung einiger deutscher Vorträge ins Französische, Juliane Jacobi danken wir für ihre Unterstützung bei der Bearbeitung der Übersetzungen, und Andrea Hofmeister (Göttingen) und nochmals Andreas Rutz für die Erstellung der Tagungsberichte. Nicht zuletzt gebührt unser Dank allen Referentinnen und Referenten und allen Teilnehmern und Teilnehmerinnen für ihr Bemühen um die gemeinsame Sache.

Literatur

Albertini, P. (1986). L'Enseignement classique à travers les exercises manuscrits des élèves. *INRP, Collection Rapports de recherche, 5.*
Baldzuhn, M. (2009). *Schulbücher im Trivium des Mittelalters und der Frühen Neuzeit. Die Verschriftlichung von Unterricht in der Text- und Überlieferungsgeschichte der „Fabulae" Avians und der deutschen „Disticha Catonis"(Bd. 2).* Berlin: de Gruyter. (=Quellen und Forschungen zur Literatur- und Kulturgeschichte; 44).
Bernhard, M. (1996). Boethius im mittelalterlichen Schulunterricht. In M. Kintzinger u. a. (Hrsg.), *Schule und Schüler im Mittelalter. Beiträge zur europäischen Bildungsgeschichte des 9. bis 15. Jahrhunderts* (S. 11–27). Köln u. a.: Böhlau.
Blair, A. (2008). Student manuscripts and the textbook. In E. Campi u. a. (Hrsg.), *Scholarly Knowledge. Textbooks in early modern Europe* (S. 39–73). Genf: Droz. (=Travaux d'Humanisme et Renaissance; CDXLVII).
Bodemann, U., & Dabrowski, C. (2000). Handschriften der Ulmer Lateinschule. Überlieferungsbefund und Interpretationsansätze. In K. Grubmüller (Hrsg.), *Schulliteratur im späten Mittelalter* (S. 11–47). München: Fink.
Bodemann, U., & Grubmüller, K. (1992). Schriftliche Anleitung zu mündlicher Kommunikation: Die Schülergesprächsbüchlein des späten Mittelalters. In H. Keller u. a. (Hrsg.), *Pragmatische Schriftlichkeit im Mittelalter. Erscheinungsformen und Entwicklungsstufen. Akten des Internationalen Kolloquiums 17.–19. Mai 1989* (S. 177–193). München: Fink.
Bruchhäuser, H.-P. (2005). Die Berufsbildung deutscher Kaufleute bis zur Mitte des 16. Jahrhunderts. In A. Hanschmidt & H.-U. Musolff (Hrsg.), *Elementarbildung und Berufsausbildung 1450–1750* (S. 95–107). Köln u. a.: Böhlau.
Caspard, P. (Hrsg.). (1990). Travaux d'élèves. Pour une histoire des performances scolaires et de leur évaluation, 1720–1830. *Histoire de l'éducation, 46*(Spécial), 27–49.
Compère, M.-M., & Pralon-Julia, D. (1992). *Performances scolaires de collégiens sous l'Ancien Régime. Études d'exercices latins rédigés au collège Louis-le-Grand vers 1720.* Paris: Publications de la Sorbonne.

Dainville, O. de (1947/1978). Librairies d'écoliers toulousains à la fin du seizième siècle. In M.-M. Compère (Hrsg.), *L'éducation des jésuites (XVIe-XVIIIe siècles)* (S. 267-278). Paris: de Minuit.

Desgraves, L. (1973). L'inventaire du fonds de livres du libraire bordelais Jacques Mongiron-Millanges en 1672. *Revue française d'histoire du livre, Nouv. Série, 3,* 125-171.

Grubmüller, K. (Hrsg.). (2000). *Schulliteratur im späten Mittelalter.* München: Fink.

Henkel, N. (1988). *Deutsche Übersetzungen lateinischer Schultexte. Ihre Verbreitung und Funktion im Mittelalter und in der frühen Neuzeit.* Mit einem Verzeichnis der Texte. München u. a.: Artemis. (=Münchener Texte und Untersuchungen zur deutschen Literatur des Mittelalters; 90).

Hergenhahn, R. (2007). Brevis Arithmetices Introdvctio 1549. Einblick in den gymnasialen Rechenunterricht. *Beiträge zur Geschichte Dortmunds und der Grafschaft Mark, 96/97,* 77-121.

Jacobi, J. (2008). Zwischen „nöthigen Wissenschaften" und „gottesfurcht". Protestantische Mädchenschulen von der Reformation bis zum 18. Jahrhundert. In H.-U. Musolff, J. Jacobi, & J.-L. Le Cam (Hrsg.), *Säkularisierung vor der Aufklärung? Bildung, Kirche und Religion 1500-1750* (S. 253-274). Köln u. a.: Böhlau.

Klieme, E., et al. (Hrsg.). (2010). *PISA 2009. Bilanz nach einem Jahrzehnt.* Münster u. a.: Waxmann.

Martin, H.-J. (2000). *La naissance du livre moderne (XIVe-XVIIe siècles).* Tours: Èditions du Cercle de la Liberairie (Avec la collaboration de J.-M. Chatelain, I. Diu, A. Le Dividich & L. Pinon).

Musolff, H.-U., Jacobi, J., & Le Cam, J.-L. (Hrsg.). (2008). *Säkularisierung vor der Aufklärung? Bildung, Kirche und Religion 1500-1750.* Köln u. a.: Böhlau.

Musolff, H.-U. (2005). Das Soester Schulwesen und seine Ausbildungsfunktion für nicht-akademische Berufe. In A. Hanschmidt & H.-U. Musolff (Hrsg.), *Elementarbildung und Berufsausbildung 1450-1750* (S. 167-205). Köln u. a.: Böhlau.

Volpilhac-Auger, C. (Hrsg.). (2000). *La collection Ad usum Delphini. L'Antiquité au miroir du Grand Siècle.* Genoble: Ellug.

Das Ritual des Textverstehens. Zu Konzeption und Gebrauch des spätmittelalterlichen Schulbuchs

Michael Baldzuhn

Zusammenfassung: Handschriftliche Einträge in mittelalterliche Schulbücher erscheinen zunächst wie Niederschlag mündlichen Unterrichts. Gegen solchen Schrift-Funktionalismus gerichtet verweist der Beitrag auf erst im Spätmittelalter sich erweiternde Möglichkeiten unterrichtsbezogenen schriftsprachlichen Handelns für den Schüler und auf einen Frühdruck, dem noch um 1500 wichtiger als die Abstimmung seines Textangebots auf den Schüler es ist, Textmaterial überhaupt bereitzustellen. Akkumulation ist das leitende didaktische Prinzip solchen Unterrichts, detailliertes Textverstehen nachgeordnet, dagegen die personale Teilhabe am Unterricht mit dem Lehrer und über einen Text zentral.

Schlüsselwörter: Schulbuch · Mittelalter · Frühe Neuzeit · Mündlichkeit/Schriftlichkeit · Unterrichtsgeschichte

The ritual of understanding. Idea and use of schoolbooks in the late Middle Ages

Abstract: Handwritten additions found in late-medieval schoolbooks and manuscripts at first sight seem to be direct effect of oral instruction. The present article argues in contrast to overemphasizing this functional view on the use of writing in the classroom. The author reminds the fact, that the options for the pupil of writing during the teaching lesson itself tardily widen out not until the late middle ages. And he shows that even in the beginning of the sixteenth century the composition of texts in a printed schoolbook hardly is designed with respect to the didactic requirements of pupils. To make texts available at all is of much more importance. Therefore accumulation is leading didactic principle of late-medieval teaching.

Keywords: Schoolbook · Middle ages · Early modern times · Oral skills · Literacy · History of lessons

© Springer Fachmedien Wiesbaden 2012

PD Dr. M. Baldzuhn, MA (✉)
Institut für Germanistik, Universität Hamburg,
Von-Melle-Park 6, 20146 Hamburg, Deutschland
E-Mail: michael.baldzuhn@uni-hamburg.de

Der grundsätzliche Aufschluss, den die Erforschung der vormodernen Bildungs- und Erziehungsgeschichte dort erwarten darf, wo sie sich – ich zitiere aus dem Bielefelder Tagungsprogramm von 2009 – „unmittelbare[n] Verwendungszusammenhänge[n]" von Unterrichtsmaterialien, „tatsächliche[n] Praktiken der Lektüre", der „wirkliche[n] Praxis des Lesens" zuwendet, liegt in der Historisierung von Prozessen der Sinnbildung und des Verstehens. Nun ist das Vorhaben, vormodernes Verstehen in seiner Historizität und Alterität seinerseits verstehen zu wollen, als solches bereits ein anspruchsvolles. Es wird jedoch dort, wo es sich spätmittelalterlichen und frühneuzeitlichen Verhältnissen widmet, hermeneutisch noch einmal insofern erheblich fordernder, als man seinerzeit regelmäßig noch weit davon entfernt ist, Organisation und Ablauf speziell schulischer Unterweisungsprozesse auf ihre Effizienz hin en Detail zu reflektieren und durchgreifend zu steuern. Über weite Strecken hinweg – Ausnahmen bestätigen nur die Regel – bewegt man sich vielmehr noch im Vorfeld diskursiv-theoretischer Reflexion des eigenen Tuns – wogegen Schule heute sich doch inzwischen ganz selbstverständlich „Rat" bei Bildungsforschung und Wissenschaft holt. Die Analyse und Konzeptualisierung vormodernen Verstehens dagegen sieht sich der Tatsache gegenüber, dass dieses wesentlich in seinen Vollzug, in die Praxis eingelassen ist und folglich zuerst von dort aus erfasst und beschrieben werden muss.

Das sollte freilich kein Grund sein, mit zu schlichten Erwartungen an diese Praxis heranzutreten. Schon der oberflächliche Blick auf sie offenbart ja ausgesprochen komplexe Verhältnisse. Man kann das etwa an den spätmittelalterlichen ‚Magister cum discipulis'-Szenen erkennen, die den für den Schulgebrauch bestimmten Unterrichtsdrucken oft vorangesetzt wurden (Beispiele bei Schreiber und Heitz 1908 und bei Kirk 1988). Die Berliner Staatsbibliothek bewahrt einen solchen Schuldruck auf: das Exemplar einer Antwerpener Ausgabe der spätantiken ‚Disticha Catonis' (kritische Textausgabe: Boas 1952) aus dem Jahre 1486 mit einem typischen ‚Magister cum discipulis'-Holzschnitt, der nachträglich sogar recht dicht handschriftlich annotiert wurde (vgl. Abb. 1). Was man hier vor Augen gestellt bekommt, ist weitaus mehr als nur ein einzelnes Buch, das sich vielleicht einmal in der Hand eines Schülers befunden haben mag, der es möglicherweise im Unterricht benutzt und Eintragungen vorgenommen hat, die uns eventuell noch heute Einblick in diesen Unterricht geben können.

Zum einen stellt der Holzschnitt immerhin mehrere Bücher dar: dasjenige auf dem Pult des Lehrenden und diejenigen in den Händen der Schüler. Zum weiteren steht das Berliner Schulbuch als Träger des Bildes für eine gesamte Auflage: für die Konzeption einer ‚Disticha Catonis'-Ausgabe nämlich, die qua Titelbild behauptet, zur Unterrichtsverwendung besonders geeignet zu sein. Zum dritten abstrahiert dieses Bild idealtypisch auf spätmittelalterlichen Unterricht generell, zeigt mithin, wie man sich um 1500 die Buchverwendung in diesem vorstellt. Und zum vierten sieht man das erhaltene Exemplar eines Schulbuchs, in das individuell handschriftlich Benutzerspuren einbeschrieben sind. Mit dieser singulären Benutzung realisiert man jedoch nur einen der vielfältigen pragmatischen Bezüge, in denen das Berliner Schulbuch zum Unterricht um 1500 steht – so dass man seine Fragen entsprechend aufgefächert stellen sollte. Haben wir in dem Berliner Buch denn eines für den Lehrer oder eines für Schüler vorliegen – und werden hier seinerzeit überhaupt Unterschiede gemacht, und wenn, dann seit wann und worin? Wie sieht das Bild des aus der Konzeption der Ausgabe herauslesbaren generalisierten Benut-

Abb. 1: ‚Disticha Catonis'-Inkunabel von 1486 (GW 1925 ff. Nr. 6283 im Ex. der Staatsbibliothek zu Berlin – Preußischer Kulturbesitz, Sign. „Hdschr. 362"), Bl. A1r mit ‚Magister cum discipulis'-Holzschnitt und handschriftlichen Einträgen

zers aus – wie sehen denn Anpassungsmöglichkeiten an spezifische Benutzer und ihre Interessen und Erfordernisse seinerzeit überhaupt im Vergleich zu den anderen Ausgaben der ‚Disticha Catonis' aus? Ferner: Welche unausgesprochenen Leitvorstellungen von unterrichtlichem Handeln organisiert die schematische visuelle Abstraktion auf idealtypische Unterrichtpraxis? Und wie stellen sich schließlich zu alledem die individuellen Benutzungsspuren, die das Berliner Exemplar bewahrt? Kurzum: Man sollte alle diese legitimen Fragen an die komplex aufgefächerten pragmatischen Bezüge nicht positivistisch reduzieren, in dem man die Hauptaufgabe seines Projekts lediglich darin sieht, sich nur munter ans Sammeln erhaltener Schulbücher zu begeben, um aus ihnen dann den schriftlichen Niederschlag ihrer Benutzung und damit den eigentlichen Unterricht, seine Konzeption, seine Erfolge und Misserfolge herauszulesen.

Der Berliner Holzschnitt hebt, neben der Vielfalt der pragmatischen Aspekte, überdies einen weiteren methodologisch zentralen Punkt ins Bewusstsein. Er führt ja gerade nicht einen solchen Unterricht vor Augen, in dem die Schüler in ihre Bücher schreiben und schriftlich Spuren hinterlassen – obgleich das vorliegende Exemplar *de facto* handschriftliche Einträge bewahrt. Er zeigt vielmehr Schüler, die zunächst einmal zuhören, vielleicht auch mitlesen, was der Lehrer, unter Rückgriff ebenfalls auf ein Buch, vorträgt. Unterricht findet hier – und übrigens bis auf den heutigen Tag – wesentlich als Kommunikation unter Anwesenden statt, zeigt sich damit vom Zeigen und Sehen, vom Sprechen und Hören bestimmt. Das Vorhaben, „Schulbüchern und Lektüren in der Unterrichtspraxis" nachzugehen, kann mithin nicht umhin, immer auch die mediale Verfasstheit der einschlägigen Quellen, den Zeugniswert der schriftlichen Quelle für das mündliche Unterrichtsgeschehen mit zu reflektieren, kann nicht umhin, das Verhältnis von Mündlichkeit und Schriftlichkeit mit zu bedenken. Auch in dieser Hinsicht erscheint das erklärte Ansinnen, aus den handschriftlichen Einträgen im Berliner Schuldruck nachträglich „Unterricht herauslesen" zu wollen, reichlich undifferenziert.

Vor dem Hintergrund der bis hierher angedeuteten Ansprüche an eine zureichende Relationierung vormoderner Schulbücher und vormodernen Unterrichts soll nun im vorliegenden Beitrag zweierlei versucht werden. Zum einen ist, ausgehend von der Annahme, dass die Möglichkeiten schriftsprachlichen Handelns für den Schüler keineswegs immer gleichbleibend selbstverständlich vorhanden waren, aufzuzeigen, wie sich diese Möglichkeiten allmählich ausgeweitet haben. Abzustecken sind also zunächst wenigstens grob die Bedingungen der Möglichkeit für Schüler, ihren Unterricht durch schriftliche Aufzeichnung in den eigenen Büchern überhaupt zu „fixieren". Anknüpfend dann an den Befund, dass diese Möglichkeiten selbst im Zeitalter des sich etablierenden Buchdrucks noch weithin beschränkt sind, soll anschließend am konkreten Beispiel eines typischen Schuldrucks aus dem beginnenden 16. Jahrhundert gezeigt werden, in welchem geringen Maße die Konzeption hier für das Gelingen von Unterricht, d. h. für das Verstehen der ihm zugrundegelegten Texte, auf eine schriftlich-diskursive Durchdringung dieser Texte setzt – oder, statt auf ein vermeintliches Defizit abzuheben, positiv formuliert: wie bedeutsam für die zeitgenössische Auffassung von gelungenem Unterricht bereits sein Vollzug als solcher ist.

Beide Argumentationsstränge führen von verschiedener Seite auf ein Gesamtbild. Dessen Grundlinien erscheinen wesentlich vom eminent rituellen Charakter bestimmt, der spätmittelalterlichem Bemühen um Textverstehen im Schulunterricht eignet. Es ist der körperliche Mitvollzug des Unterrichtsgeschehens, der auf der konzeptionellen Seite des spätmittelalterlichen Schulbuchs als eigentlicher Garant für den Lernerfolg im Unterricht und zureichendes Textverstehen durch die Lernenden begriffen wird.

Zwei kurze Bemerkungen vorweg noch – zum einen zu der Auswahl der nachstehend angeführten Beispiele: Sie stammen durchweg aus dem beginnenden Lateinunterricht. Zum anderen zwei Sätze zu einem weiteren zentralen methodischen Aspekt, der den Quellentyp als solches betrifft. Schulbücher sind zum Gebrauch bestimmt, so dass sich sehr viele von ihnen im Gebrauch verbraucht haben. Zumal unter den generell prekären Überlieferungsbedingungen einer Manuskriptkultur, aber auch im Blick noch auf Schülerhefte des 16. oder 17. Jahrhunderts bedeutet das: von den überhaupt erhaltenen Exemplaren ist jedes in gewisser Hinsicht immer irgendwie nicht repräsentativ – denn sonst hätte es sich nicht erhalten. Das muss im gegebenen Gegenstandsbereich immer als Anormalität der Quellen mit reflektiert werden (grundlegend zum Sachverhalt: Esch 1985) – und wurde es auch im folgenden, ohne jedoch eigens noch einmal thematisiert zu werden.

Abb. 2: ‚Disticha Catonis'-Inkunabel von 1486 (GW 1925 ff. Nr. 6283 im Ex. der Staatsbibliothek zu Berlin – Preußischer Kulturbesitz, Sign. „Hdschr. 362"), Bl. A4r mit Grundtext und Interlinearglossen sowie handschriftlichen Einträgen

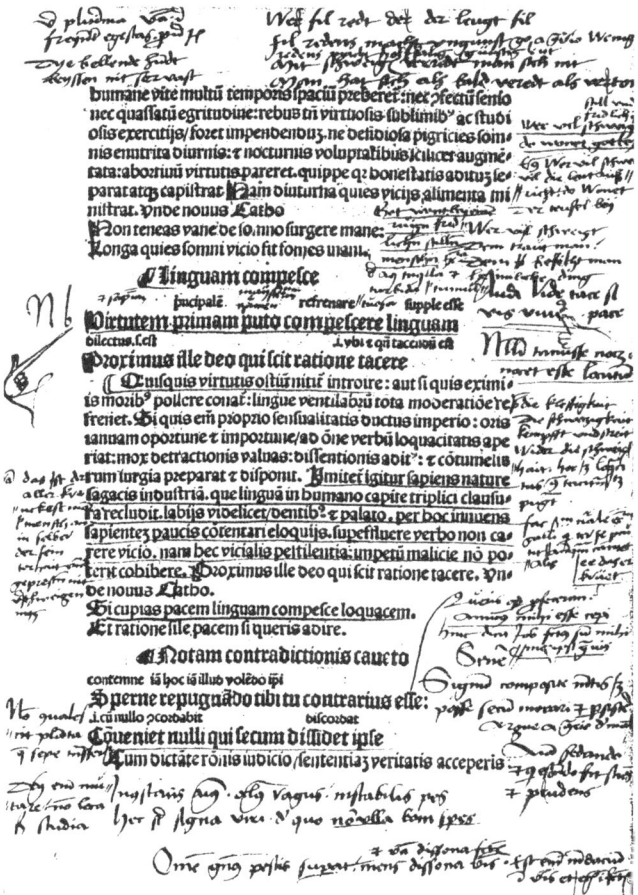

1 Ausweitung des schriftlichen Aktionsraums

Ich nähere mich der Frage nach der Ausweitung schriftsprachlicher Handlungsmöglichkeiten im Schulunterricht im Manuskriptzeitalter erneut über das Beispiel einer Textseite aus dem bereits herangezogenen Berliner Exemplar eines Schuldrucks. Eine typische Textseite (vgl. Abb. 2) zeigt dort einerseits den Grundtext, die ‚Disticha Catonis', die den Unterrichtsgegenstand bilden, zum zweiten zwischen die Zeilen des Grundtextes gedruckte Interlinearglossen, die Erläuterungen enthalten, zum dritten in dem kleineren Schriftgrad der Glossen längere Prosakommentarabschnitte, zum vierten viele recht ungeordnet auf Freiraum nachgetragene handschriftliche Ergänzungen. Mit den im vorliegenden Beispiel gedruckt vorliegenden Erläuterungen, den Glossen und Kommentaren, konnte man um 1500 freilich auch ganz anders verfahren: Mein zweites Beispiel (vgl. Abb. 3) zeigt einen etwas späteren Leipziger Druck eines weiteren Schultextes, der im Gegensatz zum ‚Cato'-Druck offenkundig allein den Grundtext enthält – es handelt sich um die im mittelalterlichen Lateinunterricht vielgelesenen spätantiken Fabeln des

Abb. 3: ‚Aviani Fabulae'-Postinkunabel von 1509 (VD 16 1983/2000 Nr. A-4474 im Ex. der Bayerischen Staatsbibliothek München, Sign. „Res 4° Epist. 139"), Bl. A2r mit Grundtext und handschriftlich ergänzten Interlinearglossen und Marginalkommentaren

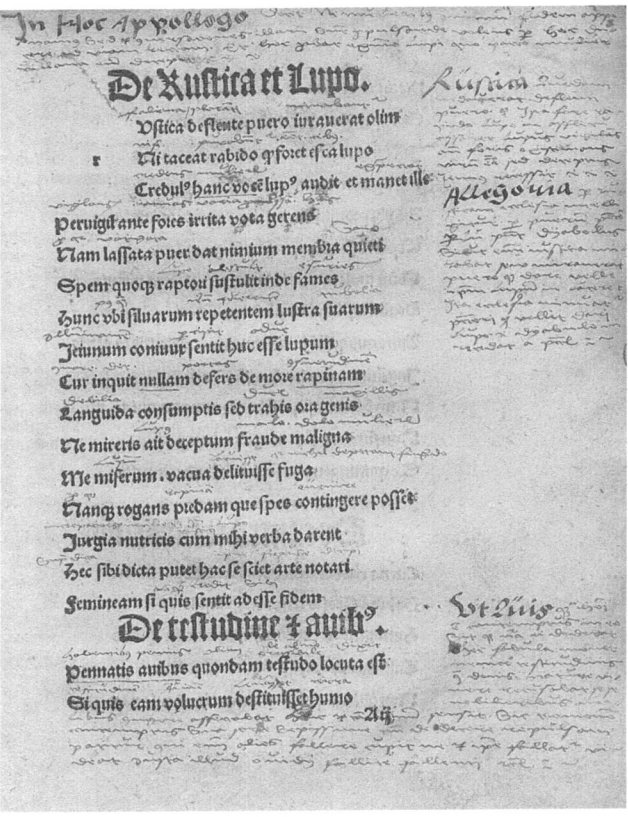

Avian (kritische Textausgabe: Guaglianone 1958) – und keinerlei interlinear gedruckte Erläuterungen mehr dazu. Für deren handschriftliche Ergänzung freilich ist, durch breiten Rand und Zeilendurchschuss, systematisch Freiraum belassen. Im vorliegenden Exemplar wurde dieser Raum auch systematisch genutzt, so dass sich die handschriftlichen Benutzerspuren dort sehr viel geordneter präsentieren als im Berliner Druck. Offenkundig können gedruckte Schulbücher dem Lehren und Lernen mit handschriftlichen Einschreibungen verschieden viel Raum bereit stellen: mehr oder weniger Rand, mehr oder weniger Zeilenabstand für Interlinearglossen. Insbesondere Drucke mit Zeilendurchschuss für die handschriftliche Interlinearglossierung und mit breitem Rand für nachträgliche Kommentierung sind unterrichtsgeschichtlich von hohem Aufschluss. Freilich ist ihr Bestand bisher nicht systematisch erhoben und sind die erhaltenen Exemplare auf Annotationen hin bisher allenfalls punktuell durchgesehen. In einem eigenen DFG-Projekt werden inzwischen immerhin die Mitschriften zu um 1515 gehaltenen Cicero-Vorlesungen der Leipziger Universität erfasst (vgl. Leonhardt 2004).

Geht man einige Jahrzehnte in die Zeit zurück, in denen Schulbücher allein handschriftlich verbreitet werden konnten, so liegt es auf der Hand, dass sich Grundtext und nachträglich Angebrachtes – etwa handschriftliche Erläuterungen – dort sehr viel schwieriger voneinander abheben lassen. Die hilfreiche Unterscheidung „handgeschrieben vs.

gedruckt" greift hier ja noch nicht – allenfalls Grundstockschreiber oder Hauptschreiber und Nachtragshand oder Nachtragsschreiber ließen sich, und dies durchaus nicht immer leicht, unterscheiden. Das hat freilich die Forschung bisher noch selten davon abgehalten, die den Grundtext begleitenden Zusätze in Handschriften, also v. a. die Interlinearglossen, aber auch marginal angebrachte Kommentierungen, im Prinzip genauso wie handschriftliche Zusätze zum gedruckten Buch zu behandeln und sie als unmittelbare Benutzerspur, als das Ergebnis einer individuellen Durcharbeitung des Grundtextes, als direkten Niederschlag des mündlichen Unterrichtsgeschehens anzusehen. Einer Sichtweise freilich, die da meint, dem Lehrer, wenn man sich nur die Interlinearglossen und Kommentare zu den für den Unterricht herangezogenen Grundtexten anschaute, quasi über die Schulter sehen zu können, erscheint die Texterschließung in mittelalterlichen Schulhandschriften tendenziell wie das schriftliche Protokoll des individuellen mündlichen Unterrichtsablaufs.

Untersuchungen zur Text- und Überlieferungsgeschichte spätmittelalterlicher Handschriften mit Schulgrammatiken haben in den letzten Jahren indes geradezu das Gegenteil erwiesen. Die Textgeschichte noch der kleinteiligsten Erläuterungen in den Glossenapparaten hat sich nämlich gerade nicht als überaus disparat, wie es nach dem Protokoll-Modell zu erwarten wäre, erwiesen, je nach individuellem Unterricht eben, sondern als in hohem Maße vorlagengebunden, von schriftlich fixierten Kommentartraditionen durchbestimmt (vgl. Grubmüller 2000). Wie der im Unterricht auszulegende Grundtext, so sind auch die Erläuterung des Grundtextes von schriftlichen Vorlagen abhängig und alles andere als dem mündlichen Extemporieren des Lehrers anheimgestellt. Überspitzt auf das Verhältnis von handschriftlichem Schulbuch und Unterricht gewendet bedeutet das: In der Handschrift liegt dem mündlichen Unterricht immer schon alles vorab zugrunde, er setzt auf der Handschrift quasi auf, schlägt aber nicht seinerseits wieder sich in der Handschrift direkt nieder. Noch pointierter formuliert: Eine Handschrift für den Unterricht um 1400 verhält sich im Prinzip wie ein gedrucktes Schulbuch zu diesem Unterricht: Man zieht auch mit ihr vollends schriftlich ausgerüstet zum Lehrervortrag.

Um die Berechtigung dieser ganz anderen Grundannahme im Detail nachzuweisen, muss man im Einzelfall sehr detailliert in die Analyse der Textgeschichten von Glossenapparaten und Kommentaren zu einzelnen Unterrichtstexten einsteigen. Der Sachverhalt sei daher nachstehend allein mit dem knappen Hinweis auf ein Beispiel aus der Überlieferung jener schon erwähnten Fabelsammlung des Avian veranschaulicht. In ihr gibt es eine handschriftliche Glossierungs- und Kommentierungstradition, die um die Mitte des 15. Jahrhunderts von der seinerzeit bedeutenden Ulmer Lateinschule ausgeht (vgl. Suerbaum 2000, S. 425–429). Gegen Ende des 15. Jahrhunderts wird diese Glossierungs- und Kommentierungstradition nahezu unverändert in den Buchdruck übernommen, und zwar in einen Kölner Druck der ‚Apologi Aviani' von 1494 für den Lateinunterricht an der Kölner Universität – unverändert sogar bis in das Seitenlayout hinein (vgl. Baldzuhn 1996, S. 361–369; 2009, S. 122–125). Wäre in diesem Falle das Verhältnis des gedruckten Schulbuchs zum mündlichen Unterricht ein grundsätzlich anderes als das der geschriebenen Handschrift zu diesem, dann wäre eine solche Übernahme des handschriftlichen Textes und seines Layouts in den Druck kaum möglich.

Mit einem solchen Wechsel der Basisperspektive auf das handgeschriebene Schulbuch transportiert man nicht mehr unhinterfragt moderne Vorstellungen des Mediengebrauchs – allzuhandener Schriftgebrauch – an seine Quellen. Es verschiebt sich stattdessen die

Frage nach den Relationen zwischen schriftlichem Niederschlag und mündlichem Unterricht ins gewissermaßen Mittelalter-Angemessenere. Diese Relationen kann man nämlich nun nicht mehr bestimmen, ohne, wie es einer traditionsbestimmten Kultur wie der des Mittelalters ja durchaus angemessen ist, wenigstens den in solchem schriftlichen „Niederschlag" verarbeiteten Textvorlagen systematisch nachgegangen zu sein, durch die allenfalls „hindurch", durch Selektion etwa oder durch Kombination mit anderen Vorlagen, individueller Unterricht aufscheinen mag. Einzubeziehen sind über die Textvorlagen hinaus aber auch die Konventionen im Bereich des mise-en-page (grundlegend: Martin und Vezin 1990), des Seitenlayouts, des Arrangements von Grundtext und erläuternden Zusätzen wie Glosse und Kommentar auf der handschriftlichen Seite, die ebenfalls nicht individuell von Handschrift zu Handschrift, von Unterricht zu Unterricht, von Schule zu Schule neu ausgearbeitet werden, sondern die wie die Texte ihren eigenen Traditionen und Konventionen folgen.

Ist damit nun, mit dem oben skizzierten Austausch der Grundannahmen, der Versuch, aus schriftlichen Niederschlägen Unterricht anzuvisieren, konkrete unterrichtliche Benutzungssituation aus Handschriften zu rekonstruieren, in weite Ferne gerückt? Das ist er nicht. Man muss sich der Sache nur auf andere Weise annähern, und zwar mit Hilfe der von den Romanisten Koch und Oesterreicher für das mediale Profil von kommunikativen Äußerungen entwickelten Unterscheidung von Medium und Konzeption (Koch und Oesterreicher 1985). Danach dürfen wir für unsere Texte in medialer Hinsicht zwischen mündlicher und schriftlicher Beschaffenheit unterscheiden – ohne dass es ein „dazwischen" gäbe. Eine kommunikative Äußerung ist entweder dies, medial mündlich, oder jenes, medial schriftlich. Dagegen stellt sich die Beschaffenheit von kommunikativen Gegebenheiten nach ihrer konzeptionellen Seite hin nicht so schlicht binär dar, sondern komplexer, eher auf einer Skala mit fließenden Übergängen. Ein Text kann konzeptionell nämlich mehr mündlich oder konzeptionell mehr schriftlich angelegt sein, wobei das vertraute ad hoc-Gespräch unter Freunden das Extrem zur einen Seite hin, der am Schreibtisch und allein für Leser verfasste juristische Kommentar zu einem Gesetz das Extrem zur anderen Seite hin markiert. Wie bereits festgehalten, rechnet die Grundannahme, die Interlinearglossen und Kommentare mittelalterlicher Schulhandschriften wären unmittelbarer Niederschlag der mündlichen Ausführungen des Lehrers über einem Grundtext, quasi mit einer Protokollsituation, die die medial mündliche Lehrerrede lediglich 1:1 in das Medium der Schrift überführt. Mit Koch und Oesterreicher wird nun freilich ergänzend deutlich, dass damit über das konzeptionelle Design der fraglichen Texte, über das konzeptionelle Design des Lehrervortrags, der mehr mündlich oder mehr schriftlich angelegt sein kann, noch gar nichts ausgesagt ist. Denn auch in diesem Lehrervortrag kann ja z.B. lediglich ein schriftlich konzipierter Text abgelesen worden sein, kann also allein das Medium des zuvor am Schreibtisch schriftlich ausgearbeiteten Textes wechseln.

Mit Hilfe der Unterscheidung von Medium und Konzeption lässt sich sinnvoller nach Mündlichkeit und Schriftlichkeit im mittelalterlichen Schulbuch fragen, ohne dass man sich gleich in jene Sackgasse hinein manövriert, über tatsächliche Abläufe des mündlichen Unterrichts lediglich noch spekulieren zu können. Denn es lässt sich jetzt ja wieder fragen, wieweit das Design des handschriftlichen Schulbuchs – dessen Abstand zum mündlichen Unterricht, wo man es als sein schriftliches Vorstrukturat betrachtet, doch beträchtlich geworden ist – in konzeptioneller Hinsicht eher mündlich oder eher schriftlich angelegt ist. Um die Antwort vorweg zu nehmen: Wir stoßen im deutschen Sprachraum im Bereich des avancierten Lateinunterrichts regelmäßig auf ein Design, das uns wieder mitten in die Mündlichkeit des Unterrichts hineinführt – freilich um den Preis der Frage, ob das, was man da vorfindet, wirklich den Namen „Unterricht" verdient.

Ich will das in Kürze von den Layouts der weit über 100 erhaltenen mittelalterlichen Handschriften der spätantiken Fabelsammlung des Avian zu entfalten versuchen. Sie führen zwar, wie zu erwarten, auf sehr verschiedene Text-Kommentar-Ensembles. Diese lassen sich aber gleichwohl nach Grundtypen sortieren. Man erkennt bei ihrer Durchsicht zudem rasch, wie über den Zeitraum des 8. bis 16. Jahrhunderts hinweg immer auch bestimmte Leittypen oder Maximalformen sich formieren, die für ihre Zeit jeweils die komplexeste, am weitesten ausdifferenzierte Form der Textdarbietung für den Lateinunterricht bilden. Beispielsweise bieten auf einer Frühstufe, die man vom Einsatz der Überlieferung im 7./8. Jahrhundert bis etwa ins 11. Jahrhundert ansetzen kann, mit dem Unterrichtsgeschehen in engerer Verbindung stehende Handschriften regelmäßig kaum mehr als den diesem zugrundegelegten Grundtext der Fabeln selbst in ein- oder zweispaltiger Darbietung, der allenfalls noch mit Glossen ausgestattet ist, die dann vorwiegend zwischen den Zeilen, bisweilen auch versprengt am Rand angebracht sind (vgl. Baldzuhn 2009, S. 22–44). Demgegenüber präsentiert sich die Maximalform der Textdarbietung für den Lateinunterricht im 13. Jahrhundert sehr viel komplexer. Das liegt in erster Linie an einem markanten Unterschied zur Leitform der Frühstufe: Es werden jetzt neben den kürzeren Erläuterungen in Form von Interlinearglossen oder Scholien am Rand nämlich auch umfangreiche diskursive Prosakommentare den einzelnen Fabeln an die Seite gestellt, die ebendort, nämlich auf den Seitenrändern, jeweils nach Möglichkeit in Höhe der gemeinten Fabel, auch ihren Platz finden (vgl. Baldzuhn 2009, S. 84–105). Eine weitere Leitform kommt im 14. Jahrhundert im deutschen Sprachraum auf, und zwar hier, wie es scheint, an den neuen Universitäten. Sie wird gekennzeichnet von der Präsentation des Grundtextes mit – wie gewohnt – Interlinearglossen zwischen den Zeilen, aber nun mit der Darbietung des Prosakommentars nicht mehr an den Rändern den Grundtext begleitend, sondern in diesen eingeschaltet und ihn abschnittsweise unterbrechend. Diesem Typ folgen etwa die oben bereits erwähnten handschriftlichen Vorläufer des Kölner Avian-Drucks von 1494 und dieser Avian-Druck selbst.

Wie kommt es zu diesem Umbau der älteren Maximalform des 13. Jahrhunderts im 14. Jahrhundert? Die Erklärung ist ganz einfach: Wenn Schüler dem Unterricht mit eigenen Büchern in der Hand folgen sollen, dann muss irgendwie für die effiziente und möglichst gleichförmige Reproduktion von Büchern gesorgt werden. Für ein Schulbuch mit einem derart komplexen Layout, wie es das 13. Jahrhundert als Maximalform entwickelt hat, braucht man freilich ausgesprochen kompetente Schreiber. Diese hat es im Umfeld der französischen Universitäten durchaus gegeben: In Paris sind das die sogenannten *stationarii*. Im Umfeld der neuen Universitäten im deutschen Sprachraum (Prag, Wien, Heidelberg) verfügte man über solche professionellen Schreiber jedoch i. d. R. nicht, so dass man nach einer anderen Lösung suchen musste, um Schulbücher in der Breite zu verteilen. Die Lösung lag dann im Diktat: Indem man dem eigentlichen Unterricht noch einmal eigene Stunden vorschaltete, in denen den Schülern die Texte in die Feder diktiert wurden, stellte man die Versorgung mit Schulbüchern sicher. Freilich ließen sich die bis dato dominierenden, fein auf der handschriftlichen Seite austarierten Text-Kommentar-

Ensembles allenfalls „abmalen". Zum Diktieren waren sie völlig ungeeignet. Text und Kommentar mussten also wieder gewissermaßen dem „Fluss" der Mündlichkeit angenähert werden. Das Ergebnis sind Layouts, in dem Text und Kommentar alternieren, Layouts, die konzeptionell zwar eminent schriftlich erscheinen, denn sie sind nicht ad hoc ausgearbeitet, die aber in ihrer schriftlichen Form sich der Mündlichkeit des Unterrichts weitergehend annähern.

Die Niederschrift nach mündlicher Vorlage stellt damit den ersten Kontakt des Schülers mit dem Unterricht und seinem Text und seiner Erläuterung dar – und vielleicht, denn es besteht ja bei dieser Form der Distribution von Unterrichtstexten latent die Gefahr, bereits das Diktat selbst als eigentlichen Unterricht anzusehen, auch den einzigen. So oder so haben wir aber mit Handschriften, die in diesem alternierenden Text-Kommentar-Layout nach Diktat entstanden sind, plötzlich soviel schriftlichen Niederschlag von Unterrichtsmündlichkeit in den erhaltenen Schulhandschriften, wie man es sich nur wünschen kann. Freilich wäre jetzt natürlich noch darüber zu sprechen, was denn eigentlich genauer unter „Unterricht" zu verstehen wäre.

Diese neue Frage, was eigentlich den spezifisch unterrichtlichen Umgang mit Texten von außerunterrichtlichem abhebt, so zentral sie sein mag, sei hier zunächst jedoch zurückgestellt und stattdessen noch einmal die bereits erwähnte Übernahme des Diktat-Layouts in den Buchdruck kurz beleuchtet. Immerhin entlastet die Bereitstellung des ganzen Textes inkl. Erläuterung im gedruckten Buch den Unterricht von der Notwendigkeit der Diktatverbreitung der Texte. Der erwähnte Kölner Avian-Druck reproduziert das ihm vorgängige Diktat-Modell seiner Vorlagen freilich recht geistlos. Obwohl das gedruckte Buch für den Unterricht nicht nur diesen von der Textreproduktion entlastet und sich nun nicht weniger als die Chance eröffnet, den Schüler nun im eigentlichen, im Kern-Unterricht auch selbst selektiv und von didaktischen Erwägungen gesteuert, schreiben zu lassen, nutzt der Kölner Druck diese Chance nicht. Er belässt seiner Konzeption nach vielmehr alles beim alten. Konzeptionell rechnet er also weiterhin mit konventionellem Unterricht in Form des mündlichen Lehrervortrags, an den er alles deligiert – lediglich die vorgeordnete Diktatstunde wird mit ihm hinfällig. Deutlich wird andererseits aber nun auch, wo gewissermaßen die Zukunft liegt: eher schon auf der Seite jener bereits erwähnten Drucke mit breitem Zeilendurchschuss, die lediglich den Grundtext vollständig bereitstellen und dem Unterricht die Möglichkeit eröffnen, partiell dieses oder jenes Textstück sich eigenhändig schriftlich weitergehend zu erschließen.

2 Akkumulation als didaktisches Prinzip

Der Skizze der bis hierher im diachronen Zugriff umrissenen potentiellen Ausweitung der schriftsprachlichen Handlungsmöglichkeiten des Schülers innerhalb des spätmittelalterlichen Lateinunterrichts lässt sich das Beispiel eines Schuldrucks aus der Kölner Offizin Bungarts von 1502 an die Seite stellen, an dem nachstehend auch im synchronen Zugriff aufzuzeigen ist, in welchen engen konzeptionellen Grenzen Schulbücher noch im Ausgang des Mittelalters auf das aktiv-schriftliche, eigene Mitarbeiten des Schülers im Unterricht abgestimmt sind. Dieser Druck von 1502 dürfte erneut für den Grammatikunterricht wiederum an der Kölner Universität oder in deren engerem Umfeld, an den

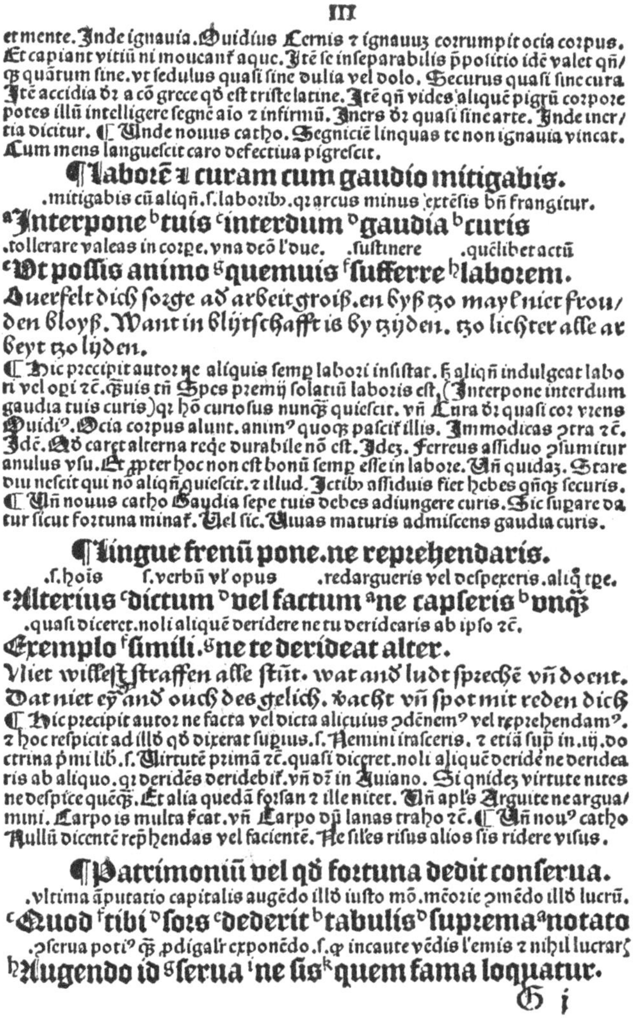

Abb. 4: ‚Disticha Catonis'-Postinkunabel von 1502 (VD 16 1983/2000 Nr. C-1701 im Ex. Nancy, Bibliothèque municipale, Sign. „Inc. 27a", Bl. G1r mit dem Verstext vorangehender Überschrift („Laborem et curam..."), Hexameter („Jnterpone...") und Pentameter („Vt possis...") jeweils mit Interlinearglossen, Übersetzung („Ouerfelt dich sorge..."), Prosakommentar („Hic precipit autor...") und abschließenden Versen des ‚Novus Cato' („Unde nouus catho Gaudia sepe...")

Bursen etwa, zugeschnitten sein. Bei dem Grundtext handelt es sich erneut um einen Klassiker des Lateinunterrichts, erneut um die spätantiken und seit Jahrhunderten im Trivium verbreiteten ‚Disticha Catonis'.

Zunächst ist einzulösen, was weiter oben als generelle methodische Erwartung formuliert wurde: dass die Frage individuellen Unterrichtsbezugs vormoderner Schulbücher sinnvoll sich nur über die vollständige Kenntnis des relevanten Traditionshintergrundes angehen lässt. Was das Layout des Kölner Drucks betrifft (vgl. Abb. 4), muss dazu nicht viel gesagt werden. Es reproduziert in seiner Grundstruktur das im 14. Jahrhundert für das Diktat entwickelte Arrangement: Grundtext und Kommentar alternieren; der Grundtext erscheint mit breitem Zeilendurchschuss; zwischen die Zeilen sind Interlinearglosen gesetzt; der Prosakommentar demgegenüber erscheint fortlaufend engzeilig. Zwei kleinere Auffälligkeiten allenfalls wären zu benennen. Zum einen finden sich lateinische Zwischenüberschriften mit vorangestelltem Alinea-Zeichen vor jedem Distichon des Grundtextes, die den Text noch weiter untergliedern. Zum weiteren erscheinen zwischen dem Pentameter des Distichons und dem anschließenden Abschnitt mit dem Prosakommentar jeweils einige wenige Zeilen in anderer Schriftart. Bei diesen Zeilen handelt es sich nicht um lateinischen, sondern um deutschen Text, näherhin um eine Reimpaarübersetzung der ‚Disticha Catonis'. Prinzipiell ist die Präsentation solcher Reimpaarverse genau an dieser Stelle, also im unmittelbaren Anschluss an die lateinischen Distichen, in der älteren Handschriftentradition des ‚Cato' freilich gut belegt.

Weitaus interessanter als das Layout erscheint der Druck von 1502 hinsichtlich der in ihm verarbeiteten Texttraditionen. Der Kölner Drucker greift hier nämlich in bemerkenswert viele Richtungen aus:

- Als Vorlage für seinen lateinischen Prosakommentar benutzt er einen v. a. in Frankreich verbreiteten lateinischen Prosakommentar (‚Summi deus largitor premii'; knappe Charakteristik bei Baldzuhn 2009, S. 282–285). Dieser wird freilich gekürzt.
- Andererseits erweitert unser Bearbeiter auch. Er hängt nämlich jedem Kommentarabschnitt systematisch die entsprechenden Verse einer zuvor bereits in zahlreichen Handschriften verbreiteten hochmittelalterlichen lateinischen ‚Cato'-Bearbeitung an, die Verse des sogenannten ‚Novus Cato' (zu Autor und Werk Henkel 1988, S. 274–276).
- Weiterhin lassen sich als Vorlage der lateinischen Überschriften vor jedem Distichon des alten ‚Cato' niederländische Drucke eines weiteren ‚Cato'-Kommentars identifizieren, der hier auf seine Titel, seine Überschriften gekürzt wurde (Robert von Euremodio – Textfassung II; knappe Charakteristik bei Baldzuhn 2009, S. 272–280).
- Als Vorlage der zwischen die lateinischen Distichen und den lateinischen Prosakommentar eingefügten deutschen Reimpaarübersetzung dienten gar zwei verschiedene Quellen. Zum einen wird der ohnehin im Kölner Raum seit längerem verbreitete ‚Niederrheinische Cato' benutzt (Text: Graffunder 1897; zu Konzeption und Verbreitung: Baldzuhn 2009, S. 182–192, S. 936–941), der im entsprechenden Raum bereits seit der zweiten Hälfte des 14. Jahrhunderts kursierte, für den Druck von 1502 freilich wieder gekürzt wurde. Zweite Quelle ist die eigentlich im oberdeutschen Raum verbreitete ‚Cato'-Übersetzung Sebastian Brants von 1498 (Text: Brant 1854; zu Konzeption und Verbreitung: Baldzuhn 2009, S. 310–321, S. 979–983), die für den Druck ins Mittelfränkische übertragen sowie ebenfalls gekürzt wurde.

Das ist insgesamt eine eindrucksvolle Vorlagenmelange. Das charakteristische Profil des Kölner Drucks macht es überdies noch aus, dass es zwar deutsche Verstextübersetzung lateinischer Schultexte als solche durchaus häufiger gibt, aber ihre Verbindung mit lateinischen Kommentaren, wie sie hier vorliegt, grundsätzlich eher selten ist. Der Kölner Drucker Bungart scheint also ganz nach dem Prinzip des Goethe'schen Theaterdirektors im ‚Faust' vorgegangen zu sein: „Wer vieles bringt, wird manchem etwas bringen, und jeder geht zufrieden aus dem Haus."

Erfolg war Bungart damit freilich nicht beschert: Eine zweite Auflage erlebt sein Druck nicht. Das verwundert zunächst, greift doch kein einziger ‚Cato'-Druck der Zeit so weit aus wie unser Kölner, der so viel Verschiedenes versammelt, um es gleichwohl in übersichtlicher Ordnung dem potentiellen Benutzer zu präsentieren. Darin erscheint der Druck ja durchaus modern: Er ist ein Musterbeispiel dafür, wie das allgemeine Vordringen von Schrift in die verschiedensten kommunikativen Felder der mittelalterlichen Gesellschaft, darunter auch in den Schulunterricht, den Druckern von Schulbüchern schließlich um 1500 ganz neue Möglichkeiten des Ausgriffs in verschiedenste Texttraditionen bieten, die nun generell sehr viel breiter verfügbar geworden sind als sie das noch wenige Dezennien zuvor waren.

In diesem Vorgehen Bungarts liegt zugleich aber auch der Grund für die ausbleibende zweite Auflage des Schuldrucks. Hinter dem Kölner Verlangen nach Vollständigkeit steht nämlich noch eine durch und durch mittelalterliche Auffassung vom Verhältnis zwischen Text und Unterricht bzw. Schüler. Dazu ist freilich noch einmal die Novität der Verbreitung von Schultexten im Diktat zu bedenken, und zwar im Horizont der übergreifenden Frage nach den Anstößen, die das Vordringen von Schriftlichkeit in den spätmittelalterlichen Unterricht überhaupt motivieren. Der Umbau der Schultexte und ihres Seitenlayouts für eine Distribution im Diktat verweist deutlich auf einen zwar schlichten, aber doch grundlegenden Anstoß: Die „Effizienz" von Unterricht erscheint bedeutend ja bereits dadurch gesteigert, dass man Schüler und Text qua Diktat schlicht und einfach physisch-medial aneinander anzunähern vermochte. Dass der Schüler qua Diktat überhaupt material über den Text verfügt, indem er im Diktat zu seinem nun auch schriftlichen Reproduzenten aufsteigt, ist bereits eine entscheidende „Verbesserung" des Unterrichts gegenüber älteren Verhältnissen („Unterversorgung der Schüler mit dem seltenen Buch"). Die Aneignung des Unterrichtstextes als differenzierte kognitive Aneignung im Sinne eines zureichenden „Verstehens" steht da noch gar nicht primär im Blick. (Das ließe sich im übrigen auch von anderer Seite her zeigen, nämlich an der Machart der für das Diktat umgebauten Prosakommentare, die kaum je nach didaktischen Erwägungen zugeschnitten wurden.) Die Effizienzsteigerung, die sich aus der Verbreitung von Texten im Diktat ergibt, schafft dafür gerade einmal die prinzipiellen Voraussetzungen, ohne sich aber selbst bereits dem Vorhaben einer schülergerechten, didaktisch kleinteiligen Aufteilung und Präsentation des Textes für einen differenziert begriffenen Lernprozess zu verdanken. Darüber nachzudenken entsteht nun, wie gesagt, durch die Entlastung des Schülers von der materialen Textreproduktion mit dem Buchdruck überhaupt erst einmal in der Breite die Gelegenheit. Die Drucke mit breitem Zeilendurchschuss für handschriftliche Einträge unternehmen in diese Richtung dann einen ersten Schritt. Ihnen gegenüber vertritt der Kölner Druck noch eine ältere, sozusagen mittelalterlicher anmutende Vorstellung von Unterrichtseffizienz: Das Sammeln, Bewahren und Ordnen von Texten, zunächst einmal überhaupt ihre materiale Weitergabe an die nächste Generation ist ihm das grundlegende Anliegen, und Akkumulation und Vollständigkeit sind dementsprechend seine ihn implizit leitenden didaktischen Prinzipien – nicht das Zergliedern eines traditionellen Textangebotes in Hinsicht auf einen vorab abstrakt entworfenen und differenziert gesehenen Lernprozess.

Über den konkreten Unterricht, der auf der Basis des Kölner Drucks stattgefunden hat, können wir nichts Genaues mehr sagen. Er lässt sich nicht mehr rekonstruieren. Statt sich diesen Unterricht allein als reconstruendum zu denken (um dann an Informationslücken zu scheitern), kann man sich freilich auch damit begnügen, ihn als ein Regulativ in seine weiteren Überlegungen einzubringen – ich folge damit grundsätzlichen methodologischen Überlegungen Wulf Oesterreichers zum Problem der Rekontextualisierung vormoderner Textüberlieferung (vgl. Oesterreicher 1998). Dann kann man wenigstens danach fragen, welche Möglichkeiten ein solches Schulbuch dem Unterricht überhaupt eröffnete, was es andererseits nicht erlaubt, wie Unterricht auf der Basis des vorliegenden Drucks wahrscheinlicher oder weniger wahrscheinlich ausgesehen haben kann und ob sich nicht wenigstens zu seinen Grundstrukturen plausible Annahmen formulieren lassen. Vom Bungart-Druck ausgehend lässt sich dann immerhin annehmen, dass der implizite Anspruch, den seine Konzeption an „passenden" Unterricht erhebt, sehr niedrig liegt, dass Unterricht auf der Basis des Kölner Drucks sein wesentliches Lernziel im wesentlichen bereits dort erreicht, wo Schüler mit diesem Druck in den Händen überhaupt Unterricht besuchten und vom Bungartschen Erzeugnis assistiert den mündlichen Erläuterungen des Lehrers zum Text folgen konnten. Jedenfalls wird weder konzeptionell im Druck selbst noch irgend in seinem Umfeld eine ergänzende, weiter aufgefaltete schriftliche Verwendung des Textes sichtbar, sei es für die Schüler in Form von Schülerheften, sei es für den Lehrer in Form eines besonderen Kommentars über dem gedruckten Kommentar, also in Form des Schulbuchs speziell für den Lehrer, das prinzipiell anders aussähe als das des Schülers. Auch der Kölner ‚Cato' ist nämlich gewissermaßen „alles Wissen" zur Sache: das Wissen des Schülers, das Wissen des Lehrers, nicht zuletzt aber auch – das darf man keinesfalls übersehen – das Wissen der ganzen spätmittelalterlichen Wissenschaft zum ‚Cato'. In diese Wissensgemeinschaft als Schüler mit einem entsprechenden Buch in der Hand leibhaftig einzurücken, macht elementar bereits den im Kölner Druck schriftlich fixierten Unterricht aus. Eine weitergehende kognitive Vermittlung von Textinhalten an den individuellen Schüler hängt folglich sehr von den okkasionellen Kompetenzen, von Wille und Vermögen des Lehrers ab. Sein mündlicher Vortrag unter Begleitung dieses Kölner Schulbuchs kann im schlechtesten Fall lediglich noch einmal wiederholt haben, was da allen Anwesenden bereits geschrieben vor Augen stand. Was er hingegen „im besten Fall" den Schülern zu vermitteln vermochte, wird jedenfalls schriftlich nicht weiter vorfixiert.

Grundlegend für das „Gelingen" solchen Unterrichts nach seinen eigenen Begriffen war ohnedies anderes: dass man an ihm überhaupt teilhatte, dass man als Schüler in der Nähe zu einem Lehrer und in seiner Lerngemeinschaft sich befand, dass man seine mündlichen Kommentierungen, wie immer sie aussahen, noch einmal mitvollziehen konnte. In dieser Hinsicht trägt spätmittelalterlicher Unterricht rituellen Charakter. Dieser ergibt sich letztlich aus seiner primären Aufgabe, in Tradition einzuüben. Aus der Perspektive einer traditionsgeleiteten Kultur besteht eine keineswegs gering zu veranschlagende Leistung von Unterricht nämlich bereits darin, die Weitergabe des von der Tradition positiv sanktionierten Wissens zu sichern. Einer der Träger dieses Wissens war über Jahrhunderte hinweg auch der „Körper des Schülers".

3 Gegenprobe: der handschriftliche Ausbau eines Schuldrucks zum Sentenzenhandbuch

Die bis hierher entfalteten, einmal aus eher diachronischer, einmal aus eher synchronischer Perspektive gewonnenen Befunde ergeben ein stimmiges Gesamtbild: Sehr grundsätzlich und mühsam weiten sich im 15. Jahrhundert in der Breite die Möglichkeiten für den Schüler, regelmäßig an Unterricht auch schriftlich zu partizipieren, und dementsprechend noch sehr undifferenziert lässt das Schulbuch um 1500 den Schüler aktiv an einem medial differenzierten Unterrichtsgeschehen teilhaben. Das alles schließt nun keineswegs aus, dass sich einzelne Schüler sehr individuell schriftlich mit ihrem Unterricht auseinandersetzen und Spuren dieses individuellen Bemühens um Textaneignung und Textverstehen auch in Schulbüchern sich finden – aber das sind dann Beispiele von äußerst intrikater und eigens immer noch einmal genau zu reflektierender Repräsentativität.

Dieser Anspruch sei hier abschließend wenigstens im Ansatz für die handschriftlichen Einträge zu dem eingangs bemühten Berliner Schuldruck eingelöst. Unter den Annotationen auf der ersten Seite mit dem Holzschnitt (Abb. 1) lassen sich u. a. entziffern: (Nr. 1) „Wie Ein tugent bringt die ander || Also auch Ein laster bringt das ander", (Nr. 2) „all tag ein wenig || macht sünden nach ain grossen haüffen", (Nr. 3) „proverbium est || Sorg vnd sorg nit ze fil Es geschicht || dennocht was got wil", (Nr. 4) „Der baüm felt von || aijm sthraich nit", (Nr. 5) „dilige virtutes || Tugent || frumhait || gotzforcht || erlich lebn", (Nr. 6) „Jnitium salutis est noticia peccati", (Nr. 7) „Audi vide tace || si vis viuere in pace", (Nr. 8) „Jn allen dingen || ist guot ein fürsorg || ze haben".

Offensichtlich werden lateinische und deutsche Sprichwörter und Sentenzen versammelt: Nr. 6 etwa stammt aus Senecas ‚Epistulae morales ad Lucilium' (XXVIII, 9), Nr. 3 benennt die Textsorte Proverbium explizit. Obwohl sich daneben auch Begriffslisten finden, Nr. 5 etwa mit einem Tugendkatalog, das Funktionsspektrum der Einträge demnach durchaus breiter zu sein scheint, und obwohl mehrere nicht mehr zu entziffernde Einträge einzubeziehen wären, vermitteln die Ergänzungen zum Titelblatt zunächst v. a. den Eindruck eines Schulbuchs, das durch handschriftliche Nachträge zu einem kleinen Thesaurus von Sprichwörtern und Sentenzen, zu einem Handbuch und Nachschlagewerk mit nützlichen Textbausteinen vielleicht für die spätere eigene Textproduktion ausgebaut wurde. Stichproben auf den folgenden Seiten bestätigen diesen ersten Eindruck: Sentenzen und Sprichwörter scheinen mindestens die Hälfte des Gesamtbestands der Einträge auszumachen.

Der Druck umfasst insgesamt 80 Seiten, die nahezu alle handschriftlich reichhaltig ergänzt sind, obwohl das ursprüngliche Textlayout solchen Ergänzungen eigentlich keinen Raum lässt. Kein halbes Dutzend Seiten weist so gut wie keine Einträge auf: Einmal findet sich nur ein „Notabene"-Hinweis (Bl. D3v), einmal nur zwei Zeigehände und ein kurzer Hinweis darauf, dass im gedruckten Text Seneca erwähnt werde (Bl. D3r), drei Seiten haben allein eine Zeigehand. Über den gesamten Band hinweg werden wie auf dem Titelblatt lateinische wie deutsche Einträge vorgenommen. Es scheint durchgängig nur eine einzige Hand zu schreiben, die aber mit zahlreichen Unterbrechungen eintrug. Überwiegend erscheinen die Einträge auf viele kleinere, kürzere Absätze verteilt statt in Form längerer diskursiver Prosapassagen, wie man sie für Schulkommentare oder ihre Bruchstücke erwartet (die ja auch bereits der gedruckte Text bietet). Zahlreiche Zeigehände stellen Verbindungen dieser kürzeren Absätze zu dem gedruckten Text, und zwar sowohl zu den spätantiken lehrhaften Distichen wie zu den mittelalterlichen Prosakommentarabschnitten her. Sehr vereinzelt werden die Verfasser einer Sentenz benannt (Bl. A1v: Isidor [von Sevilla]).

Der Band verdient von der Sprichwortforschung weitergehend ausgewertet zu werden. Sein Zeugniswert für eine unmittelbare Verwendung im Schulunterricht indes scheint gering. Die nachträgliche Funktionalisierung eines Schulbuchs zum individuellen Sentenzenthesaurus ist schulbuchgeschichtlich gleichwohl von Aufschluss. Die Basis der Einträge bildet ein noch nicht funktional eng und distinkt auf eine bestimmte Lernstufe des Schülers zugeschnittenes Schulbuch, das im Gegenteil noch alles im Prinzip relevante Wissen zum ‚Cato', das der Wissenschaft wie das des Unterrichts, zwischen zwei Buchdeckeln versammelt. Die Ausweitung dieses Buches zum Thesaurus, zur Sentenzen-Handbibliothek, zum Sprichwort-Speicher setzt diese Intention des Sammelns und komprimierenden Bewahrens nur konsequent fort.

4 Ausblick

So besonders die handschriftlichen Auffüllungen des Berliner Schuldrucks auf den ersten Blick sich ausnehmen, der sie generierende sammelnd-sichernde Gestus repräsentiert erneut den spätmittelalterlichen „Normalfall". Eben auf diesen zielen die bekannten Einwände der Humanisten gegen die althergebrachten Schulkommentare, ihre Nutzlosigkeit, die den Zugang zu den eigentlichen Texten verstellt – wie sie für die ‚Disticha Catonis'-Kommentatoren kein geringerer als Erasmus formuliert (vgl. Boas 1939, S. 282; Boas 1940/42, S. 67 f.). Eben aus diesem Normalfall resultieren die zahllosen Klagen der herumreisenden Schüler über ihren ineffizienten Unterricht (vgl. allein in Butzbach 1993, S. 78, 198, 217, 222), resultieren die exorbitant hohen Zahlen von Studienabbrechern an den deutschen Artistenfakultäten (Zahlen bei Schwinges 1985).

In den Chor der Humanisten mit ihren Verdammungen des traditionellen Lateinunterrichts wird heute niemand mehr vorbehaltlos einstimmen: Davor bewahrt die historische Perspektive. Erasmus hatte ja noch keinerlei Blick für die Leistung, die das akkumulierende Sichern von Wissen, das die von ihm geschmähten Kommentare generierte und anschwellen ließ, für die semi-litterale Manuskriptkultur des Mittelalters einmal erbracht hat. Und über Effizienz und Ineffizienz vormodernen Unterrichts ist ja gar nicht so einfach mehr zu richten, wenn man sich spätmittelalterliche Lebensgänge von Stadtschreibern oder Schulmeistern vergegenwärtigt, für die es oft bereits ausreichte, überhaupt ein paar Zeilen einigermaßen verständliches Latein zu Papier zu bringen, um an ein besoldetes Amt zu gelangen. Nicht zuletzt bleibt im Bewusstsein zu halten, auf welche durchaus lange Sicht noch es Ausnahme bleibt, sich lehrerseitig ernsthaft auf individuelle Sinnbildung einzulassen. Die einschlägigen Ansichten Johannes Sturms (1507–1589) und Hieronymus Wolfs (1516–1580), wiewohl von der traditionellen Schulgeschichtsschreibung vielgepriesene Vorsteher und Erneuerer ihrer Schulen in Straßburg und Augsburg, dürfen noch für geraume Zeit als Warnung dienen. Gegen den Anspruch der Schüler auf ein Verstehen der Texte bleiben beide nämlich erschreckend gleichgültig (vgl. Paulsen 1919–1921, Bd. 1, S. 378 f., das Zitat S. 379): „die Knaben verstehen ja überall nicht, was sie lesen".

Literatur

Quellen

Boas, M. (Hrsg.). (1952). *Disticha Catonis*. Recensuit et apparatu critico instruxit. Opus post M. Boas mortem edendum curavit H. J. Botschuyver. Amsterdam: North-Holland Publishing Company.

Brant, S. (1854). Disticha Catonis dt. In F. Zarncke (Hrsg.), *Sebastian Brants Narrenschiff* (S. 131–137). Leipzig: Wigand.

Butzbach, J. (1993). *Odeporicon. Wanderbüchlein*. Aus dem Lateinischen übertragen und mit einem Nachwort versehen von Andreas Beriger. Zürich: Manesse.

Graffunder, P. (Hrsg.). (1897). *Niederrheinischer Cato. Cato's Distichen in niederrheinischer Übersetzung*. Berlin: Martin Oldenbourg.

Guaglianone, A. (Hrsg.). (1958). *Aviani Fabulae recensuit Antonio Guaglianone*. Turin: Paravia.

Sekundärliteratur

Baldzuhn, M. (1996). Quidquid placet. Stellung und Gebrauchsformen der ‚Fabulae Aviani' im Schulunterricht des 15. Jahrhunderts. In M. Kintzinger, S. Lorenz, & M. Walter (Hrsg.), *Schule und Schüler im Mittelalter. Beiträge zur europäischen Bildungsgeschichte des 9. bis 15. Jahrhunderts* (S. 327–383). Köln: Böhlau.

Baldzuhn, M. (2009). *Schulbücher im Trivium des Mittelalters und der Frühen Neuzeit. Die Verschriftlichung von Unterricht in der Text- und Überlieferungsgeschichte der ‚Fabulae' Avians und der deutschen ‚Disticha Catonis'*. Berlin: de Gruyter.

Boas, M. (1939). Een vergissing van Erasmus. *Het Boek, 25,* 277–287.

Boas, M. (1940/42). De Cato-bewerking van Robertus de Euremodio. *Het Boek, 26,* 49–68.

Esch, A. (1985). Überlieferungschance und Überlieferungszufall als methodisches Problem des Historikers. *Historische Zeitschrift, 240,* 529–570.

Grubmüller, K. (2000). Einleitung. In K. Grubmüller (Hrsg.), *Schulliteratur im späten Mittelalter* (S. 7–9). München: Fink.

GW (1925 ff.). *Gesamtkatalog der Wiegendrucke. Bd. 1–8,1*. Hrsg. von der Kommission für den Gesamtkatalog der Wiegendrucke. Leipzig: Hiersemann. *Gesamtkatalog der Wiegendrucke. Bd. 8,2 ff.* Hrsg. von der Deutschen Staatsbibliothek. Stuttgart: Hiersemann.

Henkel, N. (1988). *Deutsche Übersetzungen lateinischer Schultexte. Ihre Verbreitung und Funktion im Mittelalter und in der frühen Neuzeit. Mit einem Verzeichnis der Texte*. München: Artemis.

Kirk, S. (1988). *Unterrichtstheorie in Bilddokumenten des 15. bis 17. Jahrhunderts. Eine Studie zum Bildtypus der »Accipies« und seinen Modifikationen im Bildbestand der Universitätsbibliothek Helmstedt und des Augusteischen Buchbestandes der Herzog August Bibliothek in Wolfenbüttel*. Hildesheim: Lax.

Koch, P. & Oesterreicher, W. (1985). Sprache der Nähe – Sprache der Distanz. Mündlichkeit und Schriftlichkeit im Spannungsfeld von Sprachtheorie und Sprachgeschichte. *Romanistisches Jahrbuch, 36,* 15–43.

Leonhardt, J. (2004). Gedruckte humanistische Kolleghefte als Quelle für Buch- und Bildungsgeschichte. *Wolfenbütteler Notizen zur Buchgeschichte, 29,* 21–34.

Martin, H.-J., & Vezin, J. (1990). *Mise en page et mise en texte du livre manuscrit*. Paris: Éditions du Cercle de la Librairie-Promodis.

Oesterreicher, W. (1998). Textzentrierung und Rekontextualisierung. Zwei Grundprobleme der diachronischen Sprach- und Textforschung. In C. Ehler & U. Schaefer (Hrsg.), *Verschriftung und Verschriftlichung. Aspekte des Medienwechsels in verschiedenen Kulturen und Epochen* (S. 10–39). Tübingen: Narr.

Paulsen, F. (1919–1921). *Geschichte des gelehrten Unterrichts auf den deutschen Schulen und Universitäten vom Ausgang des Mittelalters bis zur Gegenwart.* Mit besonderer Rücksicht auf den klassischen Unterricht. 3., erweiterte Auflage hrsg. und in einem Anhang fortgesetzt von Rudolf Lehmann. Leipzig: Veit & Comp.

Schreiber, W. L., & Heitz, P. (1908). *Die deutschen „Accipies" und Magister cum discipulis-Holzschnitte als Hilfsmittel zur Inkunabel-Bestimmung.* Straßburg: Heitz.

Schwinges, R. (1985). *Deutsche Universitätsbesucher im 14. und 15. Jahrhundret. Studien zur Sozialgeschichte des Alten Reiches.* Stuttgart: Steiner.

Suerbaum, A. (2000). ‚Litterae et mores'. Zur Textgeschichte der mittelalterlichen Avian-Kommentare. In K. Grubmüller (Hrsg.), *Schulliteratur im späten Mittelalter* (S. 383–434). München: Fink.

VD 16 (1983/2000). *Verzeichnis der im deutschen Sprachbereich erschienenen Drucke des 16. Jahrhunderts.* Hrsg. von der Bayerischen Staatsbibliothek in München in Verbindung mit der Herzog August Bibliothek in Wolfenbüttel. Stuttgart: Hiersemann.

Frühe Lese- und Schreiblernbücher des 16. Jahrhunderts. Zu Valentin Ickelsamers *Die rechte weis, aufs kürtzist lesen zu lernen* (1527) und *Teütsche Grammatica* (1532?)

Hans Rudolf Velten

Zusammenfassung: Der Beitrag untersucht semantische und pragmatische Aspekte der beiden Lese- und Schreiblernbücher des protestantischen Schulmeisters und Grammatikers Valentin Ickelsamer (*Die rechte weis* (1527) und *Teütsche Grammatica* (1532?) und fragt nach ihrem medialen und pädagogischen Status zwischen Schulunterricht und außerschulischen Lernkontexten. Wie andere frühneuzeitliche Anleitungsschriften unterstrichen sie das „selber lernen", womit sie sich als polyfunktionale Hilfsmittel sowohl für den (privaten) Schulunterricht als auch für den informellen Unterricht in Familie und Beruf bzw. für autodidaktische Zwecke qualifizierten. Methodisch zielten sie auf ein effektiveres Lernen nach der Lautiermethode, die Vermittlung grammatischer, etymologischer und orthographischer Kenntnisse und ein kritisches Sprachbewusstsein ab. Gleichzeitig wandten sie sich an Schulmeister und Sprachmethodiker. Das Ziel der Sprachbildung verfolgte Ickelsamer im Rahmen der neuen Möglichkeiten des Buchdrucks, religiöses und weltliches Wissen allen Laien mittels einer Didaktik zugänglich zu machen; die Rolle des Schulbuches überschreitet damit weit seine ihm heute zugewiesenen institutionellen Funktionen. Lesen und Schreiben sind dabei nicht nur ‚Kulturtechniken', sondern theologisch und ethisch begründete Formen der individuellen Bildung.

Schlüsselwörter: Anleitungsschriften · Schulunterricht · Bildungsgeschichte · Außerschulisches Lernen · Schulmeister · Ickelsamer

Early 16th century reading and writing manuals. Valentin Ickelsamer's 'Die rechte weis' (1527)

Abstract: The essay investigates the semantics and pragmatics of two reading and writing manuals of the protestant schoolmaster and grammarian Valentin Ickelsamer (*Die rechte weis* (1527) and *Teütsche Grammatica* (1532?), asking for their pedagogical and medial status between school teaching and out-of-school learning. Like other works of early modern instructive literature they emphasized "self-learning" processes, which made them a polyfunctional expedient for private

---

© Die Autor(en) 2012. Dieser Artikel ist auf Springerlink.com mit Open Access verfügbar.

PD Dr. H. R. Velten (✉)
Institut für deutsche Literatur, Humboldt Universität zu Berlin,
Unter den Linden 6, 10099 Berlin, Deutschland
E-Mail: havel@rz.hu-berlin.de

school teaching as well as for informal home schooling or self-education. Methodically, they focused on more effective learning processes using phonetic instead of spelling approaches, which aimed to the insemination of grammatical, etymological and orthographical knowledge as well as to a critical language awareness. Ickelsamer pursued this goal in the framework of the new opportunities of the printing press to make religious and secular knowledge accessible for all laymen by means of a reading and writing manual. Therefore, this type of early modern school manual transgresses the institutional functions attributed to schoolbooks today. In Ickelsamer's works, literacy appears not only as a mere 'technique of culture', but as a theologically and ethically established form of individual formation by linguistic knowledge.

Keywords: How-to books · History of education · School teaching/instruction · Out-of-school learning · Schoolmaster · Ickelsamer

In den ersten Jahrzehnten des 16. Jahrhunderts erschien eine größere Zahl gedruckter Unterweisungsschriften, in denen unter Bezugnahme auf die geistigen Möglichkeiten der Lesefähigen v. a. praktische Wissensgebiete für die Laien erschlossen wurden: es entstanden Anleitungen zum Rechnen und Briefeschreiben, Handbücher und Vokabularien zum Fremdsprachenlernen, technische und populärwissenschaftliche Fachprosa, Leitfäden zur Selbstmedikation und v. a. Erstlesedidaktiken in Verbindung mit grammatischen Hinweisen und Übungen. Unter letzteren sind etwa das 1530 in Basel erschienene *Enchiridion: das ist Handbüchlin tütscher Orthographie* des protestantischen Predigers und Schulmeisters Johannes Kolroß, des Mainzer Druckers und Buchhändlers Peter Jordan Schrift *Leyenschul. Wie man Künstlich vnd behend/schreyben vnnd lesen soll lernen*, eine systematisierende Lautlehre von 1533, oder auch des Augsburger Schulmeister Jacob Grueßbeutels *Eyn besonder fast nützlich stymmen büchlein mitfiguren* von 1534 zu nennen. Die beiden wichtigsten Publikationen auf dem Gebiet des Lesenlernens mit Hilfe von gedruckten Anleitungen waren jedoch unzweifelhaft Valentin Ickelsamer *Rechte weis, aufs kurtzist lesen zu lernen* von 1527 und seine wenige Jahre danach entstandene *Teütsche Grammatica*.[1]

Eine Besonderheit dieser Unterweisungsschriften ist es, dass sie fast alle von aktiven Schulmeistern, d. h. meist von Betreibern sogenannter privater Lese- und Schreibschulen verfasst wurden, sich andererseits jedoch an alle lesewilligen Laien richteten und das „selbst lernen", häufig schon im Titel betonten. So wünscht Kolroß im Schlusswort, dass sein Buch von „den einfalltigen vnd iungen leerkinden (…) on wytere erklaerung durch sich selbs/(…) moegen ergryffen" und verstanden werde (Kolroß 1530, S. 87); und der Untertitel der *Teütschen Grammatica* Ickelsamers lautet: „daraus einer von jm selbs mag lesen lernen (…)". In anderen Wissensbereichen war der Hinweis auf das ‚selber lernen' ebenso gegeben, aber weniger problematisch: so heißt es im Titel von Jacob Köbels 1532 in Frankfurt erschienenem Rechenbuch: *Rechnen vnd Visieren/so verstendtlich vnndt leicht fürgeben/das eim ieden hieraus von sich selb wol zulernen*. Sein seit 1514 in zahlreichen Auflagen erschienenes Büchlein sei, so Köbel im Vorwort, „von vilen menschen begert", und deshalb schon dem Raubdruck verfallen. Daher liege es jetzt hier verbessert und erweitert vor, zusammen mit einem Visierbüchlein (Köbel 1532, Bl. Ai v.).

Wer rechnen lernen wollte, konnte dies tatsächlich mit Hilfe von Köbels Schrift auf eigene Faust versuchen, die Voraussetzung war lediglich, dass er das Buch auch lesen konnte. Doch wie steht es mit denjenigen Schriften, die das Lesen selbst zum Thema hatten? Wie konnte hier die Belehrung ohne Schulmeister überhaupt funktionieren? Daran schließen sich weitere Fragen an: Was ist der pragmatische Zweck dieser Schriften? Wenn sie eventuell für den Gebrauch in privaten ‚Winkelschulen' vorgesehen waren, was hat es dann mit dem ‚Selbstlernen' auf sich? Oder wer sonst konnte Lesewilligen das Lesen lehren? Falls die Schriften ganz oder in Teilen als Schulbücher benutzt worden sind, gilt es zu klären, wie ihre besondere Gestalt und ihr gewissermaßen unsicherer pragmatischer Status zu beschreiben wären – und weiter, welche Rolle sie eigentlich im Literalisierungsprozess des frühen typographischen Zeitalters gespielt haben.

Diese Fragen zu beantworten ist nicht ganz einfach, auch deshalb nicht, weil wir sehr wenige Hinweise auf den Gebrauch der Schriften und ihre tatsächlichen Rezipienten haben. In den Texten selbst finden wir dazu teils widersprüchliche Aussagen, auf die ich im Folgenden eingehen werde. Ich denke, dass es sich lohnt, anhand der beiden genannten Schriften Valentin Ickelsamers, welche von der Forschung bislang v. a. im Hinblick auf ihre Sprachlehrmethodik und ihre Stellung in der Geschichte der Grammatik untersucht worden sind (Siegfried 2004), nach dem eigentlichen Gebrauch solcher Drucke zu fragen, nach ihrer didaktischen Programmatik im Zusammenhang mit ihren Rezipienten und somit nach ihrem ‚Sitz im Leben'.

Ich gehe daher zunächst von den kulturhistorischen Rahmenbedingungen des Phänomens aus, dem Buchdruck und der Reformation, ohne die das Aufkommen dieser Schriften nicht denkbar ist. Im Anschluss daran versuche ich zu zeigen, welche biographischen Indizien zu Valentin Ickelsamer als Schulmeister die Frage nach der programmatischen Ausrichtung seiner beiden Schriften beantworten helfen können. Im Hauptteil gehe ich auf seine spezifische Methodik ein, und wie man sie mit dem Unterricht in einer Leseschule verknüpfen könnte.

1 Buchdruck und Wissensvermittlung

Schulbücher gab es nicht erst seit der Erfindung des Buchdrucks. Die Annahme, dass sich der Unterricht an mittelalterlichen Latein- und Stadtschulen völlig ohne schriftgestützte Medien abgespielt habe, hat sich als nicht zutreffend erwiesen. Michael Baldzuhn hat erst kürzlich an einer Fülle von Handschriften die wichtige Rolle von Schulbüchern und Schriftträgern im lateinischen Schulunterricht vorgeführt. Das Unterrichtsgeschehen und hier v. a. die *lectio* ist freilich von Beginn an als Kommunikation unter Anwesenden mit starker oral-gestischer Prägung durch den Lehrer strukturiert, doch können Verschriftlichungsschübe im 9., 12., und 14. Jahrhunderts bemerkt werden, in welchen die Schrift als fundamentaler Wissensspeicher neben dem Gedächtnis an Bedeutung gewinnt. Es lässt sich von einem „Ineinander schriftlicher und mündlicher Kommunikation mittelalterlichen Schulunterrichts" (Baldzuhn 2009, S. 7) sprechen, welcher mit der Ausweitung handschriftlicher Texte im 14. Jh. einen Höhepunkt erreichte. Dabei ist nach Baldzuhn eine „Entlastung des Unterrichts durch zunehmende Auslagerung der Textversorgung an unterrichtsexterne Instanzen" zu beobachten (Baldzuhn 2009, S. 421).

Somit ist Michael Gieseckes These, erst der Buchdruck habe für eine allgemeine Verfügbarkeit von Schulbüchern im Unterricht gesorgt und weitreichende Folgen für die Lehrer-Schüler-Kommunikation gehabt (Giesecke 1991), zumindest die Lateinschulen betreffend nicht haltbar. Nimmt man allerdings die seit dem 14. Jahrhundert in den Städten belegten privaten Lese- und Schreibschulen des Deutschen, auch Beischulen oder Winkelschulen genannt, zum Vergleich, so ist Gieseckes Annahme sicherlich richtig. Denn für diese Schulen, welche teils von Stadtschreibern, teils von wandernden Schulmeistern betrieben wurden, ist der Gebrauch von schriftgestützten Materialien der Schüler kaum belegt (Müller 1882/1969; Endres 1983); vereinzelt haben sich Syllabierbücher und Fibeln erhalten, die meist auf die Buchstabiermethode zurückgehen (etwa Hubers *Modus legendi* von 1477; Kiepe 1983). Handschriftliche Schulbücher, selbst durch Diktat erstellt, wie in Lateinschulen üblich, dürften hier ebenso wenig verbreitet gewesen sein, denn dafür waren die Kosten zu hoch und der gesellschaftliche Status dieser Schulen zu gering (Abb. 1).

Rücken diese Schulen stärker ins Blickfeld der Betrachtung, kann demnach von einschneidenden Veränderungen durch den Buchdruck gesprochen werden. Was das typographische Produktions- und Distributionssystem hier in erster Linie verändert, sind die Formen des Lernens und des Unterrichts sowie das Selbstverständnis von Lehrern und Lernern, also den Anbietern und den Anwendern von Wissen, welches nun in Buchform prinzipiell jedem, der lesen konnte, zur Verfügung stand. Die Attraktivität der Lesefähigkeit, welche schon in den städtischen Schreibschulen aufgrund ihrer Funktion im ökonomisch-pragmatischen Leben der Städte immer wichtiger geworden war (Hanschmidt 2005), wurde durch den Buchdruck noch einmal signifikant erhöht (Giesecke 1992). Lesefähigkeit galt nun als Schlüssel zum Wissen, zum neuen und zum alten, und sie war Voraussetzung für die Teilnahme am politischen und religiösen Gespräch, das sich über Schriftmedien wie Flugblätter und Flugschriften konstituierte. Beide Punkte sind auch in Ickelsamers Schriften zu finden: in der 2. Auflage der *Rechten weis* ist über den Nutzen

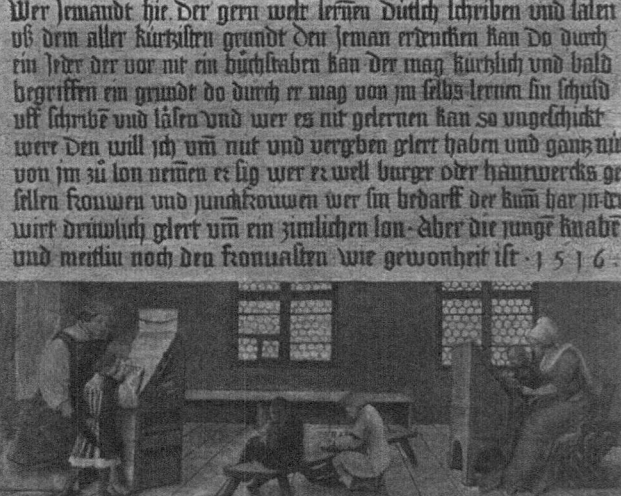

Abb. 1: Aushängeschild für die private Leseschule des Oswald Myconius in Basel.
(Quelle: s. Hans Holbein 1516)

des Lesenkönnens zu erfahren: „Da zu kan itzo nichts kund=wirdigs inn der gantzen welt geschehen/Es kumbt schrifftlich durch den Truck zu lesen" (Ickelsamer 1534/1972, Bl. Aij r.). Hier wird deutlich, wie genau Ickelsamer erkannt hatte, dass gedruckte Bücher den Zugang zum Wissen darstellten:

> dann was will man doch einer solichen kunst vergleichen/durch welche man alles in der welt erfaren/wissen/vnd ewig mercken vnd behalten/auch andern/wie fern die von vns sein/one personliche beywesung vnd mündtliche anzeygung/zůwissen thůn kan? (Ickelsamer 1532?/1972 Bl. A iiij r. u. v.)

Diese formale Beschreibung einer „zerdehnten Kommunikationssituation" (Ehlich 1994, VIII) bewahrt die Idee der Partizipation am universellen Wissen und seiner Verbreitung auf. Ickelsamer hat als einer der ersten erkannt, dass das Lesen im Zeitalter des Buchdrucks einen individuellen und autonomen Zugang zu vielfältigen Informationen öffnete: Die unmittelbare Kontrolle des Zugangs zu neuen Informationen verliert an Bedeutung. Daher steht nach Giesecke Erstlesedidaktik in direktem Zusammenhang mit der typographischen Kommunikation: „Die materiellen Voraussetzungen für diesen Umschwung haben sicherlich die Einführung der typographischen Medien und der marktwirtschaftlichen Vernetzungsformen gelegt." (Giesecke 1992, S. 126) Die Anleitungsliteratur macht diese Voraussetzungen für das „selber lernen" als gesellschaftliches Phänomen evident: die autodidaktische Praxis, ohne Lehrer aus Büchern zu lernen, wäre ohne den revolutionären Wandel vom skriptographischen zum typographischen Medium wohl nicht möglich gewesen (Velten 2002). Der Buchdruck generierte nicht nur die Erwachsenenbildung, sondern macht die druckschriftliche zerdehnte Kommunikationssituation, die den einzelnen Leser ins Zentrum stellt, zur Norm. Dadurch wird ein ganz neues, autonomes Verhältnis zu Bildungsinhalten und zum Lernen selbst geschaffen; das ‚selber lernen' bezieht sich hier sowohl auf eine belegbare Praxis, als auch und in erster Linie eine Haltung, eine Entscheidung der autonomen Persönlichkeit (Abb. 2).

2 Reformation und Laienbildung

Ein zweiter kultureller Rahmen ist zu nennen, ohne den die Ickelsamerschen Schriften nicht entstanden wären und der die Lesefähigkeit während der ersten Hälfte des 16. Jahrhunderts noch bedeutsamer macht: die Reformation mit ihrem Anspruch, selbst die Bibel zu lesen und sich an den religiösen Debatten zu beteiligen. Ickelsamer formuliert es in seiner *Rechten weis* folgendermaßen:

> dweyls seer ein yeder darvmb lernet/das er Gottes wort vnd etlicher Gotgelerte(n) menner außlegung/darueber selbs lesen vnd desto bas daryn vrteilen moege. (Ickelsamer 1532?/1972, Bl. Aij r.)

Die Beteiligung an den religiösen Auseinandersetzungen setzt, wenn man „selbs vrteilen" will, Lesefähigkeit voraus. Nicht allein die Bibel und ihre „außlegung" sollen gelesen werden, sondern auch die gedruckten Flugschriften der sich gerade konstituierten über-

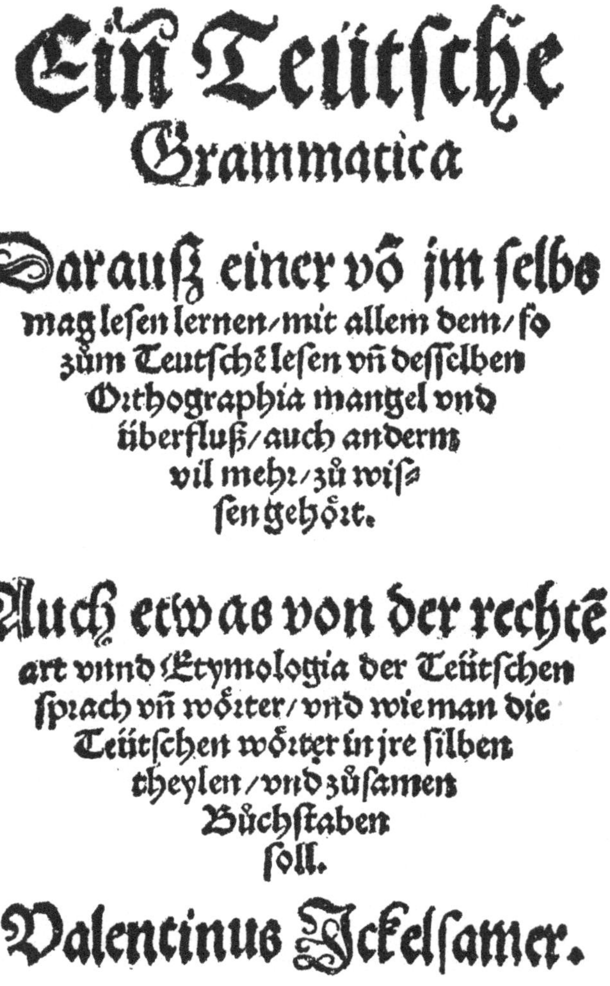

Abb. 2: Titelblatt der *Teütschen Grammatica*. (Quelle: s. Marburg 1534)

> Ein Teütsche
> Grammatica
>
> Darauß einer võ jm selbs
> mag lesen lernen/mit allem dem/so
> zům Teutschē lesen vñ desselben
> Orthographia mangel vnd
> überfluß/auch anderm
> vil mehr/zů wiſ-
> sen gehört.
>
> Auch etwas von der rechtē
> art vnnd Etymologia der Teütschen
> sprach vñ wörter/vnd wie man die
> Teütschen wörter in jre silben
> theylen/vnd zůsamen
> Bůchstaben
> soll.
>
> Valentinus Ickelsamer.

regionalen medialen Öffentlichkeit, in welcher sich der reformatorische Diskurs entfaltet. Dass sich daran grundsätzlich alle Laien beteiligen konnten und viele dies auch wollten, unterstreicht auch Kolroß im *Enchiridion*: Da sich Gottes Wort in der Schrift auch an den „einfaltigen leyen zů heyl vnnd trost" richtet, möchte er

> ja ettlich der elltern selbs/ouch handtwercks gsellen/vnnd jungkfrowen (…) tüdtsch schryben vnd läßen zelernen/sich bemüyend/die zyt vsserthalb jrer arbeit/in erlustigung heyliger gschrifft nützlich zůuer=tryben. Es ist aber niemand der nit begär sölichs vff das aller bäldest zeer=lernen. Derhalben ist dises handtbüchlin gemacht (…). (Kolroß 1530/1969, Bl. A ija S. 65)

Eine solche Konzentration auf die Bildung des Laien aus religiösem Geist ist auch der Programmatik Ickelsamers zu entnehmen. Indem er sein Universitätsstudium in Wittenberg beendete und auf eine Karriere innerhalb der lutherischen Kirchenorganisation verzichtete, entschied er sich bewusst für die Gründung einer deutschen Schule; er hatte sich, angeregt von Karlstadt, die Alphabetisierung der Laien auf die Fahnen geschrieben. So sagt er in der *Teütschen Grammatica*:

> Mich hat aber hie zů/sonderlich waz die kürtze vnd subtiligkeyt des lesen lernens betrifft/nit allein lust vnd kurtzweil getriben/sonder das solches auch ein feine gabe Gottes ist/die man zů seiner ehre vilfältigklich brauchen kan vnd soll/mit lesen/singen/vnd schreiben/vnd ich wölt mir dise meine arbeyt nit bas belonet schetzen/dann so etwa gotfürchtige vnd frume menschen/dise kunst also lerneten/vnd darnach zů Gottes ehre brauchten. (Ickelsamer 1532?/1972, Bl. A iiij r.)

Der Leseunterricht wird hier in einen religionsdidaktischen Rahmen gestellt: mit der Befähigung zum Lesen spricht Ickelsamer – in Anlehnung an Luthers Schreiben an die Ratsherren von 1524 (Müller 1882/1969) – in erster Linie „gotfürchtige vnd frume menschen" an, welche ihre Kenntnisse dann zur Ehre Gottes einsetzen. Er will damit dem „gemeinen man" und seinen Kindern „in dem Wort Gottes unterweisen, bis Gott in etlichen mit seinem Geist merklich und reichlich zu wirken und sie selbst zu lehren angefangen", wie er selbst in seinem *Ernstlichen Gespräch* schreibt. Hier eröffnet sich ein Zusammenhang zwischen der Unterweisung durch ihn, den Schulmeister, und der Wirkung des Heiligen Geistes, damit die Schüler bzw. Leser sich selber zu lehren anfangen. Ich werde weiter unten noch genauer auf diesen Gedanken zurückkommen.

3 „Ein Outsider der Reformationsgeschichte" – Valentin Ickelsamer zwischen Ideologie und Praxis

Valentin Ickelsamer wurde um 1500 in oder bei Rothenburg ob der Tauber geboren. Nach dem Besuch der städtischen Lateinschule immatrikulierte er sich 1518 an der Universität in Erfurt und schloss dort zwei Jahre später mit dem Grad des Baccalaureus ab. Wie viele seiner Altersgenossen wurde er von der lutherischen Reformation angezogen und ging nach Wittenberg, um weiter zu studieren. Es war die Zeit, in welcher Andreas Bodenstein, genannt Karlstadt versuchte, in der Wittenberger Gemeinde eine radikale Reform durchzusetzen, da Luther auf der Wartburg bleiben musste. In dieser Zeit heftiger theologischer Kontroversen wurde Ickelsamer zum Anhänger Karlstadts. Jener hatte bereits eine kritische Haltung zu universitären Karrieren entwickelt und vertrat wenig später programmatisch die Position, dass der Prediger und Lehrer seine Tätigkeit nicht auf eine akademische Laufbahn und Ämterpfründe gründen sollte, sondern auf innere Erweckung und göttliche Berufung. Diese Überzeugung hatte auf Ickelsamers weiteren Lebensweg entscheidenden Einfluss: er verzichtete auf die Magister- oder Doktorpromotion, gar auf eine mögliche geistliche oder wissenschaftliche Karriere (Weigand 1882/1972). Nachdem sein Vorbild Karlstadt als Prediger und radikaler Reformer nach Orlamünde gezogen war, verließ Ickelsamer im Frühjahr 1524 ebenfalls Wittenberg, um in seiner Heimatstadt Rothenburg eine eigene Schule zu gründen:

> Ich hab nu ein kleine zeit/vss dem beruf vnd beuelch Gottes die kinder hye zu Rottenburg teütsch geleert vnnd in dem wort gottes vnterwissunn, (…) byss got in etlichen mit seinem geyst mercklich vnd reichlich zu wirken vnnd sy selbs zu leeren angefangen

Schreibt er in seinem *Ernstlichen vnd wunderlichen gesprech zwayer kinder mit einander* (Ickelsamer 1525/1894, S. 14). In der ebenfalls 1525 erschienenen *Clag etlicher Brüder* (eine an Luther gerichtete, kritische Schrift, mit der er zwischen diesem und dem radikaleren Karlstadt in der Frage der Zwei-Reiche-Lehre vermitteln wollte) berichtet er über die Einstellung eines Schulgesellen, um die wachsenden Aufgaben zu bewältigen (Ickelsamer 1525). Anscheinend gab es in Rothenburg neben der Lateinschule und der Stadtschule Jos Deutschers großen Bedarf an einer deutschen Leseschule. Jedenfalls waren die vier Jahre in Rothenburg eine sehr ertragreiche Zeit für Ickelsamer: nicht nur brachte die Schule ökonomischen Erfolg und sozialen Aufstieg – er heiratete und erwarb das Bürgerrecht – sondern er engagierte sich auch weiterhin an der Seite Karlstadts für die Reformation.

Als Rothenburg sich im Bauernkrieg entscheiden musste und schließlich die Seite der Bauern wählte, verfolgte er diese Entwicklung eher skeptisch. Er schwankte zwischen dem Aktionismus der Bauern im Verbund mit der karlstädtischen Bewegung und dem gemäßigten Luthertum (Weigand 1882/1972). Dennoch musste er 1525, nach der Niederlage der Bauern, aus Rothenburg fliehen und wurde in Abwesenheit zu einer Geldstrafe verurteilt. Er wandte sich nach Erfurt, wo er sich durch Vermittlung von Stephan Menius wieder mit Luther versöhnte. Auch dort gründete er wieder eine deutsche Schule und begann die Arbeit an einer programmatischen didaktischen Schrift zum Lesenlernen, der *Rechten weis*, die 1527 erstmals in Erfurt bei Johannes Loersfeld erschien. Zu Beginn dieser Schrift vermerkt er, dass er im Anhang „auch ein gesprech der kind aus dem Wort Gottes" mit abdrucke, „wie das inn meiner schule mit den kindern der brauch ist" (Ickelsamer 1534/1972, Bl. Aiij v.). Doch der Schulmeister ist der Obrigkeit in Sachsen, obwohl keinerlei reformatorischen Aktivitäten über ihn bekannt sind, suspekt, er ist inzwischen auch mit dem Schwärmer Caspar Schwenckfeld in Kontakt gekommen und daher nun eindeutig zum unerwünschten Außenseiter geworden. Nach einem kurzen Zwischenspiel in Arnstadt, wo er ein Jahr blieb und ebenfalls eine Schule gründete, musste er 1530 Sachsen verlassen und nach Straßburg zu Wolfgang Capito flüchten. Dort traf er auf Schwenckfeld und andere Exilanten der sogenannten radikalen Bewegung und dort entstand auch der Entwurf für die *Teütsche Grammatica*. Wohl um das Jahr 1532 musste er nach Augsburg gezogen sein, wo er als Schulmeister einer eigenen Schule 1533 das Bürgerrecht erwarb. In den fünf letzten Lebensjahren – Ickelsamer stirbt 1537 – erscheinen insgesamt vier Auflagen der *Teütschen Grammatica* und eine weitere der *Rechten weis* (Abb. 3). Politisch tut sich Ickelsamer nicht mehr hervor, doch veröffentlicht er einen Trostbrief und ein Lied seines Freundes Schwenckfeld (Weigand 1882/1972).

Ickelsamer ist kein typischer Vertreter des Reformationszeitalters, er ist dennoch ein Neuerer und insofern auch ein bedingungsloser Intellektueller: „Seine Ideologie bricht mit den herkömmlichen Traditionen; er ist, wie Sebastian Franck und andere (ein) Outsider der Reformationsgeschichte", so Otto Clemen in seiner Studie zu Ickelsamer (Clemen 1927, S. 246). Doch war die Reformation nicht sein Hauptanliegen, sondern die Befä-

Abb. 3: Titelblatt der *Rechten weis*. (Quelle: s. Erfurt 1527)

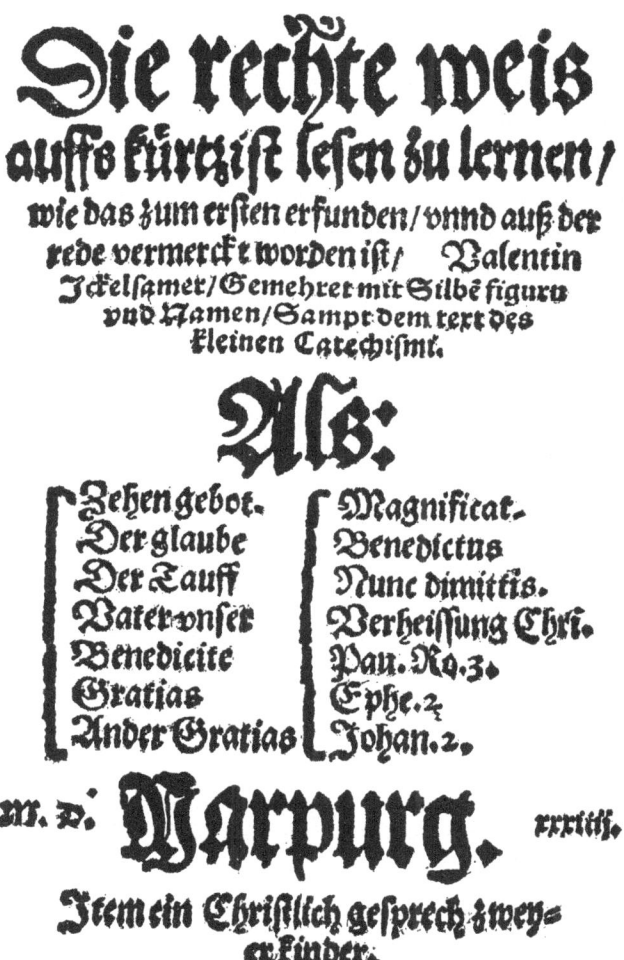

higung der Menschen zum Lesen und die Pflege der deutschen Sprache. Dazu fühlte er sich von Gott berufen. Aus denselben religiösen Überzeugungen sah er sich außerstande, dieses Ziel innerhalb der etablierten gelehrten Institutionen zu erreichen. ‚Bildung' verstand er in erster Linie als eine Entfaltung der inneren Anlagen, nicht als Aneignung fremder Muster (Giesecke 1992). Konsequenterweise sah er deshalb die Hauptfunktion des Lehrers in der Förderung von Reflexion und kritischer Urteilskraft, in der Hilfe zur Selbsthilfe und zur Erkenntnis Gottes. Ickelsamer ist heute jedoch v. a. als erster deutscher Grammatiker, als innovativer Didaktiker und als der vermutlich bedeutendste Theoretiker des Erstleseunterrichts im 16. Jahrhundert bekannt. Und das hängt v. a. mit seiner revolutionären Lesemethodik zusammen, auf die ich nun eingehen will.

4 Die Methode Ickelsamers

Ickelsamers Methode in beiden Schriften zeichnet sich gleich durch mehrere Brüche mit den herkömmlichen Vorgehensweisen im Schulunterricht und bei der Alphabetisierung aus. Ich zähle diese Neuerungen nur kursorisch auf:

1. Mit dem Primat des Lautierens anstelle des traditionellen Buchstabierens geht Ickelsamer völlig neue Wege in der Erstlesedidaktik. Seine Lehrbücher sind die ersten Quellen, die nach der Methode der Lautanalyse der gesprochenen Sprache durch den Schüler verfahren, und zwar nach dem Schema: auditive Analyse – sprechmotorische Analyse – Zuordnung von Laut und Zeichen (Topsch 2003). In der seit dem Altertum und im Mittelalter vorherrschenden Buchstabiermethode war es nicht der Laut (*potestas*), sondern das graphische Zeichen (*figura*) und seine Benennung, der Buchstabe (*nomen*), welcher zuerst gelernt wurde und Ausgangs- und Endpunkt des Leseunterrichts waren; der Laut spielte eine untergeordnete Rolle (Giesecke 1992). Diese Methode verfolgten auch die volkssprachigen Fibeln, welche häufig die Buchstaben im Anlaut mit Bildern versahen. Ickelsamer knüpft stattdessen an die oralen (muttersprachlichen) Erfahrungen der Schüler an und leitet über den methodisch und didaktisch zentralen Zwischenschritt einer ‚idealen' Sprache erst in der letzten Phase zur Schriftsprache über. Ihm waren die tiefgreifenden Unterschiede zwischen seinem Herangehen und dem Buchstabieren der gelehrten Tradition bewusst, deren mangelhafte Ergebnisse im Unterricht er scharf kritisierte. Hier ein kurzes Beispiel für seine Vorgehensweise der Bewusstmachung der phonetischen Artikulation, Voraussetzung für die Ableitung der Grapheme aus den Phonemen:

   > Das d mit seinem gleichen t dringt die zungen oben an den gomen/das sye gleich daran klebt auch mit eim verfangen angezognem odem/das t ist herter. [...] Das h wie man mit einem starcken odder scharpffen odem ist in die hende haucht. (Ickelsamer 1534/1972, Bl. A vi v.–A vii r.).

2. Im 15. und 16. Jahrhunderts. wurde nicht nur der lateinische Grammatikunterricht nach der Buchstabiermethode aufgebaut, sondern auch die meisten Fibeln des Elementarunterrichts in der Muttersprache folgten dieser Tradition. Eine Augsburger Schulhandschrift von 1486 zeigt genau, wie sehr sich auch volkssprachliche Lehrbücher an die lateinischen Vorbilder angelehnt hatten (Kiepe 1983). Die Mängel dieser Methode wurden von Ickelsamer und Jordan in dessen *Leyenschul* (1533/1972) erkannt und herausgestellt.
3. Ickelsamer erachtete für die deutsche Sprache die Erarbeitung einer Grammatik als notwendig, die eben keine Übersetzung oder Übertragung der lateinischen Grammatik sei (er selbst wandte sich gegen die Donat-Übersetzungen des 15. Jahrhunderts). Allerdings übernahm auch er – wohl aus methodischen Gründen – das Kategoriensystem aus der lateinischen Grammatik (Rössing-Hager 1984). Grundsätzlich zweifelte er – wie übrigens auch Martin Luther – die universale Geltung des Lateinischen an und plädierte für eine Differenzierung in der grammatischen Beschreibung.
4. Die grammatischen Kapitel seiner *Teütschen Grammatica* stehen in enger thematischer Beziehung zur Didaktik des Lesen- und Schreibenlernens (Ludwig 2000).

Ickelsamer verbindet die Grammatik in Form der Benennung und phonetischen Beschreibung der Laute des Deutschen, der Hinweise auf Mängel in der Korrelation zwischen Lauten und Schriftzeichen, der Hinweise zur Silbentrennung, zur Aussprache der Diphthonge, zur Orthographie, Etymologie und Interpunktion mit dem Lesen- und Schreibenlernen (Rössing-Hager 1984). Er liefert somit einen „ganzheitlichen Ansatz", in welchem die Lese- und Schreibübungen in ein allgemeines grammatisches Verständnis eingebunden sind, welches Sprachanalyse und Sprachbeschreibung zur Voraussetzung des Lesenlernens machte. Auch dies war eine absolute Neuerung:

> Man solt denn erst aus dem teütschen schüler ainen Grammaticum machen/ vnd jn leren alles was zů ainer teütschen Orthographia/Etymologia vnnd Sintaxi dienet/vnd das wer ser nutz/sonderlich denen die etwa gemaine schreiber solten werden/oder in den andern sprachen hernach wolten studieren/darzů sy gar leichtlich mœchten kummen/wa sy zůuor jren verstand in ainer sollichen teütschen Grammatic geyebt hetten (…). (Ickelsamer 1537, Bl. D7 r. u. v)

5. Ickelsamers Methode bleibt somit nicht bei der Vermittlung von Lesen und Schreiben als „Kulturtechnik" stehen. Sie umfasst durch die sprachliche Bewusstseinsbildung auch die Schulung von kognitiven Fähigkeiten: die Übung der genauen Wahrnehmung von Lauten und ihrer Bestimmung, Analysefähigkeit, Selbstbeobachtung, die Förderung der Eigeninitiative, das Lernen durch das Spiel, über welches auch sprachliche Einsichten vermittelt werden sollten. In der *Teütschen Grammatica* geht er sogar so weit, den gesamten Grammatikunterricht unter dem formal-bildenden Aspekt der Verstandesausbildung zu sehen, was weit über eine bloße „Kulturtechnik", wie Endres noch angenommen hatte, hinausgeht (Endres 1983). Der Sprachunterricht ist hier als integraler Bestandteil eines ganzheitlichen Bildungs- und Erziehungskonzeptes zu sehen. Sprachpflege ist zugleich Bewusstseinsbildung (Siegfried 2004) und bewusster Sprachgebrauch ist wiederum Voraussetzung für ein gottesfürchtiges Leben.
6. Lernen ohne Lehrmeister: der vielleicht radikalste Bruch mit der konventionellen Lesedidaktik ist die Suggestion, wenn nötig auch ohne Lehrmeister lesen lernen zu können: „Wer von jm selbs/oder auch sunst von einem lermeyster bald vnd leichtlich will le=sen lernen/(…)". (Ickelsamer 1534/1972, Bl. Biiij r.). Voraussetzung dafür ist die Annahme von
7. variablen Rezipientengruppen: Ickelsamers Schriften zielen nicht ausschließlich auf den schulischen Unterricht, sondern auch auf erweiterte Bildungskontexte. Doch diese funktionieren eben nicht völlig autonom: Es ist klar, dass das Lesenlernen mit Hilfe eines ‚Lehrers' von statten gehen muss, oder zumindest mit jemandem, der das Lehrbuch bereits lesen kann, etwa die Eltern:

> Mit solcher feiner subtiligkeit/solten auch die schůlmeister jre schůler üben/ vnd sie also lesen leren/dann das geb jrem verstand hernach zů vilen andern dingen geschickligkeyt/Die eltern auch die jre kind selbs daheym wolten leren lesen/solten sie ein weil mit di=ser kunst spilen lassen/das eins dem andern ein wort auffgeb/vnd es fraget/wieuil es bůchstaben het/vnd wie ein yeder solcher bůchstab vndterschidlich allein genennet/auch wie er/oder mit wellichem gerüst im mund gemacht würdt/ja solliches solte ein kurtzweil sein aller der/die nit lesen künden/vnd es etwas lernen wölten (…). (Ickelsamer 1534/1972, Bl. Bv v.-Bvj r.)

Und in der zweiten Ausgabe der Teutschen Grammatica heißt es:

> (...) das mancher vater seine kinder dahaymen dadurch leret, das sy nit/wie oft geschicht/in gemainen öffenlichen schulen vnder den bösen kindern (wie yetzt gemainglich seind) verderbt wurden/Mancher gesell kündts seinen mitgesellen bey jm in der werckstatt eylendts leren (...). (Ickelsamer 1537, Bl. A v r.)

Hieraus erhellt, dass mit Hilfe der Didaktiken auch Eltern, Berufskollegen, Freunde und andere, die bereits lesen können, die Funktion des Schulmeisters einnehmen sollten. Dieser erweiterte Kontext wird mit dem Pathos des Selber-Lernens, und insofern des Lernens ohne schulischen Unterricht belegt:

> Wer nun das lesen von im selbs so weit lernet/biß auff die erkenntnuß der gestalt oder form der Bůchstaben/der ist dieses rhůmes vnd preises wol werdt/das er mit warheyt sagen darff/er habs lesen frey von ihm selbs gelernet. (Ickelsamer 1534/1972, Bl. Bvj r.)

Es wird deutlich, dass die *Teütsche Grammatica*, aber auch die *Rechte weis* schon für mehrere Rezipienten geschrieben wurden: erstens die Sprachlerner, die eine tiefere Kenntnis der Sprache in Laut und Schrift erhalten sollen, ob im Unterricht oder außerhalb dessen, zweitens die Lehrenden – also v. a. Schulmeister, aber auch alle anderen, die mit Hilfe des Buches jemanden unterrichten wollten, und schließlich – v. a. in der *Grammatica* – die Didaktiker, die hier mit neuen Ansätzen konfrontiert werden und die Ickelsamer auffordert, diese weiterzuentwickeln.

5 Selbstlernen und Schulunterricht

Ich komme auf meine Ausgangsfragen zurück: in Ickelsamers Schriften hat das „selber lernen", das sich an Laien, Erwachsene wie Kinder, einschließlich solcher bislang wenig alphabetisierter Gruppen wie die Gesellen und die ‚Jungfrauen' richtet, große Anziehungskraft: es ist Theorie, Praxis, Inspiration und Verheißung zugleich. In der Theorie bezieht es sich auf die einzigartige vierstufige Methode Ickelsamers, tatsächlich auch ohne Schulmeister und insofern ohne geregelten mündlichen Unterricht, nur mit Hilfe eines gedruckten Buches, lesen und schreiben zu lernen; und dies verbunden mit Lautanalyse, Etymologie, Orthographie, Silbentrennung und Interpunktion, sodass nicht nur das Lesen, sondern die ganze Sprache in all ihren lautlichen und schriftlichen Dimensionen gelernt wird. Freilich sind dazu – und das wird in beiden Werken erwähnt – andere Helfer beim Lernen nötig, die sich etwa im Familienkreis (Eltern, Geschwister, Kostgänger), im Rahmen der beruflichen Tätigkeit (Kollegen), unter korporativen Gemeinschaften oder im Freundeskreis verorten lassen.

In der Praxis richtet sich das Selber-Lernen auf die Anwendung der einzelnen Lernstufen: erst durch eigenes Erkennen und Separieren der Laute, Silben und Wörter, also eine Analysearbeit, die vom Schüler, nicht vom Lehrer geleistet werden muss, dann durch die Übertragung der Laute auf die zugehörigen Grapheme kann sich der Lernerfolg einstellen. Doch Ickelsamer bleibt hier nicht stehen: er stellt diese Lernpraxis in einen übergeordneten theologischen Rahmen der Vermittlung von *sapientia* durch göttlich geoffenbarte Gnade bzw. Inspiration. Diese pathetische Chiffre eines ‚theodidaktischen' Anspruchs bezieht sich auf Jesus als von sich selbst Gelehrten im Tempel und auf die daran anschließende, noch im Mittelalter sehr gut bekannte augustinische Unterscheidung zwischen Buchgelehrsamkeit und göttlicher Verleihung von Erkenntnis durch den heiligen Geist (im Sinne der Erkenntnis von *sensus* durch *simplicitas*).[2] Während die *litterati* stolze Weltweisen und Toren vor Gott genannt werden, kommen die Unwissenden durch Gott zum Wissen wie der inspirierte Adam aus den volkssprachlichen Genesiserzählungen. Diese v. a. in der deutschen Mystik weiter tradierte Auffassung führt bei Ickelsamer zu einer kritischen Haltung den Institutionen der Gelehrsamkeit gegenüber und zur Ablehnung der gelehrten Methoden und der Geheimhaltung des Wissens.

Damit steht auch die vierte semantische Achse, die Verheißung, indirekt in Zusammenhang: in kürzester Zeit selbst lesen und schreiben zu lernen ist ein Anspruch, den zu erfüllen die Lesewilligen höchste Opfer und Bereitschaft zur Askese, sicherlich aber Eigeninitiative und Motivation mitbringen werden: denn es wird eine Fähigkeit verheißen, die die Tür zum Glauben (Bibelkenntnis) und zum Weltwissen ganz weit aufstößt.

Diese Aspekte machen eine harte Differenzierung zwischen geregeltem Schulunterricht mit einem Schulmeister und autodidaktischem Lernen überflüssig. In allen Fällen ist das Selbstlernen auf den Unterricht beziehbar, das Lehrbuch kann sehr gut während des mündlichen Schulunterrichts, als Hausaufgabenbuch oder als zusätzliche Selbstlernmaßnahme gebraucht werden. Es mag sich aber auch auf andere Lern- und Bildungskontexte beziehen. Dazu musste es der Autonomie des Textes und des Lesers Rechnung tragen, denn wenn es auf dem Buchmarkt Erfolg haben wollte, war es notwendig, sich den neuen Kommunikationsregeln anzupassen. Bei Ickelsamer wird dies v. a. in seiner effizienten Beschreibungssprache ersichtlich, welche sich auf eine öffentliche Kommunikationssituation in der Standardsprache eingerichtet hat (Giesecke 1992).

Die beiden Schriften Ickelsamers waren somit einerseits auf die neuen autodidaktischen Bewegungen, die auf dem typographischen System basierten, bezogen und konnten Unterricht und Schulmeister ersetzen, andererseits waren sie aber auch echte Schulbücher für einen modernen Leseunterricht. Dies erreichen sie mit Hilfe einer flexiblen Rezipientenausrichtung und einer hybriden Gattungsform: sie waren gleichzeitig a) Anleitungsbücher (für Lehrer u. a.), also didaktische Texte; b) Lehrbücher (für den Schulunterricht) oder Selbstlernbücher (für den Selbstunterricht), womit der pragmatische Kontext, die tatsächliche Verwendung von Schulbüchern im Unterricht erfasst wäre; und sie waren c) grammatische und sprachtheoretische Schriften (hier muss man zwischen der *Rechten weis* und der *Teütschen Grammatica* noch unterscheiden), die sich zwar auch an die Lerner wenden, jedoch ebenso an zeitgenössische und spätere Sprachwissenschaftler, also Verfasser von Grammatiken und grammatikographischen Texten. Dass Ickelsamer hier erfolgreich war, zeigt die enthusiastische Rezeption vom Zeitgenossen Fuchssperger über Schottelius bis ins 19. Jahrhundert hinein (Müller 1888/1969).

6 Institutionelle und nicht-institutionelle Bildung

Abschließen möchte ich mit einigen methodischen Überlegungen, die angesichts der Polyfunktionalität von Ickelsamers Lesedidaktiken über den Rahmen des schulischen Unterrichts und der Schulbücher hinausgehen und gewissermaßen auf die spezifische Bildungssituation der Frühen Neuzeit abzielen. An Ickelsamers Schriften wird offenkundig, dass er das Lesen- und Schreibenlernen nicht nur als eine Vermittlung von ‚Kulturtechniken‘[3] angesehen hat, sondern als ‚Bildung‘ in einem viel umfassenderen Sinn: durch Alphabetisierung wird der Mensch befähigt, Sprache, Kultur und Religion besser zu ‚verstehen‘. Ickelsamers Bücher überschreiten somit den institutionellen schulischen Lernkontext auf verschiedene Weise; sie befähigen einerseits zum eigenen Urteil und somit zu größerer Autonomie gegenüber der Vormundschaft traditioneller Eliten (eine Forderung Luthers, aber später v. a. der radikalen Reformation), sie überschreiten diesen Rahmen auch räumlich, indem das Buch als einziges Lehrmittel beweglich und transportabel ist, und sie öffnen die Schulsituation als Rollenspiel in familiären und beruflichen Kontexten. Dieses gewaltige Potential einer Ausweitung von Bildungsmöglichkeiten, v. a. für die bisher vom Wissen und von der Bildung ausgeschlossenen Bevölkerungsgruppen, ist nicht allein dem Buchdruck zu verdanken (wie Giesecke meint), sondern auch – im Falle Ickelsamers – den durch die Reformation ausgelösten Erziehungsgedanken sowie den ökonomischen Bedingungen des typographischen Systems und sogar den politisch-konfessionellen Zuständen in Deutschland in der ersten Hälfte des 16. Jahrhunderts.

In den letzten beiden Jahrzehnten betonen immer mehr Arbeiten zur europäischen Bildungsforschung in der Frühen Neuzeit die differenzierte Bildungssituation des 16. und 17. Jahrhunderts: Die in früheren Studien zur Alphabetisierung häufig gemachte Korrelation von Schulbesuch und Lesenlernen (z. B. bei Engelsing 1973) wird nun, etwa unter Verweis auf das schwedische Modell des Hausunterrichts (*home instruction system*), Grundlage einer erfolgreichen Alphabetisierungskampagne, die ohne Schulen ausgekommen ist, stärker angezweifelt; Robert Houston definiert in seinem Buch *Literacy in Early Modern Europe* Bildung für die Epoche der Frühen Neuzeit als unorganisiert, unüberschaubar, als ein Gewirr verschiedener Praktiken und Maßnahmen, wobei das ‚Haus‘, lokale Gemeinschaften und individuelle Bildungsanstrengungen eine größere Rolle spielten als bisher angenommen (Houston 1988). Vor allem dem Phänomen des wandernden Schulmeisters – wie Ickelsamer auch bezeichnet werden kann – ist in Deutschland nur wenig Beachtung geschenkt worden, obwohl wandernde Schulmeister zur Alphabetisierung und Bildung außerhalb der Institutionen maßgeblich beigetragen haben. So unterstreicht Helen Jewell mit Blick auf die englische Situation: „Wandering pedagogues have no roles to play in the institutional history of schools, but they may have contributed a great deal to the education of medieval and early modern children" (Jewell 1982, S. 3). Jewell macht auf die differenzierte Bildungssituation aufmerksam: es gab eine große Menge weniger formaler Unterrichtssituationen, v. a. auf dem Land, wo Kleriker kleine Gruppen von Schülern meist in ihrem Haus gegen geringes Entgelt oder kostenlos unterrichteten, oder wo illegale Schulmeister (*pirate schoolmasters*), vergleichbar den Winkelschullehrern in Deutschland, eigenen Unterricht anboten. Diese informellen Bildungsformen seien eine „unknown but possibly large quantity" (Jewell 1982, S. 4).

Auch Geoffrey Parker zweifelt in seiner Studie zur Alphabetisierung häufig vorgenommene Korrelationen zwischen Schulbesuch und Lesenlernen an. Auch er macht auf die schwedischen vorindustriellen Leselernkampagnen aufmerksam, die ohne den Einsatz von Schulen einen beispiellosen Erfolg hatten. Er stützt sich dabei auf den Bericht der Universität Umeå zur schwedischen Bildungsgeschichte von 1977, welcher eine Rate von 90% Alphabetisierung ohne Schulen für die frühe Neuzeit belegt.[4] In Schweden ordnete eine kirchliche Ordinanz in den ersten Jahrzehnten des 17. Jahrhunderts an, dass jedermann im Land lesen lernen solle. Der Pastor und die Gemeindeältesten befragten und prüften jährlich alle Gemeindemitglieder über fünf Jahre auf ihren Stand bei Lesefähigkeit, Kenntnis des Katechismus und der Heiligen Schrift. Die Resultate dieser Befragungen wurden in einem Register festgehalten und benotet. Jahr für Jahr konnte man daran die Reife der Schüler ablesen. Um 1700 berichteten viele Gemeinden in Schweden volle oder neunzigprozentige Lesefähigkeit ihrer Mitglieder, Männer und Frauen (Parker 1980).

Diese Daten sind für Europa ganz außer- und ungewöhnlich. Doch die Register wurden so akkurat geführt, dass ein das Ganze in Frage stellender Irrtum ausgeschlossen ist (Parker 1980, S. 217). Vor allem ist hier bemerkenswert, dass dieser Erfolg fast völlig ohne Schulen erreicht wurde. Meist lehrten die Eltern ihre Kinder, die religiöse Erziehung übernahm, wenn die Kinder 14 jährig waren, der Pastor oder die Gemeindeälteren. In fast allen Gemeinden war Lesefähigkeit Voraussetzung dafür, die Konfirmation zu empfangen, zu heiraten, vor Gericht auszusagen usw.

Der Lese- und Schreibunterricht war in der Frühen Neuzeit nicht an Institutionen, professionelle Lehrer oder an bestimmte Gebäude gebunden, er war in viel stärkerem Maß von einem formalen Klassenzimmer und einem zyklischen Schulbesuch unabhängig, als dies heute der Fall ist. Unterricht und Lernen waren autonome Variablen, die in verschiedenen sozialen Kontexten unterschiedliche Ausprägungen erfahren konnten. Im 16. Jahrhundert waren die Vorläufer der heutigen Schulen zwar schon existent, doch ihre Distribution war minimal, nur ein Bruchteil der Kinder konnte sie besuchen. Außerhalb dieser Schulen gab es andere Formen von Unterricht und Lernen, die sehr wahrscheinlich mehr Menschen erreichten als in den Schulen selbst.

Von der Warte der individuellen und informellen Gruppen-Bildung aus gesehen plädiere ich für einen Bildungsbegriff, der in pluralistischer Weise alle nicht-institutionellen Bildungsaktivitäten mit einschließt. Er kommt den Individualitätsbestrebungen des Zeitalters entgegen und umfasst Vor- und Teilformen heutiger Einrichtungen und Praktiken. Ich bezweifle die Belastbarkeit eines Bildungsbegriffs, der vom Institutionellen ausgeht, für historische Untersuchungen, weil damit die Vielzahl von Eigen- und Gruppenaktivitäten, eine ganze Bandbreite alternativer Bildungsrealitäten, wie sie in Ickelsamers Schriften auch deutlich werden, aus dem Blick geraten. Zum Beispiel ist die Bildung von Frauen anhand einer Bildungskonzeption, die etwa häusliche und Gruppenbildung beinhaltet, sehr viel gewinnbringender zu untersuchen, da Frauen sehr lange von den öffentlichen Bildungseinrichtungen ferngehalten wurden.

Ein entinstitutionalisierter, pluralistischer Bildungsbegriff hat den Vorteil, gerade die Institutionalisierung der Bildung in der Frühen Neuzeit besser zu verfolgen und zu differenzieren. Wie wir an Ickelsamer gesehen haben, sollten Anspruch und Praxis der außerinstitutionellen Bildung nicht losgelöst von den allgemeinen pädagogischen und religiösen Bildungskonzepten der frühen Neuzeit betrachtet werden, und noch nicht einmal von den schulischen Lernkontexten. Denn die Überlappungen zwischen den Lernbereichen sind groß, oft haben wir es mit Mischformen von schulischem und außerschulischem Lernen zu tun. Dass das eine das andere nicht ausschließt, zeigen die multifunktionalen Lehrbücher Valentin Ickelsamers, die im Schulunterricht genauso wie zu Hause und im Beruf gebraucht werden konnten.

Anmerkungen

1 Bezüglich der Datierungsvorschläge der verschiedenen Ausgaben der beiden Schriften folge ich M. Giesecke (1992, vgl. dort S. 177 ff.).
2 Vgl. zu dieser Thematik grundlegend F. Ohly (1961/1962). Belege für diese Auffassung einer von Gott inspirierten Selbstlernfähigkeit finden sich auch im Text: Ickelsamer glaubt, dass von der Lesekunst als Gabe Gottes kein rechter Gebrauch gemacht werden könne, „man wisse vnd verstehe dann jren innerlichsten vnd tiefsten grund vnd vrsprung/vnd das auch solcher vrsprung/kainer recht erlanget oder fruchtbarlich gebraucht mög werden/Got lere jn dann selbs/vnd das ist eben die sach darumb alle Propheten Gottes/auch Christus selbs dem buchgelerten musten toll vnd vnsinnig sein/..." (Ickelsamer 1537, Bl. A v r. u. v.).
3 Endres ist der Auffassung, dass die „deutsche Schule" – gemeint sind städtische und private Lese- und Schreibschulen – keine Bildungsinstitution, keine „kommunale Einrichtung mit einem Bildungsauftrag" war, sondern eben der „einfachen Vermittlung von Kulturtechniken gedient" habe (Endres 1983, S. 175). Dieser Ansicht widerspricht das Bildungsprogramm Ickelsamers, wie es in seinen Schriften zum Ausdruck kommt.
4 Vgl. dazu E. Johansson (1977). The history of literacy in Sweden in comparison with some other countries. Educational reports (Umea) 12, 40–42.

Open Access Dieser Artikel unterliegt den Bedingungen der Creative Commons Attribution License. Dadurch sind die Nutzung, Verteilung, und Reproduktion erlaubt, sofern der/die Originalautor/en und die Quelle angegeben sind.

Literatur

Quellen

Grueßbeutel, J. (1534/1972). Ein besonder fast nützlich stymen büchlein mit figuren/(...). Augspurg: J. Gutknecht. Abgedr. In H. Fechner (Hrsg.), *Vier seltene Schriften des sechzehnten Jahrhunderts mit einer bisher ungedruckten Abhandlung über Valentinus Ickelsamer von F. L. K. Weigand.* New York: Olms.
Ickelsamer, V. (1525). *Clag ettlicher brieder: an alle Christen: von der grossen ungerechtigkeit und Tyranney.* Augspurg: P. Ulhart d. Ä.
Ickelsamer, V. (1525/1894). Ernstliches vnd wunderliches gespresch zwayer kinder mit einander. Abgedr. in T. M. Vogel, *Leben und Verdienste Valentin Ickelsamers.* Diss. Leipzig. Augspurg: P. Ulhart d. Ä.

Ickelsamer, V. (1527). *Die rechte weis, aufs kürtzist lesen zu lernen.* Erfurt: J. Loersfeld.
Ickelsamer, V. (1534/1972). Die rechte weis, auffs kürtzist lesen zu lernen/wie das zum ersten gefunden/vnd aus der rede vermerckt worden ist/sampt einem gesprech zweyer kinder/aus dem wort Gottes. Marpurg. Abgedr. in H. Fechner (Hrsg.): *Vier seltene Schriften des sechzehnten Jahrhunderts mit einer bisher ungedruckten Abhandlung über Valentinus Ickelsamer von F. L. K. Weigand.* New York: Olms.
Ickelsamer, V. (1532?/1972). Ein teütsche Grammatica. Darauß einer von jm selbs mag lesen lernen. Abgedr. in H. Fechner (Hrsg.), *Vier seltene Schriften des sechzehnten Jahrhunderts mit einer bisher ungedruckten Abhandlung über Valentinus Ickelsamer von F. L. K. Weigand.* New York: Olms.
Ickelsamer, V. (1537). *Teutsche Grammatica. Darauss einer von jm selbs mag lesen lernen/(...).* Nürnberg: Petreius.
Jordan, P. (1533/1972). Leyenschul. Wie man Künstlich vnd behend/schreyben vnnd lesen soll lernen. Darneben auch eyn vntherricht/wie die vngelerigen köpff/so eyns groben[n] verstands seyn/on buchstaben/durch figu=ren vn[d] Caracteren/so jnen selbst anmutig/aller=ley zur noturfft anzuschreyben vnd zu lesen/sollen vnderweyßt werden. Meyntz: P. Jordan. Abgedr. in H. Fechner (Hrsg.), *Vier seltene Schriften des sechzehnten Jahrhunderts mit einer bisher ungedruckten Abhandlung über Valentinus Ickelsamer von F. L. K. Weigand.* New York: Olms.
Köbel, J. (1532). *Rechnen und Visieren, so verstendtlich unnd leicht fürgeben, das eim ieden hierauß von sich selb wol zulernen.* Franckenfurt: Egenolff.
Kolroß, J. (1530/1969). Enchiridion: das ist Handbüchlin tütscher Orthographie (...). Basel: Th. Wolff. Abgedruckt. In J. Müller (Hrsg.), *Quellenschriften und Geschichte des deutschsprachlichen Unterrichtes bis zur Mitte des 16. Jahrhunderts* (S. 64–91). New York: Olms.
Müller, J. (Hrsg.). (1882/1969). *Quellenschriften und Geschichte des deutschsprachlichen Unterrichtes bis zur Mitte des 16. Jahrhunderts.* New York: Olms.

Sekundärliteratur

Baldzuhn, M. (2009). *Schulbücher im Trivium des Mittelalters und der frühen Neuzeit. Die Verschriftlichung von Unterricht in der Text- und Überlieferungsgeschichte der 'Fabulae' Avians und der deutschen 'Disticha Catonis'.* 2 Bde. New York: de Gruyter.
Clemen, O. (1927). Valentin Ickelsamer. *Journal of English and Germanic Philology, 26*(3), 237–247.
Ehlich, K. (1994). Funktion und Struktur schriftlicher Kommunikation. In H. Günther & O. Ludwig (Hrsg.), *Handbuch Schrift und Schriftlichkeit. Bd. 1* (S. 18–41). Berlin: de Gruyter.
Endres, R. (1983). Das Schulwesen in Franken im ausgehenden Mittelalter. In B. Moeller, H. Patze, & K. Stackmann (Hrsg.), *Studien zum städtischen Bildungswesen des späten Mittelalters und der frühen Neuzeit. Bericht über Kolloquien der Kommission zur Erforschung der Kultur des Spätmittelalters 1978 bis 1981* (S. 173–214). Göttingen: Vandenhoeck & Ruprecht.
Engelsing, R. (1973). *Analphabetentum und Lektüre: zur Sozialgeschichte des Lesens in Deutschland zwischen feudaler u. industrieller Gesellschaft.* Stuttgart: Metzler.
Giesecke, M. (1991). *Der Buchdruck in der frühen Neuzeit. Eine historische Fallstudie über die Durchsetzung neuer Informations- und Kommunikationstechnologien.* Frankfurt: Suhrkamp.
Giesecke, M. (1992). Alphabetisierung als Kulturrevolution. Leben und Werk Valentin Ickelsamers (ca. 1500–ca. 1545). In M. Giesecke (Hsrg.), *Sinnenwandel, Sprachwandel, Kulturwandel: Studien zur Vorgeschichte der Informationsgesellschaft* (S. 122–185). Frankfurt: Suhrkamp.
Hanschmidt, A. (2005). Elementarbildung und Berufsausbildung 1450–1750. Inhalte und Institutionen. In: A. Hanschmidt & H.-U. Musolff (Hrsg.), *Elementarbildung und Berufsausbildung 1450–1750* (S. 19–46). Köln: Böhlau.

Houston, R. A. (1988). *Literacy in Early Modern Europe. Culture and Education 1500–1800.* New York: Longman.

Jewell, H. M. (1982). 'The bringing up of children in good learning and manners': A survey of secular educational provision in the north of England, c. 1350–1550. *Northern History, 18,* 1–25.

Johansson, E. (1977). The history of literacy in Sweden in comparison with some other countries. *Educational reports (Umea), 12,* 2–42.

Kiepe, H. (1983). Die älteste deutsche Fibel. Leseunterricht und deutsche Grammatik um 1486. In B. Moeller, H. Patze, K. Stackmann, & L. Grenzmann (Hrsg.), *Studien zum städtischen Bildungswesen des späten Mittelalters und der frühen Neuzeit. Bericht über Kolloquien der Kommission zur Erforschung der Kultur des Spätmittelalters 1978 bis 1981* (S. 453–461). Göttingen: Vandenhoeck & Ruprecht.

Ludwig, O. (2000). Valentin Ickelsamers Beitrag zum Deutschunterricht. *Zeitschrift für Germanistische Linguistik, 28,* 23–40.

Ohly, F. (1961/1962). Wolframs Gebet an den Heiligen Geist im Eingang des Willehalm. *Zeitschrift für deutsches Altertum, 39,* 1–37.

Parker, G. (1980). An educational revolution? The growth of literacy and schooling in early modern Europe. *Tijdschrift voor Geschiedenis, 93,* 210–218.

Rössing-Hager, M. (1984). Konzeption und Ausführung der ersten deutschen Grammatik. Valentin Ickelsamer: Ein Teütsche Grammatica. In L. Grenzmann & K. Stackmann (Hrsg.), *Literatur und Laienbildung im Spätmittelalter und in der Reformationszeit* (S. 535–556). Stuttgart: Metzler.

Siegfried, I. (2004). Historische Sprachbewusstseinsanalyse. Eine exemplarische Untersuchung der deutschen Grammatikographie des 16. Jahrhunderts. Diss. Erfurt.

Topsch, W. (2003). Geschichte der Didaktik des Lesens. In U. Brelde u. a (Hrsg.), *Didaktik der deutschen Sprache. Ein Handbuch. Bd. I.* (S. 501–512). Paderborn: Schöningh.

Velten, H. R. (2002). Die Autodidakten. Zum Aufkommen eines wissenschaftlichen Diskurses über Intellektuelle gegen Ende des 17. Jahrhunderts. In J. Held (Hrsg.), *Intellektuelle in der frühen Neuzeit* (S. 55–81). München: Fink.

Weigand, F. L. C. (1882/1972). Valentinus Ickelsamer. In H. Fechner (Hrsg.), *Vier seltene Schriften des sechzehnten Jahrhunderts* (o.S.). Berlin: Olms.

Katechismen und Katechese. Frühneuzeitliche Schulbücher als politisch-sozialer Konfliktstoff im Konfessionellen Zeitalter

Stefan Ehrenpreis

Zusammenfassung: In der Reformationszeit wurde die Katechese als ein wichtiges Mittel der religiösen Beeinflussung der Bevölkerung entdeckt. Am Beispiel protestantischer Territorien Frankens zeigt sich, dass die Produktion von Katechismustexten und deren Verbreitung zentral durch Obrigkeiten und Kirchenleitungen gelenkt wurde. Durch die Einführung der öffentlichen Katechismusprüfung erhielt die Absolvierung der Katechese den Rang einer sozialen Positionsbestimmung in der Gemeinde. Eltern und Kinder begrenzten aber auch die Mühen, sich der Lehre zu unterziehen. Die Praxis der frühneuzeitlichen Katechese lässt sich daher als Kompromiss zwischen den Interessen der Obrigkeiten und der Eltern verstehen.

Schlüsselwörter: Protestantismus · Religionspolitik · Katechese · Schulbuch

Catechism and Catechesis. Early Modern Textbooks in Times of Confessionalization

Abstract: During the Reformation era catechizing was discovered as an important way of influencing people's religious beliefs. The example of Franconian territories shows that production and distribution of catechetical texts were centrally organized by authorities and church leaders. By introducing public catechizing lectures the passing of the exam became a moment of social ranking. But parents and children reduced the efforts of learning the catechism. Early modern practice of catechizing must therefore be understood as a compromise between the parents' interests and the policies of authorities.

Keywords: Protestantism · Holy Roman Empire · Catechism · Schoolbooks

---

© Springer Fachmedien Wiesbaden 2012

PD Dr. S. Ehrenpreis (✉)
Historisches Seminar, Geschichte der frühen Neuzeit, Ludwig-Maximilian-Universität München,
Geschwister-Scholl-Platz 1,
80539 München, Deutschland
E-Mail: ehrenpreis.psm@t-online.de

1 Forschungsfragen

Die Geschichte von Katechismus und Katechese gilt in der historischen Pädagogik als ein besonders belastetes Thema. Seit der Aufklärung verbindet sich mit dem Katechismus die Vorstellung vieler negativer Elemente vormoderner Erziehung: stupides Auswendiglernen unverständlicher Religionsformeln, uniformer Drill statt vernunftgemäßer Reflexion etc. Im deutschsprachigen Raum ist daher die Katechismusgeschichte nach intensiver Erforschung im späten 19. Jahrhundert seit 1945 weitgehend vernachlässigt worden und ist selbst an den Theologischen Fakultäten nur noch wenig vertreten. Die Diskrepanz zur historischen Relevanz ist jedoch offensichtlich: der wohl numerisch größte Posten unter den historischen Schulbüchern ist in der jüngeren Forschung aus dem Blick geraten.

Dieses Urteil eines Forschungsdefizits ändert sich jedoch, nimmt man eine europäische Forschungsperspektive ein. In Frankreich hat man im Zuge der Erforschung der Alphabetisierung und der Lesekultur schon in den 1970er Jahren die Katechese und die katechetischen Texte als Untersuchungsobjekte einbezogen (vgl. Julia 1989) und in der Nachfolge auch in der niederländischen, italienischen oder auch portugiesischen Forschung. Für den angelsächsischen Raum hat dann seit den 1990er Jahren der in Belfast lehrende Ian Green ein monumentales Werk geschaffen (vgl. Green 1996). Das methodisch Besondere an den Studien Greens ist die Zusammenführung von Untersuchungen zum Textaufbau, zur materiellen Produktion und zum Gebrauch der Katechismen in Kirche und Schule sowie der Erwachsenenkatechese. Green stellt die Weiterentwicklung älterer Vorläufer zum „Westminster-Catechism" und dessen Kanonisierung dar.

Eine vergleichbare Untersuchung zum deutschsprachigen Raum Mitteleuropas existiert noch nicht. Die französischen, englischen, niederländischen u. a. Studien haben aber schon jetzt absehbare Besonderheiten der deutschen Katechismusgeschichte erkennbar gemacht: Im Heiligen Römischen Reich deutscher Nation gab es im 16. Jahrhundert eine wesentlich größere Vielzahl von Katechismusdrucken als z. B. in England (England 10–15 Ausgaben pro Jahrzehnt, im Reich 30–40 protestantische Ausgaben pro Jahrzehnt). Zwar waren im Alten Reich der Große und der Kleine Katechismus Martin Luthers wesentliche Referenzwerke bis ins 18. Jhdt., aber durch Kürzungen oder Ergänzungen der katechetischen Texte gab es eine erheblich größere Vielfalt als in England, wo der in der anglikanischen Staatskirche vorgeschriebene „Westminster-Catechism" vorherrschte (Auszählung nach Reu 1904–1927). Mit der Vielfalt der katechetischen Textausgaben hängt eine stärkere Diskussion der Einsatzmöglichkeiten und -notwendigkeiten des Katechismus im Reich als in England zusammen.

Auch in Frankreich war eine insgesamt geringere Zahl von Texten auf dem Markt, da die Katechismusproduktion von den katholischen Bistümern jeweils zentral organisiert und kontrolliert wurde. Bis 1800 erschienen in den 102 Diözesen 181 unterschiedliche Katechismustexte (Carter 2011, S. 8). Der Frage- und Antwortkatalog war in Anordnung, Stil und Inhalt ähnlich, die Katechismen unterschieden sich jedoch in der Beigabe von Gebets- und sonstigen Lehrtexten sowie im Umfang der Lektionen. Die didaktischen Anleitungen in den Vorworten spiegeln das unterschiedliche Engagement der Bischöfe des 18. Jahrhunderts in Fragen der Umsetzung im Schulunterricht und in der Frage, ob auch Kinder bäuerlicher Unterschichten zur Zielgruppe gehören sollten (Carter 2011, S. 82–85).

Die europäische Forschung hat die hohe Bedeutung der Katechese für die muttersprachliche Elementarbildung in beiden großen Konfessionsgruppen betont, allerdings mit nationalen Unterschieden. Für den deutschen Sprachraum stehen solche Untersuchungen weitgehend noch aus, wenn man von der unmittelbaren Reformationszeit absieht. Wirkungen und Erfolge der katechetischen Praxis in den deutschen protestantischen Territorien des 16. Jahrhunderts sind Gegenstand ganz unterschiedlicher Interpretationsansätze. Den Generalangriff auf ältere Erfolgsgeschichten bildet die 1978 erschienene Studie des amerikanischen Historikers Gerald Strauss, der der Reformation insgesamt einen Fehlschlag in ihren Bemühungen attestierte, die Gläubigen mittels Schulunterricht und Katechese zu „indoktrinieren" (Strauss 1978, S. 300–308). Strauss legte am sächsischen Beispiel dar, dass weder das öffentliche Schulwesen noch die Katechese den weitverbreiteten Glauben an Wunder, magische Riten und Symbole, Hexerei und Naturgeister beenden und durch protestantische Frömmigkeit und Bibellektüre ersetzen konnte. Die Kenntnis der Gläubigen von Kernelementen protestantischer Lehre blieb auch am Ende des 16. Jahrhunderts noch gering und erschöpfte sich bei den Kindern in der Wiedergabe auswendig gelernter, aber unverstandener Sprüche. Dagegen hat Geoffrey Parker eingewandt, die Komplexität und Genauigkeit protestantischer Theologie wäre nur schwer vermittelbar, aber einfache konfessionelle Grundsätze und abgrenzende Symbole und Rituale seien in weiten Kreisen auch der Landbevölkerung bekannt gewesen. Dort wo alle Kommunikationsformen—Katechese, Druckschriften, Gebete, Gesang, Kunst und Drama—genutzt worden seien, wäre die Beeinflussung durch die geistliche Elite erfolgreich verlaufen (vgl. Parker 1992). Der Einsatz dieser Kommunikationsformen ist jedoch noch zu wenig untersucht worden, um die Debatte abzuschließen.

Auch für Frankreich ist jüngst betont worden, dass das Bild eines rein auf die Mechanik des Auswendiglernens abzielenden Katechismusunterrichts falsch ist. Vielmehr wird betont, dass im zeitgenössischen Denken das Memorieren von Texten auch eine inhaltliche und erzieherische Dimension besaß und die Geistlichkeit eine Debatte um das kindliche Verständnis der Texte führte (Carter 2011, S. 58–77). Eine offene Frage ist es jedoch, wie sich Eltern und Kinder gegenüber den Intentionen der Geistlichkeit verhielten. Zwar kann man ein Interesse der Eltern am Erlernen der Kulturtechniken und von sozialen Normen sowie am Eintritt der Kinder in die Gemeinde über die Erstkommunion, der eine Katechismusprüfung voraus ging, annehmen. Allerdings war die Bereitschaft zur regelmäßigen Teilnahme an der sonntäglichen Katechismuslehre und der Eifer im Erlernen des Textes begrenzt: nach der Erstkommunion erlahmte beides sowohl bei Eltern wie bei Kindern. Es ist daher vorgeschlagen worden, die Praxis der französischen Katechese als Kompromiss zwischen Bischöfen, lokaler Geistlichkeit und Eltern zu verstehen (Carter 2011, S. 230).

Nach diesem kurzen Blick auf die Forschungsfragen der internationalen Diskussion wird im folgenden an Beispielen aus dem Raum Franken untersucht, wie und durch wen im 16. und 17. Jahrhundert Katechismen produziert und welche Ziele mit ihrem Einsatz im Unterricht verbunden wurden. Die Beispiele stammen aus den lutherischen Territorien der Reichsstadt Nürnberg und dem Fürstentum Ansbach, die zwei unterschiedliche bildungspolitische Situationen repräsentieren: Nürnberg hatte eine gut ausgebaute protoindustrielle Basis in Gewerbe, Kaufmanns- und Handwerkerschaft und war eine florierende Handelsmetropole, während das benachbarte Fürstentum Ansbach (um 1800 ca. 130.000

Einwohner) kleinstädtisch und agrarisch geprägt war. Das Schulwesen beider Territorien war ebenfalls unterschiedlich: während in der Reichsstadt eine festgelegte Zahl selbständiger Schreib- und Rechenmeister tätig war, die als freie Schulmeister von der Qualität ihres Unterrichtsangebots lebten, waren in den Kleinstädten und Dörfern Ansbachs meist von den Kirchengemeinden angestellte Lehrer tätig, die dem örtlichen Pfarrer unterstanden und oft zusätzlich den Küsterdienst versahen.

2 Katechese als obrigkeitliche und kirchliche Reform

2.1 Reichsstadt Nürnberg

Der Nürnberger Rat, dessen Politik einer obrigkeitlichen Reformation von Anfang an durch die Bekämpfung unkontrollierter religiöser Unruhe geprägt war, teilte die Sicht der Theologen auf moralische Mißstände bei der Jugend. Auf seine Anstöße hin beriet erstmals im Juli 1531 eine Kommission aus Geistlichen und Ratsmitgliedern, wie die Katechese in der Reichsstadt und ihrem Landgebiet zu vereinheitlichen sei. Die Problemsicht wird in den Ratsprotokollen offen ausgesprochen: „Die alten, die ire kinder als vatter und altern anheims in iren heußern diese lehre aus schuldiger pflicht unterweisen sollten, die tuns nit allein nit, ja sie konnens selbs nit und habens nit gelernet. Und dasselb unangesehen, das sie ire kinder weder zu burgerlicher zucht oder forcht Gottes ziehen, so halten sie sie auch nit darzu, das sie zu predig und kirchen giengen und des wort Gottes underricht würden, lassen sie eh sunst dem spiel, dem für witz oder vergebenlich an der gassen umblaufen, do sie nichts, dann unzucht, faulheit und böse tück lernen." (Leder 1973, S. 54). Die Prediger benannten überdies Schwierigkeiten bei der konkreten Umsetzung der Katechese: an Werktagen waren die meisten Kinder bei der Arbeit im Haus der Eltern beschäftigt, nur ein kleinerer Teil ging in die Schulen. Daher sollte der Rat als Obrigkeit den Zwang zum Besuch des Katechismusunterrichts anordnen.

Aus den Besprechungen resultierten zwei Gutachten vom August und September 1531, die die Katechese im Gebiet der Reichsstadt Nürnberg bis ins 18. Jahrhundert hinein bestimmten (Leder 1973, S. 57–60). Darin wurde ein einheitlicher Text, möglichst mit Bildern, gefordert, der von den Kindern auswendig gelernt und verstanden werden sollte. Der Katechismusunterricht sollte sonntags in der Kirche von den Kaplänen erteilt werden. Der Text müsste aber zusätzlich in den Deutschen Schulen gelehrt werden: „Man mag auch allen deutschen Schulmeistern befehlen, daß sie solchen Catechismum das erste und vornehmste Leßbüchlein der Kinder seyn lassen" (Leder 1973, S. 60 f.). Einmal im Monat oder wenigstens im Quartal sollte ein Katechismusverhör stattfinden. Im zweiten Gutachten wurde ein Verfahren der mehrfachen Prüfung und Praxistests für den neuen einheitlichen Katechismus vorgeschlagen.

Parallel zur Erarbeitung einer Kirchenordnung beggannen die Pfarrer 1531/32 mit den „Kinderpredigten" in den beiden Nürnberger Hauptkirchen. Die Theologen, v. a. Andreas Althammer, der 1528 selbst den ersten „Katechismus" unter dieser Titelbezeichnung im deutschsprachigen Raum publiziert hatte, regten eine Einbeziehung der Katechese in eine gemeinsame Kirchenordnung mit den Nachbarterritorien an. Der Nürnbergisch-Ansbachischen Kirchenordnung wurden die „Kinderpredigten" beigegeben und der Gesamttext am 1. Januar 1533 für die Stadt bzw. am 9. Februar für das Landgebiet eingeführt (Text in Sehling 1961). Die „Kinderpredigten" sind erklärende Texte zu Luthers Kleinem Katechismus, jedoch ohne die Form des Dialogs, und richten sich an ältere Kinder von ca. zwölf Jahren. Zur Unterweisungsmethode schrieb Pfarrer Andreas Osiander in einer Vorbemerkung: „Sintemal das die teglich erfarung gibt, das, wer kinder leren will, der mus inen nicht zu vil auf einmal für geben und das jenig, das er ihn für gibt, oft und dick, immerdar in ainerlei weis und worten wider für tragen" (Leder 1973, S. 66 f.).

Mit der Kirchenagende des Pfarrers Veit Dietrich (1506–1549) wurden 1543 alle Pfarrer angewiesen, die „Kinderpredigten" an Sonn- und Festtagen in der Vesper vorzulesen, möglichst zusätzlich an Werktagen. Aus Luthers Kleinem Katechismus sollte vor den Frühpredigten gelesen werden, seit 1546 täglich. Dietrich gab selbst eine Katechismuserklärung unter dem Titel „Summaria christlicher Lehr" heraus, die er gleichermaßen für Haus, Schule und Kirche vorsah. Die Vorrangstellung der öffentlichen Unterweisung kommt aber in der Widmung an den Nürnberger Schreibmeister Johann Neudörfer (1497–1563) zum Ausdruck, der 1519 das erste Schreibmeisterbuch nördlich der Alpen herausgegeben hatte und unterhalb der Nürnberger Kaiserburg eine berühmte Schule für Schönschreiben unterhielt (Antl 1988, S. 46–52).

Mit der Kirchenordnung und der frühen Katechismusproduktion wird die Bedeutung der Katechese in Kirche und Schule deutlich. Zum ersten Mal standen im reformatorischen Erziehungssystem neben den gelehrten Schichten auch breite städtische Handwerker- und im Landgebiet lebende bäuerliche Schichten im Mittelpunkt von öffentlichen Erziehungsbemühungen. Der Impuls war ein religiös-kirchlicher, zu dessen Verwirklichung die Geistlichkeit jedoch die Obrigkeit verpflichten wollte. Die politisch herrschende Schicht der Nürnberger Patrizier empfand dies nicht als Belastung öffentlicher Tätigkeit, sondern als eine Notwendigkeit zur Sicherung und Besserung sozialer und sittlicher Verhältnisse. Der Zusammenhang zwischen Katechese und Sozialdisziplinierung war auch Gegenstand des Gutachtens der Nürnberger führenden Geistlichen an den Rat über die Sakramentenspendung vom 26. März 1545. In Bezug auf den würdigen Empfang des Abendmahls schlug Osiander vor, jeder Einwohner müsse sich „seines Glaubens halb befragen und unterrichten lassen, sunderlich ob er das vater unser, den glauben, die zehen gepot, und die für nembsten oder notwendigen stück aus dem catechismo konnt oder verstuende" (Leder 1973, S. 50). Zwölf Jahre später setzten erneut Bemühungen Nürnberger Geistlicher ein, die Katechese in allen Gemeinden zu verankern. In einem Gutachten an den Rat stellte der Heilig-Geist-Spital-Prediger Hieronymus Besold die Notwendigkeit der christlichen Kinderunterweisung erneut mit dem Versagen der Eltern heraus: „So ist doch der meiste Theil dahin geneigt, daß sie vielmehr Gut und Geld dann Zucht und Gottesfurcht ihren Kindern angedeihen lassen. In Schulen aber neben dem, daß der wenigste theil der Kinder dahin gehalten wird, ist aller Fleiß und Mühe zu wenig, weil die Hauszucht ihnen die hand nicht reichet" (Leder 1973, S. 119). Im folgenden Jahr reichte Besold konkrete Vorschläge ein: In allen öffentlichen Schulen sollte Luthers Kleiner Katechismus auswendig gelernt werden, die Resultate seien von den Geistlichen in den Schulen zu kontrollieren und jeden Sonntag in allen fünf Kirchen ein Exercitium abzuhalten. Daraufhin erließ der Rat ein erneutes Dekret, das alle Pfarrer aufforderte, den Katechismusunterricht nicht zu vernachlässigen und ihre Gemeindeangehörigen, besonders Eltern und Hausväter, zu ermahnen, Kinder und Gesinde zum Besuch der Kinderlehre anzuhalten. Parallel wurde Luthers bebilderter Kleiner Katechismus mit Gebeten und Liedern sowie „Fragstücken" als erstes einheitliches Nürnberger „Kinderlehrbüchlein" vom Rat zum Druck gegeben (Leder 1973, S. 122).

Bei der im Sommer 1560 vom Rat begonnenen Visitation des ganzen reichsstädtischen Gebiets wurden in den Landgemeinden auch alle Schulmeister über die Klassengröße, den Lehrplan, die Prüfungen und über das Verhältnis zum Pfarrer verhört. Am Schluss der Visitation stand ein Examen publicum zum Katechismus. Mehrfach wurden die Pfarrer ermahnt, keinen Jugendlichen zum Abendmahl zuzulassen, der nicht die wichtigsten Glaubenssätze aus dem Katechismus beherrsche. Für die ungenügende Aufnahme des ländlichen Unterrichts spricht allerdings der Zusatz, dass die Pfarrer gegenüber denjenigen, die nicht Lesen und Schreiben könnten, Milde walten lassen sollten. Einzelne Gemeindepfarrer baten selbst um einen Schulmeister, weil in ihren Orten noch keine Schule gehalten wurde. Der Pfarrer in Velden, der einen selbst verfassten Katechismus benützte, wurde ermahnt, nur das Nürnberger „Kinderlehrbüchlein" zu benutzen. In zahlreichen Gemeinden war die sonntägliche Katechese jedoch nur sehr schlecht besucht (Steinmaier 2001, S. 135–156).

Die religionspolitischen Initiativen nahmen in den folgenden Jahrzehnten deutlich ab. Die Stadtgeistlichkeit zeigte kein besonderes Engagement mehr in der Katechese. Seit 1615 trat daher eine kleine Gruppe von Geistlichen gegenüber dem Rat für eine Wiedererrichtung des städtischen Katechumenats ein, da „60 Jahr keine rechte Kinderlehre und gebührliche Unterweisung der allgemeinen getauften Christenjugend gehalten" worden sei (Leder 1973, S. 152). Der Rat wollte jedoch in den politisch hart umkämpften Krisenjahren im Reich keine Debatte um religionspolitische Zielsetzungen führen. Einzig das 1558 eingeführte öffentliche Katechismusverhör in den Pfarrkirchen bei der Vesper ließ Einblicke in den Kenntnisstand von Schülern zu. Allerdings entsandten die Schulmeister nur eine ungenügende Zahl von Schülern zu den Vespern oder die Kinder weigerten sich, öffentlich vorzusprechen (Antl 1988, S. 185 f.).

Erst die 1624 entstandene „Deduktionsschrift" des orthodox-lutherischen Predigers Christoph Leibnitz, der zu den Gegnern der konfessionspolitischen Haltung des Rates gehörte und an der Konkordienformel orientiert war, schlug konkrete Schritte zur Katechese vor. Sein 14-Punkte-Programm forderte eine enge Zusammenarbeit zwischen Kirche und Schule in der Katechese, einen Zwang zum Besuch der Kinderlehre auch für die bis 15jährigen Lehrjungen und ihre Altersgenossen aus dem Gesinde, Einführung der Katechismuspredigten mit Erklärungen in allen Stadtkirchen, Verhör der Kinder mit Fragen, jährliches öffentliches Examen, Einteilung der Zuhörer nach Gruppen: Jungen, Mädchen, Betteljugend, Verbot der Prügel im Katechismusunterricht und öffentliche Überwachung des Besuchs der Katechese (Leder 1973, S. 153–158). 1626 ordnete der Rat, beeinflusst durch die Auswirkungen des Kriegsalltags, wieder eine Visitation des Landgebiets an, die für die sonntägliche Kinderlehre niederschmetternde Ergebnisse erbrachte. Dies bewog den Rat, einen Neuanfang in der Katechese zu starten, der mit der Erarbeitung eines neuen zeitgerechten einheitlichen Nürnberger „Kinderlehrbüchlein" begann. Der „Enchiridon. Der Kleine Catechismus für die gemeine Pfarrherrn und Prediger, nach dem alten Exemplar D. Martini Lutheri, samt angehengten Fragstücken", publiziert in Nürnberg 1628, wurde die entscheidende Wendemarke in der obrigkeitlichen

Aufmerksamkeit für die Unterweisung aller Kinder. Er erlebte bis 1800 mindestens 14 Neuauflagen (Leder 1973, S. 158–165).

In einem Gutachten fassten die Katecheten der Stadtkirchen nach der Vorlage des Textes ihre Kritik zusammen: es gebe zu wenig Erklärungen, die Fragen seien zu lang, einige Teile seien theologisch bedenklich. Nach einer vom Rat angeregten Überarbeitung wurde der Druck am 1. Advent 1628 für alle Nürnberger Kirchen und Schulen verbindlich eingeführt. Mit der Einteilung des Werkes in Katechismus, Auslegung, Gebete, Haustafel, Fragestücke in 52 wöchentlichen Lektionen verband man die Hoffnung, dieses Büchlein würde ebenfalls der Haus- und Familienkatechese nützen (Leder 1973, S. 168–171).

Mit dem Nürnberger Kinderlehrbüchlein von 1628, das für zweihundert Jahre der maßgebliche Text zur religiösen Kinderunterweisung bleiben sollte, ging eine deutliche Zunahme der öffentlichen Aufmerksamkeit für Erziehungsfragen einher. Die Katechese war jedoch nicht selbst Auslöser, sondern nur Folge einer Entwicklung, die sich im protestantischen Denken und der Seelsorgepraxis im 17. Jahrhundert vollzog. Der Entwurf eines neuen einheitlichen Unterrichtstextes für die christliche Unterweisung blieb zunächst nur ein Hilfsmittel, über dessen Umsetzung in der Praxis von Kirche und Schule erst entschieden werden musste. Wie die Entwicklung um die Mitte des 16. Jahrhunderts zeigt, standen der Erneuerung katechetischen Lebens in den Gemeinden zahlreiche Widerstände entgegen: Schulmeister und Eltern hatten zumindest in Teilen kein Interesse an einer obrigkeitlich verordneten und kontrollierten engeren Verzahnung von schulischen Lehrplänen mit kirchlicher Religionsunterweisung. Daher kann die dauerhafte Beschäftigung des Rates und der Geistlichkeit mit der Katechese als Beispiel für ein außergewöhnliches obrigkeitliches Engagement gelten: Problemsicht, Produktion und Unterrichtsgebrauch wurden zusammengeführt.

Die Aufsicht über die Schulmeister oblag immer der Geistlichkeit, allerdings wurde die Befugnis zur Visitation 1692 mit Billigung des Rates an die Diakone übertragen, die die Schulen einmal monatlich besuchen sollten. Sie sollten dabei besondere Aufsicht auf die Katechisation haben. 1695 nahm der Hauptdiakon an St. Lorenz diese Aufgabe sehr ernst und erstattete nach seiner Visitation einen kritischen Bericht über die vorgefundenen Mängel im Katechismusunterricht, der nicht die Kenntnisse der einzelnen Kinder erkennen lasse und insgesamt nachlässig ausgeführt werde. Seine Kritik wurde innerhalb der Geistlichkeit zu einem Antrag an den Rat ausgebaut, den Katechismusunterricht per Verordnung zu verankern. Dies erfolgte dann auch in der Schulordnung von 1698. 1707 musste jedoch die Visitationstätigkeit der Diakone vom Rat angemahnt werden, da sie nur unregelmäßig und oberflächlich erfolgte (Antl 1988, S. 170–172).

2.2 Fürstentum Ansbach

Kirchliche Anstöße zu Katechese und Kinderlehre kamen früh durch die Arbeit Andreas Althammers zum Zuge, dessen ältester Katechismus allerdings durch denjenigen Luthers und durch den Erlass der Kirchenordnung an Bedeutung verlor. In den 1530er und 1540er Jahren hat es noch weitere Publikationen zur Kinderlehre und Katechismuserklärungen von ansbachischen Theologen gegeben (Wilke 1904, S. 46). Eine größere Beachtung verdient aber erst wieder die Entwicklung seit den 1550er Jahren, als die Streitigkeiten um das Interim erledigt waren.

1547 trat der durch den Schmalkaldischen Krieg vertriebene frühere oettingische Superintendent Georg Karg (1512/13–1576) in ansbachische Dienste, zunächst als Pfarrer in Schwabach und ab 1552 in der Residenz. Der Vertraute Luthers und Melanchthons nahm in den 1550er Jahren an wichtigen kirchenpolitischen Versammlungen und Religionsgesprächen teil und leitete ab 1556 das markgräfliche Konsistorium als Generalsuperintendent (vgl. Schwemmer 1992). Im Auftrag des soeben an die Regierung gelangten Markgrafen Georg Friedrich (1539–1603) verfasste Karg 1556/57 einen Entwurf für einen einheitlichen Katechismus in den markgräflichen Landen. Den Hintergrund dieser Entscheidung bildete die Absicht des Markgrafen und der Regierung, die Katechismuspredigten dem Volk besser verständlich machen zu können. Auf der Landessynode von 1556 erläuterte die Regierung ihre Absicht folgendermaßen: „Ob wol der catechismus Predigt weis gefaßt und dem gemeinen volck und der Jugennt also für gelesen und gepredigt wurde, so achteten doch ire fürstliche gnaden nichts desto weniger daneben von nötten sein, ainer kurtzen ainhelligen form von rechtem nutz, gebrauch und verstand desselben, umb deren willen, die sich inn die sachen nicht wol schicken köden, auch um merers fleiß willen, damit der catechismus desto fruchtbarlicher und nutzlicher gepredigt und gelert würde" (Weiss 1991, S. 147).

Der Text Kargs existierte zunächst aus Erprobungsgründen nur in handschriftlich kopierter Form und wurde in einer unbekannten Zahl in Kirchengemeinden des Fürstentums benutzt. Als ein Schwabacher Geistlicher jedoch 1558 einen Teil des Textes ohne Genehmigung unter dem Titel „Summarischer Bericht" drucken ließ, entschied sich Karg für einen Druck des Gesamttextes, den er nochmals überarbeitete. Da dem Markgrafen Anschuldigungen bekannt wurden, die auf zwinglianische oder calvinistische Auslegungen im Text hindeuteten, wurden die bekannten lutherischen Theologen Johannes Brenz (Württemberg) und Paul Eber (Kursachsen) mit Gutachten beauftragt. Obwohl beide Bedenken, v. a. hinsichtlich der Abendmahlsfrage, äußerten, wurde der Druck eines gegenüber der Handschrift gekürzten Kargschen Textes unter dem Titel „Catechismus. Das ist: Ein kurtze Summa Christlicher Lehre" 1564 vollendet (Weiss 1991, S. 151). Als Ziel bezeichnete Karg, Luthers Enchiridon leichter erklärlich zu machen. Auch die Darstellung der Zehn Gebote, die im Sinne eines Gesamtzusammenhangs aus ihrer üblichen Rangfolge gelöst werden, und die Abschnitte zum freien Willen, Sünde und Buße machen das Interesse Kargs an der Vermittlung ethischer Fragen deutlich (Weiss 1991, S. 157f.).

Die Form, in der der Katechismus Kargs in den Gemeinden verwendet werden sollte, folgte den in der Ansbacher Synode von 1556 festgelegten Regeln. Danach sollten sich zwei Unterrichtsabfolgen abwechseln: an einem Sonntag sollte eine Katechismuspredigt vorgelesen, die sechs Katechismusstücke vorgesprochen, die Auslegung Luthers durch die Kinder rezitiert und der Predigtinhalt abgefragt werden. Am nächsten Sonntag sollte mit dem Vorsprechen der sechs Katechismusstücke begonnen werden, und die Rezitierung zweier Teile durch die Schüler sowie die Erklärung eines weiteren Teils nach Karg folgen. Zwischen Ostern und Pfingsten sollte der Text Kargs außerdem für die intensive „Sechswochenkinderlehre" der älteren Schüler benutzt werden, die zum ersten Abendmahlsgang vorbereitet werden sollten. Für sie wurde täglich eine Stunde Katechismusunterricht angeboten (Weiss 1991, S. 165f.).

Die Bedeutung des Karg'schen Katechismus als erstem obrigkeitlich verordneten Unterrichtstext für Kirche und Schule im Fürstentum kommt in zahlreichen Konflikten zum Ausdruck, die über seinen Inhalt und Gebrauch entstanden. In Kitzingen bspw., der ansbachischen Exklave im würzburgischen Gebiet, plädierte der Stadtpfarrer schon 1558 für eine Weiterverwendung von Luthers Kleinem Katechismus, und die im Zuge der Generalvisitation von 1561 vorgenommene Verlegung des Katechismusunterrichts vom Sonntag Nachmittag auf den Vormittag um 11 Uhr rief in der Bevölkerung Verärgerung hervor. Karg setzte die stärkere Verankerung der Katechese im Gemeindeleben jedoch durch (Weiss 1991, S. 167 f.).

Für die Obrigkeit problematischer waren die inhaltlichen Auseinandersetzungen um die Lehraussagen, die bereits 1557 um die handschriftliche Fassung ausgetragen wurden. Die Kritik des Ansbacher Stiftsdechanten Tettelbach, die erwähnten gutachterlichen Stellungnahmen von Brenz und Eber, der Streit zwischen dem Kitzinger Dekan Eiring und dem Uffenheimer Pfarrer Danreuter 1561 über das Abendmahlsverständnis u. a. m. hatten alle die Befürchtung zum Gegenstand, mißverständliche Formulierungen Kargs könnten philippistisch oder gar zwinglianisch-calvinistisch aufgefaßt werden, in den Gemeinden Verwirrung stiften und Spaltungen in die Pfarrerschaft tragen. Der Leutershausener Dekan Gregor Burman schrieb 1566 an den Markgrafen, der Katechismus Kargs trage den Ansbacher Theologen auswärts den Vorwurf des Zwinglianismus ein und der Druck und Verkauf des Textes sei in Nürnberg verboten worden (Weiss 1991, S. 172). Die Darstellung der Rechtfertigungslehre wurde ebenfalls 1567–1570 zum Gegenstand erbitterter Auseinandersetzungen Kargs mit dem Ansbacher Stiftsprediger Ketzmann, bei der auch die Wittenberger Theologische Fakultät eine Stellungnahme abgab, und die erst durch die obrigkeitliche Einführung der „norma doctrina" 1573 endgültig beendet wurden. Diese Streitigkeiten taten jedoch der Bedeutung seines Katechismus keinen Abbruch. Die in etwas veränderter Form erschienenen Neuausgaben von Laurentius Laelius 1613 und von Gottfried Händel 1694 zeigen, dass er in Ansbach weiter in Gebrauch blieb (Meier 1999, S. 167–170).

Die hohe Aufmerksamkeit, die der Katechese um die Mitte des 16. Jahrhunderts in Ansbach seitens der Geistlichkeit und der Regierung geschenkt wurde, erlahmte in den folgenden Jahrzehnten nicht. Die Absicht Markgraf Georg Friedrichs, die religiöse Unterweisung seiner Untertanen zentral und einheitlich zu gestalten, setzte sich in den mit der Konkordienformel in den Markgrafschaften einsetzenden Konfessionalisierungsprozeß hinein fort. Parallel zu Initiativen in der staatlichen Schulpolitik, die sich in den Synodalbeschlüssen seit 1556 äußern, wurde auch die Katechese durch zentrale religionspolitische Vorgaben zu regeln versucht (Meier 1999, S. 202–206). Einen ganz ähnlichen Konfliktablauf wie um Kargs Katechismus können wir an den Streitigkeiten um ein kurzes Lehrbuch des christlichen Glaubens des Ansbacher Superintendenten Adam Francisci (1530–1593), einen Mitarbeiter und Nachfolger Kargs, feststellen, der am 20. Juli 1577 zum General-Superintendenten ernannt wurde und eng mit dem fürstlichen Hof zusammen arbeitete.

Die Lehrstreitigkeiten innerhalb des deutschen Protestantismus hatten sich seit den 1560er Jahren verstärkt und verbanden sich mit reichspolitischen Frontenbildungen. Daher bekam auch die Frage der Beeinflussung der Laien eine hohe religionspolitische Bedeutung. Die Bemühungen zur Festigung lutherischer Konfessionsidentität in Ansbach führten Ende der 1580er Jahre zu dem fürstlichen Beschluss, nach dem Vorbild des „Examen Philippi" einen zusammenfassenden Überblickstext des christlichen Glaubens zu entwerfen, der allen Pfarrern und Schulmeistern an die Hand zu geben sei. Mit der Abfassung der Lehrschrift wurde Francisci beauftragt. Nach der Fertigstellung 1589 sollte der Text nicht nur durch einheimische, sondern auch durch Wittenberger und württembergische Theologen geprüft werden, da die Regierung Verdächtigungen über die konfessionelle Klarheit des Textes begegnen wollte. Die Korrespondenz und die Gutachten zu seiner Arbeit sind in einer Akte des Staatsarchivs Nürnberg überliefert.

Nach einer Prüfung durch alle Dekane wurden einzelne kritische Bedenken im März 1591 dem Autor mit der Bitte um Überarbeitung zugestellt ((STAN, Rep. 111, Nr. 40). Der Druck des Manuskripts wurde zwar schon im Mai 1591 konkret behandelt und Francisci eine besondere Papierlieferung durch den Hof zugesagt. Als eine württembergische Gesandtschaft im September 1591 jedoch auf generelle Gerüchte verwies, die auf eine calvinismusfreundliche Einstellung lutherischer Reichsstände in Franken und Schwaben hindeuteten, wurde die fürstliche Regierung vorsichtig. Im Oktober 1591 trat eine Kommission zusammen, die verschiedene geistliche Angelegenheiten des Territoriums diskutieren sollte. Am 6. November konnte sie an den Markgrafen berichten, nun seien alle Dekane mit dem Manuskript zufrieden und Begutachtungen durch württembergische und magdeburgische Theologen in die Wege geleitet. Später meldete man, das dem Examen in Kirche und Schule dienende Büchlein sei fertig und könne möglicherweise in Tübingen zum Druck gehen.

Die ab Ende 1591 einsetzenden Schwierigkeiten in der Drucklegung zeigen an einem Beispiel die Probleme auf, die einer einheitlichen Versorgung mit Schulbüchern noch siebzig Jahre nach der Reformation entgegenstanden. Da in Ansbach kein Drucker zur Verfügung stand, wurden die fürstlichen Räte in Kulmbach, der Residenz in der Oberen Markgrafschaft, um Hilfe gebeten. Diese beauftragten den örtlichen Superintendenten Dr. Streitberger zu Verhandlungen mit dem Buchdrucker Matthias Pfeilschmidt in Hof. Dieser erklärte sich bereit, bestand jedoch auf einer hohen Stückzahl der nun „Margarita Theologica" betitelten Schrift, damit auswärtige Drucker das Werk nicht sofort nachdruckten. Zudem wollte Pfeilschmidt eine verlegerische Vorausfinanzierung des Drucks, wozu allerdings in Hof kein Bürger oder Kaufmann bereit war. Die Ansbacher Regierungsräte beschlossen schließlich, es solle aus der Kulmbacher Rentmeisterei 200 Gulden an den Drucker gezahlt werden, die vom Preis für gelieferte Exemplare wieder abgezogen werden sollten. Als im Mai 1593 schließlich ein Probedruck vorlag, ergab die Korrektur durch Dr. Streitberger und Francisci so viele Fehler, daß sie schleunige und umsichtige Prüfung anmahnten. Drucker Pfeilschmidt, der auch den Druckauftrag für die neue Kirchenordnung bekam, bat schließlich noch im Juli die Regierung, für ein Nachdruckverbot bei den Regierungen von Brandenburg, Magdeburg, Kurpfalz, Kursachsen, Württemberg, Neuburg und Coburg zu sorgen. Der Autor bestätigte im Sommer die nun gute Arbeit des Druckers und schlug einen Anhang mit einem „Verzeichnis falscher Lehrer" vor, das jedoch nicht mehr aufgenommen wurde.

Für die Verbreitung und Nutzung der lateinischen Fassung der „Margarita Theologica" erwiesen sich nach der Klärung der Druckbedingungen die Fragen der Verteilung und des Preises als zweite Hürde. Das Ansbacher Konsistorium erwartete eine Lieferung von eintausend Exemplaren an die Untere Markgrafschaft „um leidenliche Tax", also einen billigen Preis. Der Rektor der Heilsbronner Landesschule forderte 150 Exemplare nur für seine Schule zu einem Preis von vier Kreuzern, und 50 Exemplare sollten ins schlesische

Nebenland Jägerndorf geliefert werden. Zusätzlich erwartete die Ansbacher Regierung die Lieferung von 500 Exemplaren der Kirchenordnung, und auch Martin Luthers Kleiner Katechismus war auf Anordnung des Markgrafen zusätzlich nachgedruckt worden und beide sollten zur Verteilung auf der Synode zur Verfügung stehen. Die Lieferung der unterschiedlichen Druckschriften sollte gemeinsam vorgenommen werden, um den Fuhrlohn zu drücken und um für die Preise der einzelnen Schriften bei dem Hofer Drucker Rabatt zu erzielen. Zu welchem Preis die „Margarita Theologica" an die Schüler tatsächlich verkauft wurde, lässt sich den Akten leider nicht entnehmen. Für den Erfolg der Schrift sprechen ihre zahlreichen Nachdrucke und Neuauflagen: Der in der Katechese engagierte Schweinfurter Stadtsuperintendent Johannes Schröder (1572–1621), der 1611 das Pfarramt an der Nürnberger St. Lorenz-Kirche übernahm, gab 1599 in Wittenberg bei der Druckerei Berg die lateinische Ausgabe der „Margarita theologica" neu heraus. Diese lateinische Ausgabe wurde 1601, 1602, 1608 und 1610 in Wittenberg nachgedruckt.

Eine deutsche Übersetzung erschien erstmals 1602 bei Froben in Hamburg. Über ihre Verbreitung läßt sich aus den Quellen leider nichts entnehmen. Die religionspolitische Absicht wurde hier durch ein konfessionspolemisches Vorwort Philipp Nicolais' für die deutsche Fassung von 1602 noch weiter hervorgehoben. Es heißt hierin: „Zwar unsere Widersacher Papisten Jesuiter und Calvinianer stellen sich arbeitssam fleissig und unverdrossen, ihre Abgötterey, corruptelen und irrige Lere nicht allein durch viele Streitschrifften hin und wieder fortzusetzen, sondern machen auch Enchirida, Methodos, Locos communes und Catechismos, in welchen sie mit glatten worten und marginalischer verzeichnung etlicher hundert rips raps zusamen geharchter Schrifft örtter unter dem verführischen schein, praetext und falscher fürwendung reiner Catholischer und wolgegründeter evangelischer Lehr grossen schaden thun, viel tausent ungewarneter einfeltiger Seelen an sich locken, Kirchen und Schulen einnehmen und das edle Liecht Evangelischer Warheit bald ausblasen, dempffen und aller ding vertilgen würden, da nicht an solchen Kindern dieser Welt die Kinder des Liechts lerneten klug sein und auff unser seitten niemandt were, der gleicher gestalt mit reinen undt rechtlehrenden Catechismis und Methodis der verführerischen Catechismi und methodis begegnete" (Francisci 1602, Vorwort). Katechismen, so darf man die Aussagen dieses Zeitgenossen verstehen, waren ein Hauptgegenstand konfessioneller Konkurrenzkämpfe um die Köpfe.

Das Beispiel der „Margarita theologica" zeigt, welchen Stellenwert die Publikation eines katechetischen Textes in der konfessionspolitischen Situation um 1600 gewonnen hatte. Die Möglichkeit, einen Text herzustellen und zu verbreiten, der als Grundlage für die Unterweisung von Pfarrern und Lehrern—und über deren Tätigkeit des gesamten Kirchenvolks—diente, machte die Katechese zu einem Objekt zentraler Steuerung. Gerade weil der Schulunterricht aus lokalen Gründen der direkten fürstlichen Beeinflussung entzogen war, geriet die Katechese in das Blickfeld des Ansbacher Landeskonsistoriums und der Regierung. Die um 1600 etablierte Rolle der Katechese spiegelt sich in der langanhaltenden Tradition: noch 1695 veranstaltete der Ansbacher Hofdrucker eine Neuauflage des Karg'schen Katechismus (Merkel 1964, S. 1040).

Für Fürst und Regierung hatte der Schulbuchmarkt hohe Bedeutung. Mit der Konsistorialordnung von 1594 war dieser Kirchenbehörde auch die Buchzensur zugewiesen worden. Das Konsistorium kontrollierte aber nicht nur den Buchmarkt, sondern betrachtete die Versorgung von Pfarreien und Schulen mit Büchern aus eigener territorialer Produktion als hervorragende Aufgabe. Bereits der erste in der Residenzstadt tätige Drucker-Verleger Böheim erhielt 1604 ein Privileg, alle Schulbücher im Land zu drucken (Merkel 1964, S. 976). Die Unterstützung, die er und seine Nachfolger durch das Konsistorium und die Markgrafen erfuhren, macht den Stellenwert deutlich, der diesem Markt zukam. Mehrmals erhielt Böheim juristischen Beistand gegen Nürnberger Drucker und Buchbinder, die eine größere und mit Abbildungen versehene Ausgabe des nürnbergisch-ansbachischen „Kinderlehr"-Katechismus veranstalteten oder die Böheimische Ausgabe zu geringerem Preis verkauften (Merkel 1964, S. 978). Um das andauernde Problem der Nachdrucke zu beheben, wurden die Neuauflagen und weitere katechetische Texte der Ansbacher Superintendenten im 17. und 18. Jahrhunderts mit dem fürstlichen Wappen im Titelblatt versehen. Neben der Privilegierung des Ansbacher Hofdruckers setzte das Konsistorium im Lauf des 17. Jahrhunderts weitere Mittel ein, um den Schulbuchmarkt zu kontrollieren: so wurden die Benutzung aller außerhalb Ansbachs gedruckten Bücher in den Schulen verboten und die Preise für Katechismus-Ausgaben und ABC-Bücher festgesetzt (Merkel 1964, S. 987f.). In dem Privileg für den neuen Hofdrucker 1650 wurden alle erschienen Ausgaben von Schulbüchern ausdrücklich aufgeführt, darunter neben Katechismen Gesang- und Gebetbüchlein, Evangelienauszüge und „Namenbüchlein", d. h. ABC-Bücher. Zugleich wurde der Hofdrucker verpflichtet, an anderen Orten des Fürstentums bei Buchbindern und Buchführern Lager anzulegen, so dass auch dort seine Bücher gekauft werden konnten. Bei den späteren jeweiligen Neuprivilegierungen anlässlich des Todes eines Geschäftsinhabers wurden diese Bestimmungen übernommen (Merkel 1964, S. 1005f.).

3 Katechese und Gesellschaft

Die besondere Rolle der Katechese im Schulunterricht der städischen und dörflichen Deutschen Schulen schlugen sich in den lokalen Schulordnungen und den Amtsverpflichtungen der Lehrern nieder. Das Erlernen des Katechismus, dessen Verwendung beim Lese- und Schreibunterricht und in der Vorbereitung des sonntäglichen Gottesdienstes findet sich als Vorschrift überall wieder (vgl. Gruber 1948). Auch die Autoren der Katechismen, zumeist Theologen, debattierten in den Vorworten oft Probleme der Didaktik, etwa das Verhältnis von Auswendiglernen und Verständnis des Stoffes, oder auch das Problem der Länge und Detailliertheit des Textes.

Über die tatsächliche Umsetzung der Katechese im Unterricht lassen sich jedoch nur wenige aussagekräftige Quellen finden. Einen Einblick gibt eine Liste der Schulbuchankäufe im Dorf Ottenhofen bei Ansbach zwischen 1616 und 1620, die aus einer bäuerlichen Testamentsstiftung finanziert wurden. Neben illustrierten ABC-Büchern bildeten die Katechismusausgaben die zweite große Gruppe der Anschaffungen mit jährlich zwischen zwölf und achtzehn Exemplaren für alle neuen Schülerinnen und Schüler (STAN, Rep. 65a, Nr. 89). Die dörfliche Gemeinschaft scheint also ein hohes Bewußtsein über die Rolle des Katechismusunterrichts gehabt zu haben.

Auch für ein zweites Untersuchungsfeld, das obrigkeitliche Verständnis für die sozialpolitische Bedeutung der Katechese, finden sich in Franken Beispiele. Die Funktion der Katechese als zentraler, wenn auch nicht einziger Vermittlung religiöser und gesellschaftlicher Werte schuf einen Zusammenhang von Kirchengemeinden, Schule und Laien bzw. Eltern. Die Verbindungen der Schule mit der Gemeinde waren dort besonders eng, wo die Pfarrer die direkte Dienstaufsicht über die Lehrer besaßen. Dies war in Nürnberg mit seinem System selbständig tätiger Schreib- und Rechenmeister weniger als im Fürstentum Ansbach gegeben, aber auch in der Reichsstadt suchte die Geistlichkeit den Rat als Kontrollinstanz einzuschalten. Die Kontrollpraxis war vielfältig: der Pfarrer konnte in der sonntäglichen Kinderlehre die Erfolge des Schulunterrichts erfahren, am öffentlichen Katechismusexamen nach dem Gottesdienst konnten alle Gemeindemitglieder den Erfolg des Umgangs mit dem Katechismus in der Schule ablesen. Für die Schüler und ihre Familien stellten die öffentlichen Katechismusexamen auch eine soziale Präsentation dar, die innergemeindliche Konflikte zum Ausdruck brachten. Nicht nur ihre Fähigkeiten standen auf dem Prüfstand, sondern auch die Repräsentation ihres sozialen Standes; insofern bildete der Katechismusunterricht auch den Prüfstein für die Integrationsleistung in die örtliche Gesellschaft und die Akkulturation an soziale Normen.

Dieser öffentlich sichtbare Prüfungscharakter der Katechese wurde noch im Zeitalter der Aufklärung Gegenstand von Vorschlägen zur Verbesserung der gesellschaftlichen Zustände. Zielobjekt der Vorschläge war die wachsende Zahl der Stadtarmen in der Residenzstadt Ansbach. Dort bestand zwar schon seit dem 16. Jahrhundert ein Armeninternat für einige Schüler der Lateinschule, des spätereren Landesgymnasiums Carolinum, das aber nur für fünfzehn Knaben Platz bot (Kupser 1991, S. 550 f.). Geistlichkeit und Stadtobrigkeit suchten daher einen anderen Weg. 1737 berichtete das Konsistorium an den Markgrafen, dass vor der Almosenverteilung an den Freitagen eine Armenkatechese gehalten werde, an der jeder Almosenempfänger teilzunehmen habe. Die Kinder der Armen besuchten in Ansbach die Deutschen Schulen, ihr Schulgeld wurde von der städtischen Armenpflege bezahlt. Aus einem Bericht von 1778 geht hervor, dass die Stelle eines Armenkatecheten ursprünglich vom Markgrafen gestiftet worden war, um die Armen (vorwiegend städtische Tagelöhner und Gesinde), die wegen ihrer schlechten Kleidung nicht den Gottesdienst besuchen wollten, kirchlich zu betreuen (AELKB, MKA-Generalia 40). Da sich diese aber ihrer Unwissenheit schämten und auf Fragen nicht antworteten, wurde die Katechese nur in Form einer Predigt durchgeführt. Die Kinder dieser Armen, so der Bericht, würden aber von den Schulmeistern wenig gefördert, da die Eltern nicht für diese intervenierten. Für diese sei daher eine besondere Kinderkatechese anzusetzen, die auch einen ökonomischen Nutzen habe: Gesinde, das sich von törichtem Aberglauben und schändlichen Sitten fernhalte, diene in den Haushalten besser. Das Konsistorium befürwortete diesen Antrag und schlug vor, den Eltern, die ihre Kinder nicht zur Schule und Kinderlehre schickten, die öffentliche Armenunterstützung zu entziehen, was die Regierung kurze Zeit später auch anordnete. Katechese wurde so am Ende des 18. Jahrhunderts noch ein Mittel zur Kontrolle unruhiger Unterschichten.

4 Zusammenfassung

Die Katechese erhielt im Zeitalter der Reformation durch die Möglichkeit des Buchdrucks eine wesentlich gesteigerte Bedeutung. Innerhalb der Schulbuchproduktion bildeten die Katechismen eine Hauptgruppe, sowohl in den muttersprachlichen als auch den lateinischen Ausgaben. Während in der höheren Bildung die Katechese oft nur ein Schattendasein als spezifischer Religionsunterricht führte, wurde sie in den Niederen Schulen ein Hauptgegenstand des Unterrichts und wurden die Katechismen zum allgemeinen Lesebuch. Während sich für andere Formen von Schulbüchern ein relativ freier Angebotsmarkt entwickelte, wurde die Katechismusproduktion stark obrigkeitlich geregelt und gefördert. Damit entstand in engem Zusammenhang mit der Religionspolitik eine territoriale Konkurrenz um Inhalte und Formen der Katechismustexte, die auch die Diskussion um deren didaktischen Einsatz stimulierte. Die Katechese entwickelte sich im Zuge der Förderung der Textproduktion zu einem wesentlichen Kreuzungspunkt schulischer, obrigkeitlicher und gesellschaftlicher Interessen an der Akkulturation der nachwachsenden Generation. Kirchliche und staatliche Kontrollinstanzen, aber auch die Eltern bemühten sich aus unterschiedlichen Motiven um die katechetische Praxis, die insbesondere im Zuge der öffentlichen Katechismusexamen zu einem Feld der Aushandlung gesellschaftlicher Zielsetzungen und sozialer Positionen wurde.

Allerdings lässt sich der für Frankreich behauptete Kompromisscharakter der Katechese ebenfalls in den protestantischen Gebieten Mittelfrankens beobachten. Die privaten Schulmeister in Nürnberg setzten die obrigkeitlich vorgeschriebenen Massnahmen offensichtlich nur unvollkommen um, da sie für die Profilbildung ihres Unterrichtsangebots uninteressant waren, wie die zahlreichen Wiederholungen der Erlasse zeigen. Aber auch die Stadtgeistlichkeit scheute wohl die Mühen, bei hinhaltendem Widerstand der Bevölkerung große Strenge walten zu lassen.

In Ansbach verstand man im 16. Jahrhundert die Katechese als zentrales Problem der Religionspolitik und begriff Textproduktion und –distribution als staatliche Aufgabe. In der kleinstädtischen und dörflichen Gesellschaft des Fürstentums interessierte die Eltern v. a. der Katechismus als Gegenstand zum Erlernen der Kulturtechniken und zur Darstellung der sozialen Position im Katechismusexamen. Die Obrigkeit und die Landeskirche sahen die Katechese jedoch stärker unter dem Blickwinkel der Sozialdisziplinierung. Auch hier kreuzten sich also in der Katechese die unterschiedlichen Interessen und gingen alle Beteiligten Kompromisse ein.

Als Ergebnis lässt sich zusammenfassen:

1. Die Katechese ist am Beginn des neuzeitlichen Unterrichtswesens im 16. Jahrhunderts der Hauptpunkt in der Bildungspolitik der zentralen Herrschaftsträger in Staat und Kirche. Damit zusammenhängend etablierte sich um die Katechismusproduktion ein leistungsfähiges spezialisiertes Druckgewerbe, das im Alten Reich oft in besonderer Nähe zu den Territorialregierungen stand.
2. Die muttersprachliche Katechese bildete den alltäglichen Schnittpunkt zwischen Schule, lokaler kirchlicher Gemeinde und Eltern und spiegelte auch soziale Strategien und Konflikte
3. Um Ziele und Methoden der Katechese entstand schon im 16. Jahrhundert ein intensiver didaktischer Diskurs, der die öffentliche Aufmerksamkeit für Fragen der Erziehung beförderte.

Literatur

Quellen

AELKB, MKA-Generalia 40 = Archiv der Evangelisch-Lutherischen Kirche in Bayern in Nürnberg, Bestand Markgräfliches Konsistorium Ansbach, Generalia Nr. 40.
STAN, Rep. 111, Nr. 40 = Staatsarchiv Nürnberg, Bestand Repertorium 111: Ansbacher Religionsakten, Nr. 40.
STAN, Rep. 65a, Nr. 89 = Staatsarchiv Nürnberg, Bestand Repertorium 65a: Ansbacher Oberamtsakten, Nr. 89.
Francisci, A. (1602). *Margarita Theologia das ist Geistliche Perle welche die richtige Erklerungen der fürnemsten christlichen Hauptlehren in sich begreifft, für rechtlehrende Kirchen und Schulen Augspurgischer Confession*. Hamburg: Froben.

Sekundärliteratur

Antl, H. (1988). *Das Elementarschulwesen der Reichsstadt Nürnberg. Die Deutschen Schulen in Nürnberg vom 16. Jahrhundert bis zum Ende der reichsstädtischen Zeit*. München: Diss. phil. Univ. München.
Carter, K. (2011). *Creating Catholics. Catechism and Primary Education in Early Modern France*. Notre Dame/Indiana: University of Notre Dame Press.
Green, I. (1996). *The Christian's ABC. Catechisms and Catechizing in England c. 1530–1740*. Oxford: Oxford University Press.
Gruber, F. (1948). *Rechtsverhältnisse der Deutschen Schulen im Fürstentum Ansbach*. Erlangen: Diss. jur. Univ. Erlangen.
Julia, D. (1989). La Lecon de catechisme dans l' „Ecole Paroissiale" (1654). In N. Colin (Hrsg.), *Aux origines du catéchisme en France* (S. 160–187). Paris: Flammarion.
Kupser, P. (1991). Armenschulen. Beispiele Nürnberg und Ansbach. In M. Liedtke (Hrsg.), *Handbuch der Bayerischen Bildungsgeschichte, Bd.1* (S. 549–556). Bad Heilbrunn: Julius Klinkhardt.
Leder K. (1973). *Kirche und Jugend in Nürnberg und seinem Landgebiet 1400 bis 1800*. Neustadt a.d. Aisch: Degener.
Meier, M. (1999). *Systembruch und Neuordnung. Reformation und Konfessionsbildung in den Markgrafentümern Brandenburg-Ansbach-Kulmbach 1520–594. Religionspolitik—Kirche—Gesellschaft*. Frankfurt a.M.: Lang.
Merkel, R. (1964). Buchdruck und Buchhandel in Ansbach. Von den Anfängen bis zum Ende des 18. Jahrhunderts. *Archiv für Geschichte des Buchwesens, 5*, 958–1189.
Parker, G. 1992. Success and Failure during the First Century of the Reformation. *Past & Present, 136*, 43–82.
Reu, J.M. (Hrsg.). (1904–1927). *Quellen zur Geschichte des kirchlichen Unterrichts in der Evangelischen Kirche Deutschlands zwischen 1530 und 1600*. 4 Bde. Gütersloh: Evangelische Verlagsanstalt.
Schwemmer, W. (1992). Artikel „Georg Karg". In *Bio-Bibliographisches Kirchenlexikon, Bd. 3* (S. 1099–1100). Neustadt a.d. Aisch: Degener.
Sehling, E. (Hrsg.). (1961). *Die Evangelischen Kirchenordnungen des 16. Jahrhunderts, Bd. 11*. Heidelberg: Mohr Siebeck.
Steinmaier, W. (2001). *Als das ABC auf die Dörfer kam. Ein Beitrag zur Sozialgeschichte des 16.-18. Jahrhunderts. Die Entstehung der Nürnberger Landschulen und das Leben ihrer Schulmeister*. Nürnberg: Sebald.

Strauss, G. (1978). *Luther's House of Learning. Indoctrination of the Youth in the German Reformation.* Baltimore: John Hopkins University Press.

Weiss, H.-M. (1991). *Vom notwendigen Verstand der Lehre. Kirchenleitungen in der Zeit nach dem Tod Luthers am Beispiel von Georg Karg.* Neustadt a.d. Aisch: Degener.

Wilke, G. (1904). *Georg Karg, Parsimonius, sein Katechismus und sein doppelter Lehrstreit.* Scheinfeld: Max Ille.

Alphabet, Bibel, Katechismus: Das ABC der vormodernen Grundschule in den Niederlanden

John Exalto

Zusammenfassung: An Schulbüchern und Kinderliteratur der Frühmoderne ist in der modernen Pädagogik oft scharfe Kritik geübt worden, weil sie nur auf mechanisches Lernen gerichtet gewesen seien. In diesem Artikel wird behauptet, dass die gängige Auffassung diesem Unterrichtsmaterial nicht gerecht wird und dass es hingegen zur Bildung einer bürgerlichen Kultur mit einem allgemein-christlichen Gepräge beigetragen hat. Diese Hypothese wird beschrieben anhand einer Analyse des Schulprogramms der Grundschule in der niederländischen Republik. In diesem Schulprogramm waren Leseunterricht und Religionsunterricht aufs engste verbunden. Das Programm entsprach den Wünschen der reformierten Kirche, die ihre Mitglieder zu selbständigen Bibellesern ausbilden wollte. Das Abc-Buch wurde kalvinisiert, die Kinder lernten den Heidelberger Katechismus und Fortgeschrittenen wurde die sogenannte Testamentenliteratur angeboten. Diese kalvinistische Bildungsoffensive war nicht typisch niederländisch, sondern soll als eine Variante der europäischen Konfessionalisierung betrachtet werden.

Schlüsselwörter: Glaubensunterricht · Kalvinismus · ABC-Buch (Fibel) · Katechismus · Grundschule

Alphabet, Bible, Catechism: The ABC of the early modern elementary school in the Netherlands

Abstract: In modern pedagogy, schoolbooks and children's literature from the early modern period have encountered sharp criticism because they only focused on mechanical learning. This paper argues that this is an iniquity in respect to this schoolmaterial, but, by contrast, that these literature has contributed to the formation of a civic culture with a general Christian character. This hypothesis is described by an analysis of the school program of the elementary school in the Dutch Republic. In this program, reading education and religious education are inextricably linked. This way of teaching coincided with the goals of the Reformed Church to educate all its members to independent Bible readers. After the Reformation, the ABC Book was rewritten in a Calvinist way, children must learn the Heidelberg Catechism and to advanced students of the elementary school so-called testament literature was submitted. This Calvinist civilizing offensive was not typically Dutch, but must be considered as a variant of the European confessionalization in the early modern period.

© Springer Fachmedien Wiesbaden 2012

Dr. J. Exalto (✉)
Fakultät für Psychologie und Pädagogik, Erziehungsgeschichte,
Vrije Universiteit Amsterdam, Van der Boechorststraat 1, 1081 BT Amsterdam, Niederlande
E-Mail: j.exalto@vu.nl

Keywords: Religious Education · Calvinism · ABC Book (Primer) · Catechism · Elementary School

Niederländische Schulbücher und Kinderlektüre aus der Periode vor 1800 haben nicht gerade einen guten Ruf. Das Niveau dieser Literaturgattung und mithin das Niveau der Grundschule sei hinter dem hohen Standard in den Bereichen der Kunst, Kultur und Wissenschaften, die in der frühen Neuzeit in den Niederlanden erblühten, zurückgeblieben. Auch der Leseunterricht sei unzureichend gewesen, da die Technik des Lesens ohne Rücksicht auf das Verständnis des Lesestoffs beigebracht worden sei. Auch wenn die Schüler die Technik beherrschten, sei das Textverständnis oft noch von nebensächlicher Bedeutung gewesen, was sich aus dem leiernden Ton, in dem gelesen wurde, ergebe. Auf diejenigen, die den mechanischen Lehrprozess durchgemacht hatten, habe eine große Enttäuschung gewartet: „Der farblose, geisttötende Lehrstoff muss für viele Kinder eine Plage gewesen sein" (Bottema 1999, S. 55–57; vgl. Wouters und Visser 1926, S. 120; Boekholt und De Booy 1987, S. 80–85).

Diese Vorstellung findet sich häufig in der Historiographie und ist zum größten Teil auf die Aufklärungspädagogik zurückzuführen, in der scharfe Kritik an alten Unterrichtsmethoden geübt wurde und die eine große Transformation mit weitreichenden Folgen für die Gattung Schulbuch bewirkt hat. Die schlechte Reputation des niederländischen Schulbuches in der Periode vor 1700 hat dazu geführt, dass nur wenige Historiker diese Gattung erforscht haben. Dennoch scheint es mir zweckmäßig, den Schulbüchern, die in der Frühmoderne in der ‚nederduitse' Schule, wie die Grundschule damals hieß, benutzt wurden, Aufmerksamkeit zu schenken. Meine – der gängigen Historiographie entgegengesetzte – Hypothese ist, dass die Schulbücher und die Kinderlektüre zur Bildung einer bürgerlich-christlichen, von biblischen Normen und Werten dominierten Kultur maßgeblich beigetragen haben.

Ich beschränke mich in diesem Beitrag auf den Grundschulunterricht in der niederländischen Republik der Frühmoderne, insbesondere im späten 16. und im 17. Jahrhundert, ungefähr also die Periode von der Reformation (1572) bis 1700. Mein Beitrag gliedert sich in vier Teile. Erstens behandle ich den geografischen, politischen und kulturellen Kontext der niederländischen Schule. Zweitens gehe ich auf die verschiedenen Schulbücher, die benutzt wurden, ein; dabei beschränke ich mich auf die bedeutendsten Schulfächer: Religion und Lesen. Drittens thematisiere ich das sogenannte Testament, eine Gattung für fortgeschrittene Schüler, die neues Licht auf den Charakter der kalvinistischen Bildungsoffensive mittels Schule und Lesekultur wirft. Zum Schluss gebe ich eine kurze Evaluation meiner oben erwähnten Hypothese.

Ich möchte in diesem Artikel das Unterrichtsprogramm beschreiben, das allen niederländischen Schülern angeboten wurde, wobei ich mich auf das Unterrichtsmaterial beschränke, das in den ersten drei Schuljahren eine Rolle spielte, weil eine relativ große Gruppe die Schule nach drei Jahren verließ. Dieses Unterrichtsprogramm wird als das „Abc" der ‚nederduitse' Schule bezeichnet, weil Alphabet, Bibel und ‚Catechismus' im Mittelpunkt standen. Der Inhalt des Unterrichtsprogramms zeigt die enge Beziehung zwischen Religion und Unterricht. Im Abschnitt über das Testament überschreite ich die Grenzen des Abc, damit deutlich wird, wie das Abc weiter gestaltet wurde.

1 Alphabetisierung

Die kalvinistische Reformation setzte sich in den Niederlanden nach 1580 durch und wurde zur öffentlichen Religion erhoben. Die reformierte Kirche wollte ihre Mitglieder zu selbständigen Bibellesern ausbilden und benutzte dazu den Grundschulunterricht. Die Grundschule wurde also zur Vorbereitung auf die Mitgliedschaft in der Kirche eingesetzt. Sowohl die Kirche als auch der Staat betrachteten die Schule als ein Instrument zur Disziplinierung der Gesellschaft. Die ‚nederduitse' Schule wurde kalvinisiert, aber ihre Zielsetzungen änderten sich nicht wesentlich. Genauso wie vor der Reformation bezweckte sie die Bildung guter Christen und tugendhafter Bürger. Der Religionsunterricht wurde selbstverständlich im reformatorischen Sinne geändert. Unter dem Einfluss der neuen reformierten Kirche wurde die Zahl der ‚nederduitse' Schulen erweitert; ihr Bestreben, selbständige Bibelleser auszubilden, hat die Alphabetisierung in den Niederlanden stark angeregt. Die reformierte Kirche wurde aber nie Staatskirche und konnte ihren Willen deshalb den Bürgern nie aufzwingen. Der Staat erstellte die Schulordnungen. Die Reglements und ganz gewiss die Praxis gaben Andersdenkenden Raum. In Staats-Brabant, einer Provinz mit vielen katholischen Einwohnern, waren nur die reformierten Kinder verpflichtet, an dem Katechismusunterricht teilzunehmen. In den meisten Provinzen waren sogenannte ‚bijscholen' (Winkelschulen) neben den ‚nederduitse' Schulen gestattet, Privateinrichtungen, die dankbar von den Katholiken benutzt wurden (vgl. Groenendijk 2007).

In der Förderung der Alphabetisierung war der Kalvinismus tonangebend. Aus lokalhistorischer Forschung ergibt sich, dass auch der katholische Klerus Alphabetisierung anstrebte, aber den Kalvinisten mit Abstand folgte (Roosenboom 1997). Die neuesten Erklärungen des hohen niederländischen Alphabetisierungsgrads weisen also nicht auf den Kalvinismus als einzigen Faktor hin. Vielmehr hatte die einzigartige Kombination von mehreren Faktoren zur Folge, dass die niederländische Republik im späten 16. und im 17. Jahrhundert den höchsten Alphabetisierungsgrad Europas erreichte. Die Grundlagen dafür waren bereits vor dem niederländischen Aufstand gegen Spanien und vor der Reformation gelegt worden. Im späten Mittelalter hatte sich in den Städten eine bürgerliche Kultur entwickelt, die in der föderativen, dezentralisierten Gesellschaft gedieh. Für die Teilnahme an der Diskussionskultur war Alphabetisierung erforderlich. Einen wichtigen Stimulus für die Lesekultur lieferte die Devotio Moderna.

Auch die wirtschaftliche Infrastruktur der bürgerlichen Gesellschaft, in der die Mittelschicht eine wichtige Rolle spielte, regte die Alphabetisierung an. Diese Entwicklung setzte ebenfalls bereits vor der Reformation mit der Einführung von kommerziellem Landbau und Viehzucht in den niederländischen Küstenprovinzen, dem spezialisierten Gewerbe und dem Ostseehandel ein. Im Goldenen Zeitalter entwickelte sich die Stadt Amsterdam zum wichtigsten europäischen Knotenpunkt des internationalen Handels. Sie verdankte ihre Position nicht zuletzt der günstigen geografischen Lage der niederländischen Republik an den Mündungen von Maas, Rhein und Schelde. Im Gefolge des internationalen Handels entwickelte sich auch ein lebendiger Kulturaustausch (vgl. Roding und Heerma van Voss 1996). Vor diesem ökonomischen Hintergrund fand im 17. Jahrhundert der Prozess der Verschriftlichung statt: Der Handel hatte seine Administration, die Kenntnisse im handwerklichen Sektor wurden mehr denn je in Handbüchern für Schüler schriftlich festgelegt, während das Angebot an populären Druckwerken zur politischen Meinungsbildung zunahm (Frijhoff und Spies 1999, S. 237–239; Otterspeer 2002; Frijhoff 2004). Im Laufe des 17. Jahrhunderts kam die sogenannte Französische Schule auf, eine weiterführende Ausbildung im Anschluss an die ‚nederduitse' Schule. Neben Französisch, der Sprache der Handelskorrespondenz, wurde dort auch in Buchhaltung und Rechnen unterrichtet.

Die Entwicklungen in der niederländischen Republik waren sowohl Ursache als auch Folge des hohen Alphabetisierungsgrads. Verschiedene Prozesse beeinflussten sich gegenseitig. Es ist aber klar, dass es am Anfang dieser Kette eine Institution geben musste, in der das Alphabet gelernt wurde, und das war die ‚nederduitse' Schule. Dort verbrachten die meisten niederländischen Kinder ab dem vierten oder fünften Lebensjahr drei Jahre. Weil Lesen und Schreiben strikt getrennt waren, ist der Alphabetisierungsgrad nicht anhand der Schreibfertigkeit zu bestimmen. Eine Berechnung ist daher nicht einfach. Es steht allerdings fest, dass eine Minorität der Gesellschaft, ungefähr zehn Prozent, gar nicht alphabetisiert war. Die Mehrheit war fähig, einfache Texte zu entziffern (vgl. für den Alphabetisierungsgrad: Van Deursen 1994, S. 131–143). Wir werden uns im Folgenden nicht mit dem weiteren Lebensgang des niederländischen Kindes beschäftigen, sondern beschränken uns auf den Lesestoff, der allgemeines Kulturgut war. Auf die Bücher also, die nahezu alle niederländischen Kinder im Leseunterricht benutzten.

2 Erstleseunterricht

Wer im Alter von vier oder fünf Jahren in die Schule ging, bekam Unterricht in Religion und Lesen. Die Fächer verstärkten sich gegenseitig: Kinder lernten das Lesen mithilfe religiöser Texte. Der Prozess des Lesenlernens dauerte etwa drei Jahre. Er folgte einer rigiden Systematik, nach der zuerst einzelne Buchstaben und Silben gelernt und dann Wörter und Sätze geübt wurden. Erst danach wurde das eigentliche Lesen gelernt. Der Lesestoff für Fortgeschrittene war nicht spezifisch für Kinder geeignet, was die Attraktivität erheblich geschmälert haben wird (De Booy 1977, S. 49–51; Boekholt und De Booy 1987, S. 37–38). Wenn Eltern nach dieser Lehrstufe noch Geld übrig hatten, konnten sie für ihre Kinder Schreibunterricht folgen lassen, doch das war eine Ausnahme. Eine noch kleinere Gruppe wurde auch in der Rechenkunst unterrichtet. Ich werde jetzt auf drei Kategorien von Unterrichtsmaterial eingehen. Erstens das Material für das Lesenlernen, zweitens das Material für den Religionsunterricht, und drittens die Lesebücher für jene Schüler, die das Buchstabieren schon beherrschten.

Das Unterrichtsmaterial für das Lesenlernen war schon jahrhundertelang das Abc-Buch. Das niederländische Abc-Büchlein ist, wie die deutsche Fibel und das englische Primer, wegen seiner fragilen Ausführung und intensiven Benutzung nur sehr fragmentarisch überliefert. Der erste Leseunterricht wurde auch nach der Reformation mithilfe des Kleinen Abc-Buches und des Großen Abc-Buches erteilt. Der Inhalt wurde protestantisiert, denn neben dem Abc in Fraktur und italischer Schrift (Buchstaben, Vokale und Silben) gehörten das Pater noster, das Ave Maria und das Credo zum Inhalt des Großen Abc-Buches. Diese Texte waren ursprünglich in Latein und wurden durch protestantische Texte in der Volkssprache ersetzt. In der ältesten protestantischen Edition, die in den Niederlanden verwendet wurde, findet man sechs sogenannte Kapitel der christlichen Lehre: das Vaterunser, das Apostolikum, die Zehn Gebote und einen kurzen Text über die heilige Taufe, einen über das heilige Abendmahl und einen über die christliche Strafe oder Zucht sowie einige Morgen- und Abendgebete.

Eingehende textkritische Forschung der überlieferten Fragmente hat ergeben, dass das niederländische Abc-Buch in London in der Periode 1550–1553 unter der Leitung von Jan Łaski (oder Johannes a Lasco, 1499–1560) verfasst wurde. Łaski war ein aus Polen gebürtiger Theologe, der die Leitung über die Flüchtlingsgemeinden hatte, wo zwischen 1540 und 1572 verfolgte reformierte Protestanten, die aus den Niederlanden vertrieben waren, eine Zuflucht fanden. In der bedeutendsten Flüchtlingsgemeinde, jener im ostfriesischen Emden, war Łaski mit seinen Mitarbeitern am Übergang zur Reformation beteiligt. Mit Jan Utenhove (1520–1565) und Marten Micron (1523–1559) leistete er einen wichtigen Beitrag zur Liturgie und Kirchenordnung. Emden war bis 1570 das Zentrum der protestantischen Buchdruckerkunst. Dort wurde z. B. in 1563 die Erstauflage der niederländischen Übersetzung des Heidelberger Katechismus gedruckt. Die niederländischen Flüchtlingsgemeinden gehörten zum europäischen Kräftefeld der religiösen Erneuerung; es gab einen lebhaften Austausch von Personen und Büchern mit anderen reformierten Zentren Europas, während Łaski auch mit seinem alten Lehrer Erasmus in Kontakt blieb. Offensichtlich fand man es auch wichtig, sich um die Jugend zu kümmern. Das niederländische Abc-Buch, das wegen des Hahnes auf dem Umschlag – ein internationaler Brauch, den Hahn findet man z. B. auch auf Lehrbüchern von Melanchthon – auch Hahnenbuch genannt wurde, war von den kirchlichen Leitern für den Zweck des Lesenlernens verfasst worden, bereitete die Kinder aber auch auf die verschiedenen Katechismen, die ebenfalls in Umlauf kamen, vor. Der offizielle Name des Hahnenbuches war *Emder Bedingen*, was ‚Gebetsbüchlein aus Emden' bedeutet. Das Buch diente bis ungefähr 1800 als Modell für die niederländischen Abc-Bücher (Stellingwerff 1979; auf S. 63–77 ein Faksimile des einzig überlieferten, unvollständigen Drucks der *Emder Bedingen*; vgl. Stellingwerff 1994; siehe für Emden als Mutterkirche der niederländischen Protestanten, Pettegree 1992).

Der Inhalt des Hahnenbüchleins ist kennzeichnend für die enge Beziehung zwischen Lesen und Gottesdienst. In späteren Auflagen findet man oft noch ein „christliches Abc" in Reimen mit moralisierenden Sprüchen („Q. Quade Reden verderven goede Zeden" – Böse Beispiele verderben gute Sitten) (Groot A/ B/ C/ Boek 1781). Mehrere Schulordnungen verordneten das Auswendiglernen der sechs Kapitel der christlichen Lehre. Auch die für die niederländische reformierte Kirche so wichtige Synode von Dordrecht (1618–1619) schrieb die Kapitel, denen vorzugsweise „eenighe voornaemste spreucken der h. Schrifture, tot Godsalicheyt verweckende" („einige wichtige Sprüche der heiligen Schrift, die zur Gottseligkeit erwecken") angefügt werden sollten, den jüngsten Kindern vor (Van Veen und Groenendijk 1979, S. 12). Ab dem 18. Jahrhundert ist unter dem Einfluss der Aufklärungspädagogik scharfe Kritik an dem Auswendiglernen von Texten geübt worden. In diese Kritik wurde in der Historiographie oft eingestimmt, aber mittlerweile sind wir zur Erkenntnis gekommen, dass die frühmoderne Gesellschaft ganz anders funktionierte als die moderne Gesellschaft. Ein gut trainiertes Gedächtnis war damals sehr wichtig, und das Auswendiglernen hatte eine viel bedeutsamere Funktion als heute (Groenendijk 2001, S. 82). Es legte ein Fundament für das spätere Leben. Das endlose

Buchstabieren des Vaterunsers muss oft mechanisch und nicht gerade ehrfürchtig gewesen sein, aber die Kirche scheint damit vorlieb genommen zu haben.

Das protestantische Hahnenbuch wurde nicht überall direkt nach 1572 eingeführt; an einigen Orten wurde das alte Unterrichtsmaterial erst ein halbes Jahrhundert später durch neues ersetzt, teils wegen der Anhänglichkeit von Eltern und Schulmeistern an die alten Texte, wie das Büchlein mit den sieben Bußpsalmen, und teils weil die Protestantisierung auf dem Lande manchmal nur langsam vorankam. Letztendlich aber siegte der Hahn aus Emden, und um 1640 bekam er Verstärkung, als eine Methode für fortgeschrittene Schüler, die das Abc-Buch durchgearbeitet hatten, eingeführt wurde (De Booy 1980, S. 42–43). Das Buch mit dem Titel *Trap der jeugd* („Stufe der Jugend") schloss an das Abc-Buch an und bot differenzierten Unterricht, indem jedes Kapitel einer höheren Stufe entsprach. Es wurden regionale Varianten herausgegeben, die die wichtigsten Ortsnamen der Provinz enthielten. Die meisten Stufen enthielten auch eine Liste biblischer Personen zum Auswendiglernen (De Booy 1980, S. 44; Boekholt und De Booy 1987, S. 38–40). Die enge Beziehung zwischen Lesen und Gottesdienst ergibt sich weiter aus dem religiösen Charakter der *Trappen der jeugd* und aus der Aufnahme eines kurzen Katechismus in einigen Editionen (Wouters und Visser 1926, S. 106; De Booy 1977, S. 44). Ebenso wie das Alphabet gehörte der Katechismus zum Grundprogramm der ‚nederduitse' Schule. Der Inhalt des Unterrichts der Grundschule ist als ‚Alphabet, Bibel und Katechismus' definiert worden. Nach dem Alphabet behandeln wir jetzt die Bibel.

3 Lektüren für fortgeschrittene Leser

Das Hahnenbuch enthielt einige wichtige Kapitel der christlichen Lehre, die wörtlich aus dem Bibel entlehnt waren. Fortgeschrittenen Lesern wurde nach dem Hahnenbuch die *Trap der jeugd* angeboten und daneben gab es für sie sogenannte Lesebücher. Diese enthielten wörtliche Auszüge aus dem Alten Testament und waren manchmal mit Holzschnitten versehen. Einfache Lektüre war es nicht, aber es traf direkt die Zielsetzung der Kirche, durch den Unterricht selbständige Bibelleser auszubilden. Am meisten verbreitet seit 1572, seit der Reformation also, war *De historie van den conincklycken propheet Davids* („Die Historie des königlichen Propheten David"), deren Erstausgabe um 1600 publiziert wurde. An zweiter Stelle kamen die *Proverbia ofte spreucken des alderwijsten koninghs Salomonis* („Proverbia oder Sprüche des weisen Königs Salomo"), die ebenfalls um 1600 gedruckt wurden. Als 1637 die neue niederländische Bibelübersetzung erschien, die sogenannte ‚Statenvertaling' oder Statenbibel, wurden die Lesebücher an diese Übersetzung angepasst.

Die Statenbibel hat einen wichtigen Beitrag zur Standardisierung der niederländischen Sprache geleistet; die Lesebücher, die auf der ‚nederduitse' Schule benutzt wurden, spielten darin eine wichtige Rolle. Der Theologe Willem van der Meiden hat darauf hingewiesen, dass die junge niederländische Republik zur Selbstbestätigung die alttestamentlichen Geschichten zum Vorbild nahm. Ihr Selbstverständnis als reformiertes Israel wurde am Alten Testament gespiegelt. Es gab mehrere protestantische Länder, die die Kirche metaphorisch als das protestantische Israel betrachteten (Ihalainen 2005). Obwohl die These Van der Meidens, die sich auf die Nation bezieht, anfechtbar ist, spricht viel für ein kirchliches protestantisches Selbstverständnis in Analogie zu Israel, das den Bibelgeschichten umso mehr Kraft gab, auch wenn man sich fragen kann, ob die Kinder sich dieser Analogie bewusst waren (Van der Meiden 2009, S. 41–44).

Den Kindern wurden also wörtliche Bibeltexte angeboten. Gravurbibel, Frage- und Antwortbücher und Nacherzählungen von biblischen Geschichten datieren erst seit dem 18. Jahrhundert. Weil wir uns mit dem 16. und 17. Jahrhundert beschäftigen, lassen wir das beiseite (vgl. Van der Meiden 2009; Houtman 2010). Neben den Lesebüchern mit alttestamentlichen Bibelfragmenten wurde das sogenannte ‚Evangelienbuch' als Lesebuch benutzt. Das Evangelienbuch enthielt Auszüge aus den Evangelien, die im Laufe des kirchlichen Jahres im Gottesdienst gelesen wurden, die Haupttexte also für die christlichen Feste. Es war ein Erbe der katholischen Vergangenheit, das die reformierte Kirche wegen seiner Popularität nicht hatte ablehnen können. Der Text wurde selbstverständlich an die reformierte Liturgie und Bibelübersetzung angepasst. Bezüglich älterer Bücher mit Geschichten aus den Apokryphen, wie Tobias und Judith, machte die Reformation ihren Einfluss allerdings geltend. Diese Bücher wurden zwar nicht verboten, doch von ihnen wurde abgeraten, und als Ersatz erschienen die Bücher über David und die Sprüche (De Booy 1977, S. 42, 51–52, 269; De Booy 1980, S. 41–46; Bekkering 1990, S. 87, 113–115, 182; Van der Meiden 2009, S. 41, 44, 46–48).

Die dritte Komponente des ABC war der Katechismus. Die bereits erwähnten religiösen Lehrbücher standen immer im Dienst des Leseunterrichts – und ebenso gilt umgekehrt: Der Leseunterricht stand im Dienst der religiösen Bildung. Der Katechismus wurde auch für Buchstabier- und Leseübungen benutzt, namentlich während des besonders dafür reservierten Religionsunterrichts. Der Katechismus oder ein Auszug wurde dabei in der Klasse behandelt, während der Unterricht sonst individuell war. Die einfachen Fragen des Katechismus wurden vermutlich im Sprechchor beantwortet, wobei man unterschied zwischen den jüngsten Kindern, die nur die Fragen auswendig lernten, und den älteren Schülern, für die der Katechismusunterricht mit einer Auslegung durch den Schulmeister, Katechisiermeister oder Pfarrer verbunden war. Dieser Unterricht wurde an freien Mittwoch- oder Samstagmittagen erteilt, damit die katholischen Kinder ohne Probleme wegbleiben konnten, um ihren eigenen Glaubensunterricht an geheimen, aber tolerierten Orten zu genießen. Das war auf jeden Fall die Praxis in der Provinz Staats-Brabant, wo verhältnismäßig viele Katholiken wohnten (Roosenboom 1997, S. 200). Der Religionsunterricht diente zur Vorbereitung auf den Sonntag: die Psalmen, die an der Reihe waren, wurden geübt – vermutlich wurde dem Schulmeister nachgesungen, weil die Kinder selbst nicht über einen Psalter verfügten – und der Katechismus, der im Gottesdienst behandelt werden sollte, wurde auswendig gelernt. Während des Gottesdienstes am Sonntagnachmittag, der immer dem Katechismus gewidmet war, durfte der beste Schüler der Klasse die Fragen des Heidelberger Katechismus, der behandelt wurde, beantworten.

Der Heidelberger Katechismus wurde auch ‚Großer Katechismus' genannt, weil er eigentlich für Erwachsene bestimmt war. Die Kinder lernten ihn wahrscheinlich ohne nähere Auslegung auswendig, was dem Verständnis nicht förderlich gewesen sein wird, und benutzten ihn als Buchstabier- und Lesematerial. Diese Praxis war gegen den Willen der Kirche, die von Anfang an eine Differenzierung des Lehrstoffes bezweckte: ein Großer Katechismus für Erwachsene und für den dem Katechismus gewidmeten Gottesdienst, ein Kleiner Katechismus für Jugendliche, die Mitglied der Kirche werden wollten, und eine noch einfachere Version für Schulkinder (Boekholt und De Booy 1987, S. 34–35). Die Grundlagen der Differenzierung wurden in Emden und London gelegt. Łaski und seine Mitarbeiter „established a carefully graded hierarchy of catechismal works to bring members into full participation in Church life" (Pettegree 1992, S. 24). In Emden wurden ein Großer und ein Kleiner Katechismus verfasst, und Marten Micron verfasste die *Korte ondersoeckinghe des gheloofs* („Kurze Untersuchung des Glaubens"), die als Vorbereitung auf das Glaubensbekenntnis diente. Es war tatsächlich „a carefully graded hierarchy": Die kleinsten Kinder lernten mithilfe der *Emder Bedingen* lesen und wurden über den Kleinen und den Großen Katechismus zur *Korte ondersoeckinghe* geführt. Łaski gab der Schule und der Kirche eine wichtige Rolle im Glaubensunterricht. Alle Kinder in Emden sollten zweimal jährlich von der Kirche examiniert werden. Aber auch die Familie war nach Łaski wichtig für die Glaubenserziehung (Verboom 1986, S. 77–85).

Ein wesentlicher Teil der reformierten Buchproduktion in Emden, von Andrew Pettegree genau inventarisiert, bestand aus katechetischem Unterrichtsmaterial. Daraus ergibt sich, dass die Kirche großen Wert auf die Glaubenserziehung legte, und es bestätigt die zentrale Rolle der Gattung Katechismus in der Reformation – manche reden von einer Katechismusoffensive. Das Emdener Unterrichtsmaterial wurde 1572 in die Niederlande gebracht. Einige Dezennien später fand das *Cort begrijp* („Kurze Zusammenfassung", 1599) von Philips von Marnix, Herr von Sint Aldegonde (1540–1598) viel Anklang. Der Heidelberger Katechismus fehlte dem Emdener Unterrichtsmaterial als Grundlage, und da der Katechismus auch das reformierte Lehrbuch der niederländischen Kirche wurde, verschwand das Emdener Material nach einiger Zeit aus dem Unterricht zugunsten des *Kort begrip der christelijke religie* („Kurze Zusammenfassung der christlichen Religion", 1611), eine Zusammenfassung des Heidelberger Katechismus durch den reformierten Pfarrer Herman Faukelius (ca. 1560–1625). Das Buch von Marnix, das ebenso wenig auf den Heidelberger Katechismus gegründet war, wurde 1659 durch ein Buch, das diesen als Ausgangspunkt hatte, ersetzt. Der Hersteller, der reformierte Pfarrer Jacobus Borstius (1612–1680), gab dem Buch einen sprechenden Titel: *Kort begrijp der christelijcke leer* („Kurze Zusammenfassung der christlichen Lehre", Groenendijk 2001).

Die Synode von Dordrecht von 1618–1619 – die letzte nationale Synode, die der Staat erlaubt hatte – folgte der Emdener Kirche, indem sie „a carefully graded hierarchy" vorschrieb: die sechs Kapitel der christlichen Lehre für die Kleinen, gefolgt durch den Katechismusauszug des Faukelius und durch den Heidelberger Katechismus selbst für die Fortgeschrittenen. Vermutlich wurde die katechetische Hierarchie nicht überall und immer respektiert. In der Schule rezitierten die Kinder schon den Heidelberger Katechismus und die Pfarrer überließen den Katechismusunterricht, den sie für unter ihrer Würde achteten, oft den Schul- und Katechisiermeistern (Van Veen und Groenendijk 1979). Das wiederholte Rezitieren dieser ‚korte begrippen' (kurze Zusammenfassungen) sorgte dafür, dass wenn nicht der Inhalt, so doch der Wortlaut der christlichen Lehre in den Köpfen vieler Kinder einen Platz bekam. Besonders in der zweiten Hälfte des 17. und im 18. Jahrhundert erweiterte sich die Zahl der Katechismusbücher erheblich; sie entsprachen oft nicht ihrer Zielsetzung, den Lehrstoff zu vereinfachen. Ich signalisiere diese Entwicklung, ohne näher auf sie einzugehen. Meiner Ansicht nach können wir feststellen, dass die reformierte Kirche mit der ‚nederduitse' Schule, die das reformierte Abc (Alphabet, Bibel und Katechismus) unterrichtete, zufrieden sein durfte. Das Auswendiglernen dominierte zwar oft die Erklärung, aber die Situation war nach der Meinung von Zeitgenossen nicht derart schlecht, dass Reform notwendig war.

Ich kenne nur ein Beispiel von protestierenden Kindern. 1595 erhob sich gegen Meister Leenaert van Assendelft (in Noord-Holland) die Klage, er würde beim Leseunterricht immer dieselben Bücher benutzen, sodass die Kinder eine Abneigung gegen das Lernen bekamen (Van Deursen 1992, S. 144). Die Kinder ließen sich also nicht alles gefallen. Ob die Jugend aus Assendelft übermäßig kritisch war, ist nicht bekannt. Das Beispiel weist darauf hin, dass die Schulmeister sich Mühe geben mussten, um die Kinder sinnvoll zu beschäftigen.

Wir haben oben die gängigsten und wichtigsten Lehrbücher des reformierten Abc der ‚nederduitse' Schule in der Periode 1580–1700 und ihren Inhalt erwähnt. Wahrscheinlich verfügten die Kinder über ein eigenes Exemplar des Abc-Buches. Die bekannten Gemälde von Schulinterieurs des 17. Jahrhunderts wie *De schoolmeester* („Der Schulmeister"; 1662) von Adriaen van Ostade (1610–1685) und *De dorpsschool* („Die Dorfschule, ca. 1670–1672) von Jan Steen (1626–1679) zeigen Kinder, die mit dünnen Büchern, meist in Oktav-Format, beschäftigt sind. Das Abc-Buch umfasste immer ein im Oktav-Format gefalztes Druckblatt. Möglicherweise zirkulierten auch Katechismusbücher im selben Format: der Text des Katechismus passte nämlich auf ein Druckblatt, und wir wissen, dass der Katechismus als Übungsstoff benutzt wurde. Psalmbücher waren viel umfangreicher und folglich teurer; die Psalmen wurden vermutlich über Nachsingen des Schulmeisters, ohne Papierhilfsmittel gelernt.

4 Testamente

Ich habe das Schulprogramm fast aller niederländischen Kinder beschrieben, und könnte jetzt einen Schlusspunkt setzen. Ich möchte aber gern einen Abstecher machen, und eine unbekannte Gattung näher beleuchten, nämlich die des Testamentes. Unterschiedliche Bücher mit dem Titel ‚Testament' wurden inner- und außerhalb der Schule jugendlichen Lesern, die buchstabierendes Lesen beherrschten, angeboten. Testamente werden zu den ältesten Kinderbüchern gezählt. Die Gattung des Testamentes beleuchtet den Charakter der kalvinistischen Bildungsoffensive über Schule und Lesekultur. Die Erforschung der Testamente vermag daher Einsicht in das Streben der reformierten Volkserzieher am Ende des 16. und im 17. Jahrhundert zu vermitteln. Der freie Lesestoff ist als Spiegelbild des formalen Lehrstoffes zu betrachten. Eines dieser Testamente ist bis zur Mitte des 17. Jahrhunderts als Lehrbuch für Fortgeschrittene benutzt worden. Der Titel dieses Buches *Den uuterste wille* („Der letzte Wille", 1565) verrät, dass das Mittelalter gar nicht so weit weg war. Der Autor, Lowys Porquin (1511–1573), war ein italienischer katholischer Geschäftsmann, der sich schon vor dem Aufstand und der Reformation in den nördlichen Niederlanden niedergelassen hatte. Das Testament, zunächst für seine Kinder geschrieben, wurde sowohl in den katholischen südlichen als auch in den protestantischen nördlichen Niederlanden benutzt, wahrscheinlich in Ermangelung einer besseren Alternative. Kinderbücher waren in dieser Zeit Mangelware. Offensichtlich war ein ausgeprägt reformierter Charakter der Schulbücher nicht erforderlich. *Den uuterste wille* ist die allgemein-christliche Ermahnung eines Vaters, ein Testament, in dem er seine Kinder zu einem christlichen und tugendhaften Leben aufruft (Greilsammer 1989).

Ein anderes bekanntes Buch aus dieser Zeit war das Testament der mennonitischen Märtyrerin Soetgen van den Houte († 1560), das sie vor ihrer Hinrichtung im Gefängnis für ihre Kinder schrieb und das postum weite Verbreitung fand. Mehr als Porquin ermahnte sie ihre Kinder, den schmalen Weg zu gehen und die Eitelkeit zu fliehen. Ab 1699 erschien das Testament unter dem Titel *Uyterste wille van Soetgen van den Houte* („Letzte Wille von Soetgen van den Houte") mit Stichen des bekannten Amsterdamer Dichters und Radierers Jan Luyken (1649–1712). Das Testament wurde bis weit ins 18. Jahrhundert regelmäßig neu gedruckt. Obwohl klar ist, dass das Buch besonders für Kinder gemeint war, wissen wir nicht, ob es in der Schule gelesen wurde. Um 1565 erschien eine deutsche Übersetzung, in der der Autorenname eingedeutscht wurde als Soecken von Holtz. Im 18. Jahrhundert wurde das Buch in einem Band mit dem gleichartigen, aus dem Englischen übersetzten Werk der Autorin Elisabeth Jocelyn (1596–1622) herausgegeben (vgl. Bekkering 1990, S. 149–155).

Außer Testamenten von Erwachsenen gab es auch Testamente von Kindern in der Kinderliteratur des 17. Jahrhunderts. Im 18. Jahrhundert wurde eine Sammlung dieser Kindertestamente unter dem Titel *Des Heeren lof, verkondigt uit den mond der kinderen* („Das Lob des Herrn verkündigt aus dem Mund der Kinder", 1723), angefertigt von dem reformierten Pfarrer Wilhelmus Eversdijk (1653–1729), als Preis auf der ‚nederduitse' Schule vergeben (De Booy 1977, S. 272). Die Sammlung von Eversdijk ging über eine Übersetzung seines Kollegen Jacobus Koelman (1631–1695) von 1679 auf den in ganz Europa bekannten Sammelband *A Token for Children* (1671–1672) des englischen puritanischen Pfarrers James Janeway (1636–1674) zurück (vgl. Moore 2000; Groenendijk et al. 2010). Die Kindertestamente werden auch spirituelle Kinder(auto)biografien genannt. Die älteste niederländische reformierte Variante ist das Testament von Abigael Gerbrandts (ca. 1581–1600). In ihrem Sterbejahr erschien ein Buch unter dem Titel *Een schoon testament ofte bekentenisse van een jonghe dochter* („Ein schönes Testament oder Bekenntnis einer jungen Tochter"), das in den ersten zwei Dezennien des 17. Jahrhunderts oft neu aufgelegt worden sein muss (Gerbrandts 1609). In diesem Buch beschreibt der Vater Abigaels das Sterben seiner Tochter und ihren gottesfürchtigen Lebenswandel. Die Geschichte ist ein Modell, ein Exempel. Zugleich kann man aus ihr erschließen, wie der Religionsunterricht gestaltet wurde.

Das Testament erzählt, dass Abigael in den Kinderjahren gern zur Schule ging. Mit siebzehn Jahren bekannte sie ihren Glauben. Zum Erstaunen der Presbyter konnte sie alle Fragen aus der *Korte ondersoeckinghe des gheloofs* von Micron fehlerfrei aufsagen. Sie ging gerne zur Kirche und hörte gerne Predigten. Ihrem Bruder Johannes gab sie Geld, damit er ihr aus der Bibel vorlas, während sie arbeitete. Selber las sie gern die Bibel ihres Großvaters, das *Huysboec* (1563) des schweizerischen Reformators Bullinger (1504–1575), die niederländische Übersetzung von dessen *Hausbuch* (1558; 1552 in Lateinisch erschienen), und *De geschiedenisse ende den doodt der vromer martelaren* (1559), das reformierte Buch der Märtyrer des Pfarrers Adriaan van Haemstede (ca. 1525–1562). Aus dieser Geschichte ergibt sich, dass die Reformation schon ziemlich früh Erfolg hatte mit der Bildung selbständiger Bibelleser. Die Alphabetisierung ging sogar schneller voran als die Bibelverbreitung, denn Abigael las die Bibel ihres Großvaters. In ihrem Testament warnte Abigael ihre Freundinnen vor weltlichem Aufwand; ihre Leser wurden angespornt, fromm und tugendhaft zu sein, die Bibel zu lesen, zur Kirche zu gehen und treu zu arbeiten. Wie die Testamente von Soetgen van den Houte und Elisabeth Jocelyn gehörte das der Abigael Gerbrandts zum kollektiven europäischen protestantischen Kulturgut der Frühmoderne. Es wurde 1650 in Sedan unter dem Titel *Le testament ou confession de foy d'Abigail Gerbrants* herausgegeben (Desgraves 1984–1985, Bd. 2, S. 161, Nr. 4903).

5 Fazit

Tausende von Kindern haben die Abc-Bücher, die Bücher mit alttestamentlichen Bibeltexten, die kurzen Zusammenfassungen, die Katechismen und die Testamente inner- und außerhalb der Schule gelesen, dennoch wissen wir nur wenig über ihre Rezeption. Schulmeister Leenaert konnte sein Bücherangebot nicht ohne Folgen unverändert lassen. In diesem Beispiel hören wir indirekt die Stimme des Kindes, das sich nach etwas Neuem sehnte. Das Beispiel Abigaels zeigt, dass der Unterricht sich im reformatorischen Sinne änderte. Das Abc der ‚nederduitse' Schule legte in erster Linie das Fundament für die Alphabetisierung, für das Lesenlernen, und danach bot es Zugang zur Bibel, zum Katechismus, zum reformierten Gut des Glaubens. Und schließlich gab es Testamente, die den Lesern ein tugendhaftes und gottesfürchtiges Leben und Aussicht auf die Ewigkeit vorhielten.

Dies alles war nicht typisch niederländisch. Ein polnischer Bischof, tätig in einer ostfriesischen Stadt und einige Zeit in Londen im Exil, legte das Fundament für das niederländische protestantische Abc. Ein italienischer katholischer Kaufmann erteilte eine Lektion in Rechtschaffenheit. Der Heidelberger Katechismus stammte aus dem Nachbarland, das Testament von Joycelin aus England. Zugleich wurde Soetgen ins Deutsche und Abigael ins Französische übersetzt. Die Benutzung vieler ausländischer Einflüsse und deren erfolgreiche Verarbeitung ist vielleicht charakteristisch für die Niederlande.

Die Schulbücher und die Kinderliteratur haben einen Beitrag zur Bildung einer bürgerlichen und allgemein-christlichen Kultur, in der biblische Normen für Lehre und Leben maßgeblich waren, geleistet. Deshalb verdient das Abc der ‚nederduitse' Schule eine Rehabilitation. Zur weiteren Nuancierung des historiographischen Bildes ist nähere lokal-historische Erforschung des Funktionierens der ‚nederduitse' Schule sowie buchhistorische Erforschung der Drucke und Texte der Abc's, Katechismen und Testamente erforderlich.

Literatur

Quellen

Gerbrandts, A. (1609). *Een schoon testament/ ofte bekentenisse/ van een jonghe dochter gheheeten Abigail Garbrants/ oudt achthien jaren/ de welcke in een groote kranckheydt legghende aent roode melisoen/ dese naebeschreven woorden op haar doot-bedde heeft ghesproken/ ende alsoo haer speel-ghenoodts ende jonghe maeghden tot Naerden/ oock andere die den Heere vreesen/ tot leeringhe ende troost/ ter ghedachtenisse naegelaten. Met noch een beschrijvinghe van haer kindtsche dagen/ hoe datse haer tegen hare ouderen ghedraghen/ ende een leerkindt inde schole Jesu Christi/ vander jonckheydt aen geweest is.* Amsterdam: Hendrick Barentsz. [Staatsbibliothek Berlin, 4 an Dk 2880: S 16].

Groot A/ B/ C/ Boek. (1781) *Zeer bekwaam voor de jonge kinderen te leeren.* Amsterdam: Adam Meyer.

[*Emder Bedingen*] (1560–62) in J. Stellingwerff (1979). *Kleine geschiedenis van het Groot abc-boek of Haneboek.* (S. 63–77). 's-Gravenhage: Staatsdrukkerij.

Sekundärliteratur

Bakker, N., Noordman, J., & Rietveld-van Wingerden, M. (2010). *Vijf eeuwen opvoeden in Nederland. Idee en praktijk, 1500–2000* (2. Aufl.). Assen: Van Gorcum.

Bekkering, H. (Hrsg.). (1990). *De hele Bibelebontse berg. De geschiedenis van het kinderboek in Nederland & Vlaanderen van de middeleeuwen tot heden.* Amsterdam: Querido.

Boekholt, P. T. F. M., & Booy, E. P. de. (1987). *Geschiedenis van de school in Nederland vanaf de middeleeuwen tot aan de huidige tijd.* Assen: Van Gorcum.

Booy, E. P. de. (1977). *De weldaet der scholen. Het plattelandsonderwijs in de provincie Utrecht van 1580 tot het begin der 19de eeuw.* Utrecht: Stichtse Historische Reeks.

Booy, E. P. de. (1980). *Kweekhoven der wijsheid. Basis- en vervolgonderwijs in de steden van de provincie Utrecht van 1580 tot het begin der 19e eeuw.* Utrecht: Stichtse Historische Reeks.

Bottema, J. (1999). *Naar school in de Ommelanden. Scholen, schoolmeesters en hun onderwijs in de Groninger Ommelanden, ca. 1500–1795.* Bedum: Egbert Forsten & Profiel.

Desgraves, L. (1984–1985). *Répertoire des ouvrages de controverse entre Catholiques et Protestants en France (1598–1685)* (2 Bde.). Genève: Librairie Droz S.A.

Deursen, A. T. van. (1992). *Mensen van klein vermogen. Het kopergeld van de Gouden Eeuw.* Amsterdam: Bakker.

Deursen, A. T. van. (1994). *Een dorp in de polder. Graft in de zeventiende eeuw.* Amsterdam: Bert Bakker.

Frijhoff, W. (2004). Calvinism, literacy, and reading culture in the early modern Northern Netherlands: Towards a reassessment. *Archiv für Reformationsgeschichte, 95,* 252–265.

Frijhoff, W., & Spies, M. (1999). *1650. Bevochten eendracht.* Den Haag: Sdu Uitgevers.

Greilsammer, M. (1989). *Een pand voor het paradijs. Leven en zelfbeeld van Lowys Porquin, Piëmontees zakenman in de zestiende-eeuwse Nederlanden.* Tielt: Lannoo.

Groenendijk, L. F. (2001). Marnix' kindercatechismus. In H. Duits & T. van Strien (Hrsg.), *Een intellectuele activist. Studies over leven en werk van Philips van Marnix van Sint Aldegonde* (S. 76–86). Hilversum: Verloren.

Groenendijk, L. F. (2007). Die reformierte Kirche und die Schule in den Niederlanden während des 16. und 17. Jahrhunderts. In H. Schilling & S. Ehrenpreis (Hrsg.), *Frühneuzeitliche Bildungsgeschichte der Reformierten in konfessionsvergleichender Perspektive. Schulwesen, Lesekultur und Wissenschaft* (S. 47–74). Berlin: Duncker & Humblot.

Groenendijk, L. F., Lieburg, F. A. van, & Exalto, J. (2010). „Away with all my pleasant things in the world...": Model death-bed accounts of two young victims of the plague of 1664 in the Dutch town of Leyden. *Paedagogica Historica, 46*(3), 271–288.

Houtman, C. (2010). *Bijbelse geschiedenis herverteld. Woord en beeld – vraag en antwoord.* Heerenveen: Groen.

Ihalainen, P. (2005). *Protestant nations redefined. Changing perceptions of national identity in the rhetoric of the English, Dutch and Swedish public churches, 1685–1772.* Leiden: Brill.

Meiden, W. Van Der. (2009). *Zoo heerlijk eenvoudig. Geschiedenis van de kinderbijbel in Nederland.* Hilversum: Verloren.

Moore, C. N. (2000). „Gottseliges Bezeugen und frommer Lebenswandel." Das Exempelbuch als pietistische Kinderlektüre. In J. N. Neumann & U. Sträter (Hrsg.), *Das Kind in Pietismus und Aufklärung* (S. 131–142). Tübingen: Max Niemeyer.

Otterspeer, W. (2002). Discipline en daadkracht. Onderwijs en wetenschap in Holland. In T. de Nijs & E. Beukers (Hrsg.), *Geschiedenis van Holland, Bd. 2: 1572 tot 1795* (S. 331–352). Hilversum: Verloren.

Pettegree, A. (1992). *Emden and the Dutch Revolt. Exile and the development of Reformed protestantism.* Oxford: Clarendon.

Roding, J., & Heerma Voss, L. van. (Hrsg.). (1996). *The North Sea and culture (1550–1800).* Hilversum: Verloren.

Roosenboom, H. T. M. (1997). *De dorpsschool in de Meijerij van 's-Hertogenbosch van 1648 tot 1795.* Tilburg: Stichting Zuidelijk Historisch Contact.

Stellingwerff, J. (1979). *Kleine geschiedenis van het Groot abc-boek of Haneboek.* 's-Gravenhage: Staatsdrukkerij.

Stellingwerff, J. (1994). Het abc der Gereformeerde Reformatie in de Nederlanden. *Transparant, 5*(4), 4–8.

Veen, S. D. van, & Groenendijk L. F. von. (Hrsg.). (1979). *Het godsdienstonderwijs en de aanneming tot lidmaten in de gereformeerde kerk* (2. Aufl.). Dordrecht: van den Tol.

Verboom, W. (1986). *De catechese van de Reformatie en de Nadere Reformatie.* Amsterdam: Buijten & Schipperheijn.

Wouters, D., & Visser, W. J. (1926). *Geschiedenis van de opvoeding en het onderwijs, vooral in Nederland.* Groningen: Noordhoff.

Rechenunterricht und Rechenbücher bis zur Mitte des 18. Jahrhunderts, mit besonderer Berücksichtigung des Herzogtums Berg

Kurt Wesoly

Zusammenfassung: Mit der Verbreitung der arabischen Zahlen im 16. Jahrhundert setzt eine Flut von gedruckten Rechenbüchern ein, die nach dem gleichen Schema aufgebaut sind. Zuerst wird das Lesen von Zahlen geübt. Danach folgen Kapitel zur Addition, Subtraktion, Multiplikation und Division. Einen unterschiedlichen Raum nehmen Textaufgaben ein, die mit der „Regula de Tri" (Dreisatz) gelöst werden sollten. Diese Rechenbücher waren nicht für die Hand der Schüler gedacht, denn überall sind die Lösungen der Aufgaben angegeben. Käufer der Bücher waren in erster Linie die Lehrer an den Rechenschulen. Darüber hinaus machten die abgedruckten Münztarife, die Umrechnungstabellen von Maßen und Gewichten und anderes mehr die Rechenbücher zum Nachschlagewerk für Kaufleute. Die Kosten der Bücher veranlassten vermutlich Lehrer, Abschriften herzustellen. Im Herzogtum Berg haben sich einige erhalten. Rechnen lässt sich dort im Elementarunterricht nachweisen. Die konfessionelle Durchmischung, die Beteiligung der Bauern an der Verwaltung und die frühe protoindustrielle Entwicklung dürften in Berg das Rechnen in besonderer Weise gefördert haben. Deshalb ist die weite Verbreitung der Rechenfähigkeit nicht auf andere Regionen übertragbar.

Schlüsselwörter: Rechenbücher · Dreisatz · Regula de Tri · Rechenschulen · Elementarunterricht

Books in Primary Education. The Example of the Duchy of Berg

Abstract: The spread of Arabic numerals during the 16th century was accompanied by a flood of printed arithmetic books, drafted to an identical scheme. The reading of numbers is introduced first, followed by chapters on addition, subtraction, multiplication, and division. Written exercises to be solved by the "Regula di Tri" (Rule of Three) are included to varying degrees. These arithmetic books were not aimed at the students, because solutions are always included. The primary customers were teachers at arithmetic schools. Also, merchants used them as a reference due to the included tables for conversion of coins, units, and weights and so on. It was probably the cost of the books which prompted teachers to draft copies, some of which were preserved in the Duchess of Berg, where the teaching of arithmetic can be verified in primary education. The confessional mixture, the participation of the peasants with the administration, and the early proto-industrial development can be seen as drivers for numeracy in the Duchess of Berg. The finding of widespread numeracy can therefore not be extended to other regions

Keywords: Arithmetic books · Rule of Three · Arithmetic schools · Primary education

---

© Springer Fachmedien Wiesbaden 2012

Dr. K. Wesoly (✉)
Schlehenweg 31, 53177 Bonn, Deutschland
E-Mail: kurt@wesoly.de

Wo immer man Steuern und Abgaben erhebt, kommt man nicht umhin, ein System zu entwickeln, das Schulden und geleistete Zahlungen dokumentieren kann. Die Geschichte des Schreibens und Zählens reicht deshalb in die alten Hochkulturen zurück. Notwendig waren die Schreib- und Rechenfähigkeiten jedoch nur für eine kleine Schicht. Das galt in Deutschland bis weit ins Mittelalter hinein. Neben den Klerikern in der königlichen Verwaltung waren vor allem die Klöster Träger dieser Kulturtechniken. Mit dem Aufkommen größerer Handelsunternehmen entstand für die dort tätigen Kaufleute ebenfalls die Notwendigkeit, Geschäftsvorgänge festzuhalten. Erhaltene Rechnungen eines Lübecker Tuchhändlers datieren in die Zeit von 1160.

Mit der Beteiligung der Zünfte am Rat im 14. Jahrhundert, dem nahezu gleichzeitigen Wechsel vom Lateinischen zum Deutschen in der Aktenführung und einer geordneten Steuererhebung und Haushaltsführung der Städte wuchs das Interesse breiterer Schichten an einer praktischen Bildung. Da die Kloster-, Stifts- und Pfarrschulen dieses Bedürfnis nicht befriedigen konnten, entstanden im 15. Jahrhundert vermehrt städtische und private Schulen, in denen deutsche und nicht lateinische Texte gelesen und geschrieben wurden. Möglicherweise vermittelte man auch geringe Kenntnisse im Rechnen. Da jedoch selbst in kleinen Städten so genannte Rechenmeister offenbar erfolgreich Rechenunterricht anboten, dürften Kaufleute und selbst Handwerker eher dort das zu ihrem Geschäft nötige Wissen erworben haben.

In diesen Schulen wurde vermutlich das Rechnen mit Hilfe des Abakus oder Rechenbrettes gelehrt. Eine Variante stellt das „Rechnen auf der Linien" dar, bei dem vier waagerechte Linien die römischen Ziffern I, X, C und M bedeuten. Die Zwischenräume haben jeweils den fünffachen Wert der darunterliegenden Linie. Mit dem Auflegen von so genannten Rechenpfennigen war es möglich, jede Zahl darzustellen und einfache Rechenvorgänge auszuführen. Zeitgenössische bildliche Darstellungen aus dem Kaufmanns- und Schulmilieu bestätigen die Verwendung eines Rechenbrettes oder Rechentisches. In Museen findet man die dabei benutzten Rechenpfennige, die den offiziellen Münzprägungen nachempfunden waren.

Da man im gesamten Mittelalter mit römischen Ziffern rechnete, war das Rechnen auf der Linie eine einfache, doch sehr effektive Rechenmethode. Obwohl der Pisaner Leonardo Fibonacci die Vorzüge des indischen Zahlensystems, das im Gegensatz zum römischen die Null kannte und Europa über die Araber vermittelt wurde, bereits Anfang des 13. Jahrhunderts ausführlich beschrieben hatte, setzte es sich in Deutschland erst im 16. Jahrhundert durch. Wesentlichen Anteil hatte daran der noch heute sprichwörtliche Adam Ries, der den Vorteil in seinem 1522 erschienenen Buch „Rechenung auff der Linihen und Federn auff allerley handtirung gemachet" eindringlich vor Augen führte.[1] Die außerordentliche Wirkung seines Werks wird dadurch deutlich, das es bis 1656 über hundert Auflagen erlebte. Dennoch verschwand die ältere Rechenmethode nur langsam. Auch Adam Ries brachte sein sieben Jahre vorher erschienenes Rechenbuch „Rechnung auff der Linihen" 1525 in einer verbesserten Auflage noch einmal zum Druck. Vermutlich dürften Händler und Kaufleute noch geraume Zeit an der ihnen vertrauten Rechnungsart festgehalten haben. Die so genannten arabischen Zahlen fanden jedoch sehr schnell Eingang in die städtischen Rechnungen. Zumindest gilt das für die mittel- und oberrheinischen Städte, die mir durch eigene Arbeiten bekannt sind.

Es ist unbestritten, dass die Reformation im 16. Jahrhundert zu einer deutlichen Vermehrung der Lese- und Schreibfähigkeit breiter Bevölkerungsschichten geführt hat. Allen Reformatoren war es ein Anliegen, dass die Gläubigen die in der Bibel und im Katechismus enthaltenen Glaubenswahrheiten selbst lesen konnten. Lediglich für Martin Luther scheint das Rechnen an den Schulen wichtig gewesen zu sein. In seiner Schrift „An die Radhern aller stedte deutsches lands…" heißt es: „Wenn ich Kinder hätte […], sie müßten mir nicht allein die Sprachen und Historien hören, sondern auch singen und die Musica mit der ganzen Mathematica lernen" (zit. n. Grosse 1901, S. 13). Die von den Reformatoren Melanchthon und Bugenhagen beeinflussten Schulordnungen von 1528 für Kursachsen beziehungsweise Braunschweig gaben dem Rechnen keinen Raum. Beide Ordnungen galten für Lateinschulen, ebenso wie die von 1582 für Württemberg. Hier bestimmte man jedoch, dass in den beiden letzten Klassen freitags „von zwölf bis auf ein Uhren die Arithmetica gelesen werde", und zwar von Piscatoris (Ebd.). Bei diesem Werk dürfte es sich um das drei Jahre zuvor erschienene Buch mit dem Titel „Arithmeticae compendium pro studiosus huius artis tyronibus" gehandelt haben. Es erlebte noch mehrere Auflagen (Kästner 1796–1800, I, S. 146). Die Schüler sollten laut Ordnung auf die vier Grundrechenarten beschränkt bleiben, obwohl das knapp 130 Seiten starke Rechenbuch auch das Wurzelziehen und die Rechnung mit Unbekannten behandelt.

Rechnen spielte an den weiterführenden Schulen bis in das 18. Jahrhundert hinein bestenfalls eine Nebenrolle. Offenbar empfanden dies die Augsburger Scholarchen 1576 als Mangel. Sie entschieden nämlich: „Damit in unserer Schule nichts mangele" solle jemand „strebsamen Schülern die Arithmetik nach Beendigung des eigentlichen Unterrichts 2 Stunden gegen geringe Entschädigung lehren" (zit. n. Grosse 1901, S. 13). Über zwei Rechenstunden pro Woche ging man in den vielen erhaltenen Schulordnungen nicht hinaus. Zum Teil wurde der Unterricht sogar nur in den oberen Klassen der Lateinschulen und Gymnasien erteilt. Die Unterrichtssprache an diesen Schulen war Latein. So ist es nur folgerichtig, wenn auch die Rechenbücher in lateinischer Sprache abgefasst waren. Nach Grosse lag die Quote der in lateinischer Sprache abgefassten Rechenbücher im 16. Jahrhundert bei fast der Hälfte, im 17. Jahrhundert sank sie dann auf ein Fünftel. Die Gesamtzahl der deutschen Bücher über die „Rechenkunst", wie einer der gängigsten Titel lautete, beläuft sich auf über 500, wenn man die verschiedenen Auflagen einbezieht (Rosenberger 1972, S. 26).

Angesichts der offensichtlich geringen Bedeutung, die die Mathematik selbst in den höheren Schulen gehabt hat, erscheint diese Masse an Rechenbüchern höchst erstaunlich. Allerdings dürfen wir stets nur von einer geringen Auflage ausgehen. Wie anders hätte der privilegierte Düsseldorfer Rechenmeister Kalman Cohen (1758) jedes Exemplar seiner „Universal-Oeconomischen Arithmetique" mit einer kunstvollen Unterschrift und seinem aufgedrücktem Siegel versehen können (Abb. 1). Zudem waren nicht nur Schüler beziehungsweise deren Lehrer Adressaten der Publikationen. Johannes Hameling widmete seinen 1677 in Hannover erschienenen „Arithmetischen Trichter" „der Lieben Jugend und allen Begierigen der Kunst" (zit. n. Rosenberger 1972, S. 28). Ganz offensichtlich richtete sich ein Teil der unter dem Begriff Rechenbücher eingeordneten Werke an Kaufleute und war eher ein Nachschlagewerk als ein Lehrbuch. In der „Praxis Arithmetices" – ein dreibändiges Werk von immerhin 426 Seiten – erklärt der Autor Georg Heinrich Paricius

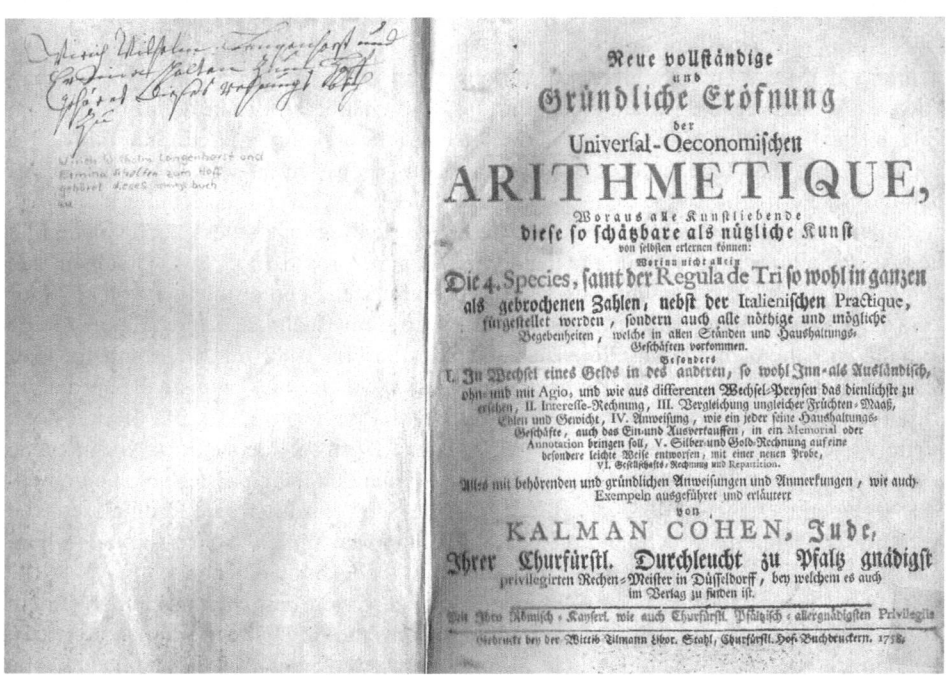

Abb. 1: Das Rechenbuch Kalman Cohens beeindruckt durch seine Größe und Ausstattung

(1706) zwar auch die vier Grundrechenarten und die Regel Detri – also das Dreisatzrechnen, aber er überschreibt die Kapitel mit „Haußrechnungen und Kauffmanns=Regeln, Thara, Netto, Gewinn und Verlust" und „Wechselrechnung". Eine Aufstellung der Münzsorten im Reich und in Europa, ein Vergleich der verschiedenen Getreide- und Weinmaße, das Errechnen der Brotgewichte bei unterschiedlichen Kornpreisen und weitere nützliche Tabellen ergänzen das Werk.

Dennoch enthalten auch diejenigen Rechenbücher, in denen die Autoren im Titel oder in der Vorrede die Jugend als Adressaten nennen, nicht nur Rechenaufgaben. So schreibt schon Adam Ries, er habe „ein gemein leicht Büchlin zusamen gelesen für junge anhebende Schüler", beschäftigt sich aber auf weniger als der Hälfte der Seiten mit den Grundrechenarten, dem Dreisatz und dem Rechnen mit Brüchen. Die übrigen Kapitel, etwa der Vergleich von Gewichten, die Umrechnung von der Gold- in die Silberwährung, dem Gewinn beim Münzschlag und anderes mehr, waren doch eher zum Kaufmanns- als zum Allgemeinwissen gehörig. Entsprechend praxisnah fallen die Rechenbeispiele bei ihm aus. Einfaches Multiplizieren erfordert die folgende Aufgabe: „Item ein Cent. [Zentner] Wachs für 18 fl [Gulden] wie 19?" Als Ergebnis steht dann: „Facit 342 fl". Offensichtlich hielt Ries es für unnötig, die Aufgabe ausführlicher zu formulieren oder den Lösungsweg zu beschreiben. Etwas mehr Mühe macht es, die Textaufgabe zu rechnen, die unter der Überschrift „Knechtlohn" steht. Sie lautet: „Item ein Jar gibt man einem Knecht 10 fl 16 groschen/wie viel gebürt ihm 17 wochen?" Als Weg wird angezeigt: „Mach die fl zu groschen/und setz also: 52 = 226 gro." Als Fazit kommt dann 3 fl 10 Groschen 10 Pfennig und ein Heller heraus.

Bei Adam Ries und allen weiteren Autoren sind bis über unseren Untersuchungszeitraum hinaus in den Rechenbüchern die Ergebnisse der Aufgaben angegeben. Zum Teil werden auch die Wege zur Lösung aufgezeigt. Dies geschieht aber meist so verkürzt, dass man schwerlich ohne einen Lehrer mit dem Stoff hätte zurechtkommen können. Der von dem Münsteraner Schreib- und Rechenmeister Johann Bernhard Lammerdinch (1718) gewählte Titel „Selbst-lehrende Rechen-Schule: In welcher alle Regulen der löblichen Rechen-Kunst Sambt deren Grund-Sätzen [...] dergestalt erkläret, dass solche ohne beytun eines Lehr-Meisters leichtlich begriffen und erlernt werden mögen" ist wohl eher als Verkaufsargument gewählt worden; denn in Art und Aufbau entspricht das Werk den übrigen Rechenbüchern.

Bis über das Ende des 17. Jahrhunderts hinaus müssen wir uns als hauptsächliche Adressaten der in großer Zahl erschienenen Rechenbücher die Rechenmeister vorstellen, die den Kindern von Kaufleuten und aus anderen bildungswilligen Schichten in ihren meist privaten Schulen das Rechnen beibrachten. Gelegentlich sollten laut Titel „nicht allein die Anfänger/sondern auch diejenigen/welche allbereit in Handlung getreten" sich in den „Kauff=, Amts= und Hauss=Rechnungen" üben und sich selbst unterweisen (Kegel 1724, Titel). In den Gymnasien und Lateinschulen gab es lange Zeit in den Anfangsklassen keinen Rechenunterricht. Noch nach der Schulordnung der Francke'schen Stiftung zu Halle von 1702 sollte der Rechenunterricht erst dann beginnen, wenn die Kinder lesen konnten (Rosenberger 1972, S. 61). Zunehmend gab es aber Stimmen, die einen frühzeitigen Beginn im Rechnen forderten. Johann Christoph Sturm machte im gleichen Jahr in seinem Buch „Mathesis Iuvenilis" einen Vorschlag, „wie die Mathesis in die Gymnasia und gemeine Schulen und alle derselben Classes, sogar vor Knaben/die erst zu lesen anfangen/zu der Jugend grossen Nutzen/einzuführen ist". Er glaubte, dass „die allerersten und schlechtesten Anfänge der Rechen=Kunst [...] den zarten Gemüthern der Knaben" nicht nur „bequem und füglich" sein würden, sondern dadurch schärfe sich ganz allgemein auch ihr Verstand. Im Unterricht sollte man dabei „allgemach und staffelweis" vorgehen und „kleine und einfältige Exempel" wählen und nur das Addieren und Subtrahieren von einstelligen Zahlen üben (Sturm 1702, S. 263 ff.). Wenig später veröffentliche Christian Pescheck sein „ABC der Rechen=Kunst" als eine „deutliche Anweisung, wie man einem Kinde, so bald es lesen lernet, die Species der Rechen=Kunst auf eine kindische und leichte Art beybringen soll" (Pescheck 1711, Titel).

Die Forderung, auch kleine Kinder mit Rechnen zu konfrontieren, hatte bereits der berühmte Philosoph und Pädagoge Johann Amos Comenius 1633 in seiner „Mutterschule" betitelten Schrift erhoben. Noch vor dem sechsten Lebensjahr, also noch vor dem Beginn des Schulunterrichts, sollten die Kinder eine Vorstellung davon haben, was viel oder wenig, was gleich und was ungleich ist und bis 20 zählen können. Außerdem sollten sie erkennen, dass drei mehr ist als zwei und drei und eins zusammenzählen können (Komenský 1987, S. 35, 53 f.). Trotz der großen Wirksamkeit von Comenius hat seine Idee der kindgerechten Vermittlung von Wissen keinen Eingang in die Rechenbücher seines Jahrhunderts gefunden. Selbst die Bücher von Sturm, Pescheck und Paricius, die doch bereits ABC-Schülern Anfänge des Rechnens vermitteln wollten, unterscheiden sich nur geringfügig von den anderen Rechenbüchern. Lediglich einige wenige Beispiele sind der Erfahrungswelt von Kindern entnommen. So gibt es Aufgaben, bei denen Nüsse unter Freunden aufzuteilen sind oder eine Summe Geld unter Brüdern, aber ansonsten beschäftigt man sich mit Fässern Wein, Ballen Tuch oder anderer Kaufmannsware. Wahrscheinlich hat wirtschaftliches Denken zum Erhalt des mehr kaufmännisch ausgerichteten Charakters der Rechenbücher geführt. Das Interesse von einigen Lehrern an den doch recht raren Gymnasien und Lateinschulen in Deutschland wog den möglichen Absatz bei den vielen Kaufleuten, Rechenmeistern und technisch Interessierten in verschiedenen Berufen nicht auf. Alle damaligen Rechenbücher waren ja nicht Schulbücher im heutigen Sinn. Sie gehörten in die Hand von Lehrern und Autodidakten. Zwar wird im Lehrplan für die Francke'schen Stiftungen 1702 für Lehrer und die Hand der Schüler „ein gedruckt Rechenbuch" empfohlen (Rosenberg 1972, S. 27), dies ist aber so singulär, dass ich nicht daran glauben kann, dass tatsächlich für alle Schüler entsprechende Bücher angeschafft worden wären. Der Umfang und der Preis der Rechenbücher lässt dies unwahrscheinlich erscheinen. In einigen Lesefibeln für die Hand der Schüler gab es jedoch einen Anhang. Das in Basel 1530 veröffentlichte „Handbüchlein tütscher Ortthographie" wollte auch vermitteln, „wie man die Ciffer und tütdtsche zcal verston sol" (zit. n. Grosse 1901, S. 2).

Rechenbücher, bei denen es aus dem Titel oder der Vorrede des Autors hervorginge, dass sie dem Elementarunterricht dienen sollten, existieren nicht, soweit ich das feststellen konnte. „Vor Weibes=Bilder, und Personen, so die völlige Rechen=Kunst zu erlernen eben nicht nötig haben", gab man 1725 in Bautzen ein „Rechen=Büchel" in den Druck (Bertram 1725). Das nur 31 Blätter starke Büchlein, welches dem Benutzer das Dividieren ersparte, wäre mit seinen einfachen Aufgaben durchaus geeignet gewesen, in den niederen Schulen eingesetzt zu werden. Über seine Verwendung ist jedoch nichts bekannt.

Rechnen war aber Teil des Elementarunterrichts. Bereits die „Bayerische Schulordnung de anno 1548" machte Rechenunterricht für die Dorfschulen obligatorisch. Nach einer sicher nicht vollständigen Übersicht der Schulordnungen vom 17. Jahrhundert aus allen deutschen Landen in einer Untersuchung von 1901 erwähnen nur 11 von 37 meist territorial geltenden Ordnungen die Arithmetik nicht (Grosse 1901, S. 16, 22). Im Herzogtum Berg sollten nach einer Reformschrift von 1545 die Vikare und Küster den Kindern zumindest in den größeren Dörfern neben Lesen, Schreiben und den Glaubenslehren auch Arithmetik beibringen. Dass auch in den kleinsten bergischen Örtchen Rechnen kein Fremdwort war, zeigt sich in Velbert, wo Anfang des 17. Jahrhunderts calvinistische Eltern ihre Kinder in die lutherische Schule schickten, da der Küster und Lehrer „woll schreiben und rechnen" gekonnt habe. Velbert bestand damals aus sieben im Nahbereich der Kapelle liegenden Häusern und einigen verstreut liegenden Bauerngehöften. Die im Zusammenhang der Arbeitskreistagung „Säkularisierung vor der Aufklärung?" entstandene Übersicht der Schulfächer kann deutlich machen, dass im Herzogtum Berg Rechenunterricht weit verbreitet war. Nur in vier von 18 Berufsscheinen oder Schulordnungen ist Rechnen nicht genannt (Wesoly 2008, S. 170, 177). Nun könnte ich die These, Rechnen habe in den bergischen Elementarschulen eine wichtige Rolle gespielt, mit Beispielen aus weiteren Orten belegen. Das soll hier unterbleiben. Es ist aber der Hinweis angebracht, dass man die Verhältnisse in Berg nicht einfach übertragen darf, selbst nicht auf das benachbarte Kurköln oder die Herzogtümer Jülich und Kleve. Bei einer Untersuchung, mit der ich eigentlich eine einheitliche Bildungslandschaft Rheinland bestätigen wollte, ergaben sich gravierende Unterschiede (Wesoly 2010). Insbesondere fiel der in den Nachbarregionen häufig fehlende Rechenunterricht auf. Die konfessionelle Durchmischung, die Beteiligung der Bauern an der Verwaltung und die frühe protoindustrielle Entwicklung mögen in Berg zu einer Sonderentwicklung in der Vermittlung elementarer

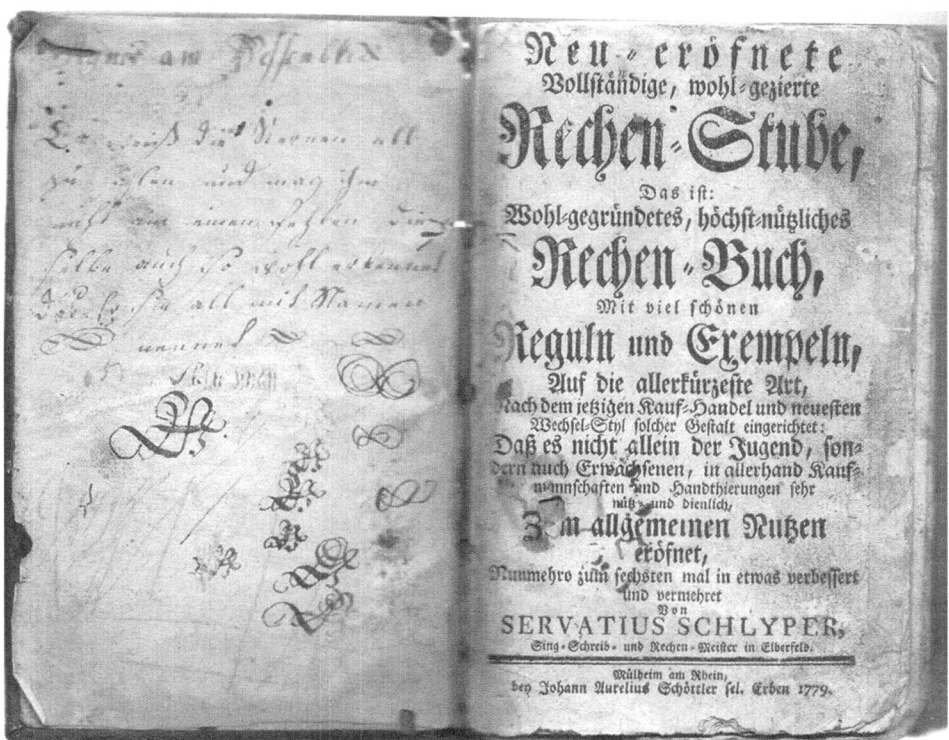

Abb. 2: Fast ein Taschenbuch: das lange im Bergischen benutzte Rechenbuch von Schlyper

Bildung geführt haben, aber ich bin mir bewusst, dass ein Vergleich mit anderen Gebieten in Deutschland noch sorgsamer und intensiver Forschung bedarf.

Auch in Berg dürfte nicht jeder Schüler in den Pfarrschulen und in den von privater Seite gegründeten Honnschaftsschulen Unterricht im Rechnen erhalten haben. Das höhere Entgelt für solche Stunden deutet darauf hin. Dennoch war ein erheblicher Teil der Handwerker in der Lage, Rechnungen zu schreiben und sogar Geschäftsbücher zu führen. Aus dem bäuerlichen Milieu sind komplizierte Rechnungen aus dem 17. und 18. Jahrhundert erhalten geblieben, in denen die auf die Honnschaft entfallende Steuersumme auf die einzelnen Höfe und Kotten umgelegt wurde. Die Rechnungen in dieser untersten Verwaltungseinheit führten die jährlich wechselnden Honnen bzw. Bauerschaftsvorsteher. Welche Hilfsmittel und welche Rechenbücher die Grundlage des Unterrichts in den bergischen Schulen waren, darüber wissen wir nur wenig. Von dem ersten im Bergischen Land benutzten Rechenbuch hören wir in der Vorrede eines Buches – fast möchte man wegen des Formats Taschenbuch sagen -, das 1734 Servatius Schlyper veröffentlicht hat (Abb. 2). Der „Sing=Schreib=und Rechen=Meister in Elberfeld", wie er sich im Titel nennt, verteidigt sich darin gegen den Vorwurf, ein neues Rechenbuch möchte als unnötig empfunden werden, indem er darauf hinweist, dass das Rechenbuch von Mauritius Zons nunmehr „in hiesigen und benachbarten Landen […] bey die 130 Jahr in üblichen Gebrauch gewesen" sei. Dann fährt er fort, nunmehr habe sich die „Kaufmannschaft und sonderlich der Wechsel=Styl" derart verändert, dass man nicht den Wahn haben könne, „dass man alles bey dem eingeführten alt=väterischen Gewohnheits=Werk belassen müsse" (Schlyper 1734, Vorrede). Das Rechenbuch von Mauritius Zons lässt sich durch eine kurze Notiz im dritten Band der 1796 bis 1800 erschienenen vierbändigen „Geschichte der Mathematik" von Abraham Gotthelf Kästner auf 1602 datieren. Über den Inhalt und den Erscheinungsort wissen wir nichts. Zwar ist eine durch den Verleger Johannes Merken erweiterte Ausgabe 1730 in Soest herausgekommen, aber das vermutlich einzig erhaltene Exemplar, das es in die Universitätsbibliothek von Urbana in Illinois verschlagen hatte, ist seit geraumer Zeit nicht auffindbar und noch heute „still missing", wie es in einer Mail hieß. In welchem Maß sich Servatius Schlyper aus diesem Buch bedient hat, kann deshalb nicht gesagt werden. Er durchbricht auf jeden Fall den üblichen Aufbau eines Rechenbuches. Eine Anleitung zum Gebrauch der vier Grundrechenarten und Aufgaben dazu mit ihren Lösungen sucht man bei ihm vergeblich. Er begründet dies so: „Die vier Species gantz und gebrochener Zahlen habe [ich] so kurtz abgebrochen, weil kein Schulmeister sich dergleichen Vorschriften bedienen: Warum sollten dann so viele Blätter so gar unnöthig damit angefüllet werden, auf welche Weise die Bücher in höherem Preiß kommen?" (Vorrede).

Da die Lehrmittel und die Lehrbücher in der Regel von den Lehrkräften selbst bezahlt werden mussten, fiel es sicher vielen schlecht bezahlten Lehrern nicht leicht, ein gedrucktes Buch zu erwerben. Das Abschreiben eines solchen Buches erforderte viel Zeit und Mühe, aber es ist vorgekommen. Im Stadtarchiv Velbert liegt ein voluminöses, undatiertes, handschriftliches Rechenbuch, das in der Mitte oder in der zweiten Hälfte des 18. Jahrhunderts entstanden sein dürfte. Es hat einige Aufgaben aus Schlypers Rechenbuch übernommen. Der unbekannte Schreiber hat aber weitere Quellen gehabt. Die Grundrechenarten nehmen in dem gebundenen Manuskript einen verhältnismäßig großen Raum ein, dafür sind die Kaufmannsrechnungen auf ein paar Beispiele begrenzt. Auch wenn nur in Ausnahmefällen solche handschriftlichen Exemplare auf uns Heutige überkommen sind, dürfte es doch häufiger vorgekommen sein, dass Lehrer aus den bis zu drei Talern teuren Rechenbüchern das abschrieben, was ihnen für ihren Unterricht und ihre Bedürfnisse brauchbar erschien. Erhalten haben sich solche Abschriften natürlich kaum. Servatius Schlyper wusste um die schlechte finanzielle Lage der Lehrer. Er selbst hatte sich bis 1732 vergeblich um die recht gut dotierte Stelle als Erster Lehrer an der Elberfelder Stadtschule bemüht. Davor war er jahrelang gezwungen, in einer vorstädtischen Nebenschule gegen kümmerlichsten Lohn kleinen Kindern das Buchstabieren und Lesen beizubringen.

Das Buch von Schlyper war ein Erfolg. Es erlebte bis zur Ablösung durch das im Bergischen noch heute sprichwörtliche Rechenbuch von Daniel Schürmann („Stimmt nach Schürmann") mindestens zehn Auflagen. Dies war sicher nicht allein der Nachfrage für den Schulunterricht geschuldet. Der Aufbau des Rechenbuchs – sieht man vom Weglassen der Beispiele für die vier Rechenarten einmal ab – unterscheidet sich auf den ersten Blick nicht von den älteren Vorbildern. Zu Beginn findet man auf über 40 Seiten Aufgaben, die mit der „Regula de Tri" zu lösen sind. Dieses Kapitel wird wie alle anderen mit Reimen eingeleitet (S. 5):

Die Regul von dreyen, in ganzen uns lehret,
Wie man durch drey Zahlen, welch allzeit bekant,
Die vierte zu suchen, so noch wird begehret:
Doch, daß hier kunstmässig, wird Fleiß angewandt.

Vier Aufgaben werden dann ausführlich vorgerechnet, an den anderen sollten sich die Benutzer des Buches selbst versuchen. Es folgen dann die vor allem für Kaufleute nützlichen Tara-, Wechsel- und Zinsrechnungen. Wie man den Ertrag aus einer Gesellschaft mit unterschiedlicher Einlage errechnen kann, wird unter der Überschrift „Compagnie-Rechnung" abgehandelt. Münzschlag und Umrechnungstabellen für Maße und Gewichte schließen das Buch ab. Insofern ist das Werk nicht allein als Schulbuch zu betrachten. Der Erfolg, den das Rechenbuch von Schlyper im Bergischen offenkundig hatte, liegt wohl vor allem daran, dass er seine Rechenbeispiele aus der Praxis nahm und sie in der bergischen Region festmachte. So finden sich in großer Zahl Rechnungen, die den Kaufleuten in seiner Heimatstadt Elberfeld, die ein Zentrum der Garn- und Tuchproduktion war, nützlich sein konnten. Hierzu der Anfang einer Aufgabe als Beispiel: „Item ein Elverfelder Kaufmann verkauft Zu Düßburg 63 Stück Doppelstein [ein Mischgewebe aus Baumwolle] ad 9 1/4 Ehlen per 1 Rth [...]".

Einen Hinweis, dass das Büchlein nicht immer in der Tasche eines Lehrers gelandet ist, gibt der Eigentumsvermerk in der Ausgabe von 1779 aus dem Stadtarchiv Velbert, die ich neben der im Internet als Download verfügbaren Erstausgabe benutzt habe. Neben einem handschriftlich eingetragenen frommen Spruch auf der Innenseite des Buchdeckels steht dort der Name Agnes am Hessenbleck. Wenn man sich in der Velberter Geschichte auskennt, verwundert dies; denn der kleine Kotten Am Hessenbleck ist sicher nicht der Ort, an dem man im 18. Jahrhundert ein Rechenbuch vermutet hätte und dann noch in den Händen einer Frau. Es ist nämlich der Schriftzug einer Frau und nicht der eines Kindes, der in dem Buch steht. Möglicherweise haben die (zwar erst später nachweisbare) Schankgerechtigkeit und die Schlossschmiede, die mit dem Kotten verbunden waren, das Interesse am Rechnen hervorgerufen.

Der Eigentumsvermerk in einem weiteren, jedoch in der Dicke und Ausstattung eindrucksvolleren Buch, das sich ebenfalls im Stadtarchiv Velbert befindet, verweist dagegen auf eine andere Schicht. „Wilhelm Wirich Langenhorst und Erwina Scholten zum Hoff gehöret dieses Rechnungsbuch zu", lautet der Eintrag. Als einem der größten Landbesitzer im Raum Velbert gehörten zu dem gutsähnlichen Bauernhof Steinbrüche und Kalköfen. Die „Neue vollständige und gründliche Eröfnung der Universal-Oeconomischen Arithmetique [...]", die einen ellenlangen Titel hat, so dass er hier und auch nicht im Literaturverzeichnis vollständig genannt werden kann, ist sicher auch ein Rechenbuch, aber sie ist noch mehr ein Ratgeber für „alle nöthige und mögliche Begebenheiten, welche in allen Ständen und alle Haushaltungsgeschäften vorkommen". Anlass für „Kalman Cohen, Jude, Ihrer Churfürstl. Durchleucht zu Pfaltz gnädigst privilegierten Rechen=Meister in Düsseldorf" das fast 500 Quartseiten starke Werk 1758 in den Druck zu geben, war seine Erfahrung, „dass junge Leute, die eine Zeitlang bey vornehmen Rechens=Meisteren gelernet haben, nicht im Stande waren, ihren Eltern auf denen Comtoiren nach Erfordern ein Genügen zu leisten" (Cohen 1758, Vorrede). Dies lastet er den bisher benutzten Rechenbüchern an. Die Jugend hätte alles durcheinander und in der Praxis nicht vorkommende Sachen lernen müssen. Deshalb seien die jungen Leute verwirrt gewesen. In der Tat ist Cohens Buch sehr klar aufgebaut und zeigt in den meisten Fällen ausführlich den Rechenweg. Insofern war es geeignet, die bereits vorhandenen Rechenfähigkeiten zu vertiefen, wie eines seiner Anliegen lautete. Mit seinen angehängten 24 umfangreichen Tabellen war das Buch aber sicher auch eine Art Lexikon für Kaufleute. Dass es im Unterricht eingesetzt wurde, ist eher unwahrscheinlich.

Dies ist beim letzten Rechenbuch, das wir noch behandeln wollen, anders. Es ist in dem kleinen Dorf Oberpleis im Privatbesitz erhalten geblieben. Oberpleis, das heute zu Königswinter gehört, lag im äußersten Süden des Herzogtums Berg. Das Buch trägt den Eigentumsvermerk „Rechen=buch höret an Herrn Wilhelmus Stricker, Opffermann und Magister. Oberpleis, den 17ten Junij 1752".[2] Der damals gerade einmal 18 Jahre alte Stricker, mit der damals in Berg üblichen Kombination von Küster und Lehrer, hatte vermutlich einen Kollegen beauftragt, für ihn das Rechenbuch zu schreiben. Ein J. W. Bonn, Angehöriger einer Lehrerdynastie im benachbarten Oberdollendorf, nennt sich am Ende des Manuskripts mit dem Fertigstellungsdatum 7. September 1753. Ob das immerhin 342 Seiten starke Rechenbuch eine Kopie eines gedruckten Werkes ist oder eine Kompilation aus mehreren Vorlagen, konnte ich bisher nicht feststellen. In seinem Aufbau ähnelt es den übrigen Rechenbüchern. Nach den vier Rechenarten mit vielen Beispielen folgen Textaufgaben, die mit der „Regel Detri" zu lösen sind. Hier, wie auch in vielen anderen Büchern, bekommen die Aufgaben Lokalkolorit. Gelegentlich scheint ein Beispiel von dem Schreiber zu stammen, etwa, wenn es heißt: „In der Churfürstlichen Residenz Bonn wurde im Jahre 1728, im Monath Augusti, den 15ten Tag auf Maria Himmelfahrt, der erste Stein für die Erbauung des hochadeligen Stiftes von seiner Churfürstl. Durchlaucht selbst gelegt worden. Nun ist die Frag, wie lange selbiges vom heutigen Dato, den 4ten Juli des 1752ten Jahres, her ist" (S. 50). Ein Beweis dafür, dass es sich um ein „bergisches Rechenbuch" aus der Gegend handelt, liefert die folgende Aufgabe: „Von hier nach der Churfürstl. Residenzstadt Mannheim wird gerechnet 42 Stunden" (S. 70). Hier sollten die Schritte bis zum Ziel ausgerechnet werden.

Es ist allerdings erstaunlich, dass ein junger Dorfschullehrer ein solch umfangreiches Rechenbuchmanuskript in Auftrag gegeben hat; denn auch in diesem Werk gibt es schwierige Gewinn- und Verlustrechnungen sowie Wechselangaben. Im Normalunterricht einer Dorfschule wurde dergleichen sicher nicht gelehrt. Ob ein Hang zur Vollständigkeit oder die Eitelkeit, Wissen zu zeigen, zu dem überdimensionierten Werk geführt haben oder ob jemand selbst im Siebengebirge umfangreichere Rechenkünste für seine Geschäfte brauchte, ist nicht zu entscheiden. Die Hinweise auf durchaus bewundernswerte Rechenvorgänge in den Akten bergischer Dörfer und Honnschaften, bei denen Bruchteile von Steuerbeträgen auf verschiedene Höfe verteilt werden mussten oder auch die Umrechnung des Wertes der eingenommenen verschiedenen Münzen lassen meines Erachtens den Schluss zu, dass in den Elementarschulen des Herzogtums Berg mehr als das kleine Einmaleins gelehrt wurde. Auf welche Weise, in welchem Umfang und mit welchen Hilfsmitteln, das konnte auch dieser Beitrag nur ansatzweise klären.

Anmerkungen

1 Die hier und im folgenden benutzten Rechenbücher sind unter Autor oder Titel als Volltexte im Internet zu finden.
2 Ein Auszug aus diesem Rechenbuch findet sich unter: www.oberpleis.com/rechenbuch1.pdf.

Literatur

Quellen

Bertram, Th. E. (1725). *Rechen=Büchel. Auff Gantz besondere und neue Art kurtz zu rechnen, vor Weibes=Bilder, und Personen so die völlige Rechen=Kunst, zu erlernen eben nicht nöthig haben. Mit allen Vortheilen gezeiget, so daß die Exempel bald erlernet, und ohne Division geschwinde verfertigt werden können*. Bautzen: Richter.

Cohen, K. (1758). *Neue vollständige und Gründliche Eröfnung der Universal-Oeconomischen Arithmetique, woraus alle Kunstliebende diese so schätzbare als nützliche Kunst von selbsten erlernen können* […]. Düsseldorf: Wwe Stahl.

Kästner, A. G. (1796–1800). *Geschichte der Mathematik seit der Wiederherstellung der Wissenschaften bis an das Ende des 18. Jahrhunderts* (Bd. 4). Göttingen: Rosenbusch.

Kegel, J. M. (1724). *Neu=Vermehrte ARITHMETICA VULGARIS ET PRACTICA ITALICA. Das ist: Kurtz/leicht und geschwinde nach Italiänischer Art Und heutiger Vornehmer Kauff=und Handels=Leuthe Gebrauch zu rechnen, Worinnen alle Kauff=Ammt=und Haus=Rechnungen nach ordentlicher, leichter und Kauffmanns Manier nebst kläresten Unterweisung vorgestellet/damit nicht allein die Anfänger/sondern auch diejenigen/welche albereit in Handlung getreten/sich darinnen ferner üben und selbst unterweisen können/an das Liecht gegeben von Johann Michael Kegel, J. U. Cultor und des weitberühmten Gymnasii zu Franckfurt am Mayn/gewesenen Arithmetico. Nun zum Viertenmahl durchgehends mit vielen Exempeln verbessert und vermehrt durch Johann Anton Feust*. Frankfurt a.M.: Wwe Walther.

Komenský, J. A. (1987). *Informatorium der Mutterschul* (Johann Amos Comenius). Leipzig: Reclam.

Lammerdinch, J. B. (1718). *J. B. Lammerdinchs Schreib- und Rechen-Meister zu Münster selbstlehrende Rechen-Schule: In welcher alle Regulen der löblichen Rechen-Kunst Sambt deren Grund-Sätzen So wohl Nach gemeiner Arth, als auch nach der Practic, dergestalt erkläret, daß sölche ohne beytun eines Lehr-Meisters leichtlich begriffen und erlernt werden mögen; Wie auch Auff jetziger Zeit Müntz, Maaß und Gewicht, zu Nutz gemeiner Jugend in Truck gegeben*. Münster: Aschendorff.

Paricius, G. H. (1706). *Praxis Arithmetices Oder Gründliche Anweisung zu der Im gemeinen Leben und Wesen anschicklich=und dienlichen Rechen=Kunst/Worinnen nicht allein Die Teutsch=Englisch=und Französische Manier zu numerieren/sondern auch die vier Species in Ein=und Vielfach=Gantzen auch Gebrochenen Zahlen/nebst der Regula de Tri deutlich und mit überall beygefügten General- und Special – Unterrichten dergestalt gezeigt wird/daß ein Unerfarner selbsten sich daraus informiren/einfolglich ohne mündlichen Lehrmeister in der Rechen=Kunst proficiren kan* (3 Teile). Regensburg: Seidel.

Peschek, Ch. (1711). *A B C der Rechen=Kunst, das ist: Eine deutliche Anweisung wie man Einem Kinde so bald es lesen lernet, die Species der Rechen=Kunst, auf kindische und leichte Art beybringen soll* (benutzt wurde die 4. Aufl. von 1732). Leipzig: Schöps.

Ries, A. (1522). *Rechenung auff der linihen und federn in zal, maß und gewicht auff allerley handierung gemacht und zusamen gelesen*. Erfurt: Maler.

Ries, A. (1525). *Rechnung auff der linihen gemacht durch Adam Riesen vonn Staffelsteyn/in massen man es pflegt tzu lern in allen rechenschulen gruntlich griffen anno 1518. vleysigklich uverlesen/und zum andern mall in trugk vorfertiget*. Erfurt: Zum Schwarzen Horn.

Schlyper, S. (1734). *Neu=eröfnete Vollständige, wohl=gezierte Rechen=Stube, Das ist: Wohl=gegründetes, höchst=nützliches Rechen=Buch, Mit viel schönen Exempeln, Auf die allerkürzeste Art, Nach dem jetzigen Kauf=Handel und neuesten Wechsel=Styl solcher gestalt eingerichtet: Daß es nicht allein der Jugend, sondern auch Erwachsenen, in allerhand Kaufmannschaften und Handthierungen sehr nütz=und dienlich*. Düsseldorf & Elberfeld: van der Smissen.

Sturm, J. Ch. (1702). *Mathesis Iuvenilis. D. i. Anleitung vor die Jugend zur Mathesin. Der erste Theil. Welchem beygefügt ist ein Vorschlag/wie die Mathesis in die Gymnasia und gemeine Schulen/und alle derselben Classes, so gar vor Knaben/die erst zu lesen anfangen/zu der Jugend grossen Nutzen/einzuführen ist.* Nürnberg: Hoffmann & Streck.

Zons, M. & Mercken, J. (1730). *Wohlgegründtes Rechen-Buch des weiland Mauritii Zons: Samt der Unterweisung, wie man Radicem cubicam und Zens de Zens extrahiren solle, welche sich am Ende dieses Buchs finden, und von dem Auctoren noch niemahlen in Druck heraus gegeben. Abermal anjetzo wiederum auffs neue auffgeleget und in gegenwärtiges behändes Format gestellet, durch den Verleger Johannes Mercken.* Soest: Ostermann.

Sekundärliteratur

Grosse, A. (1901). *Historische Rechenbücher des 16. und 17. Jahrhunderts und die Entwicklung ihrer Grundgedanken bis zur Neuzeit.* Leipzig: Dürr.

Rosenberger, R. (1972). *Kritische Analyse fachdidaktischer Konzeptionen des elementaren mathematischen Unterrichts im 17. und 18. Jahrhundert.* Worms (MS).

Wesoly, K. (2008). Das Interesse der weltlichen Obrigkeiten, der Konfessionen und der Eltern am Elementarunterricht im Herzogtum Berg vom 16. bis ins 18. Jahrhundert. In H.-U. Musolff, J. Jacobi, & J.-L. Le Cam (Hrsg.), *Säkularisierung vor der Aufklärung? Bildung, Kirche und Religion 1500–1750* (S. 157–177). Köln: Böhlau.

Wesoly, K. (2010). Elementare Schulbildung im Rheinland bis zur Mitte des 18. Jahrhunderts. In A. Rutz (Hrsg.), *Das Rheinland als Schul- und Bildungslandschaft (1250–1750)* (S. 31–53). Köln: Böhlau.

Z Erziehungswiss (2012) 15:91–104
DOI 10.1007/s11618-012-0313-9

Das Elementarschulbuch im 18. Jahrhundert: Räumliche Ausbreitung und Handelspraktiken zwischen Paris und der Champagne (1680–1730)

Emmanuelle Chapron

Zusammenfassung: In der Verlagswirtschaft des Ancien Régime spielt das Elementarschulbuch (ABC, *civilités puériles* – Umgangsformen für Kinder -, Stundenbücher und Psalter für den Schulgebrauch) eine wichtige Rolle. Unsere Absicht ist es, seine Herstellung und Verbreitung zu untersuchen, wobei wir von der Annahme ausgehen, dass die Verfügbarkeit des Schulbuchs ein Faktor ist, der die pädagogischen Praktiken lokal zwingend beeinflusst. Zunächst werden wir danach fragen, auf welche Weise die Handelsbeziehungen zwischen den Städten durch den Schulbuch-Vertrieb Netzwerke schaffen und Händleridentitäten definieren. Am Beispiel der für Ursulinenschülerinnen bestimmten Texte werden wir aufzeigen, wie sich dieser Handel in einen Komplex aus moralischen Grundsätzen, gesetzlichen Zwängen und Machtbeziehungen einordnet, um deren Neubestimmung die Protagonisten ständig bemüht sind.

Schlüsselwörter: Schulbücher · Buchverkauf · Ursulinen · Champagne

Small schoolbooks in the eighteenth century: commercial practices and spaces between Paris and the Champagne (1680–1730)

Abstract: School books (ABC, *civilités puériles*, psalters for school use) occupy an important place in the editorial economy of the Old Regime. We intend to investigate its production and circulation, assuming that the availability of the school material is one of the factors which locally is influential on the educational practices. At first, we shall question the way the trading with this school material draws networks and defines merchant identities. The example of school books for the ursulines will show how this trade joins in a set of moral rules, of regulations and of relations of power which the protagonists are constantly trying to renegotiate.

Keywords: School books · Bookselling · Ursulines · Champagne

© Springer Fachmedien Wiesbaden 2012

Dr. E. Chapron (✉)
Département d'histoire, Aix Marseille Université, CNRS, UMR Telemme 7303 / Institut universitaire de France, 29, avenue Robert Schuman, Cedex 1, 13621 Aix-en-Provence, Frankreich
E-Mail: echapron@yahoo.com

In einem im letzten Jahr in der Revue *Histoire de l'éducation* veröffentlichten Artikel habe ich versucht, die Schulbuchverlagswirtschaft in einer französischen Provinz des Ancien Régime, der Champagne, nachzuvollziehen. Sie bietet diesbezüglich eine besonders interessante Voraussetzung. Ihr Netzwerk kleiner Schulen gehört zu den ältesten und bedeutendsten des Königreichs; sie ist der Geburtsort mehrerer Schulorden (darunter die „Brüder der christlichen Schulen") und nach Paris die Provinz, die über das beste typografische Material verfügt. Schließlich wissen wir, dass die Akademie Châlons Ende des 18. Jahrhunderts mehrere Fragen zur Erziehung, insbesondere zur Volkserziehung, ausschrieb. Es bietet sich daher ausreichend Stoff, um die Verbreitung des Schulbuchs vor Ort von den Buchpressen über den Buchhandel, Wiederverkäufer und Kurzwarenhändler bis in die Schulen zu verfolgen und die von Bischöfen, Schulorden und dem Stadtbürgertum ausgehenden Anregungen zu erfassen.

Durch ihre Beschränkung auf die Provinz vernachlässigte diese Studie einen wichtigen Aspekt der Produktion von Elementarschulbüchern in der Champagne: ihren Vertrieb und ihre Verbreitung über das engere Umfeld hinaus. Die Herstellung von Alphabeten, „*civilités*"(Handbüchern für die Lebensführung), Stundenbüchern und Psaltern für den Schulgebrauch geht tatsächlich weit über eine nur lokale Nutzung hinaus. Meine Absicht ist es, diese Lücke zu schließen und zu versuchen, die Verbreitung dieses Elementarschulbuchs nachzuvollziehen. Da der Stoff nur schwer zu fassen ist, geht es nicht um eine Geschichte des „Zählens, Wiegens und Messens", sondern darum, die Praktiken der Akteure aus nächster Nähe zu betrachten; dabei wird von der Hypothese ausgegangen, dass die Verfügbarkeit der Schulbücher einer der Faktoren ist, der die pädagogischen Praktiken unmittelbar beeinflusst. Der erste Teil meines Beitrags untersucht, wie die Beziehungen, die der Handel mit diesem Schulbuch zwischen den Städten schafft, die Gestalt von Netzwerken annehmen und kommerzielle Identitäten definieren (Lepetit 1996, S. 32). Das Elementarschulbuch hat auf diesem Gebiet großen heuristischen Wert. Wie das verbotene Buch zwingt es dazu, den Blick vom institutionellen Rahmen der Buchzünfte auf einen kontrastreicheren Tätigkeitskomplex zu verlagern, der den Realitäten der Verbreitung von Druckerzeugnissen in den Städten des Ancien Régime, in dem zulässige und unzulässige Praktiken eng miteinander verbunden sind, vermutlich näher kommt. Der zweite Teil meines Beitrags versucht, die an die Herstellung und den Verkauf des Elementarschulbuchs gebundenen Werte und Herausforderungen, die zur Strukturierung seines Marktes beitragen, nicht nur für den Handel darzulegen. Am Beispiel eines besonderen Buchtyps – für Ursulinenschülerinnen bestimmte Texte – werde ich aufzeigen, wie sich dieser Handel in einen Komplex aus moralischen Grundsätzen, gesetzlichen Zwängen und Machtbeziehungen einordnet, um deren Neubestimmung die Protagonisten ständig bemüht sind.

1 Das Elementarschulbuch: Vom Rettungsanker zum vielversprechenden Handel

Anlässlich einer 1701 von der Administration Royale de la Librairie durchgeführten Umfrage erklärt ein Sechstel der Buchdrucker im Königreich (73 von 432), im vergangenen Jahr Alphabete und religiöse Bücher für den Elementarschulgebrauch gedruckt zu haben. Mehr noch als für andere Verlagssektoren scheint der Versuch vergeblich,

Äußerungen zur tatsächlichen Produktion von Elementarschulbüchern zurückzuverfolgen (Lannette-Claverie 1972). Die ungenauen Angaben der Buchdrucker, die mögliche Untertreibung bei Angaben zu den zahlenmäßig kleinsten Produktionen (Alphabete), die erneute „Glättung" der Auskünfte in der Synthese der Administration Royale de la Librairie, schließlich der schlechte Zustand des verwahrten Materials machen das Unternehmen undurchführbar. Mehr noch als die Tatsache, dass die Produktion in den Aussagen bei weitem unterschätzt wird, macht die Umfrage die Allgegenwart und das relativ breite Spektrum ökonomischer Positionen deutlich, in das sich das Elementarschulbuch einordnet.

Diese Elementarbuchproduktion findet man im kleinsten Druckbetrieb, wenngleich sie nur selten die einzige Aktivität der Druckerwerkstatt ist. Diese zweifellos einfach herzustellenden kleinen Werke, die wenig Material erfordern und einen sicheren Absatz garantieren, werfen keinen ausreichenden Gewinn ab und müssen mit einer anderen Aktivität, etwa dem Buchhandel oder einem anderen Broterwerb, gekoppelt werden. In Châlon-sur-Saône (Bourgogne) druckt der 70-jährige Blaize Tan auf der Presse seines Bruders nur „elementare Buchstabierbücher für Kinder und christliche Lehrbücher zum Erlernen der Beichte und Kommunion", doch in seinem Laden „verkauft er Käse, um seinen Lebensunterhalt zu verdienen" (BnF, Ms. fr. 22125, S. 187 und 195). Die Herstellung von Elementarschulbüchern ist in fast allen Fällen an eine vielseitigere Druckertätigkeit gebunden, die kleine religiöse Werke, Kalender oder administrative Drucksachen einbezieht. Einen oder zwei Pressen, drei bis sechs Typensätze, einen oder zwei Lehrlinge oder Gesellen: so die Größe der Werkstätten von Gilbert David in Chaumont, der Alphabete oder Verwaltungsformulare druckt, oder der Witwe Guery in Sainte-Ménehould, die Weihnachtslieder, „Trésors de Notre-Dame" (in den Schulen übrigens sehr verbreitet) und ABC-Bücher produziert, deren Verbreitung die Grenzen der Stadt und des Umlandes allerdings nicht überschreitet. In den bischöflichen Druckbetrieben im Osten und Norden des Königreichs (Nicolas Caron in Amiens, Nicolas Hanisset in Soissons) ordnen sich die Schulbücher in die gesamte Produktpalette für den Diözesangebrauch ein, die von Handreichungen für Kleriker bis zu Katechismen und „Schulbüchern der Diözese", einschließlich der drei Arten von Alphabeten, „großen und kleinen nach Silben, sehr nützlich für Kinder", reicht, die Jacques Seneuze, bischöflicher Drucker in Châlons, in den letzten Jahrzehnten des 17. Jahrhunderts herstellt. Ausschließlich schulische Profile sind dagegen weniger üblich: Der Lothringer Jean Collignon in Metz ist eines der wenigen Beispiele hierfür. Seine Produktion auf drei Pressen reicht nur von Alphabeten bis zu „feuilles classiques" (auf Einzelblättern gedruckte Auszüge aus klassischen Autoren für den Gebrauch an den Kollegien). Druckerzeugnisse für Elementarschulen erscheinen dagegen nicht in der Produktbeschreibung der größeren Werkstätten (nur drei Drucker mit vier Pressen machen hierzu Angaben), doch bleibt zu ermitteln, ob es sich dabei um eine tatsächliche Gegebenheit oder einen Quelleneffekt handelt.

Die Umfrage von 1701 verdeutlicht die Allgegenwart der Herstellung dieses in der Region recht weit verbreiteten Elementarschulbuchs; zugleich lässt sie eine gewisse Anzahl städtischer Zentren der Schulbuchproduktion erkennen. Die Übereinstimmungen könnten aus einer stereotypen Nachahmung der Antworten auf dem Formular resultieren, doch entsprechen die Häufungen in den meisten Fällen ökonomischen Systemen, deren Funktionsweise im Übrigen wohl bekannt ist (Boutier 1994; Mellot 1998). In Rouen,

Rennes, Limoges oder Troyes sind es beinahe durchgehend über die Hälfte der Buchdrucker, die angeben, für Elementarschulen zu arbeiten. Die Herstellung von Buchstabiertafeln und Elementarbüchern für den Schulgebrauch in einer Anzahl, die den lokalen Bedarf bei weitem überschreitet, stützt sich auf besonders günstige Arbeitsbedingungen, verbunden mit der Möglichkeit, das Produkt ohne Schwierigkeit in Umlauf zu bringen. In Limoges mit sechs von elf betroffenen Druckern verdeutlicht eine Denkschrift aus den ersten Jahren des 18. Jahrhunderts die Motive des Handels mit Druckerzeugnissen in den benachbarten Regionen (La Rochelle, Poitiers, Rochefort, Bordeaux) bis nach Paris: Lebensmittel in Hülle und Fülle, billige Arbeitskräfte, nahe Seehäfen (BnF, Ms. fr. 22127, 397–398). In Troyes bedeutete die Herstellung von Alphabeten und anderen Büchern für den Unterrichtsgebrauch, die im Jahr 1701 neun von elf Druckern beschäftigten, zusammen mit der Produktion von Stundenbüchern und dann der umfassenderen „Bibliothèque Bleue", einen ökonomischen Rettungsanker für die kleinen Druckwerkstätten, die sich im Verlauf des 17. Jahrhunderts stark vermehrten und bei weitem nicht nur den Bedarf der Stadt deckten (Martin 1975). Die Inventarlisten der Buchhändler und Drucker der ersten Hälfte des 17. Jahrhunderts enthalten eine große Anzahl von ABC-Büchern, die manchmal den wesentlichen Teil des Bestandes ausmachen (Turquois 1984).

Das Elementarschulbuch ist in keinem Fall der Hauptantrieb dieser Verbreitung: Es begleitet andere Druckwerke, Kolportageliteratur, religiöse Gebrauchsliteratur und Romane der „Bibliothèque Bleue" aus Troyes, Rouen oder Limoges, vor allem Kalender, deren Verjährung eine erneuerte Marktnachfrage garantiert. Als es Jacques Oudot aus Troyes 1702 gelang, ein königliches Privileg für den Druck von Kalendern zu erhalten, äußern seine Kollegen aus Troyes ihre Befürchtung, dass die Oudot es als Druckmittel einsetzen könnten, um die Händler und Hausierer zu zwingen, sich bei ihnen mit anderen Büchern zu versorgen „wie ABC-Büchern, Psaltern, Halbpsaltern usw. […], was für über zehn Familien aus Troyes, die nur von diesem Beruf leben, den Ruin bedeuten würde" (AN, V^6 790, Entscheid vom 6. September 1702). Doch das Elementarschulbuch bindet einen nicht unwesentlichen Teil der Produktionskräfte. Der Besuch des Polizeipräfekten von Troyes im Juli 1730 verdeutlicht diese tatsächliche Auslastung der Druckerpressen mit dem Schulbuch. Von den sechs Werkstätten der Stadt drucken zwei zum Zeitpunkt des Besuchs Bücher für den Schulgebrauch. Bei Jean Oudot, Rue du Temple, sind fünf der sechs Pressen in Betrieb: Zwei werden für den Schulgebrauch eingesetzt, die drei anderen für den „Almanach du Palais", Weissagungen und Stadtbücher. Bei Pierre Garnier zählt der Präfekt vier Pressen: „auf einer druckte man Weihnachtslieder, auf einer zweiten ABC's, auf der dritten Lütticher Kalender und auf der vierten Taschenkalender" (BnF, Champagne, Ms. 102, 107v). In Werkstätten mit nur einer oder zwei Pressen fallen die Entscheidungen zwangsläufig anders aus, ohne dass sich das ökonomische Muster grundlegend ändert. Der sechzigjährige Gabriel Briden ordnet sich in der Welt des Buchdrucks von Troyes am unteren Ende ein; er arbeitet mit einem Lehrling an zwei Pressen, die er von Zeit zu Zeit verlässt, um sich anderen Aktivitäten zu widmen. Doch wie seine Kollegen verkauft er auf dem Markt von Reims selbst gedruckte ABC-Bücher und religiöse Gebrauchsliteratur für die Klassen und trägt damit zur regionalen Verbreitung des in Troyes gedruckten Elementarschulbuchs bei.

Gestützt auf die nach dem Tod Jacques Oudots angefertigte Aufstellung ausstehender Schulden, beschrieben Robert Mandrou und Henri-Jean Martin die geografische Ausdehnung seines Vertriebsnetzes, das sich über ein weites Gebiet zwischen Saumur, Orléans, Nevers und Besançon im Süden, Nancy und Lüttich im Osten, Lille im Norden, Paris und Saumur im Westen erstreckt (Mandrou 1985; Martin 1975). Will man die tatsächliche Funktionsweise dieser Ökonomie besser verstehen, muss man versuchen, die Akteure dieses Handels aus der Nähe zu erfassen. Der gut dokumentierte Pariser Markt soll uns als Feldstudie dienen.

2 Die Buchdrucker aus Troyes und der Pariser Markt: Eine Allianz „von unten"

Mit Bestandverzeichnissen nach dem Tod, einigen Druckaufträgen und dem Zollregister kann der zwischen Troyes und Paris im ausgehenden 18. Jahrhundert bestehende Elementarschulbuchhandel recht genau nachvollzogen werden. Sehen wir uns zunächst die Zollregister an, oder genauer, die vom Zoll an die mit ihrer Kontrolle beauftragte Kammer der Pariser Buchhändler und Drucker verschickten Bücher. Sie verzeichnen ab 1697 die Zahl der Ballen oder Pakete, ihren Absender und den Adressaten, der bei Abholung des Pakets unterschreibt (BnF, Ms. fr. 21 897-21 926). Jean Quéniart (1969, S. 147–148) und Jean-Dominique Mellot (1998, S. 380) betonten seit langem die Bedeutung der Quelle wie auch die Schwierigkeiten, sie zu interpretieren. Zehn Personen holen zwischen 1697 und 1720 über fünf Mal aus Troyes eintreffende Pakete ab. Zwar gibt das Register keine genauen Auskünfte über den Inhalt der Sendungen, doch ermöglicht ein Quellenvergleich, eine gewisse Zahl als Großeinkäufer von Elementarschulbüchern zu identifizieren und eine Typologie der Handelsbeziehungen zu erstellen. Die Untersuchung der Beziehungen zwischen Troyes und Paris ermöglicht so den Nachweis, wie eine einzige Beschaffungsquelle die große Zahl legaler Filialen und mehr oder weniger umstrittener Formen des Buchhandels nach sich zieht.

Der augenfälligste Typ kommerzieller Beziehungen ist an Familienbande geknüpft. Viele Buchdrucker aus Troyes und im weiteren Sinne aus der Champagne haben in der Hauptstadt Verwandte, doch gibt es nur wenige, die wichtige Partner ihres Buchhandels wurden. Nach dem Tod von Jacques Le Febvre (AN, MC, Studie I/253, 1713) und Arnoult Seneuze (AN, MC, Studie XXXIV/415, 1720) in Paris lassen die Bestandsaufnahmen nicht auf privilegierte Beziehungen mit ihren Verwandten in Châlons und Troyes schließen. Das Beispiel Oudot zeugt von einer engen Verflechtung zwischen ihrer Werkstatt in Troyes und dem Pariser Laden und ist in diesem Sinn recht bemerkenswert. Wenngleich die Witwe Oudot erklärt, auch Bücher aus Rouen zu verkaufen, lässt das Zollregister darauf schließen, dass die Produktion ihres Schwagers Jacques Oudot aus Troyes kaum auf Konkurrenz stößt. Zwischen 1696 und 1720 verzeichnet es 261 Sendungen aus Troyes, denen lediglich 31 aus Rouen, eine aus Lyon und eine aus Langres gegenüberstehen. Im Gegenzug ist der Laden der Rue de la Bouclerie für die Werkstatt in Troyes der wichtigste, ja sogar einzige Pariser Absatzmarkt und ein zentraler Wirtschaftsfaktor. 1722 sind die Witwe Oudot und ihre Tochter Marie, Witwe von Joseph Gaudin, auf der Aufstellung ausstehender Schulden die einzigen Pariser Schuldnerinnen. Sie werden mit einer Summe von 7088 Livres tournois (L. t.) aufgeführt, während die Gesamtschuld der Buchhändler aus der Provinz etwas mehr als 5200 L. t. beträgt (AD Aube, 2 E 11/53, 1722). Diese enge Handelsbeziehung wird von den übrigen Druckern aus Troyes, die (wie in dem oben erwähnten Kalendergeschäft) fürchten, dass sie den Handel mit der Hauptstadt monopolisiert, als eine Gefahr angesehen. Die Witwe Oudot, die häufig mit Kolportageliteratur gleichgesetzt wird, stützt sich auf diese Lieferungen aus Troyes, um als Lieferantin karitativer Schulen der Hauptstadt zu erscheinen. Ihrem Hauptkatalog nach verkauft sie fromme Texte „und hauptsächlich alle diejenigen, die in den christlichen Schulen und für die Kindererziehung benutzt werden". Einen Katalog widmet sie fast ausschließlich „Büchern für den Schulgebrauch" mit Psaltern, Stundenbüchern, *civilités* und verschiedenen Alphabeten aus den Pressen ihres Schwagers: „A, B, C, nach Silben, Französisch wie Latein, auf Pergament", „Französisches Alphabet mit Ordo Missae und anderen Gebeten auf Französisch", „Alphabet, oder A, B, C" (Catalogue 1722). Dieser Katalog ist, um Laurent Thévenot, einen Wirtschaftsexperten zu zitieren, eine „Forminvestition", die die Bedeutung der Schulen unter ihren Kunden zu einer Zeit unterstreicht, in der die Buchladenkataloge diese Kategorie noch kaum aufführen (Thévenot 1986; Lesage et al. 2006). Von der Oudot stammt schließlich auch die in Troyes für den Schulgebrauch gedruckte dritte Pariser Ausgabe der *Règles de la bienséance et de la civilité chrétienne* (*Regeln des Anstands und der christlichen Höflichkeit*) von Jean-Baptiste de La Salle von 1716.

Neben diesen familiären Bindungen unterhalten die anderen Buchdrucker aus Troyes laufende Geschäftsbeziehungen mit Pariser Buchhändlern, die in keinem Verwandtschaftsverhältnis zu ihnen stehen. Im Gegensatz zur eher wohlhabenden Witwe Oudot haben diese Buchhändler eines gemeinsam: Sie gehören zu den 50 % weniger Wohlhabenden ihrer Zunft. Jean Musier und François Rivière, beide Kunden der Febvre, gehören der Höhe ihrer Besteuerung nach – 6 Livres tournois im Jahr 1695 für Musier (20 L. t. im gleichen Jahr für die Witwe Oudot), 5 L. t. im Jahr 1722 für Rivière (Juratic 2003) – sogar zu den Ärmsten. Die Schulbücher aus Troyes werden demnach vom „unteren Ende" des Berufsstandes her verbreitet. Für viele ist die Lieferung von ABC-Büchern nicht von der Lieferung anderer Druckerzeugnisse aus Troyes, insbesondere Kalendern, einer regelrechten Lokomotive dieses Handels, zu trennen. Der Großhandel mit ABC-Büchern kann für gewisse Händlerkarrieren und bei der Festlegung auf ein Spezialgebiet eine Schlüsselrolle spielen. Der Fall der Rivière, Vater und Sohn, ist in diesem Zusammenhang besonders interessant. 1701 unterhält Nicolas Rivière (60 Jahre) an der Porte Saint-Eustache einen Büchertisch; sein Sohn François (35 Jahre), Buchbinder, hat in der Rue de la Bücherie eine Buchhandlung (BnF, Ms. fr. 22065, S. 104–105). In seinem 1703 an den König gerichteten Gesuch, mit dem er als Buchhändler zugelassen werden und seine Stellung gesetzlich absichern will, erklärt der Sohn, dass er den Beruf „als Buchhändler zum Verkauf von Alphabeten, Kalendern und kleinen religiösen Büchern, die gemeinhin an Feiertagen an Kirchenportalen verkauft werden", seit etwa 20 Jahren ausübt. Als Begründung führt er an, dass es seinem Vater „aufgrund seines Alters und seiner Behinderungen nicht möglich ist, den Laden zu führen", und er selbst „wegen einer verkrüppelten Hand nicht in der Lage ist, zu binden" (AN, V^6 791, 22. Februar 1703). 1705 wird er als Buchhändler zugelassen und lässt sich 1708 unter der Anschrift von Pont-au-Change nieder. Zwar gehören die Rivière tatsächlich zu den ärmsten Buchhändlern der Hauptstadt, doch entspricht das Bild der Behinderten, die ihren Lebensunterhalt mühsam auf den Brücken und am Kirchenportal verdienen, nur zum Teil der Realität. Jedenfalls wird die Entwicklung einer regelrechten, zumindest zeitweise auf das Schulbuch zugeschnittenen Handelsstrategie in enger Beziehung zu Troyes und seinem Umland dadurch nicht behindert. 1701 erklärt der Sohn, dass er „in Troyes Alphabete gekauft hat, die er nach Paris transportieren ließ und die im Büro der Herren Buchhändler in Paris besichtigt wurden", und dass er auch „Stundenbücher verkauft, die ich von den Herren Buchhändlern und Druckern in Paris beziehe"; der Vater erklärt, „dass er alte Bücher verkauft und Alphabete drucken lässt" (BnF, NAF 400, S. 246–247). Im Folgejahr geht dieser von Alphabeten auf eine etwas beachtlichere Schulbuchproduktion über: Es wird ihm erlaubt, die *Heures de Notre-Dame* „im in Troyes gedruckten Duodezformat mit Großbuchstaben zum Gebrauch von Kindern, die lesen lernen" drucken zu lassen, „deren Messe auf Latein ist" (BnF, Ms. fr. 21939, Art. 863). Während sich ab 1703 das Familiengeschäft, immer in Beziehung zu Troyes, ausweitet, verliert das Schulbuch an Bedeutung. In diesem Jahr schließt der Sohn für verschiedene Buchsorten ein Exklusivgeschäft auf Gegenseitigkeit mit dem Drucker Jacques Febvre aus Troyes ab; darunter einen Großteil des Katalogs der „Bibliothèque Bleue"; schulischerseits gehören dazu nur zwei Sorten *Civilité françoise* (mit und ohne Vierzeiler), Äsop-Fabeln und eine Arithmetik (AN, MC, Studie XVII/485). 1705 verhandelt er auch mit dem Drucker Adenet aus Troyes über Kalender (BnF, Ms. fr. 21931, S. 366). Alles Verträge, die die Bedeutung der Bücherströme (47 Sendungen in funf Jahren) zwischen der Stadt in der Champagne und dem Pariser Laden erklären. Trotz des geschäftlichen Aufschwungs wird der schulische Markt nicht aufgegeben, wenngleich er nicht mehr auf den ABC-Büchern aus Troyes beruht: 1708 erhält François Rivière das lokale Privileg zum Druck von La Salles *Règles de la bienséance et de la civilité chrétienne*, d. h. das Exklusivrecht seiner Pariser Produktion für drei Jahre. Die Angelegenheit war nicht bedeutungslos: Am Ende des heftigen Konflikts, in dem sich die Pfarrschulen und Lehrer-Schriftsteller der Hauptstadt einerseits und die Schulen der Lehrorden andererseits gegenüberstanden, widmet Rivière das Werk nicht der Partei seines Autors, Jean-Baptiste de La Salle, sondern seinem siegreichen Gegner, dem Kantor der Pariser Metropolitankirche. Ausgehend von den ABC-Büchern aus Troyes versucht Rivière, mit Protektion der Autoritäten, sich den Markt der Pariser Elementarschulen zu erschließen.

Die letzte Art und Weise, wie Schulbücher aus Troyes in die Hauptstadt Eingang finden, ist nicht mehr vom unteren Ende der Buchhändlerhierarchie, sondern „von der Seite". Es handelt sich um Beziehungen, die Drucker aus Troyes mit der Krämerzunft pflegten, „Händlern von allem, Produzenten von nichts" nach einer Formulierung von Savary des Bruslons (Sargentson 1996). Von den etwa zweitausend an der Wende zum 18. Jahrhundert in der Hauptstadt lebenden Krämern sind mehrere in den Zollregistern als Adressaten der Schulbücher aus Troyes ausgewiesen: Jean-Baptiste Chaillou, Edme Deschamps, der 1696 einen kleinen Ballen mit Alphabeten und Kalendern aus Troyes in Empfang nimmt, oder Jacques Charité, der zwischen 1702 und 1707 nicht weniger als acht Pakete davon erhält (BnF, Ms. fr. 21930, S. 53). Diese Sendungen säen Zwietracht und tragen dazu bei, die Beziehungen zwischen der Krämerzunft und der Zunft der Pariser Buchhändler und Drucker zu verschlechtern. Die Krämer berufen sich auf Statuten von 1613, die es ihnen erlauben, „Stundenbücher, Psalter, Katechismen und sonstige Gebetsbücher" zu verkaufen, während die Buchhändler an einen Parlamentsentscheid von 1676 appellieren, der diese Freiheit auf Kalender und Alphabete beschränkt. Bis der Ratsentscheid von 1730 ihre Kompetenz für Kalender und auf zwei Druckblätter beschränkte Gebetsbücher auf Dauer festschreibt, schaffen die gesetzlichen Ungewissheiten Formen „erzwungener"

Illegalität. Die Alphabete, die die Buchhändler aus Troyes den Krämern in Paris zusenden, sind eine kommerzielle Realität und zugleich ein Deckmantel für den gesetzlich umstrittenen Handel. So wurde Gilles Deschamps 1664 verurteilt, weil er zwölf Dutzend religiöse Handbücher in einem aus Rouen kommenden „Korb mit Kalendern und der Aufschrift ABC" versteckt hat. Gleiches geschieht im Januar 1707 Charité, bei dem man 36 Dutzend Stundenbücher („heures de N. Dame dites longuettes") einbehält, die in einem aus Troyes kommenden Ballen gefunden wurden (BnF, Ms. fr. 22081, 296; Ms. fr. 21931, S. 54).

Wie man sieht, sorgt der Handel mit Schulbüchern aus Troyes dafür, dass Akteure mit unterschiedlichen Strategien nebeneinander bestehen. Für die Witwe Oudot ist er ein regelrechtes Aushängeschild, für die Rivière nur eine Etappe auf der Karriereleiter; den Krämern dient er dagegen recht häufig als Vorwand. Was in Troyes Komplementarität der Absatzmärkte bedeutet, sind in Paris möglicherweise unterschiedliche Märkte, die eher nebeneinander bestehen als konkurrieren. Die enorme Schwierigkeit, das nächstfolgende Glied der Kette, die Käufer, zu rekonstruieren, erlaubt hierzu derzeit leider keine weitergehenden Erkenntnisse.

3 Ein moralisches und reglementiertes Geflecht: Die Bücher für die Ursulinenschülerinnen

Der Handel mit dem Elementarschulbuch wird nicht nur von persönlichen Strategien bestimmt. Er unterliegt in hohem Maße dem Zwang kollektiver Regeln der Händlersphäre, einem Geflecht von Buchhandelsvorschriften des Ancien Régime, das aus Privilegien und Genehmigungen besteht, die manchmal miteinander konkurrieren. Er kann auch einer handelsfremden Logik folgen und im Falle der beispielsweise für wohltätige Schulen bestimmten Bücher ein frommes Ausmaß annehmen. Im ersten Teil des Nachfolgenden geht es darum, aufzuzeigen, wie sehr der Schulbuchhandel in diese ineinander greifenden schriftlichen Regeln und impliziten Kodes eingebunden ist, die, je nach Einzelfall, bestärkt werden oder sich widersprechen, und zu begreifen, wie sich die Akteure ihrer bedienen und versuchen, sie neu zu verhandeln. Der Frage wird am Beispiel der für die Ursulinenschülerinnen bestimmten Bücher nachgegangen, ohne die Linie Champagne-Paris zu überschreiten.

3.1 Die Ursulinen und der Buchhandel des Ancien Régime

Die Ursulinen sind der wichtigste weibliche Schulorden des Königreichs. Trotz der Klausur, die ihnen im Verlauf des 17. Jahrhunderts auferlegt wurde, haben sie ihre ursprüngliche Bestimmung nicht aufgegeben und widmen sich im ganzen Land der Erziehung von Mädchen aus städtischen Milieus. Die Katechese, das Lesenlernen und das Einprägen der Regeln der *civilité*, die Grundlagen ihres Unterrichts, setzen umfangreiche, kostengünstige und homogene Sachmittel voraus, wenn auch der Weg von der Theorie zur Praxis lang ist. Dieser Bedarf führte zur Organisation eines Buchvertriebs, der im Allgemeinen lokaler ausgerichtet ist als bei den männlichen Schulorden. Die Inventarlisten und Rechnungsbücher verdeutlichen die Bildung kleiner Bestände von Schulbüchern, die dazu bestimmt sind, an Schüler verkauft oder unter den Ärmeren verteilt zu werden. Für die Ursulinen von Épernay hat sich ein kleines Rechnungsbuch speziell für die Klassen externer Schülerinnen der Jahre 1688–1744 erhalten, anhand dessen die ökonomischen Verhältnisse der Schule dokumentiert werden können, leider aber ohne Aufschluss über die Herkunft der Werke zu geben. Psalter, Halbpsalter, Katechismen, Gebetsformulare und Alphabete werden hier im Allgemeinen in Form von Paketen mit sechs, zwölf oder vierundzwanzig Exemplaren gekauft, während die größeren Bücher für die Lehrerinnen, etwa der Katechismus des Bischofs von Reims, hier mit einem oder zwei Exemplaren aufgeführt werden (Chapron 2010, S. 18–20). Die größeren Gemeinschaften unterzeichnen zur Lieferung von Büchern für den Klassengebrauch einen Vertrag mit lokalen Druckern. So etwa in Dijon, wo die Ursulinen bei den Druckern der Stadt, Jean Grangier, dann Jean Ressayre, in regelmäßigen Abständen den Druck des *Paradis ouvert à Philagie* „für den Gebrauch ihrer Klassen" in Auftrag geben und sich verpflichten, „alle Exemplare davon abzunehmen" (BnF, Ms. fr. 22125, S. 219). In diesem Fall handelt es sich zwar um einen jesuitischen Bestseller, doch es gibt auch speziell für die Ursulinenschülerinnen verfasste und gedruckte Texte. So veröffentlichen Pierre Muguet aus Lyon und später seine Witwe mehrmals im Verlauf des 17. Jahrhunderts die *Dévotes occupations des pensionnaires de Sainte-Ursule de Lyon*. Im gesamten Königreich greifen die Ordensschwestern selbst zur Feder und fertigen kleine Katechismen, Gebetsformulare und Anweisungen für die Schülerinnen an.

Von dieser Kundschaft hängt für die lokalen Buchhändler wirtschaftlich sehr viel ab, da die Menge und Regelmäßigkeit des Bedarfs den geringen Materialwert bei weitem aufwiegt. Die größten Einrichtungen im Norden Frankreichs etwa können mehrere hundert Externe aufnehmen (Annaert 1992; Sarre 1997). Im Norden und Nordosten Frankreichs, von Reims bis Abbeville, richten sich im zweiten Jahrzehnt des 18. Jahrhunderts eine Reihe von Beschwerden gegen die Praktiken der Schulorden, die „alle ihre Bücher von außen", wahrscheinlich aus der Normandie (AN, G[7] 235, Beleg 126; BnF, Ms. fr. 22067, Beleg 176), beziehen. Andererseits gelingt es einigen Buchhändlern, auf manchmal sehr unterschiedlichen moralischen und kommerziellen Grundlagen dauerhafte Beziehungen zu den Schulorden zu etablieren.

3.2 Unter der Privilegienherrschaft: Frömmigkeit und kommerzieller Zwang

Seit 1636 profitieren die Ursulinen im Faubourg Saint-Jacques in Paris von einem königlichen Druckprivileg, also der Genehmigung, „alle für den Gebrauch ihres Ordens geeigneten Bücher von einem Buchhändler oder Drucker ihrer Wahl drucken zu lassen". Das 1636 für zwanzig Jahre gewährte, 1651 auf Lebenszeit erneuerte und 1704 auf zehn Jahre reduzierte Privileg schützt sie gleichfalls vor dem unerlaubten Nachdruck ihrer Werke. In den 1670er Jahren vertrauen die Pariser Ordensschwestern ihre Druckerzeugnisse Jean Hénault an, dann in den 1680er und 1690er Jahren Eloy Hélie, den Brüdern Josse und Urbain Coustelier und zu Beginn des 18. Jahrhunderts Louis Josse. Die Übertragung des Privilegs an den Drucker betrifft nur „dem Orden eigene Werke", also im Wesentlichen Historisches und Verordnungen, doch geht sie häufig mit der Erlaubnis einher, auch jene Bücher zu drucken, die für den Gebrauch der Pensionärinnen und externen Schülerinnen gedacht und Gegenstand eines gesonderten Vertrags sind. Diese Geschäftsbeziehung ist, je nach Drucker, von sehr unterschiedlichen, manchmal diametral entgegengesetzten Werten geprägt.

Wie sie es bereits für Hénault taten, übertragen die Ordensschwestern ihr allgemeines Privileg an Eloy Hélie und erlauben ihm damit, für einen Zeitraum von zwölf Jahren „die Bücher für Pensionärinnen und externe Schülerinnen zu drucken, zu verkaufen und zu debitieren" (AN, MC, Studie XIX/526). So veröffentlicht der Buchhändler kleine, von der Ursuline Marie-Marthe Doujat 1680 herausgegebene Gebete, 1681 das *Cérémonial des vêtures et professions*, doch ebenso die *Manière d'entendre la messe les jours de communion à l'usage des pensionnaires et externes des dames ursulines* und ein ebenso an sie gerichtetes *Formulaire de prières*. Für den Buchhändler ist diese Zusammenarbeit mit den Ursulinen ganz offensichtlich mit großer Verehrung verbunden. In seiner Eigenschaft als Buchhändler steht er mit anderen weiblichen Schulorden in Verbindung, etwa den Filles de Sainte-Geneviève oder den Filles de la Congrégation Notre-Dame, doch scheint er für die Ursulinen eine besondere Zuneigung zu hegen. Auf diese Verehrung weisen viele Indizien hin, die, jedes für sich genommen, als profan eingestuft werden könnten, insgesamt gesehen jedoch das kohärente Bild einer religiösen Sensibilität abgeben. Diese äußert sich zunächst rein faktisch: Der Laden von Hélie ist mit dem Schild „Cœur bon", doch auch mit dem der „Grande Sainte Ursule" versehen. Das Ladenschild lässt zwar auch auf seine Lage schließen, da der Buchladen der Rue Saint-Jacques sicher nicht sehr weit vom Kloster der Ordensschwestern entfernt ist, doch die Namenswahl ist auch darüber hinaus nicht unbedeutend. Die kommerziellen Beziehungen zwischen beiden Parteien sind zudem von großen Gefälligkeiten geprägt. 1683 verständigen sich Hélie und die Ursulinen vor dem Notar über die Zahlungsmodalitäten einer vom Buchhändler gedruckten Totenmesse und eines *Cérémonial des vêtures*. Die Urkunde legt fest, dass 500 Exemplare jedes Buches (mit einer Auflage von 1420 Exemplaren bzw. 1260 Exemplaren) den Ordensschwestern, „ohne etwas zu bezahlen oder zu erstatten", übergeben werden und der Buchhändler die ihm zustehende Summe erst bekommt, wenn die Schwestern die gesamte Auflage verkauft haben (AN, MC, Studie XIX/526). Für den Schulgebrauch druckt und schenkt Hélie den Schwestern ferner ein *Formulaire de prières, avec une conduite pour se préparer à faire une bonne communion* (*Gebetsformular mit Anleitung, um sich auf eine gute Kommunion vorzubereiten*).

Nach dem Tod von Hélie arbeiten die Ursulinen mit Urbain Coustelier zusammen, der dessen Bestand übernahm. 1684 und 1688 erteilen sie ihm, wie seinem Vorgänger, vor dem Notar Vollmacht, „für den Zeitraum von vier Jahren [...] die von den Pensionärinnen und Externen benutzten Bücher, [also] Formular, Gebete, Kommunionsgottesdienst und Examen zu drucken, zu verkaufen und zu debitieren" (AN, V6 720, 18 März 1690). 1692 fertigt er für die Pensionärinnen und Externen der Ursulinen insbesondere ein bereits von seinen Vorgängern gedrucktes *Office de la Vierge à l'usage des pensionnaires et externes des dames ursulines*. Dies ist allerdings die einzige Gemeinsamkeit: Coustelier hat mit den Buchhändlern im Dienste der Ordensschwestern nichts gemein. Die Buchhändler vor und nach ihm sind alle angesehene Geschäftsleute in der Rue Saint-Jacques mit aufschlussreichen Namensschildern (Georges Josse mit dem Schild „Dornenkrone"), von denen einige auch Drucker des Pariser Bischofs sind. Coustelier ist dagegen ein Mann in prekärer finanzieller Lage: 1695 mit nur 15 L. t. besteuert (Josse bezahlt das Doppelte), stirbt er 1711 hoch verschuldet. Um sich wirtschaftlich über Wasser zu halten, nutzt Coustelier seine Stellung als Buchhändler der Ursulinen und das ihm von den Ordensschwestern überlassene Privileg auf offensive Weise. Er führt einen Krieg an zwei Fronten, gerichtlich und kommerziell.

1690 denunziert Coustelier den Drucker Jacques Seneuze aus Châlons wegen Fälschung. Er behauptet, dass das von Seneuze 1682 gedruckte *Manuel des pensionnaires et externes* Fragmente des *Formulaire de Prières* enthält, dessen Privileg zu besitzen er beteuert (BnF, Ms. fr. 22074, Beleg 61). Der Buchhändler versucht, auf den ungewissen Status dieser für die Schülerinnen bestimmten religiösen Bücher zu setzen, deren Druckrechte ihm von den Ordensschwestern übertragen wurden, die sich jedoch, genau genommen, nicht auf diese „für den Gebrauch ihres Ordens geeigneten" und durch das königliche Privileg geschützten Werke beziehen. Der von Coustelier in die Wege geleitete (und verlorene) Prozess gegen den Buchhändler aus Châlons ist kein Einzelfall. Er ist Teil einer Reihe von Verfahren, die von Pariser Buchhändlern wegen gängiger Schul- und Religionsbücher gegen Buchhändler aus der Champagne, aber auch aus der Normandie oder aus Lyon eingeleitet werden. In diesen Fällen versuchen die Pariser Buchhändler, zu ihren Gunsten an der rechtlichen Schraube zu drehen, wie es die Monarchie an der Wende des 17. Jahrhunderts vormachte,[1] und eine kollektive Dynamik zu entwickeln, da günstige Urteile einen Präzedenzfall schaffen. Einige Jahre später allerdings wird in einem anderen Fall auf das Urteil des Prozesses Coustelier-Seneuze zurückgegriffen, in dem sich wegen eines Buches mit Kurzgebeten (*Courtes prières*) ebenfalls ein Pariser Buchhändler, Bouillerot, und weitere Drucker aus der Champagne, Bouchard aus Châlons und Febvre aus Troyes, gegenüberstehen. Die kollektive Dynamik wirkt sich hier zu Ungunsten von Coustelier aus: Die Pariser Drucker, deren Unterstützung er einfordert, und auch die Ordensschwestern gehen auf Distanz zu seinem Betrieb.

Der von Coustelier angestrengte Prozess ist in Wirklichkeit nur das sichtbare Zeichen eines kommerziellen Misserfolgs. Der Pariser Buchhändler scheint tatsächlich mit Manövern vertraut zu sein, die darauf abzielen, ihm wenn nicht ein rechtmäßiges, zumindest ein faktisches Monopol für Druckwerke zu sichern, für die er kein allgemeines Privileg geltend machen kann. Sein simpler Modus operandi besteht darin, den Buchhändlern der Provinz die gesamte Auflage der betroffenen Werke gegen das Versprechen abzukaufen, das Buch nicht mehr zu drucken; die Buchhändler behalten allerdings das lokale Privileg, damit vermieden wird, dass ein Konkurrent es erneut auflegt[2]. Auf diese Weise geht Coustelier vor 1688 gegen einen Buchhändler vor, der zum Nutzen der Ursulinen von Épernay ein Gebetsformular herstellte und dem er „das gesamte Verfahren" abkauft (AN, V6 720). Nicht ausgeschlossen ist, dass Coustelier das Gleiche mit Seneuze versuchte und der Fälschungsprozess nur der letzte Schritt einer heftigen Konfrontation mit Drohungen und Versuchen ist, Gelder zu erpressen. Tatsächlich macht der Anwalt von Seneuze im königlichen Rat geltend, dass „Urbain Coutelier, Buchhändler in Paris, durch die Champagne reiste und vom Bittsteller, den er wie einige andere Buchhändler, die ihn ohne Schwierigkeit bezahlten, einzuschüchtern gedachte, kein Geld bekommen konnte".

Aus Anlass eines anderen pädagogischen Bestsellers jener Zeit, der eher an das Collège gerichteten *Instruction de la jeunesse* von Charles Gobinet, macht Coustelier auf die gleiche Weise von Zuckerbrot und Peitsche Gebrauch. Zum Schutz des Pariser Marktes lässt er alle Druckexemplare aus der Provinz, die versuchen, zur Hauptstadt vorzudringen, konfiszieren, indem er sein lokales Privileg geltend macht. 1705 werden hundert von

Jacques Oudot an seine Schwägerin geschickte Exemplare vom Syndikus der Buchhändlerzunft eingezogen; 1707 dreiundfünfzig der 1705 bei Alexis Laurent in Toul gedruckten Exemplare der *Instruction chrétienne des jeunes filles*, ebenfalls von Gobinet (BnF, Ms. fr. 21931, S. 37–38 und 66). Doch drei Jahre später hält er es offensichtlich für effizienter, gegen das Versprechen von Oudot, das Werk nicht mehr zu drucken, die gesamte Auflage der *Instruction de la jeunesse* aus Troyes aufzukaufen (AN, MC, Studie XXIII/407). Trotz allem bleibt es im Katalog der Oudot: Der 1722 inventarisierte Geschäftsfonds enthält elf Jahre nach dem Tod von Jacques Oudot „drei Dutzend und neun Bücher der *Instruction de la jeunesse*" in einem geschätzten Wert von 22,10 L. t.

3.3 Der bischöfliche Bereich

Hinter dem von Coustelier gegen Seneuze geführten Prozess steckt eine zweite, nicht sofort erkennbare, doch vielleicht für den Ausgang der Angelegenheit entscheidendere Herausforderung. Ebenso wie die provinzielle Fälschung ficht Coustelier die bischöflichen Privilegien an, denn Seneuze druckte das *Manuel des pensionnaires* im Namen des Bischofs und stellte sich unter seinen Schutz. Aufgrund dieser Privilegien haben die Bischöfe die Möglichkeit, einem Buchhändler ihrer Wahl den Druck aller von der Diözese benötigten Werke anzuvertrauen, Bücher für den Gebrauch des Diözesanklerus (Breviere, Tagesgebete, Prozessionslieder und Gebete, Graduale, Antiphonen), Verordnungstexte (Anordnungen, bischöfliche Gebote, Synodalstatuten, Hirtenbriefe, Direktiven), doch ebenso eine breite Palette von Erbauungsbüchern für die Gläubigen und Pfarr- und Ordensschulen (Stundenbücher, Psalter, Gebete, Katechismen). Nach Meinung der Zunft der Pariser Buchhändler und Drucker werden diese Privilegien von Buchhändlern aus der Provinz nur allzu häufig dazu genutzt, unter bischöflichem Schutz Werke unerlaubt nachzudrucken (Mémoire o J). Sie schlagen im Übrigen vor, dem Reglement der Buchhändler und Drucker aus Lyon (1696) einen Artikel in diesem Sinn hinzuzufügen, der explizit auf die angeblichen Betrügereien von Seneuze abzielt.

Für die Bischöfe des Königreichs dagegen, in erster Linie jene im Nordosten, ist es ein wirksames administratives Hilfsmittel. So widmen sie sich in den letzten Jahrzehnten des 17. Jahrhunderts der Vereinheitlichung der Verordnungen und Praktiken der Klöster und Schulen ihrer Diözese, deren Lehrer und Lehrerinnen ihnen per Dekret des königlichen Rates von 1669 unterstellt wurden. Die Klosterverfassungen werden vereinheitlicht, ohne ihre ursprüngliche Herkunft zu berücksichtigen. Die handgeschriebenen Fassungen, die von einem Kloster zum anderen in Umlauf waren, wobei sie sich nach und nach veränderten, werden auf Initiative des Bischofs durch gedruckte Texte ersetzt. So verleiht Mgr Vialar de Herse, Bischof von Châlons, den seiner Gerichtsbarkeit (Châlons, Saint-Dizier, Joinville) unterstellten Ursulinen Verfassungen, die in keinem Punkt an die von Dijon, ihrem Stammkloster, erinnern. Die in den Schulen der Lehrorden benutzten Unterrichtstexte werden unter bischöflicher Regie ebenfalls von Seneuze gedruckt: der *Sommaire de la doctrine chrestienne dressé pour l'instruction des escolières des religieuses de la congrégation de Nostre Dame de la ville de Chaalons en Champagne* (1659) oder das von den Ursulinen benutzte berühmte *Manuel* (1682). Schließlich ist für die Bischöfe der Zeitpunkt gekommen, sich um die Regelung der kirchlichen Schulpraxis zu bemühen und kleine Katechismen für den Schulgebrauch drucken zu lassen (Dhôtel 1967, S. 278).

So druckt Seneuze die *Méditations propres aux régens et maîtres d'écoles [...] dressées par ordre de l'évêque de Châlons* (1676) und einen *Petit catéchisme dressé en faveur des enfans, pour être enseigné seul dans le diocèse de Chaalons* (1682), eine Kurzfassung des einige Jahre früher (1676) veröffentlichten Katechismus der *Ecole chrétienne*. Was der Pariser Prozess daher aufs Spiel setzt, ist die bischöfliche Freiheit, die zur Seelsorge seiner Diözese erforderlichen Instrumente herzustellen; mit dem Druckerzeugnis also einen kohärenten geistlichen Raum zu schaffen. Der Anwalt von Seneuze täuschte sich nicht: „es handelt sich eher um den Fall des genannten Herrn Bischofs als um den des Bittstellers". Auch der Bischof von Châlons nicht, der darum bittet, als Partei zu dem Prozess zugelassen zu werden.

Man sieht also, wie um den gleichen Text (das Gebetsformular für die Ursulinenschülerinnen) drei Produktions- und Verbreitungslogiken entstehen: die Frömmigkeit, das Privileg, die Seelsorge. Wenn es auch aufgrund der Entwicklung der Elementarschulen und Schulorden im Norden des Königreichs in der zweiten Hälfte des 17. Jahrhunderts zu einer großen Nachfrage kommt, die die Verbreitung von Druckerzeugnissen für Schulen unterstützt, so kann man dennoch nicht von einem „Markt" des Schulbuchs sprechen, der von Angebot und Nachfrage gleichermaßen stimuliert wird. Ganz im Gegenteil handelt es sich um „Märkte", die von sich gegenseitig bedingenden administrativen und durch Verordnung geregelten Fragen, individuellen und kollektiven Strategien, Familien- und Händlernetzwerken, und auch von spirituellen Bedürfnissen reguliert werden.

(Aus dem Französischen von Dietmar Trempenau)

Anmerkungen

1   Zwischen 1667 und 1679 bekräftigen mehrere Erlasse des Rates das Veröffentlichungsverbot jedes neuen Textes ohne Erlaubnis und Privileg des Königs. Diese Regelung wird nach und nach auf die Neuausgabe bereits erschienener Werke ausgeweitet. Gleichzeitig können die Pariser Buchhändler aufgrund der möglichen Fortschreibung des Privilegs den Druck gewisser Titel auf Dauer konfiszieren (Martin 1969).

2   Das vom König erteilte lokale Privileg verleiht einem Buchhändler das Monopol, einen Titel für einen gegebenen Zeitraum, allerdings nur innerhalb der Stadtgrenzen, zu verwerten. Das allgemeine Privileg, das auch Privileg „des Großsiegels" genannt wird, gilt dagegen als Monopol für das gesamte Königreich.

Abkürzungen

AD   Archives départementales (Departementarchive)
AN   Archives nationales, Paris (Staatliche Archive)
BnF Bibliothèque nationale de France, Paris (Französische Staatsbibliothek)
MC   Minutier central des notaires

Literatur

Quellen

Catalogue. (1722). *Catalogue des livres qui se vendent en la boutique de la veuve de Nicolas Oudot, libraire, rue de la Harpe, vis-à-vis la rue du Foin, à côté de la rue des Deux Portes, à l'Image de Notre-Dame, à Paris*, s.l.n.d. [1722–1723] [BnF, Q 9153 (1) et (2)].

Mémoire. (o J). *Mémoire pour les syndic et adjoints de la communauté des libraires et imprimeurs de Paris, contenant leurs réflexions, ou la réfutation de quelques articles des règlemens proposés par les imprimeurs et libraires de Lyon* [BnF, Fol-FM-12498].

Sekundärliteratur

Annaert, P. (1992). *Les collèges au féminin. Les Ursulines: enseignement et vie consacrée aux XVIIe et XVIIIe siècles*. Namur: Vie consacrée.

Boutier, J. (1994). Livres et imprimé en Limousin au XVIIIe siècle. Production, diffusion, consommation. In M. Cassan & J. Boutier (Hrsg.), *Les imprimés limousins, 1789–1799* (S. 3–85). Limoges: Presses de l'université de Limoges.

Chapron, E. (2010). Des livres pour les écoles du peuple? Economie et pratiques du texte scolaire en Champagne au XVIIIe siècle. *Histoire de l'éducation, 127*, 7–34.

Dhôtel, J. C. (1967). *Les origines du catéchisme moderne*. Paris: Aubier.

Juratic, S. (2003). *Le monde du livre à Paris entre absolutisme et Lumières. Recherches sur l'économie de l'imprimé et sur ses acteurs*. Thèse de l'EPHE.

Lannette-Claverie, C. (1972). La librairie française en 1700. *Revue française d'histoire du livre, 3*, 3–43.

Lepetit, B. (1996). La ville: cadre, objet, sujet. Vingt ans de recherches françaises en histoire urbaine. *Enquête, 4*, 11–34.

Lesage, C., Netchine, E., & Sarrazin, V. (2006). *Catalogues de libraires, 1473–1810*. Paris: Bibliothèque nationale de France.

Mandrou, R. (1985). *De la culture populaire aux 17e et 18e siècles* (3. Aufl.). Paris: Imago.

Martin, H.-J. (1975). Culture écrite et culture orale, culture savante et culture populaire dans la France d'Ancien Régime. *Journal des savants, 3*, 225–282.

Martin, H.-J. (1969). *Livre, pouvoirs et société à Paris au XVIe siècle (1598–1701)*. Paris: Droz.

Mellot, J.-D. (1998). *L'édition rouennaise et ses marchés (vers 1600–vers 1730). Dynamisme provincial et centralisme parisien*. Paris: Ecole des chartes.

Quéniart, J. (1969). *L'imprimerie et la librairie à Rouen*. Paris: Klincksieck.

Sargentson, C. (1996). *Merchants and luxury markets. The marchands merciers of eighteenth-century Paris*. London: The Victoria and Albert Museum.

Sarre, C. A. (1997). *Vivre sa soumission. L'exemple des Ursulines provençales et comtadines, 1592–1792*. Aix-en-Provence: Publisud.

Thévenot, L. (1986). *Conventions économiques* (S. 21–71). Paris: Presses Unitaires de France & Centre d'Etudes d l'Emploi.

Turquois, M. (1984). La vitrine de quelques libraires troyens. In P. E. Leroy & J.-P. Oddos (Hrsg.), *La vie à Troyes sous Louis XIII. Une ville de province pendant la première moitié du XVIIe siècle* (S. 91–101). Troyes: Centre troyen de recherche et d'études Pierre et Nicolas Pithou.

Schulbücher und Lektüren in der Unterrichtspraxis an böhmischen und mährischen Lateinschulen des 16. und frühen 17. Jahrhunderts

Martin Holý

Zusammenfassung: In der vorliegenden Studie werden die Schulbücher, die in böhmischen und mährischen Lateinschulen verschiedenster Art (städtische, kirchliche oder private Bildungseinrichtungen usw.) im 16. und frühen 17. Jh. benutzt wurden, analysiert. Es geht dabei v. a. um Lehrbücher und andere Texte, die für das Hauptlehrfach solcher Schulen (Latein) bestimmt wurden: Grammatiken, weitere Werke antiker, mittelalterlicher sowie zeitgenössischer Autoren, verschiedene Wörterbücher usw. Im Vordergrund des Beitrags, der das Lateinschulsystem in Böhmen und Mähren in groben Zügen skizziert, stehen aber auch Schulbücher, die in anderen üblichen Fächern der traditionellen sieben freien Künste (Rhetorik, Dialektik, Arithmetik, Musik usw.) benutzt wurden sowie im Griechisch-, Geschichts- oder Religionsunterricht.

Schlüsselwörter: Schulbücher · Lektüren · Lateinschulen · Böhmen und Mähren · Frühe Neuzeit

Text-books and reading in the teaching practice in Bohemiam and Moravian Latin schools of the 16th and early 17th century

Summary: The submitted study analyses text-books used in Bohemian and Moravian schools of various types (i.e. municipal, church and private educational institutions) in the 16th and early 17th century. These books involve text-books and other texts that were used for teaching the main subject (i.e. Latin) in these schools: grammar books, other works by classical, mediaeval and contemporary writers, various dictionaries, etc. The article, which roughly introduces the system of Latin school system in Bohemia and Moravia, also concentrates on text-books that were used in teaching other regular subjects of the seven traditional *septem artes liberales* (the rhetoric, dialectics, arithmetic, music, etc.) as well as the Greek language, history and catechism.

Keywords: Text-books · Reading · Latin schools · Bohemia and Moravia · Early modern period

---

© Springer Fachmedien Wiesbaden 2012

Dr. M. Holý (✉)
Historisches Institut, Akademie der Wissenschaften der Tschechischen Republik,
Prosecká 76, 190 00 Prag 9, Tschechische Republik
E-Mail: martholy@seznam.cz

Dr. M. Holý
Institut für Tschechische Geschichte, Philosophische Fakultät, Karlsuniversität zu Prag,
Nám. J. Palacha 2, 116 38 Prag 1, Tschechische Republik

Abkürzungen

BNM Prag   Bibliothek des Nationalmuseums Prag
BS Prag   Bibliothek des Strahover Stiftes Prag
BSB München   Bayerische Staatsbibliothek München
NB Prag   Nationalbibliothek Prag

1 Das Netz der Lateinschulen in den böhmischen Ländern. Eine Einleitung

Das Lateinschulwesen in den böhmischen Ländern bildete im 16. und zu Beginn des 17. Jahrhunderts ein dichtes Netz von sogenannten partikularen Bildungseinrichtungen, die es breiten Schichten der Bevölkerung ermöglichten, nicht nur elementare Kenntnisse, sondern auch die Grundlagen der humanistischen Bildung zu erlangen. Im Gegensatz zu den *studia generalia,* also den zeitgenössischen Universitäten, handelte es sich dabei um *studia particularia,* die nur „partielle" Bildung anboten. Ihr Hauptziel war es, den Schülern aktive Kenntnis des Lateinischen zu vermitteln sowie solche Lehrinhalte, deren Beherrschung eine Voraussetzung für das Universitätsstudium bildete. Es ging v. a. um jenen Teil der *septem artes liberales,* der seit dem Mittelalter als *Trivium* bezeichnet wurden (Grammatik, Rhetorik und Dialektik), daneben auch um die Grundlagen des *Quadriviums* (Arithmetik, Geometrie, Astronomie, Musik).

Lateinschulen befanden sich nicht nur in einigen Dutzenden der königlichen Städte (allen voran Prag), sondern auch in vielen sogenannten Untertanenstädten. Die Gesamtzahl dieser Schulen war dreistellig, wobei den größten Anteil die Stadtschulen einnahmen. Hinzu kamen jesuitische *Studia inferiora,* Schulen der Brüderunität, verschiedene private Bildungseinrichtungen etc. Die überwiegende Mehrheit dieser Schulen hatte nichtkatholischen Charakter. In den meisten Fällen waren es sogenannte niedere Lateinschulen, in denen der Unterricht in höchstens drei Klassen angeboten wurde. Höhere Lateinschulen mit vier oder mehr Klassen kamen hingegen in den böhmischen Ländern nur selten vor.

Obwohl sich die Forschung dem Lateinschulwesen in den böhmischen Ländern des genannten Zeitraums bereits in gewissem Maße zugewandt hat, fehlt eine moderne synthetische Bearbeitung dieser Thematik. Die Geschichte der einzelnen Schultypen ist zudem ungleichmäßig aufgearbeitet. Während zu Stadtschulen zahlreiche Arbeiten geschrieben wurden (Winter 1901; Holinková 1967, 1970; Palacký 1970; Hejnic 1972, 1979; Pešek 1991, 1993), sind es zum Thema der jesuitischen Gymnasien (Winter 1899, 1901; Kroess 1910; Bobková-Valentová 2006), der Schulen der Brüderunität (Ball 1898; Molnár 1956; Holý 2010a) bzw. verschiedener privater Bildungseinrichtungen (Holý 2010b) unverhältnismäßig wenige. Zudem lag der Schwerpunkt häufig mehr auf der Organisation des damaligen Schulsystems als auf dem Unterricht selbst. Eine Ausnahme bilden lediglich zwei ältere Monographien, die sich nicht nur mit den allgemeinen Entwicklungstendenzen der frühneuzeitlichen Pädagogik beschäftigen, sondern ihre Aufmerksamkeit auch einigen konkreten Schulbüchern widmen, die an den Lateinschulen in Böhmen und Mähren im verfolgten Zeitraum benutzt wurden (Winter 1901; Kádner 1923).

Im vorliegenden Beitrag werden gerade der Unterricht und die für ihn bestimmten Lehrbücher im Vordergrund stehen. Ich versuche v. a. folgende Fragen zu beantworten: Welche Schulbücher bzw. weitere Lehrwerke wurden im Unterricht an böhmischen und mährischen Lateinschulen in niederen sowie in höheren Klassen verwendet? Haben die Schüler auch eigene Lehrbücher benutzt? Auf welche Texte wurde bei der Schullektüre besonders Wert gelegt?

Bei dem Versuch, solche Fragen zu beantworten, stößt der Forscher auf verschiedene Grenzen. Zuerst sind die relevanten Quellen nur teilweise überliefert. Das gilt v. a. für die böhmischen und mährischen Schulordnungen (Winter 1901; Holinková 1967; Holý 2010b). In einem viel größeren Ausmaß sind die Schulbücher erhalten. Die meisten beziehen sich aber auf das städtische Schulwesen. Obwohl manche auch an anderen partikularen Bildungseinrichtungen benutzt wurden, ist unsere Kenntnis der Lehrbücher, die z. B. an den Schulen der Brüderunität oder an verschiedenen privaten Lateinschulen verwendet wurden, begrenzt. Zu berücksichtigen ist zudem, dass die in die Analyse einbezogenen Schulordnungen den idealen Stand des Unterrichts und nicht die tatsächliche Praxis reflektieren. So mussten etwa die konkret empfohlenen Schulbücher auf der jeweiligen Schule nicht zwangsläufige vorhanden sein und konnten durch andere Bücher ersetzt werden.

2 Die Lehrbücher und Lektüren in den Fächern der freien Künste

Da im untersuchten Zeitraum in Böhmen und Mähren kaum öffentliche Elementarschulen bezeugt sind, boten die Lateinschulen üblicherweise auch den Elementarunterricht an. Daher begannen die Schüler der niedrigsten Klasse i. d. R. mit der Fibel und erst danach folgte die lateinische Grammatik. Im 16. Jh. erschienen in den böhmischen Ländern mehrere Fibeln: lateinische, tschechisch-lateinische sowie erstmals auch ausschließlich tschechische (Winter 1901, S. 553 f.; Kubálek et al. 1929). Dies hing unter anderem damit zusammen, dass im Unterschied zu den höheren Klassen, wo man sich ausschließlich der lateinischen Sprache bedienen sollte, in den Anfängen des Unterrichts an den Lateinschulen auch die Muttersprache eine unterstützende Rolle spielte – in unserem Fall also Tschechisch und Deutsch.

Eine der bekanntesten böhmischen Fibeln ist der *Elementarius libellus in lingua Latina et Boiemica pro novellis scholasticis*, der 1550 vom bedeutenden böhmischen Humanisten Matthaeus Collinus von Chotěřina (1516–1566) verfasst wurde und auch später neue Auflagen erfuhr (Collinus 1550). Er beinhaltet nicht nur eine klassische Fibel, sondern auch einen Katechismus sowie detaillierte Studienvorschriften für Collinus' private Lateinschule in Prag (Holý 2010b, S. 138–148, 409–419). Von den weiteren ABC-Büchern, die in den böhmischen Ländern entstanden sind, sei zumindest *Isagogicon* von Beneš Optát (um 1480–1559) genannt, das die Fibel mit einem Arithmetiklehrbuch kombiniert (Optát 1535), sowie das Elementarbuch *Slabikář český*, das 1547 in Proßnitz erschienen ist (Slabikář 1547).

Das wichtigste Lehrfach an Lateinschulen der böhmischen Länder war, ähnlich wie im übrigen Europa, Latein. Im 16. und zu Beginn des 17. Jahrhunderts handelte es sich dabei nicht mehr um das mittelalterliche Latein, vielmehr wurde die klassische Form dieser Sprache zum allgemein respektierten Vorbild für Wort und Schrift. Während in der Eloquenz und Prosa v. a. Cicero imitiert werden sollte, war es in der Poesie Vergil.

Die lateinische Grammatik wurde im 16. Jh. anhand einiger mittelalterlicher Autoren unterrichtet, deren Schulbücher jedoch stark im humanistischen Geiste angepasst wurden. Allmählich stieg auch der Anteil von neuen Schulbüchern. Von den älteren Grammatikern erfreute sich v. a. Aelius Donatus nach wie vor großer Beliebtheit. Seine Grammatik erfuhr in den böhmischen Ländern gleich mehrere Auflagen. Neben der Edition, die in der Prager Druckerei von Georg Melantrich und Georg Nigrinus in den 60er bis 90er Jahren des 16. Jahrhunderts fast 20-mal herausgegeben wurde (erste Ausgabe Culmann 1562), ist hier v. a. die Edition Matthaeus Collinus' zu nennen, der auch andere grammatische Werke herausgab (Donatus 1557, 1564, Collinus 1564).

Von den neueren Lehrbüchern war in den böhmischen Ländern die Grammatik von Melanchthon (1497–1560) verbreitet, allerdings unter verschiedenen Titeln und in verschiedenen Fassungen, bspw. in der Version des berühmten Rektors des Goldberger Gymnasiums Valentin Trotzendorf (Trocedorfius 1594) oder des Vorstands der Lateinschule in Proßnitz, Paulus Aquilinas (Aquilinas 1560a; später mehrmals neu aufgelegt). Im letztgenannten Fall handelt es sich um ein Lehrbuch, das sich für die Erläuterung der Grammatik der Muttersprache bedient, und zwar des Tschechischen. Ähnlich war dies bei einigen weiteren tschechischen Ausgaben von Melanchthons Grammatik der Fall. 1614 gab die Prager Utraquistische Universität, unter deren oberste Verwaltung die meisten böhmischen Lateinschulen fielen, eine neue lateinische Grammatik heraus, die nicht nur auf Melanchthon, sondern auch auf Petrus Ramus (1515–1572) basierte. Sie wurde vom Prager Buchdrucker Daniel Carolides von Carlsberg herausgegeben (Carolides 1614).

Im untersuchten Zeitraum entstanden in den böhmischen Ländern auch einige „ursprüngliche" lateinische Grammatiken: z. B. das 1601 erschienene *Compendium* des Arztes und späteren Professors der Prager Universität Adam Hubers von Rysenpach (1546–1613), der eine private Lateinschule in Prag betrieb (Winter 1901, S. 526; Seidel 1994, S. 17–20; Holý 2010b, S. 150 f.), oder die 15 Jahre jüngere Grammatik *Elementa declinationum*, die nach einem Entwurf des früheren Rektors der Prager Universität, Petrus Codicillus, herausgegeben wurde (Codicillus 1616).

In jesuitischen Schulen wurden zumindest z. T. andere Lateinschulbücher verwendet. Neben dem bereits erwähnten *Donatus* unterrichtete man hier anhand der Grammatik des portugiesischen Jesuiten Manuel Alvarez (1526–1583), die erstmals 1572 erschienen war (Alvarez 1572). Zu deren allgemein verbreiteter Verwendung, die übrigens durch die *Ratio studiorum* von 1599 (Pachtler 1887–1895; Farrell 1938; Pavur 2005) vorgeschrieben wurde, trugen die einzelnen regionalen Mutationen bei. Im letzten Viertel des 16. Jahrhunderts ist das Lehrbuch wiederholt in Böhmen erschienen (Alvarez 1575, 1598).

Sobald die Schüler die lateinische Grammatik beherrschten, prägten sie sich i. d. R. auch einige grundlegende Texte des Christentums ein (v. a. *Decem precepta* und *Symbolum Apostolicum*, die sie u. a. anhand von Melanchthons Werken *Enchiridion elementorum puerilium* bzw. *Elementa puerilia* lernten; Melanchthon 1524 und 1525) und begannen ihre Kenntnisse mit Hilfe der sogenannten *libri exegetici* zu repetieren und zu vertiefen. Schon während des Mittelalters erfreuten sich v. a. Äsops Fabeln großer Beliebtheit. Sie wurden bereits 1480 in tschechischer Übersetzung in Kuttenberg herausgebracht (Winter 1901, S. 528); Neuauflagen der Fabeln erschienen dann 1488 und 1557 in Prag (Aesopus 1488; Ezop 1557; weitere Ausgaben 1567, 1579, 1584, 1613).

Neben Äsops Fabeln verwendete man für den Lateinunterricht an tschechischen Schulen auch viele weitere Texte. Schon im Mittelalter waren die *Disticha Catos* beliebt, die in den böhmischen Ländern während der zweiten Hälfte des 16. Jahrhunderts mehr als 20-mal neu aufgelegt wurden (www.knihopis.org; Nr. K01477-K01495). Bereits in den niederen Klassen griff man gerne auch zu verschiedenen Sammlungen von Sentenzen, wie z. b. jener von Salomo, welche auch in Böhmen erschienen ist (Posthumus 1570; 1578 erneut herausgegeben).

Von den Werken der humanistischen Autoren waren im untersuchten Zeitraum bspw. *De civilitate morum puerilium* des Erasmus von Rotterdam (1537 in tschechischer Übersetzung publiziert, 1556 in Latein in Mähren: Knihopis Nr. K02364; Erasmus 1556), seine *Formulae colloquiorum* (Erasmus 1522) sowie die *Colloquia sive exercitatio Latinae linguae* des spanischen Gelehrten Juan Luis Vives (1493–1540) verbreitet (Vives 1582; Winter 1901, S. 536 f.).

Ferner waren die Sammlungen gängiger Phrasen und Wendungen sowie Konversationsbücher beliebt. Neben Melanchthons *Loci communes* (Melanchthon 1521) waren dies bspw. die *Puerilium colloquiorum formulae*, die in tschechisch-deutsch-lateinischer Fassung von Joannes Vopatovinus 1534 und dann 1550 von Matthaeus Collinus herausgegeben wurden (Heyden 1534, 1550). Ähnlich erschienen in diesen Sprachen auch die bearbeiteten Wendungen, die von Paulus Aquilinas (+ um 1569) aus den Komödien von Terenz ausgewählt worden waren (Aquilinas 1550). Populär waren auch Sentenzen aus Plautus und Terenz, die von Georg Fabricius (1516–1571) zusammengestellt und von dem Prager Gelehrten und Drucker Daniel Adam von Veleslavín (1546–1599) 1589 für die böhmischen und mährischen Schulen herausgegeben wurden (Fabricius 1589).

Zu den klassischen Autoren, die v. a. in den höheren Klassen gelesen wurden, zählten v. a. Vergil, Ovid, Horaz, Catull, Caesar, Sallust oder Cicero. Hierin unterschieden sich jedoch die einzelnen Bildungsinstitutionen doch in gewissem Maße voneinander. So wurden bspw. an jesuitischen Gymnasien moralisch bedenkliche Teile ausgelassen (Farrell 1970, S. 80; Čornejová 2002, S. 63 ff.; Bobková-Valentová 2006, S. 81). Auch an einigen protestantischen Schulen sind Restriktionen bei der Verwendung von klassischen Texten belegt, wie z. B. am bekannten Rosenbergergymnasium in Sobieslau (Nationalarchiv Prag, Größere Landtafeln 135, Fol. M30b; Voigt 1783, S. 284 f.; Holý 2011, S. 102 f.).

Zur allgemeinen Perfektionierung des lateinischen Stils bediente man sich der *Epistolae* Ciceros. Verbreitet waren dabei die Editionen des Straßburger Rektors Johann Sturm, von denen einige auch in böhmischer Bearbeitung herausgegeben wurden (Sturmius 1577), oder jene von Georg Fabricius, die unter dem Titel *Elegantiarum puerilium ex Ciceronis epistolis libri tres collecti* 1581 in der berühmten Druckerei von Georg Melantrich in Prag erschienen (Fabricius 1581; erneut 1589). Syntax und Etymologie übte man in den böhmischen, überwiegend nichtkatholischen Schulen mit Hilfe von Melanchthons Lehrbüchern, v. a. seiner *Syntaxis* (Melanchthon 1526) und *Etymologia* (Melanchthon 1540).

In allen Klassen kamen im Lateinunterricht auch verschiedene Wörterbücher zum Einsatz. Eine Reihe von ihnen erschien im 16. Jh. in den böhmischen Ländern, oft in tschechisch-deutsch-lateinischer Fassung (Winter 1901, S. 542–547). Wegen ihrer hohen Anzahl kann ich hier jedoch nicht genauer auf sie eingehen. Sie wurden v. a. in Prag gedruckt und dienten den Schülern nicht nur für das Übersetzen oder die Interpretation, sondern auch zum Memorieren (vgl. mindestens Aquilinas 1560b; Dasypodius 1560; Codicillus 1576; Adamus 1579, 1598a, 1598b; Lodereckerus 1605). Die Schüler sollten übrigens auch eigene Vokabulare führen.

Die Lateinkenntnisse wurden nicht nur direkt, sondern auch indirekt, während des Unterrichts von weiteren Fächern vertieft, so etwa im Religionsunterricht, auf den i. d. R. großer Wert gelegt wurde. An protestantischen Schulen in den böhmischen Ländern war v. a. der Kleine Katechismus Martin Luthers (1483–1546) von 1529 verbreitet (seine Editionen werden unter www.vd16.de und www.vd17.de erfasst). Es wurden aber auch Werke anderer Verfasser verwendet, z. B. der Katechismus von David Chytraeus, der in Böhmen bereits 1554 erschien (nach Winter 1901, S. 604), oder der Katechismus *De summa Christianae religionis* von Hieronymus Nopp, den Matthaeus Collinus 1543 und 1564 in Nürnberg herausgab (Nopp 1543). Die Brüderunität hatte eigene Katechismen, die sie auch im Schulunterricht verwendete (Müller 1887). An katholischen Schulen waren v. a. die Katechismen von Canisius verbreitet, die auch ins Tschechische übersetzt und herausgegeben wurden (www.knihopis.org Nr. K01426, K01427, K01432, K01442; Bobková-Valentová 2006, S. 126 f.).

Der griechischen Sprache wurde an den böhmischen und mährischen Lateinschulen – ähnlich wie auch anderenorts in Europa – viel geringere Aufmerksamkeit geschenkt, obwohl sie von den Humanisten hochgeschätzt wurde. Griechischunterricht, der sich oft nur auf die Beherrschung des griechischen Alphabets und Grundlagen der Grammatik beschränkte, was unter anderem die Kenntnisse der Absolventen bezeugen (Hejnic & Martínek 1966, S. 418; vgl. auch einige Beispiele bei Winter 1901, S. 548 f.), wurde trotz aller Vorschriften (Codicillus 1586) nur an einigen Schulen, v. a. in den königlichen Städten wie z. B. in Prag, Königgrätz, Leitmeritz, Olmütz oder Saaz, (Winter 1901, S. 631–634; Zoubek 1873, S. 16–19) in den höheren Klassen realisiert. Dabei wurde v. a. Melanchthons griechische Grammatik verwendet, die seit 1518 (Melanchthon 1518) in zahlreichen Auflagen erschien. Man konnte sich jedoch auch die Grammatiken anderer Autoren zu Hilfe nehmen. Collinus empfahl bspw. die griechische Grammatik des flämischen Humanisten Nicolaus Clenardus (1495–1542; Clenardus 1557). Sie wurde auch an jesuitischen Schulen verwendet, und zwar bis zur Verbreitung der Lehrbücher des deutschen jesuitischen Philologen, Historikers und Dramatikers Jakob Gretser (1562–1625), *Rudimenta linguae graecae* und *Institutiones linguae graecae*, die seit den 90er Jahren des 16. Jahrhunderts vielmals erschienen (Gretser 1595a, 1595b; www.vd16.de; www.vd17.de; Bobková-Valentová 2006, S. 80).

Von den griechischen Klassikern wurden v. a. Homer, Aristophanes, Euripides, Thukydides und Demosthenes gelesen. Am Prager Privatgymnasium des bereits erwähnten Adam Huber von Rysenpach wurde auch Isokrates Rede an Demonikos im Unterricht behandelt (Γυμνασίαι 1601; Seidel 1994, S. 17–20; Holý 2010b, S. 150 f.). In welchem Maße der griechische Text der Heiligen Schrift an böhmischen und mährischen Schulen gelesen wurde, steht nicht eindeutig fest. Im Griechischunterricht an jesuitischen Schulen machte man sich v. a. die Episteln zunutze (Winter 1901, S. 548–553; Farrell 1938, S. 64 f., 73 f.; Bobková-Valentová 2006, S. 80, 82).

Hebräisch wurde an den Lateinschulen in Böhmen und Mähren wohl wenig unterrichtet. Genauere Nachrichten darüber fehlen jedoch.

Auch die Muttersprachen waren kein direkter Bestandteil des Unterrichts. Mit Ausnahme der in der Klasse vorgenommenen Übersetzungen spielten sie nur eine unterstützende Rolle, v. a. zu Beginn der Schulbildung, wie bereits am Beispiel einiger Fibeln erwähnt wurde. Inwiefern man in den Schulen handschriftliche Abschriften bzw. bereits im Druck erschienene tschechische Grammatiken (vgl. z. B. Optát et al. 1533; Blahoslav 1571) und weitere Lehrbücher für die Volkssprachen verwendete, ist nicht ganz klar. Trotzdem wurden einige von ihnen gerade für den Unterricht konzipiert, wie z. B. die *Grammaticae bohemicae ad leges naturalis methodi conformatae [...] libri duo* von Vavřinec Benedikt von Nudožery (+ 1615) aus dem Anfang des 17. Jahrhunderts (Benedictus 1603).

Ein ganz eigenes Thema stellt die Frage dar, wie die einzelnen Lateinschulen die Kommunikation unter den Schülern regeln. Obwohl üblicherweise Latein die einzige Kommunikationssprache sein sollte, wissen wir, dass in einigen Fällen die Schulen auch die Möglichkeit nutzten, die Sprachkenntnisse der Schüler gegenseitig zu bereichern, wenn die Schülerschaft multinational war (Holý 2010b, S. 145, 412). In der Praxis war dies in den böhmischen Ländern v. a. bei jenen Schülern der Fall, deren Muttersprache Tschechisch bzw. Deutsch war. Es erschienen deswegen auch einige spezielle Lehrbücher, von denen einige auch beim Privatstudium verwendet werden konnten, wie z. B. das Lehrbuch von Andreas Klatovský von Dalmanhorst von 1540, das bis 1620 mehr als 10-mal gedruckt wurde (vgl. z. B. Klatovský 1540; www.knihopis.org – Nr. K03939-K03949).

Mit dem Lateinunterricht hing eng die Rhetorik zusammen, auf die die humanistischen Pädagogen großen Wert legten und die in den höheren Klassen der Lateinschulen unterrichtet wurde. Dabei wurden die Rhetorik von Aristoteles und die Reden Ciceros verwendet, aber auch neue Lehrbücher, die erst im 16. Jh. entstanden sind, z. B. jene von Audomar Talaeus (+ 1562; Talaeus 1545, 1552; v. a. seine *Rhetorica* wurde später vielmals an verschiedenen Orten neu aufgelegt). Um die Entwicklung der Rhetorik machte sich in den böhmischen Ländern v. a. der böhmische Humanist Johann Kocín verdient (Holý 2009, S. 308–311), der zu Beginn der 70er Jahre nicht nur die *Rhetoricorum libri tres* von Aristoteles, sondern auch einige Rhetorikwerke des Hermogenes von Tarsus herausgab (Aristoteles 1570; Hermogenes 1570a, 1570b, 1571). In Böhmen, wo auch die tschechische Rhetorik von Simeon Gelenius entstand (Winter 1901, S. 588), ist aber in den Schulordnungen auch die Verwendung von weiteren Werken belegt, bspw. jenes des Leipziger Humanisten Matthäus Dresser (Dresser 1567). Bei den Jesuiten wurde Rhetorik anhand des Lehrbuchs von Cyprian Soarez (1524–1593) unterrichtet (Soarez 1565).

Mit dem Sprachunterricht waren auch einige weitere Fächer verbunden, die üblicherweise in den Lehrplänen der untersuchten Schultypen vorkommen, so etwa die klassische Geschichte, die v. a. durch antike Autoren vertreten war (neben Thukydides und Caesar z. B. auch Herodot, Livius, Sallust und Tacitus), sowie die mittelalterliche und zeitgenössische Geschichte, die anhand von verschiedenen Weltchroniken unterrichtet wurde. Offensichtlich beliebt waren dabei die Chroniken des deutschen Mathematikers und Astronomen Johann Carion (1499–1537), die in böhmischen Ländern wiederholt auch in tschechischer Übersetzung erschienen (Carion 1541, 1584, 1602 erneut aufgelegt), und historische Kalender, die im 16. Jh. sowohl in Latein als auch in den Volkssprachen herausgegeben wurden, wie das lateinische *Calendarium historicum* von Paul Eber (Eber 1550) oder der Kalender des bereits erwähnten Prager Druckers Daniel Adam von Veleslavín (Adam 1578, zweite Edition 1590). Man konnte sich zudem verschiedener weiterer historischer Abhandlungen wie z. B. der *Chronologia* von Abraham Buchholzer (1529–1584), dessen *Index chronologicus*, der auch in tschechischer Übersetzung herausgegeben wurde (Buchholzer 1585, 1596), oder des Werkes *De quatuor imperiis* von Johannes Sleidanus (1506–1556; Sleidanus 1556) bedienen.

Von den traditionellen *septem artes liberales*, die hingegen nicht direkt mit dem Sprachunterricht zusammenhingen, befasste man sich mit der Dialektik, Arithmetik und in geringem Maße auch mit Astronomie. Als Grundlage für den Dialektikunterricht diente weiterhin die Logik des Aristoteles. Den Schülern standen ferner andere Lehrbücher zur Verfügung wie Melanchthons *Dialectica*, die in verschiedenen Varianten mehrfach herausgegeben wurde. Ebenso ist für die böhmischen Länder die Verwendung der *Rudimenta dialecticae* von Petrus Ramus belegt (Ramus 1599; Γυμνασίαι 1601). In den letzten Jahrzehnten des 16. Jahrhunderts entstanden zudem einige spezielle tschechische Arbeiten, z. b. die Dialektik des bereits erwähnten Peter Kodicil (Codicillus 1590) oder die tschechische Logik von Simeon Gelenius, der sich unter anderem auf die Dialektik von Ramus stützte (Winter 1901, S. 588).

Der Arithmetik widmete man sich v. a. in den höheren Klassen. Viele Schüler im untersuchten Zeitraum eigneten sich jedoch auch privat die praktische Arithmetik an, wo entweder mit Ziffern oder auf Linien gerechnet wurde (Mikuláš 1567, Fol. 1a; Winter 1901, S. 564–570; Holý 2010b, S. 144f., 148). Für das schulische und private Studium wurden im 16. Jh. in Böhmen gleich mehrere Handbücher herausgegeben (Klatovský 1558; Mikuláš 1567; Goerl 1577). Erwähnungen in einigen überlieferten böhmischen Schulordnungen (Codicillus 1586; Winter 1901, S. 568) zeugen davon, dass im Lande auch einige ausländische Lehrbücher Fuß fassten, bspw. die Arithmetik des niederländischen Mathematikers Gemma Frisius (1508–1555; Frisius 1544) oder jene des aus Lüneburg stammenden Lucas Lossius (1508–1582; Lossius 1557).

Ein Bestandteil des Unterrichts an partikularen Bildungsstätten war auch der Kalender, v. a. der Kirchenkalender. Dabei wurden an katholischen und nichtkatholischen Schulen unterschiedliche Kalender verwendet. Als praktisches Hilfsmittel lernten die Schüler i. d. R. den Cisiojanus, und zwar nicht nur in Latein, sondern auch in den Volkssprachen. Solche Cisiojani erschienen im 16. Jh. in den böhmischen Ländern auch im Druck. Üblicherweise waren sie einem anderen Text hinzugefügt (Collinus 1550; Winter 1901, S. 571–573).

Ein weiteres gängiges Fach, das am untersuchten Schultypus unterrichtet wurde, war die *Musica*, ein traditioneller Bestandteil des Quadriviums, das sich mit den Proportionen zwischen einzelnen Größen befasste. Für das Studium dieses Faches konnten die Schüler verschiedene Lehrbücher nutzen – sowohl ausländische wie z. B. das *Enchiridion musicae* des deutschen Komponisten Georg Rhau (Rhau 1520) als auch Schulbücher aus dem eigenen Land. Von grundlegender Bedeutung ist besonders die *Musica* des gebildeten Bischofs der Brüderunität Johann Blahoslav (1523–1571; Blahoslav 1558).

Neben der Musiktheorie wurde auch der Gesang selbst gepflegt. Ein unmittelbarer Bestandteil des Unterrichts war dabei v. a. der Kirchengesang, insbesondere das Singen der Psalmen (Collinus 1550; Winter 1901, S. 573–576). Darüber hinaus nahmen die Schüler der Lateinschulen auch an weltlichen Festivitäten teil, bei denen sie sich neben anderen Fertigkeiten auch mit ihrem Gesang präsentieren konnten (vgl. z. B. die Aktivitäten der Schüler der Prager Lateinschulen bei dem Einzug Ferdinands I. in Prag 1558, Collinus & Cuthenus 1558; Bůžek 2006). Ob und wie auch Instrumentalmusik gepflegt wurde, lässt sich mangels Informationen nicht mit Sicherheit sagen.

Einen eigenständigen Themenbereich bildet das Schultheater, das an nichtkatholischen sowie katholischen Schulen gespielt wurde. Besonders beliebt war es an Jesuitengymnasien. Im 16. und 17. Jh. erschienen bereits mehrere Konspekte der Stücke oder sogar Volltexte im Druck. Sie verraten uns nicht nur die Sujets, sondern informieren häufig auch über die persönliche Besetzung der einzelnen Rollen. Neben anderen Funktionen (v. a. der repräsentativen Funktion) hatte das Schuldrama primär eine didaktische Rolle (Winter 1901, S. 727–743; Bobková-Valentová 2006, S. 86–119).

3 Schlussfolgerung

Abschließend möchte ich mich zu einigen weiteren relevanten Fragen äußern, die bislang beiseitegelassen worden sind. Können bspw. in den böhmischen Ländern im Unterricht deutliche regionale Differenzen oder die Abweichungen beobachtet werden, die durch die unterschiedlichen Schultypen gegeben waren? Statt regionaler Differenzen, die angesichts der geringen Anzahl von überlieferten Schulordnungen der einzelnen Lateinschulen der böhmischen Länder (s. o.) nur z. T. erforschbar sind, lassen sich v. a. bei den kirchlichen Schulen – sowohl bei den katholischen (v. a. den jesuitischen) als auch bei den nichtkatholischen (v. a. den Schulen der Brüderunität) – gewisse Abweichungen beobachten. Diese Unterschiede betrafen jedoch eher die Lehrbücher und die Lektüren als die Unterrichtsmethoden. Beides hing natürlich auch davon ab, wie fortgeschritten der Unterricht war, was v. a. durch die Anzahl der Klassen und Lehrer bedingt war. Während bspw. die entwickelten Gymnasien in den Nebenländern der Böhmischen Krone bzw. im Heiligen Römischen Reich fünf oder mehr Klassen hatten, waren es in den böhmischen Ländern nur selten mehr als vier. Das bedeutete natürlich, dass der Schulstoff in gewisser Weise komprimiert und schneller durchgenommen werden musste oder dass er verständlicherweise nicht so umfassend war.

Die zweite, bislang nicht besprochene Frage betrifft die Methoden, die im Unterricht angewandt wurden. Sie können zumindest kurz am Beispiel des wichtigsten Faches an den untersuchten Schulen – nämlich am Lateinunterricht – vorgestellt werden. Die Schüler sollten sich diese Sprache v. a. mit Hilfe der fünf nachfolgenden Methoden in Wort und Schrift einprägen: 1) mit Hilfe der Grammatik, mit der man gleich anfing, nachdem die Kinder syllabieren konnten, wobei man zunächst mit den Deklinationen begann, 2) anhand der Vokabulare, in die sie die diktierten oder selbständig ausgewählten Vokabeln eintrugen, 3) durch das Lesen, bei dem die Schüler ihren Wortschatz repetierten und bereicherten und sich gängige Phrasen einprägten, die man ihnen des Öfteren zu diktieren pflegte, wobei allerdings das übermäßige Diktieren bereits im untersuchten Zeitraum v. a. im Zuge der Blüte der „Schulbuchdruckkunst" mehr und mehr kritisiert wurde, 4) durch das Aufgeben von Aufsätzen, deren Hauptziel die Imitation klassischer Autoren war, 5) durch die Wiederholung des Schulstoffs und seiner praktischen Einübung, unter anderem im Rahmen von Schülerdisputationen, Konzertationen bzw. Emulationen.

Eine weitere Frage, die bislang offen gelassen wurde, ist, auf welche Art und Weise sich die Schüler die einzelnen Lehrbücher beschafften. Leider kann sie angesichts der mangelhaften Quellenlage für den untersuchten Zeitraum nicht eindeutig beantwortet werden. Neben der Möglichkeit, Schulbücher selbst zu kaufen (wobei hier neben der sozialen Herkunft der Schüler, die leider nur z.T. ermittelt werden kann, auch weitere Faktoren in Betracht gezogen werden müssen – z.B. die Veränderung der Preise für gedruckte Schulbücher), kann auch die Entleihung der Schulbücher nicht ausgeschlossen werden. Welche Rolle dabei z.B. die Bibliotheken der einzelnen Lateinschulen (Winter 1901, S. 594 f.; Sturm 1964) spielen konnten, von denen einige offensichtlich recht gut sortiert waren, kann nicht mit Gewissheit festgestellt werden.

Was Druckereien anbelangt, die in den böhmischen Ländern Schulbücher für partikulare Lateinschulen verlegten, ist keine einzige spezielle Druckerei bekannt, die nicht zugleich auch andere Werke – oft in einem sehr breiten Spektrum – gedruckt hätte. Der Druck von Schulbüchern war dabei im untersuchten Zeitraum v. a. in Prag konzentriert. In diesem Bereich waren besonders Druckereien aktiv, die unter anderem für die Herausgabe von pädagogischer Literatur bekannt waren. Es handelt sich dabei bspw. um die Prager Druckereien von Thomas Mitis, Georg Melantrich, Daniel Adam von Veleslavín und seiner Erben und von Paul Sessius (Voit 2008).

Literatur

Quellen

Adam, D. (1578). *Kalendář historický*. Praha: Melanchtrich (BNM Prag, Sign. 31 C 2).
Adamus, D. (1579). *Dictionarium linguae latinae ex magno Basilii Fabri thesauro collectum ...* Pragae: Melantrich (NB Prag, Sign. 45 E 77).
Adamus a Weleslavina, D. (1598a). *Nomenclator quadrilinguis boemico-latino-graeco-germanicus*. Pragae: Adamus (NB Prag, Sign. 54 B 72).
Adamus a Weleslavina, D. (1598b). *Sylva quadrilinguis vocabulorum et phrasium bohemicae, latinae, graecae et germanicae linguae...* Pragae: Adamus (NB Prag, Sign. 45 A 8).
Aesopus (1488). *Vita et fabulae secundum Henricum Steinhövel*. Pragae: Drucker der Prager Bibel (BS Prag, Sign. D O VI 9).
Alvarez, E. (1572). *De Institutione grammatica libri tres*. Olyssipone: Barrerius (zugänglich auf books.google.com).
Alvarez, E. (1575). *Principia seu rudimenta grammatices ex Institutionibus ... pro usu tyronum latinitatis excerpta*. Pragae: Universitas Carolo-Ferdinandea (BNM Prag, Sign. 26 D 30).
Alvarez, E. (1598). *De Institutione grammatica libri tres locupletati et scholiis nuper aucti ac recogniti*. Pragae: Marinus (NB Prag, Sign. 45 E 1).
Aquilinas, P. (1550). *Elegantissimae colloquiorum formulae ex P. Terentii comaediis selectae ac in bohemicam et germanicam linguam versae in usum puerorum*. Prostannae: Guntherus (BNM Prag, Sign. 26 F 15).
Aquilinas, P. (1560a). *Grammatica Philippi Melanchthonis latina. Iam denuo recognita et plerisque in locis locupletata, et autoris voluntate edita ... Nunc primum boiemico sermone illustrata*. Olomutii: Guntherus (BS Prag, Sign. AC IV 57).

Aquilinas, P. (1560b). *Vokabulář. Nomenclatura rerum domesticarum. Ex Petro Dasypodio, Sebaldo Heyden et Ioanne Piniciano in usum studiosae iuventutis latina, bohemica, germanicaque lingua breviter collecta, iam postrem recognita.* Olomutii: Guntherus (BNM Prag, Sign. 26 E 26).
Aristoteles (1570). *Aristotelis Rhetoricorum libri III in latinum sermonem conversi et scholis brevioribus explicati a Ioanne Sturmio.* Argentinae: Rihelius (BNM Prag, Sign. 49 D 14).
Benedictus Nudozierinus, L. (1603). *Grammaticae bohemicae ad leges naturalis methodi conformatae et notis numerisque illustratae ac distinctae libri duo.* Pragae: Otmarus (BNM Prag, Sign. 26 E 21).
Blahoslav, J. (1558). *Musica to jest knížka zpěvákům, náležité zprávy v sobě zavírající.* Olomouc: Günther (BNM Prag, Sign. 18 F 7).
Blahoslav, J. (1571). *Gramatika česká* (Handschrift der Mährischen Landesbibliothek Brünn, Sign. 114).
Buchholzer, A. (1585). *Chronologia ...* Gorlicii: Fritsch (BSB München, Sign. 4 Chrlg. 205).
Buchholzer, A. (1596). *Rejstřík historický ...* Praha: Anna Šumanová (NB Prag, Sign. 54 A 30).
Carion, J. (1541). *Kniha kronik o všelikých znamenitých věcech od počátku světa zběhlých.* Litomyšl: Plzeňský (BNM Prag, Sign. 30 C 10).
Carolides a Carlsperg, D. (1614). *Elementa grammaticae latinae Philippo-Rameae, pro inferioribus classibus bohemicae pubis collecta ...* Pragae: Carolides (BNM Prag, Sign. 26 E 20).
Clenardus, N. (1557). *Institutiones linguae graecae.* Coloniae: Soter (UB Freiburg, Sign. D 522,c; weitere Ausgaben www.vd16.de und www.vd17.de).
Codicillus, P. (1576). *Vokabulář vnově spravený a rozšířený. Vocabularium trilingue pro usu scholarum diligenter et accurat editum.* Pragae: Melantrichus (BNM Prag, Sign. 59 F 12).
Codicillus, P. (1586). *Ordo studiorum docendi atque discendi literas in scholis civitatum Regni Boemiae et Marchionatus Moraviae, constitutus ab Universitate Pragensi.* Pragae: Adamus (NB Prag, Sign. 45 A 11, Nr. 9).
Codicillus, P. (1590). *Praecepta dialectices pro eius studiosis et tyronibus diligenti studio M. Petri Codicilli a Tulechova Pragae recognita.* Pragae: Iacobides (BNM, Sign. 49 E 6).
Codicillus, P. (1616). *Elementa declinationum et coniugationum pro classe ultima.* Pragae: Schuman (NB, Sign. 45 E 38).
Collinus, M. (1550). *Elementarius libellus in lingua latina et boiemica pro novellis scholasticis ...* Pragae (NB Prag, Sign. 65 E 1895).
Collinus, M. (1564). *De quatuor partibus grammatices ...* Pragae: Mitis-Kasper (NB Prag, Sign. 45 D 14).
Collinus, M., & Cuthenus, M. (1558). *Brevis, et succincta descriptio pompae in honorem Sacratissimi... Imperatoris Ferdinandi Primi... ex Austria in... Pragam adventantis.* Pragae: Melantrichus.
Culmannus, L. (1562). *Aelii Donati De octo partibus orationis methodus, quaestiunculis puerilibus undique collectis illustrata.* Pragae: Melantrichus (BS Prag, Sign. AC XI 128).
Dasypodius, P. (1560). *Dictionarium latinobohemicum in usum et gratiam studiosae iuventutis Bohemicae ...* Olomutii: Guntherus (BNM Prag, Sign. Guntherus 26 B 5).
Donatus, A. (1557). *Quaestiones de primis etymologiae elementis.* Pragae: (BNM Prag, Sign. 26 F 18, Nr. 1).
Donatus, A. (1564). *Methodus de etymologia.* Pragae: Cantor (NB Prag; Sign. 45 D 13).
Dresser, M. (1567). *Rhetorica inventionis et dispositionis illustrata et locupletata quam plurimis exemplis, sacris et philosophicis.* Basileae: Oporinus (BSB München, Sign. L.eleg.g. 109-1/2).
Eber, P. (1550). *Calendarium historicum.* Basileae: Oporinus (BSB München, Sign. L.impr.c.n.mss. 30).
Erasmus, D. (1522). *Familiarium colloquiorum formulae.* Basileae: Frobenius (online zugänglich auf http://www.e-rara.ch/doi/10.3931/e-rara-2802; im 16. Jh. wurden mehrere Dutzende lateinische Versionen dieser Schrift herausgegeben).

Erasmus, D. (1556). *Civilitas morum Erasmo autore in succinctas et ad puerilem aetatem appositas quaestiones latinas et boiemicas digesta.* Olomutii: Guntherus (online zugänglich auf http://www.prdl.org/pub_place.php?place=Olomucium).

Ezop (1557). *Ezopa mudrce život s fabulemi anebo s básněmi jeho.* Olomouc: Gunther (BNM Prag, Sign. 27 C 20).

Fabricius, G. (1581). *Elegantiarum puerilium ex M. Tullii Ciceronis epistolis libri tres collecti.* Pragae: Adamus (NB Prag, Sign. 45 F 40, Nr. 2).

Fabricius, G. (1589). *Elegantiarum e Plauto et Terentio libri duo. Collecti a Georgio Fabricio Chemn. et nunc primum in gratiam puerorum expositione Boemica illustrati.* Pragae: Adamus (NB Prag, Sign. 45 F 40, Nr. 1).

Farrell, A. P. (Hrsg.). (1970). *The Jesuit Ratio Studiorum of 1599.* Washington (zugänglich auf: http://www.bc.edu/sites/libraries/ratio/ratio1599.pdf).

Frisius, G. (1544). *Arithmeticae practicae methodus facilis.* Vitebergae: Rhau (http://daten.digitale-sammlungen.de/bsb00028741/image_1; weitere Ausgaben unter www.vd16.de und www.vd17.de).

Goerl, J. (1577). *Arithmetica to jest knížka početní neb umění počtův na linách a cifrách.* Praha: Černý (NB Prag, Sign. 54 F 124).

Gretser, J. (1595a). *Institutionum linguae graecae.* Ingolstadii: Sartorius (BSB München, Sign. L.gr. 115-1/3).

Gretser, J. (1595b). *Rudimenta linguae graecae.* Ingolstadii: Sartorius (BSB München, Sign. L.gr. 557 w).

Γυμνασίαι (1601). *Γυμνασίαι declamatoriae scholae Huberianae privatae, ante et post examen discipulorum, mense Ianuario Anni MDCI habitum Neopragae a studiorum et morum rectore Caspare Dornavio Varisco Philiatro.* Pragae: Haeredes Danielis Adami (NB Prag, Sign. 45 A 11, Nr. 11).

Hermogenes (1570a). *Hermogenis Tarsensis, rhetoris acutissimi De ratione inveniendi oratoria libri IIII.* Argentorati: Rihelius (BNM, Sign. 59 E 106).

Hermogenes (1570b). *Hermogenis Tarsensis, rhetoris acutissimi partitionum rhetoricarum liber unus.* Argentorati: Rihelius (BNM, Sign. 59 E 10a).

Hermogenes (1571). *Hermogenis Tarsensis, rhetoris acutissimi De dicendi generibus sive formis orationum libri duo.* Argentorati: Rihelius (NB Prag, Sign. NK, sign. 5 J 110).

Heyden, S. (1534). *Puerilium colloquiorum formulae, latina, bohemica et teutonica lingua conscriptae.* Noribergae: Vopatovinus (British Library, Sign. 829. a. 19).

Heyden, S. (1550). *Puerilium colloquiorum formulae, latina, bohemica et germanica lingua brevissime conscriptae.* Pragae: Had (BNM Prag, Sign. 26 D 28).

Klatovský z Dalmanhorstu, O. (1540). *Knížka v českém a německém jazyku složená, kterakby Čech německy a Němec česky čísti, psáti i mluviti učiti se měl. Ein Büchlein in Behemischer und Deutscher Sprach wie ein Behem Deutsch deßgleichen ein Deutscher Behemisch lesen schreiben und reden lernen sol.* Praha: Melantrich (NB Prag, Sign. 65 F 1101).

Klatovský z Dalmanhorstu, O. (1558). *Nové knížky vo počtech.* Praha: Kantor (NB Prag, Sign. 54 E 108).

Lodereckerus, P. (1605). *Dictionarium septem diversarum linguarum, videlicet latine, italice, dalmatice, bohemice, polonice, germanice et ungarice, una cum cuiuslibet linguae registro sive repertorio vernaculo, in quo candidus lector, sui idiomatis vocabulum, facile invenire poterit.* Pragae: Othmarus (Mährische Landesbibliothek Brünn, Sign. ST2-0430.767).

Lossius, L. (1557). *Arithmetices erotemata puerilia.* Francofurti: Haeredes Chr.Egen (BSB München, Sign. Math. p. 745).

Melanchthon, P. (1518). *Institutiones graecae grammaticae.* Hagnoae: Thomas (BSB München, Sign. Res/4 L.gr. 80).

Melanchthon, P. (1521). *Loci communes rerum theologicarum seu hypotyposes theologicae.* Moguntiae: Schöffer (zugänglich auf nbn-resolving.de/urn:nbn:de:gbv:3:1-107665; weitere Ausgaben siehe www.vd16.de).

Melanchthon, P. (1524). *Elementa puerilia.* Augustae Vindelicorum: Grimm (BSB München, Sign. Paed.pr. 2346).

Melanchthon, P. (1525). *Enchiridion elementorum puerilium.* Witebergae: Klug (VD16 Nr. ZV 25688).

Melanchthon, P. (1526). *Syntaxis Philippi Melanchthonis iam recens nata et edita. Exempla copiae latini sermonis, adnotata à Nicolao Liburnio Veneto a quodam studioso multis in locis aucta.* Noribergae Petreius (UB München; 0001/8 Melan. 122; weitere Ausgaben unterwww.vd16.de).

Melanchthon, P. (1540). *Grammatices latinae Etymologia, hoc est absolutissimae declinandi coniugandique formulae, cum generibus nominum, praeteritis item et supinis verborum adiecta vocabulorum pene omnium interpretatione germanica, quorum usus est apud vulgatos grammaticos, quotquot in hunc diem extare traduntur.* Basileae: Westhemerus (zugänglich auf nbn-resolving.de/urn:nbn:de:gbv:3:1-114332).

Mikuláš Brněnský, J. (1567). *Knížka, v níž obsahují se začátkové umění aritmetického ...* Praha: Had (BS Prag, Sign. A G XVII 19).

Müller, J. (Hrsg.). (1887). *Die deutschen Katechismen der Böhmischen Brüder. Kritische Textausgabe mit kirchen- und dogmengeschichtlichen Untersuchungen und einer Abhandlung über das Schulwesen der böhmischen Brüder.* Berlin: Hoffman.

Nopp, H. (1543). *De summa Christianae religionis brevia quaedam axiomata olim ab Hieronymo Noppo tradita ac eadem nunc versibus illigata a Mathaeo Collino Gurimeno.* Noribergae: Petreius (zugänglich auf books.google.com; 2. Ausgabe Noribergae 1564).

Optát, B. (1535). *Isagogicon, jenž jest první vedení každému počínajícímu se učiti, a to ku poznání dvojího každému velmi potřebného umění ortographii předkem, kdež se ukazuje české řeči pravé a mírné psaní i čtení ... aritmetiky potom, kde se oznamuje umění mírného a snadného počítání.* Náměšť: Pytlík (BS Prag, Sign. AG XIII 133).

Optát, B., Gzel, P., & Philomathes, V. (1533). *Gramatika česká.* Náměšť: Aorg 1533 (BNM Prag, Sign. 26 E 30).

Pachtler, G. M. (Hrsg.). (1887–1895). *Ratio studiorum et institutiones scholasticae Societatis Iesu I-IV.* Berolini: Hofmann.

Posthumus, W. (1570). *Sententiae Salomonis generaliores de bonis moribus excerptae, libro proverbiorum, praenotatae titulis et ut proficiant multi in bonis studiis publicatae.* Pragae: Dačický (NB Prag; Sign. 52 F 64 Nr. 18).

Ramus, P. (1599). *Rudimenta dialecticae ...* Herbornae: Rab (ULB Sachsen-Anhalt, Halle/Saale/; http://digitale.bibliothek.uni-halle.de/urn/urn:nbn:de:gbv:3:1-151351).

Rhau, J. (1520). *Enchiridion utriusque musicae practicae.* Lipsiae: Schuman.

Slabikář (1547). *Slabikář český, jiných náboženství počátkové, kterýmžto věcem dítky křesťanské hned z mladosti učeny býti mají.* Prostějov: Günther (ÖNB Wien, Sign. BE.2.R.62/4/).

Sleidanus, I. (1556). *De quatuor summis imperiis libri tres.* Argentorati: Rihelius (BSB München; Sign. H.un. 542; http://reader.digitale-sammlungen.de/resolve/display/bsb10179315.html).

Soarez, C. (1565). *De arte rhetorica libri tres.* Parisiis.

Sturmius, I. (1577). *Epistolarum M. T. Ciceronis libri tres ...* Pragae (NB Prag; Sign. 45 F 46).

Talaeus, A. (1545). *Institutiones oratoriae ...* Parisiis: Bogardus (Bibliotheque Nationale Paris; Sign. FRBNF31430880).

Talaeus, A. (1552). *Rhetorica...* Lutetiae (zugänglich auf: books.google.com).

Trocedorfius, V. (1594). *Compendium praeceptionum grammaticarum Phillipi Melanchthonis.* Gorlicii: Fritsch (HAB Wolfenbüttel, Sign. H: P 871.8 Helmst.).

Vives, J. L. (1582). *Colloquia sive exercitatio latinae linguae.* Noribergae: Gerlachius (books.google.com).

Voigt, A. (1783). *Acta litteraria Bohemiae et Moraviae, T. II.* Pragae (Bibliothek des Historischen Instituts, Tschechische Akademie der Wissenschaften; Sign. B 4675).
Zoubek, F. J. (1873). *M. Petra Codicilla z Tulechova Řád školám městským v Čechách a na Moravě léta 1586 akademií pražskou vydaný.* Praha.

Sekundärliteratur

Ball, H. (1898). *Das Schulwesen der böhmischen Brüder. Mit einer Einleitung über ihre Geschichte.* Berlin: Gaertner.
Bobková-Valentová, K. (2006). *Každodenní život učitele a žáka jezuitského gymnázia.* Praha: Karolinum.
Bůžek, V. (2006). Symboly rituálu. Slavnostní vjezd Ferdinanda I. do Prahy 8. listopadu 1558. In L. Březina, J. Konvičná & J. Zdichynec (Hrsg.), *Ve znamení zemí Koruny české. Sborník k šedesátým narozeninám prof. PhDr. Lenky Bobkové, CSc* (S. 112–128). Praha: Casablanca.
Čornejová, I. (2002). *Tovaryšstvo Ježíšovo. Jezuité v Čechách.* Praha: Hart.
Farrell, A. P. (1938). *The Jesuit Code of Liberal Education. Development and Scope of the Ratio Studiorum.* Milwaukee: Bruce.
Hejnic, J. (1972). *Českokrumlovská latinská škola v době rožmberské.* Praha: ČSAV.
Hejnic, J. (1979). *Latinská škola v Plzni a její postavení v Čechách (13.–18. století).* Praha: ČSAV.
Hejnic, J., & Martínek, J. (1966–1982). *Rukověť humanistického básnictví v Čechách a na Moravě I-V.* Praha: Academia.
Holinková, J. (1967). *Městská škola na Moravě v předbělohorském období.* Praha: SPN.
Holinková, J. (1970). *Čtyři kapitoly z dějin městské školy u sv.Mořice v Olomouci.* Olomouc.
Holý, M. (2009). Johannes Sturm, das Straßburger Gymnasium (Akademie) und die Böhmischen Länder in der zweiten Hälfte des 16. Jahrhunderts. In M. Arnold (Hrsg.), *Johannes Sturm (1507–1589). Rhetor, Pädagoge und Diplomat* (S. 303–319). Tübingen: Mohr Siebeck.
Holý, M. (2010a). Die Schulen der Brüderunität in Böhmen und Mähren als Objekt adliger Studieninteressen in der Zeit vor der Schlacht am Weißen Berg. *Acta Comeniana, 24*(XLVIII), 43–71.
Holý, M. (2010b). *Zrození renesančního kavalíra. Výchova a vzdělávání šlechty z českých zemí na prahu novověku (1500–1620).* Praha: Historický ústav.
Holý, M. (2011). Bildungsmäzenatentum und Schulgründungen des Adels für Protestanten in Böhmen und Mähren (1526–1620). In J. Bahlcke & T. Winkelbauer (Hrsg.), *Schulstiftungen und Studienfinanzierung. Bildungsmäzenatentum in den böhmischen, österreichischen und ungarischen Ländern, 1500-1800* (S. 93–107). Wien: Böhlau.
Kádner, O. (1923). *Dějiny pedagogiky II.* Praha: Unie.
Kroess, A. (1910). *Geschichte der böhmischen Provinz der Gesellschaft Jesu, Bd. I: 1556-1619.* Wien: Mayer.
Kubálek, J., Hendrich, J., & Šimek, F. (1929). *Naše slabikáře. Od nejstarší doby do konce století XVIII.* Praha: Státní nakladatelství.
Molnár, A. (Hrsg.). (1956). *Českobratrská výchova před Komenským.* Praha.
Palacký, F. (1970). Obyvatelstvo českých měst a školní vzdělání v 16. a na začátku 17. století. *Český časopis historický, 18,* 345–368.
Pavur, C. (2005). *The Ratio Studiorum: The Official Plan for Jesuit Education.* Saint Louis: The Institute of Jesuit Sources.
Pešek, J. (1991). Pražská univerzita, městské latinské školy a měšťanské elity předbělohorských Čech (1570–1620). *Český časopis historický, 89,* 336–355.
Pešek, J. (1993). *Měšťanská vzdělanost a kultura v předbělohorských Čechách 1547–1620.* Praha: UK.

Seidel, R. (1994). *Späthumanismus in Schlesien. Caspar Dornau (1577–1631). Leben und Werk.* Tübingen: Niemeyer.
Sturm, H. (1964). *Die St. Joachimsthaler Lateinschulbibliothek aus dem 16. Jh. (mit Katalog).* Stuttgart: Kohlhammer.
Voit, P. (2008). *Encyklopedie knihy.* Praha: Libri.
Winter, Z. (1899). *O životě na vysokých školách pražských knihy dvoje. Kulturní obraz XV.-XVI. století.* Praha: Matice česká.
Winter, Z. (1901). *Život a učení na partikulárních školách v Čechách v XV. a XVI. století.* Praha: ČAVU.

www.knihopis.org (database of Czech old prints; Kabinett für die klassischen Studien des Philosophischen Instituts der Tschechischen Akademie der Wissenschaften: Verzeichnis aller bekannten, im zusammenhängenden tschechischen Sprachgebiet gedruckten Bücher von 1500 bis 1800, die in *Knihopis českých a slovenských tisku od doby nejstarší až do konce XVIII. století,* edd. Z. V. Tobolka a F. Horák, Praha 1925-1967, und dessen Anhängen verzeichnet wurden. Die Redaktion erweitert zugleich diese Datenbank um neue Titel, bzw. sie trägt verschiedene Korrekturen oder Ergänzugen zu bestehenden Daten ein.).

www.vd16.de (Verzeichnis der im deutschen Sprachbereich erschienenen Drucke des 16. Jahrhunderts).

www.vd17.de (Verzeichnis der im deutschen Sprachbereich erschienenen Drucke des 17. Jahrhunderts)

Schulbücher zwischen Vorschrift, Angebot und Gebrauch: das Beispiel des braunschweigischen Gelehrtenschulwesens im 17. Jahrhundert

Jean-Luc Le Cam

Zusammenfassung: Der Beitrag will die komplexen Verhältnisse zwischen Vorschrift, Angebot und Praxis der Schulbücher und Lektüren im 17. Jahrhundert am Beispiel des lateinischen Schulwesens im Herzogtum Braunschweig-Wolfenbüttel untersuchen. Dieses Territorium führte am Ende des Dreißigjährigen Krieg mithilfe der Universität Helmstedt eine Schulreform durch, die besonders gut dokumentiert ist. Sie zielte v. a. auf die Vereinheitlichung der Schulbücher und Lektüren im Kontext einer Restaurierung des humanistischen Curriculums. Die Generalschulinspektion, die für diesen Zweck und eine fortdauernde Kontrolle gegründet wurde, zeugt in ihren Berichten von den Schwierigkeiten und den Erfolgen dieser Politik. Die Untersuchung der Schulbuchproduktion in der Gegend zeigt die Wichtigkeit eines nahen und günstigen Angebots. Aus den Inspektionsberichten wird der tatsächliche Kanon der Schullektüren rekonstruiert, dessen Abstand zur Norm der Schulordnung dargestellt und in seinen Faktoren erklärt. Sie geben auch aufschlussreiche Einblicke in die pädagogische Praxis mit Büchern und erhellen den grundsätzlichen Stellenwert des Buchs im didaktischen Dreieck. Der Perspektive der Schüler kann man sich hingegen nur ausnahmsweise durch handschriftliche Spuren in ihren Büchern nähern.

Schlüsselwörter: Schulbuch · Lehrbuch · Lektüre · Schulinspektion · Lateinschule · Verlagswesen · Buchmarkt · Humanismus · Klassiker

Between prescription, offer and usage – The example of Brunswick Latin schools in the 17th Century

Abstract: Using the Latin schools of the duchy of Brunswick-Wolfenbüttel as a basis for our study, this paper contrasts the prescriptive rules with the actual offers and practices observed in seventeenth century textbooks and readings. Towards the end of the Thirty Years' War, this territory instigated, with the help of the University of Helmstedt, a school reform that is particularly well documented. The aim was primarily the standardization of textbooks and readings in the context of a restoration of the humanistic curriculum. The general school inspection, which was founded for this purpose and to serve as a continued control, provides in his reports an account of the difficulties and the successes of this policy. The study of the production of school textbooks in the area shows the importance of a regional

---

© Springer Fachmedien Wiesbaden 2012

Maître de Conférences Dr. J.-L. Le Cam (✉)
Université de Bretagne Occidentale (Brest),
35 rue Léo Lagrange, 29000 Quimper, Frankreich
E-Mail: Jean-Luc.LeCam@univ-brest.fr

and affordable offer for this standardization. The canon of school readings has been reconstructed on the basis of the inspection reports and the factors explaining the distance between the school ordinance and actual practice are evaluated. The reports also provide revealing insights into the way teachers used the books and their fundamental importance in the educational process. However, only occasional glimpses of the students' point of view can be gleaned from rare inscriptions in their books.

Keywords: Textbook · Manual · Reading · School inspection · Latin school · Publishing · Book market · Humanism · Classics

Abkürzungen
NSAW Niedersächsisches Staatsarchiv Wolfenbüttel
HAB Herzog August Bibliothek in Wolfenbüttel

1 Einleitung

Bei dem öffentlichen Examen, das der Generalsschulinspektor Christoph Schrader in der Schule von Wolfenbüttel am 5. Sept. 1654 durchführte, musste er feststellen, dass „der Fürstl. Ordtnung zuewieder in prima classe Viererley Lateinische, vndt Viererley Griechische Grammaticken, Sechserley Rhetoricken, Viererley Logicken gebreuchlich, welche Vnordtnung abzuschaffen, nicht allein die Praeceptores errinnert, sondern auch das furstl. Consistorium von [Ihm] ersuchet worden." (HQ: Bericht 1, Bl. 93r). Es entbehrt nicht einer gewissen Ironie, dass man diese Feststellung in der größten Schule des Herzogtums, ja in der fürstlichen Residenz Wolfenbüttel machte, die als Musterschule fungierte, eben in der Klasse des bestbezahlten Lehrers des Landes, nämlich des Rektors, dem es gesetzlich zustand, in einer Probelektion die Kandidaten für die wichtigsten Schulstellen des Fürstentums zu prüfen. Außerdem fand diese Schulinspektion auch „in gegnwart des Generalissimi Superintendentis [das heißt hier des Konsistoriumsdirektors] vndt anderer Geist=vndt Weldtlichen [fürstlichen] Räthe" (ebd.) statt, in geringer Entfernung von der Kanzlei und vom fürstlichem Schloss, wo man die obengenannte Schulordnung drei Jahre früher ausgefertigt und unterschrieben hatte. Diese Schulordnung hatte unter anderem das Hauptziel, den Unterricht in den verschiedenen lateinischen Schulen des Landes zu vereinheitlichen und die Vielfalt der Bücher und Methoden abzuschaffen. Dies zeigt zugleich, wie schwer es war, das Problem der Einheitlichkeit der Schulbücher zu lösen, aber auch, wie die Bildungsforschung irrt, wenn sie sich damit begnügt, die Unterrichtsinhalte und -methoden nur aus den Schulordnungen abzulesen.

Eine außerordentliche Quellenlage erlaubt es, die komplexen Verhältnisse zwischen Vorschrift, Angebot und Praxis der Schulbücher und Lektüren im Braunschweigischen des 17. Jahrhunderts zu erforschen. Zuerst ist die Vorbereitung der neuen Schulordnung vom Jahre 1651 besonders gut dokumentiert, nicht nur, weil verschiedene Konzepte davon aufbewahrt wurden (HQ: Konzepte), sondern auch, weil ich die beiden Teile des ausführlichen Gutachtens wieder entdeckt habe, das um 1637 vom Herzog an die Professoren der Universität Helmstedt bestellt wurde, und durch welches wir die verschiedenen Überlegungen der Gutachter erfahren, die zum Lehrprogramm und zur Bücher- und Methodenwahl der neuen Schulordnung geführt haben (HQ: Ordo. GQ: August 1651; Horneius 1657; Le Cam 1996, S. 318–350). Über die Lage der Schulbuchbuchproduktion in der Gegend sind wir dank der Schätze der Herzog August Bibliothek besonders gut informiert, aber auch durch zwei Bücherkataloge des Stern Verlags von Lüneburg (GQ: Catalogus 1650, 1677). Die heutigen digitalen Kataloge von Bibliotheken (nicht zuletzt der Gemeinsame Verbundkatalog), die einen leichten Zugriff zu allen großen Bibliotheken ermöglichen, haben uns erlaubt, dieses Panorama zu vervollständigen: in unseren ersten Forschungen war es uns nicht möglich, die Spur der verschiedenen Ausgaben unserer Bücher so weit zurückzuverfolgen. Schließlich bedeuten die Berichte des Generalschulinspektors Christoph Schrader noch einmal eine außerordentliche Fundgrube für dieses Thema, die meines Wissens ohnegleichen in Europa für diese Periode bleibt (HQ: Bericht 1–5; Briefe).

Zuerst möchte ich die Ursachen und Faktoren dieser entschiedenen Tendenz zur „Vermengung" und Mannigfaltigkeit der Schulbücher prüfen; dann will ich darstellen, wie in dieser Periode der Kampf gegen dieses Phänomen zu einer Obsession geworden ist und wie die Regierung in Wolfenbüttel es geschafft hat, ihn verhältnismäßig erfolgreich zu führen. Dabei wird gefragt, wer genau den Kanon der Schulbücher und Lektüren bestimmt hat, und nach welchen Prinzipien. Dann wird untersucht, wie die Schaffung dieses Lehrkanons materiell erreicht wurde und schließlich, wie dieser Wille zur Kohärenz und Einheitlichkeit der Schulbücher in Kontrollverfahren und -instanzen eingemündet ist. Aus dieser Kontrolle können wir ermessen, welche Lektüren und Schulbücher am häufigsten verwendet wurden, aber auch besser sehen, welche pädagogische Nutzung dieser Bücher es tatsächlich gab.

2 Ursachen und Faktoren der „Vermengung" der Schulbücher und Methoden

Die Ursachen dieser Probleme lassen sich aus zeitgenössischen Kommentaren und Kritiken der Schulverhältnisse ablesen, wie sie sich auch aus den Feststellungen der Kontrollbehörden (wie des Generalschulinspektors Schrader) folgern lassen. Diese geben zugleich aufschlussreiche Anweisungen zum Gebrauch der Schulbücher im Kontext. Man kann sie kurz nach drei Hauptpunkten sortieren: Lehrer, Schüler sowie Besitz und Angebot.

2.1 Die Schuld der Lehrer

Zuerst wird die Schuld an dieser verurteilten Vielfalt den Lehrern selbst aufgebürdet. Man wirft ihnen vor, aus eigenem Interesse oder aus Willkür Bücher zu verwenden, die mit der Schulordnung nicht konform sind. Konrad Horneius, Professor an der Universität Helmstedt, griff diesbezüglich in seinem um 1637 konzipierten, aber erst 1657 gedruckten *Reichlichen und hochvernünftigen Bedenken über das Schulwesen* (GQ: Horneius 1657) insbesondere die ramistischen Lehrer an, d. h. die Anhänger des französischen Rhetorikers Petrus Ramus, aber auch im allgemeinen alle diejenigen, die sich einbildeten, eine revolutionäre pädagogische Methode erfunden zu haben: „Und ob wol es nunmehr dahin kommen, das solche irrige institutio an den meisten Orten hinwiederumb abgeschaffet, so hat dieselbe jedoch annoch eine grosse und schädliche Unart hinterlassen, in deme auch die, welche in der Ramisterey nicht erzogen seyn, dennoch mit stetigen innoviren, grossen Einbildungen, und vergeblicher Künsteley die Jugend nicht minder verführen, als vorhin durch die Ramisten geschehen: benantlich da man, [...] an Stat alter bewehrter

Bücher ein jeglicher Schulmeister etwas newes und seinem Bedüncken nach, bessers oder compendiosius schmiedet; und sonderlich, das so viele derselben bey nahe seyn, einjeder sich doch eines besondern und vorhin unbekanten Methodi in kurtzer Zeit alles der Jugend einzutrichtern, rühmet, durch welche vanität alles ferner danider felt."(GQ: Horneius 1657, S. 31–32)

Eigentlich finden wir in unseren Quellen kein Beispiel von Lehrern mit solchen pädagogischen Ambitionen und solcher Kreativität. Vielmehr pflegen die meisten von ihnen diejenigen Schulbücher zu benutzen, die sie früher als Schüler oder als Lehrer an anderen Orten unter anderen Behörden verwenden mussten. Der neue Rektor von Schöppenstedt, Paul Riebold aus Nebra, in Thüringen „bürtig" und ehemaliger Student an der Universität Leipzig, brachte 1661 in seinem Gepäck die lateinische Grammatik von Schmidt mit, da doch diejenige von Vossius Pflicht war (vgl. HQ: Bericht 2, Bl. 5r).

Schrader weiß es wohl und versucht manchmal durch Kompromiss das Problem zu lösen: z. B. lässt er in Gandersheim 1661 den alten Rektor in der zweiten Klasse beim Donat, während der neue Konrektor die größeren Schüler in der Grammatik von Gerhard Vossius unterrichtet. Der alte Rektor, der schon seit 21 Jahren in dieser Schule angestellt war, hatte früher die Grammatik von Erasmus Schmidt benutzt und wollte oder konnte sich offensichtlich nicht mehr in die neu verordnete Grammatik von Vossius einarbeiten (vgl. HQ: Bericht 1, Bl. 261r).

Eine Vermengung der Schulbücher lässt sich deswegen am besten in den zersplitterten Gegenden Deutschlands beobachten, wo die Grenzen nicht weit voneinander entfernt sind und die Lehrer auf der Suche nach besseren Stellen ziemlich leicht von einem Territorium zum anderen wechseln können und bedingt durch diese Wechsel die Einführung neuer Schulbücher fordern. Dies war der Fall in den abgelegenen Dannenbergischen Ämtern an der Elbe. Sie bildeten für das Herzogtum Braunschweig Wolfenbüttel eine Exklave, die als ehemalige Apanage von Herzog August von 1635 bis zu einem Territorienaustausch 1671 nach der Wiedereroberung von der Stadt Braunschweig aus Wolfenbüttel regiert wurde. Die Bemerkungen über nichtkonforme Bücher in den Inspektionsberichten sind bezeichnenderweise häufiger für diese Gegend ($\approx 25\%$) als für das Zentrum des Herzogtums, wo sie nur bei 15% der Berichte liegen (Le Cam 1996, S. 626, 674).

2.2 Die Gewohnheiten und Bücherausstattung der Schüler

Dieses Problem betrifft natürlich auch die Schüler, wie es der Inspektor 1662 in Dannenberg rückblickend bezeugt: „Des Welleri unrichtige Griechische Grammatica, ist denen von anfang meiner inspection beschehenen erinnerungen zu wieder dennoch allhie behalten worden, weil in den benachbarten schulen zu Luneburg, Saltzwedel, Ültzen, etc. dieselbe gebrauchlich, und diese Dannenbergische[n] Schuler gemeiniglich von hier sich dahin begeben" (HQ: Bericht 1, Bl. 274v). Aber dies kann auch Schulen des Zentrums des Landes betreffen, sogar in der Hauptstadt, wie wir schon in der Einführung sahen. Noch im Jahre 1664, also 13 Jahre nach der Einführung der neuen Schulgesetzgebung, werden Rektor und Konrektor in Wolfenbüttel gebeten, „eine gewiße Grammaticam so wol Latinam als Graecam, undt zwar die ienigen, so in der Schulordnung verordnet, *so viel numer muglich*, undt die *aus den benachbahrten Schulen enstehende varietät* zu laßen wollen, in prima undt secunda zu gebrauchen" (ebd., Bl. 309v, Hervorhebung von mir).

Wie Schrader hier betont, sind es die aus verschiedenen kleineren Anstalten in Sekunda und Prima kommenden großen Schüler, die diese Vielfalt von Methoden mitbringen. So erklärt sich das in der Einführung hervorgehobene Paradox, dass in den größten und berühmtesten Schulen die Lage diesbezüglich die schlimmste war, denn nur in solchen Schulen kamen ziemlich viele Schüler von weitem, um ihre Studien vor der Universität zu vollenden. Wenn sie schon eine Methode oder ein Kompendium besitzen, wollen die Schüler natürlich nicht wiederum ein neues Buch kaufen. Der Corrector von Schöningen schlägt also diesen Kompromiss vor, „daß die Obern [Schüler] bey ihrer gewohnlichen Latina Grammatica gelassen [von Schmidt], die Vossiana aber bey den Secundanis angefangen werden möge" (ebd., Bl. 46v).

Es existiert kein System, das dieser Tendenz vorbeugen könnte: keine Genossenschaft, keine Leihbibliothek für Schüler. Die erste Schulbibliothek erscheint im 18. Jahrhundert in Schöningen und hat ohnehin nicht diese Funktion. Das Schulbuch bleibt Privateigentum, Privatbesitz der Schüler und ihrer Familie. In Gandersheim, wo es 1650 an Schulbänken mangelt, müssen die Schüler auf ihren Büchern sitzen, was schon von ihrer Zahl zeugt (vgl. HQ: Bericht 1, Bl. 9–10). Nach der Feuersbrunst der Stadt Seesen 1664, in der „den Kindern alle ihre schulbucher verbrant", müssen „ihrer etliche mit einem geliehenem buche sich behelffen." (ebd., Bl. 311r). Wo die Eltern ihren Kindern nicht die notwendigen Bücher kaufen, werden sie deswegen vom Schulinspektor ermahnt, wie z.B. in Hitzacker im Dannenbergischen oder im armen Stadtoldendorf an der Weser (ebd. Bl. 63r, 113v, 262r). In Hitzacker wird der Rektor 1653 gebeten, „die Eltern zu ersuchen und mit zuziehung der Prediger und der Obrigkeit dahin anzuhalten, daß Sie die unentbehrliche Bücher den Kindern kauffen" (ebd., Bl. 63r). 1655 greift der Inspektor erneut ein, aber jetzt persönlich mit einer Vorladung der Eltern: „Weil befunden, daß der Fürstl. Ordnung zuewieder etzliche Leute Ihre Kinder gar nicht in die Schule senden, etzliche Sie zwar hinein senden, dennoch mit ohnentbehrlichen büchern dieselbe nicht versehen wollen, alß sein sothaner Knaben Eltern citiret, und denselben die Fürstl. zu Ihrem und der Ihrigen eigenen wolfahrt gemeinete verordnung zu gemüthe geführet" (ebd., Bl. 113v). Hier und da finden wir zwar einige fromme Stiftungen, die dazu beitragen sollen, Bücher oder auch manchmal Papier für die armen Schüler zu besorgen, aber das betrifft normalerweise nur oder überwiegend die religiösen Fächer der Pflichtschule, wie z.B. in Wolfsburg und Vorsfelde, wo die von Bartensleben 45 thlr pro Jahr für solche Zwecke in Braunschweig aus Testamentgeldern ausgeben (HQ: Bericht 1, 1651, Bl. 59v). Die Schüler der lateinischen Stadtschulen aber können die Gelder, die sie als Chorschüler und Musiker in der Kirche bekommen, dafür benutzen, ja sie sollten es vorrangig machen. In Wolfenbüttel werden 1662 Primaner deswegen gerügt, weil sie „die nötigen auctores, als sonderlich Horatium und Theognidem nicht hatten, da dann denselbigen gebuhrlich und daß sonderlich die jenige, so des chori Symphoniaci sich gebrauchten, von dem in der stadt gesamelten gelde, die nothwendigen bucher sich schaffen musten, zugeredet." (ebd., Bl. 281r)

2.3 Preis, Besitz, und Angebot

Zuallererst wird also die Schulbuch-Situation durch die wirtschaftliche und soziale Problematik bestimmt. Die Frage der Produktion behalten wir für einen weiteren Teil vor.

Hier wollen wir noch einige Bemerkungen zur Frage der Preise, des Besitzes und des Marktes und Angebots machen.

Leider haben wir keine zusammenhängenden Dokumente über die Preise der Schulbücher gefunden, sondern nur fragmentarische Auskünfte, die von den Besitzern selbst stammen: Eine 1662 in Hildesheim gedruckte griechische Grammatik von Jakob Weller (GQ: 1662) wurde von Augustus Christian von Bergfeld am 5. Juni 1664 für 8 Gute Groschen gekauft; denselben Preis kostete laut dieses Eintrags die griechisch-lateinische Ausgabe der Evangelien von Johann Posselius (GQ: 1606): „Johannes Kriegius Haldenschle[bensis] Saxo est legitimus possessor huius libri. emi in patria 8gg". Acht Groschen bedeuten den Drittel eines Thalers oder 96 Pfennig. Als Vergleichspunkt können wir die Lehrergehälter im Herzogtum Braunschweig nehmen: von 32 Stellen bleiben 14 unter 40 thlr, neun darüber, aber unter 70 thlr, fünf unter 110 thlr; nur die Rektoren und Konrektoren von Wolfenbüttel und Schöningen verdienen mit 200 und 160 thlr erheblich mehr (Le Cam 1996, S. 866–869). Noch aufschlussreicher ist wohl der Vergleich mit dem Schulgeld, das jedoch nach Schulen und Klassen sehr schwankend ist, von 24 bis 96 Pfennige für ein Quartal (ebd. S. 845–847). Sagen wir, dass Bücher dieses Niveaus zwischen einem bis zu drei Quartal Schulgeld für die entsprechenden Klassen kosten, was natürlich bedeutend ist.

In der Herzog August Bibliothek befinden sich noch Exemplare von Schulbüchern mit Besitzvermerken und handschriftlichen Eintragungen, die von der Wichtigkeit des Besitzes und von dem Wert des Buchs zeugen. Derselbe Johann Kriegius stellt sich nicht nur als legitimer Besitzer sondern auch als Verteidiger (defensor) dieses Buches vor (GQ: Posselius 1606). Hans Bulle schreibt lang und breit seine Identität in den Einband ein: „Hans Bulle bin ich genandt[.] Vorsfelde ist meines [!] Vaterland. Zu Vorsfelde bin ich geboren[.] Wer dis buch findet [,] der thues ihm wieder. Ichs habes verloren." Weiter warnt er: „Wer diß buch findet der thus ihm wieder oder der teuffel reißt ihm das [!] leib" (GQ: Golius 1613, Inschrift von 1631). Ein anderer, etwas freundlicher, verspricht ein Trinkgeld dafür. (GQ: Melanchthon 1616, die Inschrift von 1678).

Dieses kostbare Schulbuch wird so lang wie möglich in derselben Familie benutzt und wohl wieder verkauft, wenn es nicht mehr unentbehrlich ist oder wenn man das Geld für andere Bücher braucht. Der Gebrauchtwarenmarkt war wahrscheinlich für solche Produkte sehr entwickelt, wohl grösser als der Markt neuproduzierter Bücher, etwa wie der Automarkt in Entwicklungsländern heutzutage. Leider haben wir keine Beweise dafür und müssen uns mit logischen Schlussfolgerungen und einigen Besitzvermerken begnügen. Als Beispiel können wir die lange Karriere der *Einführung zur griechischen Sprache* von Theophil Golius (GQ: 1613) zitieren: 1613 in Leipzig herausgegeben, gehörte sie zuerst Kaspar Levin Wiedemann, dann Hans Bulle aus Vorsfelde 1631, dann Jakob Bulle, wahrscheinlich einem jüngeren Bruder des ersten, dessen Vorname er nur streicht, dann Hans Rosse und schließlich Matthias Henning im Jahre 1674. Das obenerwähnte Trinkgeld wurde 1678 vom vierten eingeschriebenen Besitzer für eine 1616 herausgegebene Edition der Sprichwörter von Salomo versprochen. Also hatten diese Bücher mehr als 60 Jahre gedient! Höchstwahrscheinlich nicht immer in einem Kontext, wenigstens was die Grammatik betrifft, wo sie eben von der örtlichen Schulordnung vorgeschrieben waren.

Aber wenn wir vom Büchermarkt sprechen, müssen wir auch die Vielfalt und die Fülle des Angebots kurz erwähnen. Die in der Einführung zitierten Feststellungen des Inspektors in Wolfenbüttel beleuchten auch ein typisches Phänomen der frühen Neuzeit, und zwar den vom Humanismus, dann von der Reformation und Gegenreformation gern getriebenen Sport des Verfassens von Lehr- und Schulbüchern. Antony Grafton hat in der Einführung zu einer Zürcher Tagung über *Textbooks in early modern Europe* (Campi et al. 2008; Grafton 2008, S. 11–30) von diesem Eifer mit eindrücklichen Beispielen gesprochen. Auf seine Art sagte dies auch Konrad Horneius, nämlich in der schon zitierten Verurteilung übertriebener pädagogischer Kreativität: Schulbücher und Methoden gab es schon eine Menge, es galt jetzt, die besten auszusuchen und anzuwenden. Natürlich wurden nicht alle diese Versuche zum Bestseller, aber die deutsche territoriale Zersplitterung trug dazu bei, mehreren Autoren die Chance einer staatlichen und kirchlichen Weihe und Bestätigung zu verleihen. Die Erwähnung einer verordneten Anwendung in diesem oder jenem Territorium auf dem Titelblatt war natürlich für einen Lehrbuchautor sehr förderlich und begünstigend, auch außerhalb dieses Territoriums, wie etwa heutzutage ein Literaturpreis oder der Stempel „Spiegel-Bestseller". Das hieß damals: „Iussu Serenissimi Saxoniae Electoris" oder „Ad usum scholarum ducatus..." und konnte auch schon für eine breitere Anwendung werben wie z.B.: „In usum scholæ primum Luneburgensium, nunc aliarum etiam scholarum, literariæque adeo juventutis communem edita" (GQ: Blech 1673. Vgl. auch Golius, 1619). So dass am Ende des dreißigjährigen Kriegs für jedes Fach in einem Gebiet wie Norddeutschland ein Minimum von vier bis sechs solcher von verschiedenen Behörden empfohlener Lehrbücher vorhanden war. Im Herzogtum Braunschweig werden z.B. 1638 vier lateinische und zwölf griechische Grammatiken im *Ordo scolasticus* (HQ) benannt (Tab. 1), die indes nicht alle in der Gegend zugänglich waren: diese Liste ist nämlich zugleich ein historischer Rück- und Überblick. Aber die Inspektionsberichte erwähnen ohnehin das Vorkommen von fünf verschiedenen lateinischen Grammatiken in den visitierten Schulen, und zwar die von Nathan Chytraeus, Johann Rhenius, Erasmus Schmidt, Gerard J. Vossius und Valentin Weinrichius. Für Griechisch werden ebenfalls fünf Grammatiker bezeugt, nämlich Theophil Golius, Johann Rhenius, Otto Gualtper, Jacob Weller und Gerhard Vossius (vgl. GQ und Le Cam 1996, S. 680–683).

3 Die Norm zwischen Beratung, Vorschrift und praktischer Anwendung

3.1 Vom einsamen Theologen…

Es versteht sich also von selbst, dass es den Behörden, nachdem sie dieses Durcheinander, das am Ende der Kriegsjahre noch schlimmer war, erkannt hatten, ein besonderes Anliegen war, die Einheitlichkeit der Programme, Unterrichtsmethoden und Bücher in allen Schulen des Landes (wieder?) zu erreichen. Auf welcher Basis aber sollte dieses einheitliche Programm zu Stande kommen? Wer hatte die Befugnis zur Vorschrift und Kontrolle des Schulbücherkanons? Wie und auf welchen Wegen hat sich dieser Wille durchgesetzt?

Das erste Muster eines für ein ganzes Territorium einheitlichen Unterrichtsprogramms war von der Reformation gegeben worden. Dieses Ideal der Einheitlichkeit entsprach gewiss einer Sorge um die pädagogische Effizienz, aber zuerst auch der Furcht, dass falsche Lehren sich einschleichen mögen. Deswegen hatte man bei der Einführung der

Tab. 1: Übersicht über die von verschiedenen braunschweigischen Instanzen empfohlenen, verordneten, festgestellten und herausgegebenen Lehrbücher und Autoren

Gattung	Ordo scholasticus (1638)	Schulordnung (1651)	Schraders Berichte	In der Gegend herausgegeben
Lateinische Grammatik für Anfänger	(Donatus) Verschiedene Versionen, *J. Rhenius*	Donatus	Donatus wohl in der Fassung v. Rhenius	Keine Spur, vielleicht verloren
Lateinische Grammatik für Fortgeschrittene	(Ph. Melanchthon) idem, *Gerhard J. Vossius*, E. Schmidt, J. Rhenius	Gerhard J. Vossius	*Vossius*, Rhenius, Schmidt, Chytraeus, Weinrichius	Vossius (WF: Stern)
Wortschatz	Nicodemus Frischlinus Adrianus Junius *Nicht:* Comenius	Radices Chr. Heidmann, Adrianus Junius	J. Sturm, *Heidmann*	Heidmann: Radices (WF: Stern)
Lateinische Autoren	Terenz, Cicero, Caesar, Vergil, Horaz, Ovid	Cicero, Caesar, C. Nepos, V. Paterculus, Terenz, Vergil, Horaz, Ovid	Vgl. Tafel 3	Fabulae Phaedri (WF: Stern), Cicero: Epistolae (LU: Stern)
Griechische Grammatik	Nicolaus Clenardus, Petrus Antesynanus, Fridericus Sylburgius, Martin Crusius, Theophil Golius, Jacob Mezeler, Antonius Niger, Otto Gualperius, J. Rhenius, Angelus Caninius, Henri Etienne, Alexander Scotius, *Gerhard J. Vossius*	Gerhard J. Vossius	*Vossius*, Gualtperius, Weller, Golius	Vossius (LU: Stern), Gualtperius (BS: Zilliger), Elementar (LU: Stern)
Griechische Syntax	*J. Varennius*, M. Crusius, J. Posselius	J. Nendorf	Nendorf	Nendorf (Goslar: Duncker)
Griechische Autoren	Aesop Fabeln, Siracides, Evangelien, Demosthenes, Theognis, Hesiod, Homer, Kallimachos, Theokritos, Gregor v. Nasianz *Nicht:* Lukian, Nonos v. Panopolis	Aesop, Camerarius (Anthologia gnomica), Isokrates (Ad Demonicum, Ad Nicoclem, Nicocles), Theognis (Sententiae), Hesiod (Opera et dies), Homer (Auszüge), Lukian (ausgewählt), Kebès, Gregor v. Nasianz, Pythagoras, Phokylides	Vgl.Tafel 4	Isokrates (HI: Störtz), Homer (HI: Hagemann)

Tab. 1: (Fortsetzung)

Gattung	Ordo scholasticus (1638)	Schulordnung (1651)	Schraders Berichte	In der Gegend herausgegeben
Rhetorik	J. Kirchmann	Vossius	*Vossius*, Kirchmann (vor 1651), J. Rhenius (id.)	Vossius (WF: Stern)
Logik, Dialektik	Konrad Horneius	Konrad Horneius	Horneius	Horneius (HE: Lucius, Müller)
Religion, Censura morum	Katechismus (deutsch, lateinisch, griechisch) Proverbia Salomonis Siracides David Chytrae, Catechesis Leonhard Hutter, Compendium	Luther Deutscher Katechismus mit Auslegung Proverbia Salomonis Siracides Erasmus, Civitas (Perbrevis aliqua epitome Theologiae)	Katechismus Proverbia Erasmus, Civilitas (Dannenberg), *Hutter*, Dieterich, Henichen (ab 1666)	Erasmus: Civilitas (WF: Stern) Hutter (BS/HI: Duncker/Carstens) Henichen (Hannover)
Mathematik	Gemma Frisius	Gemma Frisius	Keine genannt	Jordanus (LU: Stern)
Geschichte	J. Cario	Sleidan, Sulpitius Severus, Justinus, C. Nepos, Paterculus, Eutropius, Aurelius Victor	Eutropius C. Nepos	Eutropius (WF: Stern, HE: Müller) Sulpitius Severus: Historia Sacra (WF: Stern) Buno: Schrader: Tabulae chronologicae (HE: Müller)
Geographie		Klüver: Introductio Geographia Universalis Brief: Parallela geographiae veteris et novae	Strube: Tabulae geographicae	Klüver: Introductio Geographia Universalis; Germania antiqua, Italia antiqua (WF: Stern, Buno) Heidmann: Europa; Palestina (WF: Bismarck, Buno) Strube: Tabulae geographicae (WF: Stern/Buno)

BS Braunschweig, *HE* Helmstedt, *HI* Hildesheim, *LU* Lüneburg, *WF* Wolfenbüttel

In kursiv: Ordo scoalasticus = empfohlene Lehrbücher, Schraders Berichte = meist festgestellte Lehrbücher

Mehrere Exemplare dieser Schulbücher befinden sich noch in der Herzog August Bibliothek in Wolfenbüttel, vgl. *Gedruckte Quellen* im Literaturverzeichnis

Reformation Kirchenordnungen erlassen, in denen ein spezielles Kapitel der Organisation der Schulen und des Unterrichts gewidmet war, mit sehr präzisen Angaben über die Methoden und die Lehrbücher und Lektüren, die für jede Klasse angewandt werden sollten. Solche Schulordnungen in Kirchenordnungen waren von dieser ersten Generation studierter und gelehrter Theologen konzipiert worden, die als erste Verantwortung in den neuen protestantischen Landeskirchen übernahmen, aber die sich auch bei ihren Studien und lehrenden Tätigkeiten die Blüte des Humanismus hatten zu Nutze machen können: solche Leute wie Philipp Melanchthon oder Johann Bugenhagen, auch Schulrektoren wie Johann Sturm. Die Stadt Braunschweig bekam ihre Kirchen- und Schulordnung schon 1528 von Bugenhagen (vgl. Koldewey 1886), aber das gesamte Herzogtum Braunschweig-Wolfenbüttel wurde erst 1569 vom Herzog Julius definitiv reformiert (vgl. Koldewey 1890). Die Kirchenordnung wurde von zwei Reformatoren der zweiten Generation verfasst, nämlich von dem Braunschweiger Superintendenten Martin Chemnitz (1522–1586) und dem Tübinger Theologen und Universitätsrektor Jakob Andreae (1528–1590), eben mit starker Anlehnung an die württembergische Kirchenordnung. Was den Lutherischen Schulprogrammen trotz der landeskirchlichen Zersplitterung eine gewisse Einheitlichkeit verlieh, war nämlich die Tatsache, dass diese Kirchen- und Schulordnungen in ihren Verfügungen und Inhalten voneinander abschrieben und sich typische Muster herausbildeten, so ein sächsisches und ein württembergisches Muster (vgl. Hettwer 1965). Die Verfassung, die Philipp Melanchthon den sächsischen Schulen 1528 gegeben hatte, diente als Muster für die meisten Territorien. So waren seine Lehrbücher noch in dieser verhältnismäßig späten Braunschweigischen Schulordnung für lateinische und griechische Grammatik, Rhetorik und Dialektik maßgebend. Die Schulprogramme des ausgehenden 16. Jahrhunderts weisen aber auch schon die Tendenz zur Diversifikation der benutzten Schulbücher auf (Le Cam 1996, S. 288–296).

3.2 …zum akademischen Kollektiv

Mit dem Anfang des neuen Hauses von Braunschweig und der Regierung des Herzogs August des Jüngeren 1635 (vgl. über ihn, August 1979) scheint sich eine wesentliche Änderung des Vorschriftparadigmas zu vollziehen. Zwar bleibt immer, als *summus episcopus*, der Fürst die oberste Behörde, die dazu befugt ist, die Schulprogramme und die darin zu benutzenden Lehrbücher und Lektüren zu bestimmen, aber die beratende Autorität (*auctoritas*) ist nicht mehr der einsame Theologe, der auch Hofprediger, Kirchenrat, ja manchmal Kirchenoberhaupt sein kann, sondern eine kollektive Instanz, und zwar die Universität. Die braunschweigische Territorialuniversität wurde in Helmstedt als Folge der Reformation erst 1576 gegründet. Sie hatte deswegen natürlich keine Rolle in der ersten lutherischen Schulreform spielen können. Jetzt war es aber anders: Es lag im Interesse der akademischen Studien selbst, dass die Schüler in den lateinischen Schulen bestmöglichst ausgebildet wurden, bevor sie ihre Studien mit Gewinn voranbringen konnten (Le Cam 1996, S. 316–324, 328).

Die Universität war nicht nur fachlich die beste Instanz, um die Regierung zu diesem Thema zu beraten, sondern sie war auch an sich eine kleine Macht im Land geworden, die ihre humanistische Gesinnung bewahren und verteidigen wollte, auch gegen die Kirche ihre Autonomie beanspruchte und z.T. erlangt hatte, z.B. mit der Aufhebung der Zensur ihrer Arbeiten durch das Konsistorium. Wie diese späthumanistische Schule unter der Führung von Caselius und seiner Schüler Calixt und Horneius gegen die lutherisch Orthodoxen und die mit ihnen verbündeten Ramisten die Oberhand errungen hatte, wurde schon erzählt (vgl. Le Cam 1996, S. 112–123, 139, 2008, S. 86–94.). Diese späthumanistische Partei hatte auch ein genuines Interesse am lateinischen Schulwesen. Wie Konrad Horneius es in seinen *Bedenken* ausgedrückt hatte, wollten sie nicht mehr wie früher die Bestimmung der Schulprogramme und die Kontrolle der städtischen Schulen den Superintendenten überlassen, weil sie oft „kaum eine mediocrem cognitionem Theologiae [hatten], der linguarum aber Latinae et Graecae, wie auch Bonarum Artium wenig erfahren" waren (GQ: Horneius 1657, S. 20–21). Man sollte vielmehr diese Inspektion solchen Sachverständigen anvertrauen, die die Erfahrung dieses Unterrichts haben, also Professoren der philosophischen Fakultät.

Entscheidend für das Gelingen dieser Ansprüche der Universität Helmstedt, in der Schulpolitik mitzusprechen, war die Bereitschaft des hochkultivierten Herzogs, die Universität diese Rolle spielen zu lassen, ihre Ratschläge anzuhören und in der Wirklichkeit durchzusetzen. Aber auch die Stände und Eliten des Landes erwarteten, dass die Universität eine solche Rolle von nun an spielen könne. Das sagten die im September 1636 versammelten Landstände dem neuen Herzog in ihren *Gravaminis*, mit speziellem Bezug auf die Frage der Schulbücher und Methoden (HQ: Landstände). Nachdem sie das Thema der materiellen Bedingungen der Schullehrer und die damit verbundene Schwierigkeit, „tüchtige qualificirte praeceptores" anzuziehen, erörtert hatten, pointierten sie diese andere Ursache des Niedergangs der Schulen: „Das andere aber [komme] daher, das die Jugendt durch die Vielfältige modos et praecepta instituendi; deren fast so viel alß schulen im Lande, irre gemacht vnd auffgehalten, vnd insonderheit wann sie auff Universiteten kompt was sie zuvor mit vergeblicher verspildung von Zeit vnd vnkosten gelernet, wieder mit großer Vngelegenheit dediscieren [ablernen] vnd vergeßen, vnd auff andere Newe Fundamenta geführet werden muß." So rieten sie als Schluss, „eine wolfundirte Ordnung mit gutachten vnd Zuziehung der Julius Vniversitet zu Helmstedt aufzusetzen, wie im gantzen Lande die Schulen vnd die Institutio bey der Jugend also anzustellen, damit die sich mit gedachter Universitet in principiis fundamentis et methodo confirmiren. Auch Jerlich zum weinigsten einmahl solcher Ordnung observantz halber, durch sonderbahre vom Frl. Consistorio dazu verordnete personen dazu etzliche von der Frl. Vniversitet zu gleich mit deputirt werden können, zu visitiren." (ebd, Bl. 8v-9r)

Alle diese Vorschläge wurden befolgt, abgesehen davon, dass nicht Abgeordneten des Konsistoriums, sondern einem Generalschulinspektor aus der Universität die Kontrolle über die Schulen des Landes anvertraut wurde. Die Begutachtung der Universität als Vorbereitung der neuen Schulordnung fand im November 1638 statt. Das Original war schon im 19. Jahrhundert verschwunden, aber ich habe glücklicherweise 1984 eine Abschrift dieses Dokuments hinter einem Exemplar der Schulordnung wiedergefunden. Sie trägt die Überschrift *Ordo scholasticus* 1638 (vgl. HQ). Darin wird die allgemeine Gliederung des Unterrichtsprogramms der lateinischen Schulen erörtert und die Wahl zwischen verschiedenen Lehrbüchern und Lektüren sehr sorgfältig abgewogen. Es ist selten, dass man die Motive solcher Wahlen so gut und detailliert nachvollziehen kann. Dabei wird die humanistische Pädagogik als ein zu restaurierendes Ideal vorgestellt und von der neuen Reformpädagogik abgeraten. Insbesondere wird die *Janua linguarum* von Comenius mit strengen Worten verurteilt. Demgegenüber werden die Lehrbücher des Leidener Professors Gerhard Johannes Vossius hoch gepriesen, mit dem Bedauern, dass sie in der Gegend nicht leicht zugänglich sind, so dass die Professoren den Wunsch ausdrücken, diese Bücher im Lande drucken zu lassen (Le Cam 1996, S. 336–350).

Diese Anlehnung an die holländische Gelehrtenrepublik kommt nicht von ungefähr. Die Universität Leiden war zu dieser Zeit auf dem Höhepunkt ihrer Blüte und lockte, nicht zuletzt wegen des Rufs ihrer sehr berühmten Professoren (Lipsius, Scaliger, Heinsius, Grotius) Studenten aus ganz Europa an, besonders aus dem vom Krieg verwüsteten Deutschland. Aber es gab noch dazu persönliche Beziehungen, die einen speziellen Einfluss dieser leitenden Universität auf die Academia Julia und auf ihre Schulreform erklären. Ein wohlhabender niederländischer Kaufmannsohn aus Leiden, Matthias van Overbecke, hatte in Helmstedt als fortgeschrittener Student eine kleine humanistische Sodalität mit anderen Akademikern niederländischer Abstammung wie Johannes Caselius und Cornelius Martini gebildet, auch mit dem künftigen leitenden Theologen von Helmstedt Georg Calixt, der sein Freund und Begleiter auf Studienreisen wurde (Mager 2011). Auf Anraten von Caselius hatte van Overbeke Stipendien für begabte Helmstedter Studenten gestiftet. Als der Lehrbetrieb wegen des Kriegs und der Pest 1625 stockte, wurden diese Stipendiaten vom niederländischen Mäzen in Leiden zum Weiterstudium eingeladen. Unter ihnen waren zwei Schüler von Calixt, die später zum Ruf der Academia Julia hochgradig beigetragen haben: der berühmte Mediziner, Jurist und Politologe Hermann Conring, aber auch der Rhetoriker und künftige Generalschulinspektor Christoph Schrader. Schrader lebte also von 1625 bis 1631 in Leiden als Student, wo er von den damaligen Sternen der philosophischen Fakultät Daniel Heinsius und Gerhard Vossius besonders angezogen wurde (Le Cam 1996, S. 134–136). Er wurde persönlich von Vossius empfangen, der ihm sogar zwei Viertelstunden gönnte, denn dieser maß normalerweise mit einer Sanduhr von einer Viertelstunde die Zeit, die er mit jedem seiner zu vielen Besucher verbrachte (GQ: Nicéron 1728, Bd. 13, S. 102). Diesen nannte er später in seiner Korrespondenz an Herzog August „den Varro unseres Jahrhunderts" (HQ: Briefe, 29.12.1661, Bl. 278v). Eben zu dieser Zeit war Vossius mit einigen Kollegen von den holländischen Ständen gebeten worden, eine Vereinheitlichung des Unterrichts an den Stadtschulen durch die Verfassung einer neuen gemeinsamen Schulordnung zu erlangen, und dafür die notwendigen Lehrbücher selbst zu verfassen (Kuiper 1958; Radeker 1981, S. 188–206). In diesem Kontext sind die zwei Grammatiken für Latein und Griechisch und die *Elementa Rhetoricae* entstanden, die nachher im Herzogtum Braunschweig zur Pflicht geworden sind (GQ: Vossius 1649, 1651). Auffallend ist, wie die Hauptziele der Reform, d. h. die Vereinheitlichung der Schulprogramme im Land und ihre Bindung an den Späthumanismus, aber auch ihre Mittel, und zwar die Einbeziehung der Universität in dieses Werk und die Einführung der Lehrbücher von Vossius, schon in Leiden dieselben gewesen sind, wie sie es später in Helmstedt waren. Auf diese Genealogie der Braunschweigischen Schulreform hatte man (ich selbst auch nicht!), bisher nicht genug geachtet. Meine letzten Forschungen über Vossius haben mich entdecken lassen, wie viel Schrader mit ihm nicht nur in Beruf und Tätigkeit sowie in humanistischer Gesinnung, sondern auch in einer gemäßigten religiösen Auffassung und dem sanftmütigen Charakter gemeinsam hatte und dass der für Deutschland ziemlich einzigartige Typ der Helmstedter späthumanistischen Schulreform eigentlich die Anpassung an ein Leidener oder holländisches Muster war.

Nach einer Verspätung von einem Jahrzehnt (wegen der noch währenden Besatzung des Landes) wurde der Professor der Rhetorik Christoph Schrader verantwortlich für das gesamte Unternehmen. 1648 offiziell zum General-Schulinspektor aller Schulen des Landes ernannt, hatte er schon seit 1646 an der Verfassung der neuen Schulordnung gearbeitet. Ein Konzept vom Jahre 1648 beweist, dass dieser Text schon damals in seinem definitiven Zustand war (HQ: *Konzepte*). Dass er erst 1651 erlassen wurde, hängt wohl daran, dass man zuerst noch das Ergebnis der ersten Schulinspektionen abwartete, die im August 1649 anfingen, um der neuen Schulordnung den letzten Schliff zu geben. Diese Konzepte und seine Korrespondenz zeigen ganz deutlich, dass es Schrader war, der den lateinischen Teil der Schulordnung verfasst hatte, in dem der Unterricht und die Schulbücher in allen Einzelheiten beschrieben waren. Darin hatte er den Lehrern auch methodische Ratschläge gegeben und Angaben zu Kommentaren zu literarischen Werken gemacht, damit sie ihre Lektionen besser vorbereiten konnten.

Hier wollen wir nicht diese schon gut bekannte Schulordnung und die darin verordneten Bücher und Lektüren beschreiben (vgl. Le Cam 1996, S. 384–398 und Zusammenfassung in der Tab. 1, Spalte 2), sondern uns vielmehr auf die Inspektionspraxis in Bezug auf die Konformität und pädagogische Benutzung der Bücher konzentrieren. Aber vorher sollten wir die Art und Weise, wie die Buchdruckerei in der Gegend sich diesen neuen Anforderungen angepasst hat, näher ins Auge fassen.

3.3 Die Schulbuchproduktionslandschaft und ihre Anpassung an die Schulordnung

Eine solche Gesetzgebung konnte nämlich nur befolgt werden, wenn die verordneten Bücher leicht und relativ günstig zu besorgen waren. Deshalb habe ich mich für die Schulbuchproduktionslandschaft interessiert. Wie sah sie in der Gegend aus?

Braunschweig als echtes wirtschaftliches Zentrum der Gegend ist der älteste Druckort des Herzogtums mit großer Ausbreitung. Aber die Stadt ist bis zu ihrer Wiedereroberung durch die Herzöge 1671 unabhängig von der Regierung in Wolfenbüttel, was zur Folge hatte, dass die kirchliche und schulische Gesetzgebung und die theologische Orientierung von denjenigen des Herzogtums verschieden waren. Sie neigte zur lutherischen Orthodoxie, während das Herzogtum sich zu einer Calixtinischen Hochburg unter dem Einfluss der Universität Helmstedt entwickelt hatte (Le Cam 2013). Deswegen entsprechen die in Braunschweig herausgegebenen Schulbücher, namentlich in den Verlagen Duncker (Andreas, dann in der zweiten Hälfte des 17. Jahrhunderts Johann Friedrich) und Christoph Friedrich Zilliger, im allgemeinen nicht dem Kanon der herzoglichen Schulgesetzgebung (zu diesen Verlagen vgl. Grotefend 1840, Bl. h5v-i1r; Schmidt 1908, S. 934-935). Die einzige Ausnahme ist das theologische Kompendium von Leonhard Hutter (GQ: 1656, 1661), aber die Benutzung dieses orthodoxen Lehrbuchs im Herzogtum bis zum Tode Augusts des Jüngeren hat ganz besondere, persönliche Gründe dieses Herzogs, die hier nicht erörtert werden können.[1] Ansonsten hat Herzog August als leidenschaftlicher Bücherliebhaber und eigenmächtiger Landesherr alles gemacht, um nicht von fremden Verlegern abzuhängen. Es waren ja Buchdrucker in Helmstedt, aber sie arbeiteten für die Universität und ihre Angehörigen (Etzold 2010; Eule 1921). Nur die *Logik* von Konrad Horneius, eben weil er ein Mitglied der Academia Julia war, und die *Kolloquien* von Mathurin Cordier werden in Helmstedt gedruckt (GQ: Horneius

1623 etc., 1636; Cordier 1592); auch einige Geschichtsbücher, die aber nicht speziell für Schüler bestimmt sind (z. B. GQ: Heidmann 1623, 1660). Die große Änderung in dieser Landschaft brachte auf Herzog Augusts inständiges Bitten hin die Niederlassung einer Filiale des Stern Verlags aus Lüneburg in Wolfenbüttel mit sich. Kaum war das Schloss von der Besatzung der kaiserlichen Truppen befreit, richteten die Gebrüder Stern 1645 darin eine Hofdruckerei ein (Dumrese 1956; August 1979, S. 157–161). Ab 1648 fingen sie auf Befehl des Herzogs an, diejenigen Schulbücher zu drucken, die bald von der neuen Schulordnung verordnet werden sollten, namentlich die Bücher von Vossius, die sonst nur aus Holland zu bekommen waren (GQ oder Tabelle). Man erinnert sich daran, dass die Professoren von Helmstedt etwas ganz Ähnliches im *Ordo scholasticus* geraten hatten. Diese Filiale importierte auch Schulbücher, die in der Werkstatt von Lüneburg gedruckt wurden. Schon 1650 gaben die Gebrüder Stern einen *Catalogus derer Bücher, so in Lüneburg und Wolffenbüttel [...], zu bekommen* heraus (GQ: Catalogus 1650, 1677). 1677 gaben ihre Erben einen sehr ähnlichen Katalog heraus, mit nur 35 weiteren neuen Titeln, was annehmen lässt, dass die Drucker und Verleger zwar neue Auflagen von Bestsellern herausgaben, aber auch genug Vorräte von weniger verkauften Werken hatten, um denselben Katalog ein Vierteljahrhundert später noch anzubieten.

Aus diesen zwei Katalogen habe ich 23 Titel von Büchern herausgefunden, die eindeutig auf einen Gebrauch im Rahmen der Schule oder des Unterrichts hinweisen. In der vierten Spalte der Tab. 1 kann man ersehen, welche dem Programm der Schulordnung entsprechenden Bücher von den Stern gedruckt wurden. Es ist unbestreitbar, dass die Niederlassung und Mitwirkung der Stern in Wolfenbüttel ein wesentliches Element für den Erfolg dieser Politik der Vereinheitlichung von Schulbüchern wurde. Aber dieser wichtige Beitrag zur Schulpolitik soll auch wieder in den allgemeinen Kontext der Buchproduktion dieser Periode gestellt werden. Denn von den 250 Zeilen dieses Katalogs sind 195, d.h. 78 % religiöse Bücher, von denen zwar ein Teil ihren Platz in der Schule finden kann, was sie manchmal im Titel beanspruchen, aber nicht immer. Sonst finden wir 26 oder 10 % von verschiedenen Werken (nützliche oder unterhaltende Bücher), 18 oder 7 % weltliche Schulbücher und 10 oder 4 % Politici und Geschichtsbücher. Diese Statistik sagt aber nicht viel über den Absatz eines jeden Titels. Einige Werke können die meisten Verkäufe darstellen. Darunter sind sehr wahrscheinlich die religiösen Bücher und nicht die Lehrbücher und Klassiker auf den ersten Plätzen.

Es ist also damit bewiesen, dass alle Lehrbücher und Methoden vom Anfang der Schulordnung an in der Gegend produziert wurden. Das war die Bedingung für den Erfolg dieser Politik. Es geht aber auch aus dieser Untersuchung der Kataloge und Bibliotheken hervor, dass die Lektürewerke und Klassiker mit geringen Ausnahmen aus ganz anderen Gegenden kamen (Tab. 2). Nur die *Episteln* Ciceros, die *Kolloquien* von Cordier, Erasmus' *Civilitas*, die äsopischen *Fabeln* Phaedri, also eher Werke für Anfänger, sind das eine oder andere Mal in der Gegend gedruckt worden (Vgl. z. B. GQ: Cordier 1592; Erasmus 1649; Phaedrus 1649). Es gibt aber keine einzige Spur von einer Braunschweigischen oder Lüneburgischen Ausgabe von Terenz oder von Vergil, welche doch zum Programm der mittleren und großen Schulen gehörten.[2] Von Cicero werden auch die Reden kein einziges Mal herausgegeben. Freilich muss man in den Inspektionsberichten feststellen, dass sie auch selten studiert werden. Hingegen weist die örtliche

Produktion in Wolfenbüttel und Helmstedt ein Interesse für Geschichte und Geographie auf (vgl. für Geschichte in Wolfenbüttel GQ: Eutropius 1649; Severus 1651), die doch im öffentlichen Programm der Lateinschulen kaum Platz fanden, außer in Schöningen, wo der Rektor Mader viel Zeit mit Geschichtsschreibung verbrachte (Le Cam 2011, S. 88f, 94f.). Aber solche Fächer waren öfter Gegenstand des Privatunterrichts, den fast jeder Lehrer zusätzlich am Ende des Schultags gab. Außerdem konnten sich Verleger durch einige Spezialitäten einen Platz auf dem Markt sichern. In Wolfenbüttel arbeitete ein berühmter Kupferstecher, Cunrad Buno, der für Merians Topographie des Herzogtums das ganze Bildmaterial geliefert hatte (August 1979, S. 207) und selbst geographische Bücher und Karten herausgab (vgl. GQ: Heidmann 1655, 1658; Klüver 1659, 1663; Strubius 1664). Warum hatten sich aber anscheinend weder die Regierung noch die Verlage für die Produktion von Klassikern interessiert? Wahrscheinlich zuerst deshalb nicht, weil dies ein ganz kleiner Markt war, da nur die wenigen Schüler der höchsten Klassen wirklich an dieser Vielfalt von Klassikern interessiert waren. Für die Anfänger in Latein genügten die schon zitierten Werke (Ciceros Epistel, Kolloquien, Fabeln, Civilitas). Zweitens, weil der organisierte Buchhandel ja schon da war und bereit stand. Zwei Hochdruckzentren kommen in dieser Hinsicht in dieser Periode hervor: zuerst die sächsischen Produktionsorte, Leipzig als erster, dann Wittenberg, Halle; dann auch die Niederlande, wo ein Großteil der Prominenten der Gelehrtenrepublik lebte und dynamische Verleger sich darauf spezialisiert hatten (vgl. Tab. 2). Niederländische „Buchführer", z. B. Angestellte von Johann Blaue, kamen sogar bis nach Helmstedt, wie die Korrespondenz von Schrader bezeugt: er war nämlich zugleich Bibliothekar der Universität und benachrichtigte deswegen den Herzog in Wolfenbüttel über die in Helmstedt vorkommenden Neuigkeiten (HQ: Briefe, 12.6.1655, Bl. 32). Es war also ziemlich leicht für die wenigen großen Schulen, die zusammen zwischen 30 und höchstens 60 Sekundaner und Primaner zählten, auf diesem Weg einige Ausgaben zu besorgen. Es ist wohl möglich, dass die Offizin der Stern in Wolfenbüttel auch Bücher von anderen Verlegern für die Schulen zum Verkauf anbot. Die Verleger pflegten nämlich Bücher zum Weiterverkauf untereinander zu tauschen (Wittman 1991, S. 90–92).

4 Die Praxis

4.1 Die Kontrolle der Schulbücher und Lektüren durch den Generalschulinspektor

Die Schulordnung hatte in ihrer Präambel fast mit denselben Worten wie die Landstände von 1636 das Übel der Uneinheitlichkeit der Methoden und Bücher verurteilt: „Wan man nun der Sache aus dem Grunde und wol fürsinnet, so wird ein jeder Vernünftiger befinden, daß der Mangel bey der Institution aus nachfolgenden beyden Haupt-Ursachen herrüre. Erstlich, daß man seer wenige rechtschaffener qualificirter Leute bemächtiget seyn, [...] Vors andere, ob schon der eine und ander Praeceptor nach seinen qualitäten es ihm mit der institution sauer werden, und es ihm einen rechten Ernst seyn lassen, daß dennoch, so manche Schule, so manche Art der institution sich befunden, und wan dy Jugend aus einer nidrigen Schule in dy andere sich begäben, Sy allemal nicht allein von neuen zu ler-

Tab. 2: Verlagsorte und Ausgaben der meistgelesenen lateinischen Autoren (ca. 1600–1670). (In Holland, Nord- und Mitteldeutschland)

Cicero: Epistolae ad familiares	Frankfurt/M 1625, 1637
	Wittenberg 1629, 1641
	Münster 1629
	Goslar: Duncker/Zilliger 1649
	Braunschweig: Gruber 1636, Duncker 1666
	Köln 1630
	Lüneburg: Stern (Jahr?)
	Leipzig 1634, 1657
	Marburg 1638
	Bremen 1646
	Lübeck 1648
	Amsterdam: 1649, 1657, 1659
	Kassel 1656
	Magdeburg/Leipzig 1664, 1666
Mathurin Cordier: Colloquia	Rostock:Lucius 1579
	Helmstedt:Lucius 1592
	Lübeck 1602
	Leipzig 1609, 1613
	Hanau 1613
	Halle 1621 mit anderen Kolloquien
	Den Haag 1630
	Rotterdam 1662
	Greifswald 1668
Kirchmann Johann: Florilegium ethicum	Lübeck 1629, 1666
	Hannover: Rosenhagen, 1647
	Wolfenbüttel: Stern 1649
	Lüneburg: Curbach 1657
	Hildesheim: Stetzius 1661
	Stettin 1661
Terenz: Komödien	Leipzig 1602, 1604, 1606, 1610, 1613,1614, 1615, 1616, 1617, 1624, 1625, 1627, 1632, 1633, 1646, 1658, 1662, 1666
	Wittenberg 1602, 1623
	Magdeburg 1623
	Weimar, 1628
	Amsterdam 1630, 1633, 1641, 1651, 1658, 1661, 1668
	Lübeck 1635, 1651, 1667, 1669
	Leiden 1644, 1651, 1657, 1662, 1669
	Rotterdam 1646, 1648, 1650, 1658, 1663, 1668
	Köln 1652
	Stralsund 1655
	Straßburg 1657

Tab. 2: (Fortsetzung)

Virgil	Jena 1607
	Hanau 1608
	Frankfurt/M 1608, 1613, 1616, 1629, 1659
	Wittenberg 1609, 1618, 1623
	Frankfurt/O 1610
	Leipzig 1611, 1616, 1624
	Leiden 1617, 1622, 1636, 1646, 1649, 1657, 1661, 1666
	Amsterdam 1619, 1625, 1646, 1647, 1649, 1650, 1658, 1664
	Köln 1628, 1642, 1647, 1663
	Rotterdam 1666, 1667

Die nächstgelegenen Verlagsorte in kursiv

nen anfangen, sondern was Sy vorhero gelernet gehabt, mit grosser Verspildung der Zeit, (so das alleredelste Kleinod der Jugend ist) hinwider abgewänen, und ablernen müssen (GQ: August 1651, S. 4)." Der Inspektor hatte also auf diesen zweiten Punkt besonders aufmerksam zu sein, und diese Aufgabe rechtfertigte an sich schon die Gründung einer Generalschulinspektion. In den Visitationen, die er jedes Jahr in fast allen nennenswerten Schulen der verschiedenen von Wolfenbüttel aus regierten Territorien – von Dannenberg im Norden bis zum Harz- und Wesergebiet im Süden – durchführte, hatte er die Gelegenheit und die Pflicht, die Übereinstimmung der Schulbücher mit der Schulordnung festzustellen. Das machte er im Rückgriff auf die von den Lehrern erstellten Lektionskataloge und in den Prüfungen der Schüler, wo er beobachten konnte, mit welchen Büchern diese wirklich ausgestattet waren. Dabei prüfte er, ob diese Bücher auf die pädagogisch richtige Weise benutzt wurden. Das Ergebnis dieser Kontrolle wurde sehr sorgfältig in den Berichten festgehalten, die er dem Herzog jedes Mal erstattete. Als Beispiel dieser Praxis ist im Anhang ein Auszug des ersten überlieferten Berichts zu lesen (vgl. auch einen anderen Bericht über die Schule in Schöningen von 1669, Le Cam 2011, S. 94–95). Schrader beschreibt darin eine Inspektion, die 1650 in Helmstedt stattgefunden hat, in einer großen Schule, die ihre Schüler bis zur Universität führte. Dieser Auszug betrifft besonders die Bücher und die Pädagogik, aber der Bericht beschreibt auch die materiellen Probleme der Schulen und Lehrer.

Bis zu 32 verschiedene Schulen sind wenigstens einmal zwischen 1650 und 1669 in den 199 aufbewahrten Berichten von Schrader untersucht worden. Davon wurden 22 regelmäßig visitiert (vgl. Le Cam 1996, Tab. 32, S. 652.) In dieser Studie werden nur die Schulen berücksichtigt, die wenigstens einen kleinen lateinischen Oberbau haben. Darin sind besonders die fünf großen Schulen ersten Rangs (Typ 1 in der Legende unter der Tab. 3), Wolfenbüttel, Helmstedt, Schöningen, Gandersheim, Blankenburg, für welche wir insgesamt 53 Berichte haben, und sieben mittlere Schulen (Dannenberg, Lüchow, Hitzacker, Königslutter, Schöppenstedt, Holzminden, Stadtoldendorf) mit 88 Berichten einbezogen, aber auch die Klosterschulen (Königslutter, St. Blasien in der Freiheit Braunschweig, St. Lorenz vor Schöningen, Riddagshausen, Mariental, Amelungsborn),

Tab. 3: Lateinische Lektüren in den Inspektionsberichten

	N	Prozent	Prozent pro Periode					Prozent pro Schultyp			
			P1	P2	P3	P4	P5	T1	T2	T3	T4
Cicero	95	31,1	27,3	33,3	26,7	34,7	35,3	26,7	33,8	43,8	33,3
Terenz	60	19,7	16,9	25,5	28,3	16,3	13,2	16,7	24,1	18,8	
Virgil	41	13,4	9,1	7,8	18,3	16,3	16,2	15,3	9,8	25,0	16,7
Cordier	27	8,9	13,0	3,9	3,3	12,2	10,3	6,7	9,8	12,5	33,3
Horaz	25	8,2	10,4	5,9	8,3	6,1	8,8	12,7	4,5		
Phedri	24	7,9	10,4	15,7	5,0	4,1	4,4	13,3	3,0		
Murmellius	8	2,6	2,6	3,9	6,7			2,0	3,8		
Kirchmann	6	2,0	1,3			4,1	4,4		4,5		
Ovid	5	1,6		2		4,1	2,9	2,0	1,5		
Comenius	3	1,0	3,9						1,5		16,7
Nepos	2	0,7					2,9	1,3			
Cato	2	0,7	2,6						1,5		
Eutropius	2	0,7		2		1,7		1,3			
Plautus	1	0,3				2		0,7			
Castellio	1	0,3	1,3						0,8		
Erasmus	1	0,3	1,3						0,8		
Martial	1	0,3				1,7		0,7			
Properz	1	0,3					1,5		0,8		
Summe (oder N)	305	100	(77)	(51)	(60)	(49)	(68)	(150)	(133)	(16)	(6)

Typ 1 (T1), Große lateinische Schulen: Wolfenbüttel, Helmstedt, Schöningen, Gandersheim, Blankenburg, 53 Berichte

Typ 2 (T2), Mittlere lateinische Schulen: Dannenberg, Lüchow, Hitzacker, Königslutter, Schöppenstedt, Holzminden, Stadtoldendorf, 88 Berichte

Typ 3 (T3), Kleine und mittlere Klosterschulen: Königslutter, St. Lorentz vor Schöningen, Riddagshausen, Mariental, Amelungsborn und St. Blasien in Braunschweig, 20 Berichte

Typ 4 (T4), Kleine deutsche Schulen, manchmal mit einigen Lateinanfängern, 38 Berichte

Periode 1 (P1), 1650–1651 (31 Berichte): die Zeit der Verfassung und Publikation der Schulordnung

Periode 2 (P2), 1653–1655 (43 Berichte): Anfänge der Generalschulinspektion nach der Schulordnung, mit wenigen Lücken in den Berichten

Periode 3 (P3), 1656–1660 (32 Berichte): Noch die Versuchsperiode der Institution, aber mit mehr Lücken, die ein relatives Übergewicht Dannenbergs in der Probe verursachen.

Periode 4 (P4), 1661–1663 (42 Berichte): Die Zeit, in der die Institution ihren Standardbetrieb erreicht hat

Periode 5 (P5), 1664–1666/1669 (40 Berichte): Idem, diese letzten Perioden werden unterschieden, um Proben von ähnlichem Gewicht vergleichen zu können.

die in dieser Zeit keine Bedeutung mehr hatten (20 Berichte). Aus diesen insgesamt 161 Berichten haben wir 606 Angaben von Schulbüchern, Werken oder Autoren zusammengetragen und ausgewertet.

Diese reiche Dokumentation zeugt zuerst von der Wichtigkeit dieses Themas für Schrader und die Behörden. Das allererste, was der Inspektor bei seiner Ankunft in einer Schule machte, war, die Lektionskataloge seit dem letzten Examen von den Lehrern zu fordern. Das waren Listen von behandelten Werken und Lehrbüchern, die ganz genau sein sollten. Schrader erinnert nämlich in Lüchow 1657: Es „müßen in selbigem catalogo, so viel die Auctores und Grammaticam betrifft, allemahl die termini â quo et ad quem gesetzet werden, damit eigentlich, wie viel sieder dem jüngsten examine fortgebracht und ob darin gar zu langsahm oder zu geschwind verfahren, wahr genommen werden könne„ (HQ: Bericht 1, Bl. 163v). Die Lehrer gaben ihm offensichtlich eine schriftliche Notiz dazu mit, die der Inspektor mit nach Hause brachte, um seinen Bericht zu verfassen. Er kommentiert schon zu diesem Zeitpunkt vor Ort gegenüber den Lehrern die etwaigen Mängel dieses Programms. Am Anfang seiner Inspektionstätigkeit half er manchmal Lehrern, ihr Lektionsprogramm für das nächste Jahr zu verfassen, und gab ihnen auch Kommentatoren an, die ihnen helfen konnten, wie z. B. in Dannenberg 1653: „Dem Rectori dictirte ich darauff einen Catalogum etzlicher Ihm selbst zu rechter institution der jugendt nothwendiger Bücher, und faßete mit Ihm ab einen der Fürstl. SchuelOrdnung conformiorem Catalogum lectionum nach welchem Er sich im negstkünfftigen jahre zu richten" (ebd., Bl. 66v). Das gründliche, mündliche und schriftliche Examen, dem die Schüler, besonders in den großen Schulen, sich unterziehen mussten, auch die sorgfältige Prüfung der Übungshefte verboten es, durch diese Kataloge dem Inspektor Sand in die Augen zu streuen (vgl. Anhang).

Aus seinen Feststellungen haben wir eine statistische Auswertung erstellt (vgl. Le Cam 1996, S. 627–629). Zuerst muss man hervorheben, dass der Inspektor nach einer ersten Periode, wo er die Behörden sorgfältig im Kontext der Vorbereitung und Einführung der neuen Schulordnung benachrichtigte, sich nicht mehr die Mühe gab, alle Lektionen und Bücher im einzelnen zu beschreiben, wenn sie mit der Schulordnung konform waren, besonders in mittleren Schulen nicht, wo die Varietät der Lektüren ohnehin sehr begrenzt war. Wenn er etwas dazu zu sagen hatte, dann nur in 10% der Fälle, um die Übereinstimmung der Bücher mit der Schulordnung zu loben, in 41%, um die Nicht-Übereinstimmung zu kritisieren (aber das sind nur 16% von allen Berichten). 63% dieser Berichte, die von den Büchern sprechen, sind mit vielen Details sehr präzise. In 9% der Fälle erreicht er, dass ein Buch geändert wird. Und in 27% der Fälle erwähnt er das Problem der Beschaffung der Bücher oder ihrer Vielfalt und Vermengung in der selben Klasse. Die zeitliche Entwicklung dieser Ergebnisse zeigt, dass der Druck des Inspektors allmählich wirksam und erfolgreich gewesen ist. Bei den Lehrern wenigstens erreicht er, dass sie mit der Ordnung übereinstimmende Lehrbücher verwenden, besonders in den sechziger Jahren (vgl. Le Cam 1996, S. 680–685). Aber bei den (fremden) Schülern in einigen großen Schulen bleibt immer die Tendenz, die wir im ersten Teil beschrieben haben, dass sie persönlich andere Bücher als die verordneten besitzen und benutzen.

4.2 Der tatsächliche Bücher- und Autorenkanon

Die Helmstedter Professoren hielten an einem klassischen Autorenkanon fest, ungeachtet der neuen pädagogischen Moden, die mit dem heidnischen Altertum brechen wollten (vgl. Le Cam 2008, S. 91). Das findet man tatsächlich in den Ergebnissen unserer Auswertungen wieder (vgl. Tab. 1 Spalte 3 und Tab. 3–4), aber nicht in dem Umfang und in der Vielfalt, wie man nach dem Eindruck der Schulordnung erwarten würde.

Die lateinischen Lektüren (Tab. 3) bestanden hauptsächlich aus drei bevorzugten Autoren, die zusammen zwei Drittel der erwähnten Lektüren ausmachen: Cicero als Muster für Prosa, aber hauptsächlich für seine Episteln, sehr selten für seine Reden; Terenz für die Übung der mündlichen Sprache, die in der Schule Pflicht war: im Hinblick auf ihn findet man die größte Vielfalt mit sechs zitierten Theaterstücken, unter denen die drei ersten *Heautontimerumenos*, *Andriana*, und *Phormio* sind; Vergil, dem zugänglichsten, auch am leichtesten christianisierbaren Dichter, mit seiner *Aeneid*, *Ekloge*, *Georgica* (in dieser Ordnung, aber mit geringem Abstand); Horaz kommt erst an fünfter Stelle, aber nur für die höheren Klassen und hauptsächlich mit den *Oden*, die leichter als die *Satiren* und die *Episteln* sind. An vierter und sechster Stelle finden wir Mathurin Cordier und Phaedrus, zwei Lektüren für mittlere Schulen oder Anfängerklassen. Zusammengezählt erreicht man mit diesen sechs Autoren 90 % der zitierten Lektüren und Bücher. Dann kommen noch zwei Sentenzensammlungen von Johann Murmellius und Johann Kirchmann (vgl. z.B. GQ: 1649), aber auch der Poet Ovid, jeder mit 2 %. Am Ende der Reihe findet man einen Stab von selten zitierten Autoren, entweder verbannte (Comenius) oder etwas überholte Werke für Anfänger (Erasmus, Castellio) oder ziemlich schwierige Lektüren für echte Primaner (C. Nepos, Plautus, Martial, Properz, Eutrop) (vgl. auch Le Cam 1996, S. 691–708). Man muss natürlich diese Ergebnisse dann nach Schultypen und nach Perioden nuancieren und relativieren (vgl. Einzelheiten in Tab. 3).

Im Griechischen wurden die Reden von Isokrates und vom Pseudo-Isokrates zuerst und am häufigsten behandelt, besonders in den großen Schulen und in den 1650er Jahren, immer als erste die *Pro Demonikos*, manchmal *Nikokles*, ausnahmsweise *Evagoras* oder

Tab. 4: Griechische Lektüren

	N	Prozent	Prozent pro Periode					Prozent pro Schultyp		
			P1	P2	P3	P4	P5	T1	T2	T3
Isokrates	23	36,5	50,0	45,5	31,3	40,0	4,5	44,5	14,3	25,0
Neues Testament	16	25,4	33,3	18,2	37,5	40,0		6,6	71,4	75,0
Hesiod	7	11,1	11,1	9,1	12,5		15,4	11,1	14,3	
Theognis	7	11,1	5,6	27,3		20,0	15,4	15,5		
Lukian	3	4,8					23,1	6,6		
Äsop	2	3,2					15,4	4,4		
Kebes	2	3,2			6,3		7,7	4,4		
Homer	2	3,2			6,3		7,7	4,4		
Phalaris	1	1,6			6,3			2,2		
Summe (oder N)	63	100	(18)	(11)	(16)	(5)	(13)	(45)	(14)	(4)

die *Rede über den Frieden*. Hesiods *Werke und Tage* und Theognis *Sentenzen* werden dann manchmal als Einführung in die griechische Poesie gelesen, Homer aber fast nie. Die zweite griechische Lektüre nach Isokrates bleibt freilich das Neue Testament, gegen den Rat der Helmstedter Professoren, die davon aus sprachlichem Purismus im *Ordo scholasticus* abrieten (ebd., S. 344f., 395, 488f.). Dieses Verharren in einer pädagogischen Gewohnheit des vorigen Jahrhunderts ist aber hauptsächlich in den mittleren Schulen und Klosterschulen (T2, T3 in Tab. 4) zu bemerken; die Schüler der großen Schulen bleiben davon verschont, so dass der Inspektor es dabei lässt. Denn die Trennung der Religion von der Erlernung der alten Sprachen war auch ein Leitmotiv von Schraders Bemerkungen in den Visitationen, und zwar, dass man besser Religion auf Deutsch lernt, aber auch besser Latein und Griechisch aus den antiken Autoren, die es am schönsten gesprochen haben (Le Cam 1996, S. 634f., 704f.). Er fürchtete eigentlich eine Ansteckung des angestrebten Ciceronianischen Stils der Schüler durch das Kirchenlatein.

Im Allgemeinen war das Programm der lateinischen Schulen weniger umfangreich und viel monotoner, als es die Schulordnung von 1651 andeutete. Nur wenige Schüler, hauptsächlich in Wolfenbüttel, Schöningen oder Helmstedt, wagten sich über die Episteln von Cicero, die Komödien von Terenz oder die Gedichte Vergils hinaus. Teilweise kommt dies daher, dass die meisten von Schrader besuchten Schulen ziemlich bescheidene Anstalten mit deutscher Grundlage und lateinischem Überbau waren, die für die Verbreitung eines vereinfachten, minimalen Humanismus sorgten.

4.3 Vom (pädagogischen) Umgang mit den Büchern

Aus den Inspektionsberichten kann man schließlich einige interessante Schlüsse über die Benutzung der Bücher in der Pädagogik ziehen.

Zuerst erscheint das (Schul-)Buch als das Maß der Schularbeit, die pädagogische Einheit oder der Weg, der während einer bestimmten Zeit durchlaufen werden muss. Der Inspektor legt viel Wert darauf, dass die Lehrer nicht zu langsam beim Exponieren der theoretischen oder normativen Lehrbücher vorgehen. Schrader zufolge soll man im Laufe eines Jahres immer die lateinische und griechische Grammatik, die Logik und die Rhetorik, womöglich auch das theologische Kompendium fertig studieren. In Lüchow wird 1657 der Rektor getadelt, weil er in Jahresfrist die Hauptpunkte im Hutter nicht gesehen hat und weil er im Cicero und Terenz nicht sehr weit fortgeschritten ist (HQ: Bericht 1, Bl. 147v). Das betrifft also auch die literarischen Werke. Der Rektor von Königslutter wird erinnert, „etwas geschwinder im Terentio fortzufahren, denn in einem gantzen Jahre nur 2 actus zue absolviren [sei] gar zu wenig." (ebd., 1653, Bl. 75vf.). Aus einem ähnlichen Grund wird der Lehrer von Hizacker „was das lange immoriren betrifft" auf die Fürstliche Schulordnung verwiesen, die nämlich befiehlt, ganze Werke zwischen zwei Inspektionen, also in Jahresfrist, zu absolvieren (GQ: August 1651, S. 22). Man soll dies aber nicht mit heutigen Maßstäben und Logiken verwechseln: es gilt nicht, mit einem fest vorgelegten „Programm" fertig zu werden, weil die Schüler oft mehrere Jahre in einer Klasse sitzen bleiben und auch manchmal im Laufe eines Jahrs wechseln können. Es geht vielmehr darum, dass die Lehrer nicht zu lang und zu detailliert ein Thema oder ein Werk behandeln. Man will nämlich die Langeweile und den Überdruss bei den Schülern vermeiden. Diese Pädagogik erinnert auch manchmal daran, was die französische Schule der

III. Republik die „pédagogie concentrique" nannte, eine Zirkularpädagogik, nach welcher man dasselbe Thema oder Lehrbuch mehrmals behandelt, jedes Mal etwas vertiefter. Das zweite Anliegen des Inspektors ist das notwendige Gleichgewicht zwischen *praecepta, exempla* oder *lectio* und *imitatio*, um das berühmte Dreierschema der humanistischen Pädagogik wiederaufzunehmen (vgl. Le Cam 1996, S. 300 ff.); d. h. eine Ausgewogenheit zwischen dem theoretischem Unterricht in den Sprachregeln und -normen (z. B. in der Grammatik), der Lektüre der Autoren als Beispielen der besten Sprache und den praktischen Übungen, die nach Imitation des besten Stils streben. Die Lehrer bevorzugten wohl tendenziell die Vermittlung der sprachlichen Normen und Regeln, wie 1657 in Lüchow, wo gefunden wurde: „Das[s] fast ja so viel stunden auf die praecepta Grammatices, als auf die interpretationem Latinorum auctorum wöchentlich angewendet, welches dannenhero nicht sein sollen, weil das einige mittel, die Lateinische sprache recht zu lernen, ist, lectio et imitatio Latinorum Auctorum, die Grammatica aber nurt [sic!] zu deroselben rechtem gebrauch ein nötiges instrumentum ist. Dafern nun mehr stunden auf die Grammaticam als auf den verstand und gebrauch der Auctorum gewendet, were eben so viel als wenn ein schmidt mehr uf seinen Hammer und Zange zu betrachten, als dieselbe auf den Ambos und eisen zu führen bedacht sein wolte." (HQ: Bericht 1, Bl. 163v)

Die Lektüre der Autoren sollte sich aber mit einer wörtlichen und grammatikalischen Aufklärung der Texte begnügen. Der Inspektor erinnert den Rektor in Helmstedt, dessen „Analysis Epistolarum Ciceronis zu weitleufftig [sei], daß nur den rechten verstandt vndt gebrauch der Auctorum die Knaben zu führen genug sey" (ebd., Bl. 2r, Anhang). Es müssen den Schülern dabei auch die korrekten Syntaxregeln gezeigt werden („auch in analysi auctorum, die congruentes regulae syntaxeos recht angewiesen werden sollten", HQ: Bericht 2, Wolfenbüttel 1663, Bl. 22r). Erst in den höheren Klassen konnte man auch die rhetorischen oder poetischen Verfahren an den Texten zeigen, wie ein weiteres Beispiel zeigt. Diese Art von Textanalyse sollen die Schüler nicht nur passiv von ihren Lehrern übernehmen, sondern sich selbst darin üben, so dass der Inspektor ihre entsprechenden Fähigkeiten bei den öffentlichen Examen auf die Probe stellt (ebd., Seesen 1663, Bl. 23v). Deswegen empfiehlt der Inspektor den Lehrern „die Ep[isto]las Ciceronis, den Terentium etc. vnterweilen sine p[rae]via sua interpretatione von den knaben expliciren zu laßen, ut appareat quantùm per se possint [damit sich zeigt, wieviel sie von selbst erklären können]." (HQ: Bericht 1, Königslutter 1653, Bl. 76r)

Nachdem die Schüler zu einem klaren Verständnis der gelesenen Autoren gelangt sind, und darin die Anwendung der guten Sprachregeln erkannt haben, sollen sie sich diese Texte zu eigen machen, indem sie lange Auszüge auswendig lernen. Einen Autor kennen heißt, lange Passagen seiner Werke auswendig zu können. In Helmstedt können 1664 die Schüler „gantze pericopas auß den autoribus, undt insonderheit gantze Epistolas Ciceronis undt viel Graeca Epigrammata fertig recitiren undt wol expliciren" (ebd., Bl. 307r); in Schöningen 1669 „haben etliche aus der Oratione Ciceronis pro M. Marcello, item aus des Cornelii Nepotis Miltiade, Themistocle, Aristide gantze blätter wie auch gantze odas Horatii fertig recitiren und wol expliciren können" (HQ: Bericht 5, Bl. 44r). Wie wichtig dieses Trainieren des Gedächtnisses und diese allmähliche Aufnahme der Autoren ist, zeigt dieser Befehl 1655 in Gandersheim: „Nachdem [...] befunden, daß die Knaben Ihre memoriam mit außwendig lernen deß Horatii, Terentii, Hesiodi gar nicht geübet, noch, des Rectoris Klage nach, üben wollen, [werden die örtlichen Behörden befohlen,] Ihm darunter bey inspection undt wochentlicher visitation der Schulen zue hülffe zu kommen" (HQ: Bericht 1, Bl. 127v).

Das Ziel dieses Auswendiglernens war in erster Linie die Entwicklung der Fähigkeit, diese Texte in Stil und Sprache zu reproduzieren, wozu die regelmäßigen Stilübungen Anlass gaben. Deshalb wurden die Schüler auch dazu angehalten, bei Lektüren Blütenlesen aus diesen klassischen Lektionen und aus ihren Exzerpten zu machen, um Reserven von Zitaten aufzubauen und in Heften aufzubewahren, wie der Pietist Justus Joachim Breithaupt (1658–1732), der um 1675 Schüler in Schöningen war, es mit einem selbst gefertigten „apparatus poeticus" aus Vergil machte, einem Autor, den er auch sonst „guten theils auswendig gelernet" hatte (vgl. Le Cam 2011, S. 83, 91).

Schrader fasst vor den Lehrern in Lüchow in Dannenberg im September 1660 den Sinn des ganzen Unterrichts der lateinischen Schule am besten zusammen und hebt hervor, wie die drei Teile des schon erwähnten humanistischen Dreierschemas ein logisches System darstellen: „Weil die Praelectio Latinorum Autorum einig und alleine zu dem Ende geschihet, damit die Knaben latinè recht reden und schreiben lernen mögen, alß ist die Exercitatio latinè loquendi et scribendi Ihnen fleißig commendieret, dergestalt und also, daß die Praeceptores mit den Knaben, unndt die Knaben unter sich sonderlich in der Schulen allemahl Latein reden, denn auch die Scriptio crebrior und emendatio Scriptorum attentior [das Schreiben von Stilübungen häufiger und das Korrigieren aufmerksamer] dem nechst seyn sollen, im welchem lezten einiger mangel verspuret worden. Die Exercitia Styli sollen größern theils imitationes Autorum praelectorum seyn. Unica enim ratio discendi Latinam linguam est bonorum Autorum imitatio [Denn die einzige Weise, die lateinische Sprache zu lernen, ist die Imitation der guten Autoren]" (HQ: Bericht 4, Bl. 4v. Vgl. auch das Ende des Berichts im Anhang). Die Imitatio kann die Amplificatio oder Entwicklung eines Arguments sein. Aber selbst die Übersetzung vom Deutschen ins Lateinische soll im Geist einer Imitation bleiben. Schrader rät den Lehrern, „auß dem Cicerone etzliche leichte historiales teutsch zu machen, und durch die Knaben lateinisch vertiren [übersetzen] zu laßen. Darnach ipsius Ciceronis textum Ihnen zue dictiren, nach anweisung Joh. Caselii in libro de Ludo Literario"[3] (ebd., Dannenberg 1663, Bl. 66v). Die Einführung in die Rhetorik in Prima erlaubte den Einsatz komplexerer Aufgaben. Schrader erinnert z.B. daran, „sonderlich die doctrinam von den periodis, alß welche täglich im Cicerone vorkommen, vndt in den Wochentlichen Exercitiis scribendi versuchet, vndt nachgemachet werden, […] beßer zu lernen" (HQ: Bericht 1, Wolfenbüttel 1654, Bl. 93v). Die besten Schüler werden gebeten, ihre Produkte bei den öffentlichen Examen vorzutragen, wie 1662 in Wolfenbüttel: „Bey schließung des vormittagigen Examinis ward von einem Primano, nahmens Christophorus Diedericus Steinman, ein latinum carmen heroicum ê cathedra memoriter recitiret, in welchem die Agricultura der arti navigandi entgegen gesetzet, und jene dieser vorgezogen ward; War eine imitatio Virgiliana, insonderheit ex libris Georgicorum, welche bucher der Rector biß in librum quartum den primanis bisher hat proponiret. Finito carmine, wurden die Schuler dem exempel dieses ihres commilitonis an gutem fleiße nachzufolgen ermahnet, und unter andern, daß eine imitatio citra speciem exscriptionis [weiter als eine einfache Kopie des Originals] eingerichtet werden muste, erinnert" (ebd., Bl. 281v). Also war das ganze Ziel dieses Unterrichts, dass die Schüler sich durch Auswendiglernen und Imitationsübungen die Materie der Werke ganz aneignen, ja dass sie selbst wie die Bücher, die sie lasen, reden.

Als „abschließende Ouvertüre" möchte ich kurz auf die Spuren zurückkehren, die die Schüler in ihren Büchern zurückließen, denn sie geben auch einige Hinweise auf ihren persönlichen Umgang mit diesem pädagogischem Objekt.[4] Außer den Besitzvermerken findet man allerlei Beschriftungen, die von einer paradoxen Achtlosigkeit zeugen: das seltene und teure Buch dieser Zeit wird schlechter behandelt als unser banales, aber schönes Produkt (über diese Verhaltensänderung vgl. Chartier 1985, S. 69–71). Man scheut sich nicht, es mit Kritzeleien zu bedecken. Das hat wohl mit der Vertrautheit zu tun, das ein so langes und enges Verhältnis zum selben Buch hervorrief. Zwar sind ein Teil dieser Beschriftungen ganz seriöse Einträge. Es gibt sogar speziell dafür konzipierte Editionen, sogenannte durchschossene Bücher, wo nur jede zweite Seite gedruckt ist, damit man auf der anderen Seite Notizen oder Kommentare schreiben kann. Das kann man in einer Katechese von Chytraeus (GQ: 1585) und einem *Compendium dialecticae* von Horneius (GQ: 1626) beobachten, die strukturierte Kommentare (*cours*) in der Form einer Reinschrift tragen. Diese selten aufbewahrten Inschriften sind üblicherweise keine Spuren von Schülern, sondern eher von Lehrern, die damit zugleich ihre Notizen für die Vorlesung und den kommentierten Text vor Augen haben, welchen die Schüler selbst zur Hand haben (vgl. in diesem Band Hellekamps und Musolff). Man kann aber annehmen, dass auch fortgeschrittene Schüler solche Bücher kauften, denn sonst hätten sich durchschossene Editionen angesichts des wenigen Absatzes in den Augen des Druckers nicht gelohnt. Ann Blair gibt Beispiele einer solchen Praxis für Schüler (Blair 2008, S. 49 f.). Häufiger sind es kleine Notizen als Marginalien, die zusätzliche Annotierungen oder Gedächtnisstützen bieten. Hinzugefügte Notizen haben wir z. B. in einer *Grammatica contracta* von Vossius (GQ: 1651), in Eutropius' *Breviarium historiae romanae* (GQ: 1649) oder in einer anderen Marburger Edition der Dialektik von Horneius (GQ: 1636) gefunden. Häufig sind auch unterstrichene Passagen wie in den zwei Editionen der *Elementa rhetorica* von Vossius (GQ: 1649, 1659). Auf den Vorsatzblättern der griechischen Evangelien durch Posselius hat ihr Besitzer Johann Kriegius ein typisches tägliches lateinisches Gebet für Schüler abgeschrieben, wo er Gott sein Leben, seinen Leib, seine Seele und seine Studien anvertraut, auch den göttlichen Schutz für seine Eltern, Lehrer und alle seine Wohltäter erbittet („Tuae benegnitati hodierno die vitam, corpus, animam et studia mea commendo. Oro te, ut parentes et praeceptores omnesque in me beneficos tua misericordia protegere et omnibus malis tutos praestare velis" (GQ: Posselius 1606)). Man findet auch allerlei Inschriften, die nichts oder wenig mit dem Inhalt des so verzierten Buchs zu tun haben. Hans Bulle, der für seine kräftigen Besitzvermerke schon zitiert wurde (GQ: Golius 1613), geht weiter mit Parodien (im technischen Sinn des Wortes) von lutherischen Parolen („Die feder ist mein pflug davon bin ich so klug. Das plack ist mein same davon habe ich meinen erlichen nahmen. Das pappier ist mein Acker davon bin ich so wacker") und mit Weisheitssprüchen („Melius est habere sordidam vestem, quam mentem"). Solche Gemeinplätze über Moral und Religion, aber auch über den hohen Wert der Erziehung (GQ: Rhenius 1639: „Plato. Non aliquid magnum aut parvum sed omnia sita sunt in prima et recta educatione/Cic. Nullum majus meliusve munus Reipublicae affere possumus, quam si docemus atque erudimus juventutem.") sind wohl, mit den Besitzvermerken, die häufigsten Inschriften, die keine direkte Verbindung mit dem Unterricht und dem Inhalt des beschrifteten Buchs haben. Schließlich können Gedächtnisstützen auch den Anlass zum Scherz geben. Zwischen verschiedenen Syllogismusformen, die auf einem Vorsatzblatt eines mit *Sententiae sacrae* gebundenen Donats niedergelegt sind, findet sich dieses komische Beispiel: „Paulus raptus fuit in paradisum/Paulus raptus fuit in carcerem/Ergo carcer est paradisus" („Paul wurde in das Paradies entführt, Paul wurde ins Gefängnis entführt, also ist Gefängnis das Paradies") (GQ: Rhenius 1645). Schließlich ist es nicht zu verwundern, dass dieses Lehr- oder Lektürebuch, das in der Mitte jeder Lern- und Kommunikationssituation in der Schule lag, manchmal auch zum Mittel der Austausches zwischen den Schülern wurde, selbst wenn es gegen das Schulgesetz verstieß: „Freilich es ist vergönnet aber die pfleget man auffzeigen die zusammen schwatzen lange unnutze Dinge vnd ohne Frucht[.] ferner allen ist vergönnet treiben lieblicher[!] Rede unter sich von guten und herrlichen[!] Dingen doch das solches geschehe stille ohn Geschrei und schanfft [sic!] Bisher hastu mir genug gethan[.] Die ander Ding soltu mir erzählen nach dem Mittag wo nicht ein Gescheft wird vorfallen[.] lass uns jetzt gehen in den Saal zu Mittags essen damit nicht wir auffhalten den Schulmeister[.] ich habe gehört jetzt dass gegeben worden sei ein Zeichen[.] es ist gegeben worden zur rechter Zeit[.]" (GQ: Golius 1613). Mit diesen flüchtigen Kritzeleien am Ende des Buchs von Hans oder Jakob Bulle wird bewiesen, dass eine mediale Urform der SMS zwischen den Schülern schon in der Gutenberg Galaxie existierte…

5 Fazit

Die außerordentliche gute Quellenlage zur Frage der Schulbücher und ihrer Anwendung in den Klassen des Herzogtums Braunschweig-Wolfenbüttel im 17. Jahrhundert kommt nicht von ungefähr, sondern rührt davon her, dass die Behörden nach den Kriegswirren und einem Jahrhundert pädagogischer Kreativität in diesem Gebiet mit einer Quasianarchie konfrontiert waren, die sie jetzt meistern wollten. Eine gut überlegte, von der Universität Helmstedt beratene Schulpolitik zielte dahin, die Vereinheitlichung der Schulbücher und Lektüren mit der Wiederherstellung des humanistischen Curriculums in einer neuen allgemeinen territorialen Schulordnung zu verbinden, und sie im Anschluss mit der fortlaufenden Kontrolle einer speziell dafür gegründeten Generalschulinspektion in der schulischen Realität zu erzwingen. Diese für die Periode ganz neue Bestimmung der Schulprogramme und Bücher durch die Universität, aber auch ihre späthumanistische Gesinnung, hatten ihr Muster in der holländischen Schulreform von 1625, die von Professoren der Universität Leiden vorbereitet wurde. Damals hatte sogar der Rhetor Johann Gerhard Vossius die meisten Lehrbücher für die Schulen in Holland selbst verfasst, die nachher auch im Herzogtum Braunschweig eingeführt wurden. Die Generalschulinspektion ist hingegen eine Erfindung der braunschweigischen Reform. Die von dieser neuen Institution mitgebrachten Auskünfte zeigen, dass es am Anfang ziemlich schwierig war, den Schülern und Lehrern ihre alten Bücher abzugewöhnen. Seitens der Familien und Schüler spielten die wirtschaftlichen Faktoren eine maßgebende Rolle, die dazu führten, die Bücher zu gebrauchen, die man schon zu Hause hatte oder günstiger besorgte; seitens der Lehrer waren die Stärke der Gewohnheiten und die geringe Begeisterung für das Erlernen und die Anwendung neuer Methoden die Hauptursachen und die Verzahnung der territorialen Einheiten ein erschwerender Faktor, besonders in den von Wolfenbüttel besonders entfernten Territorien. Deshalb war die Produktion dieser neuen Lehrbücher durch die fürstliche Druckerei und den Sternverlag in Wolfenbüttel ein entscheidendes Moment für das Gelingen dieser Politik. Sie erlaubte die tatsächliche Einführung der verordneten Lehrbücher. Außer einigen Werken für Anfänger wurden aber die Klassiker für die Schule nicht in der Gegend verlegt, sondern durch den importierenden Buchhandel besorgt. Die Berichte des Generalschulinspektors Schrader spiegeln das Bild eines zwar homogeneren Kanons wider, der aber im Vergleich zur Schulordnung in seiner Breite reduziert und weniger ehrgeizig blieb, besonders wenn man von den Primaklassen der größten Schulen absieht. Die Kritiken und Ratschläge des Inspektors zur pädagogischen Benutzung der Schulbücher bleiben ganz im Geist des Humanismus mit seiner Konzentration auf die Stilimitation der klassischen Werke und weisen kein Zeichen von Verbreitung der Reformpädagogik im Herzogtum Braunschweig auf (vgl. Le Cam 2012). Wie die seltenen bis heute erhaltenen, von Schülern beschrifteten Exemplare zeigen diese Ratschläge auch, dass das Buch viel intensiver als heute im Mittelpunkt des pädagogischen Prozesses stand. Das Schulbuch war das Maß und das Mittel aller Schularbeit. Mit ihm wurden fast alle Fähigkeiten vom Gedächtnis bis zur imitierten Schreib- und Sprachfertigkeit geübt. In ihm summierten sich alle Lerninhalte, so dass es den zweiten Winkel des didaktischen Dreiecks notwendigerweise fast für sich allein bildete. Deshalb war dieser Kampf um das Schulbuch die „Mutter aller Schlachten" für das Gelingen einer Schulreform im Allgemeinen und besonders in diesem Fall für den Wiederaufbau eines humanistischen Erziehungssystems nach dem Dreißigjährigen Krieg.

Anmerkungen

1   In diesem Beitrag wird der Fokus auf die Lehrbücher und Lektüren der gelehrten Schulen gelegt. Die Frage des religiösen Lesematerials wurde beiseitegelassen, da sie das ganze Schulwesen betrifft und schon in einer anderen Publikation behandelt wurde. Darin sind die Erklärungen zur paradoxen Wahl dieses orthodoxen theologischen Kompendiums zu finden (Le Cam 2013).

2   Man soll aber sonst vorsichtig sein: einige Bücher, die im Katalog des Sternverlags angeboten werden, haben keine Spur in den heutigen Bibliotheken hinterlassen, wie z. B. die griechische Grammatik von Vossius oder die durch Johann Sturm herausgegebenen Episteln von Cicero. Dies erinnert uns daran, dass wir nur den überlieferten Teil dieser Produktion durch die Bibliothekskataloge erfassen können; und dass es nicht die seltenen Werke sind, die am meisten vom Aussortieren betroffen werden, sondern eher diejenigen, die schon so sehr verbreitet sind, dass keiner sich mehr darum kümmert, eine x-te Ausgabe von einem noch dazu banalen Buch aufzubewahren.

3   Johann Caselius (1533–1613) war die leitende Figur des Helmstedter Humanismus. Sein kleines pädagogisches Traktat (*De Ludo litterario recte aperiendo liber,* Rostock, 1579) wurde in der Gegend als Referenz genommen und noch im 17. Jahrhundert neu gedruckt (z. B. Helmstedt 1669).

4   Leider sind die folgenden Beispiele Ausnahmen, denn normalerweise kommen keine benutzten Schulbücher in Bibliothekbestände hinein, es sei denn durch die Schenkung von Privatbibliotheken. Diese Bücher gehören fast alle Beständen der ehemaligen Universitätsbibliothek Helmstedt an.

Anhang: Ein Inspektionsbericht von Christoph Schrader 1650

Niedersächsisches Staatsarchiv Wolfenbütttel 14 Alt Fb. 3, Nr.35, Bl. 1r-2-v. [Es ist der älteste Bericht von Schrader, der aufbewahrt wurde. Er hatte seine Inspektionen im Jahr zuvor angefangen. Einige Stellen, die die Bücher und die Pädagogik nicht betreffen, sind ausgelassen worden.]
Helmstadt den 30ten Aug[usti] Ao. 1650.

Die von dem Durchlauchtigen, Hochgebornen Fürsten vnd Herrn, Herrn Augusto, Herzogen zu Br[aunschweig] vnd Lüneb[urg], Meinem Gnädigen Fursten vnd Herrn, in gnaden mir anbefohlene jährliche visitation der Schulen, habe in diesem ietzlauffenden 1650sten jahr von der Helmstätischen Schulen abermahl begonnen; vnd damit das jenige, was 1.) der jugendt information, 2.) der Schull=Collegen vnterhaldt vnd respect, 3.) Das Gebewde der Schulen betrifft, ferner desto füglicher vernehmen möchte, Habe zuforderst einen jeden Collegen allein gehöret, darauff in der Schule ein Dreytägig Examen angestellet, endtlich bey meiner abreise nach den Andern Schulen Bürgermeistern vnd Raht das vntenverzeichnetes [!] memorial hinterlaßen.

Der Rector Nicolaus Wilrichius, Giessensis, ist caelebs, vnd ein Arbeit-sahmer, auch bey der jugendt ein glimpfflicher Man. Hat dieses jahr in dem Hüttero den locum VII. De Providentia, VIII. De peccato, IX. De libero arbitrio vnd locum X. De lege Dei absolviret, Vnd dabey ezliche in dem Compendio nicht befindliche dicta Scripturae Teutsch vnd vollenkommen lernen laßen. Die Logicam hat Er von anfang biß ad doctrinam Syllogismorum, Terentii Phormionem vom Anfang zu end, Virgilii Eclogam primam et secundam, Rhetoricam Vossii biß ad figuras [Bl.1v] dictionis, Horatii lib[rum] I., sat[iram] 9. [et] 10., lib[rum] II., sat[iram] 1. et 2dam, Isocratis ad Demonicum praeceptiones biß ins mittel, die Fabulas Phaedri vom ersten biß inn das Fünffte Buch absolviret; daneben alle wochen Zweymahl Latein, vnd vmb die andere woche Grichisch, mehrenteils in prosa, schreiben laßen. Primam vnd secundam classem instituiret Er allein, Weil bißhero wegen mangelung vnterhalts kein Con-Rector Ihm adjungiret werden können. Die vngleichheit dieser Schüler verursachet, daß bey seinen lectionibus baldt die Obern, baldt die Vntersten verseümet werden müßen, welchem mangel durch bestallung eines Conrectoris abgeholffen werden könnte.

[...]

Der Cantor Henningus Holdefründt, Helmstadiensis, informiret tertiam et quartam classes, vnd hat dieses jahr das fürnembste in utraque [lateinische und griechische] Grammatica, von anfang zu ende, die Fabulas Phaedri biß an die 23., in den Kleinen Epistolis Ciceronis librum primum, biß an die, so sich anhebt: „Athenas veni ad XI. Cal[endas]...", absolviret, Daneben auch in latina lingua wochendtlich Schreiben laßen. [...] Bittet, daß seine tertianer vnd quartaner, vmb deren attention zu/befordern, â turba quintanorum durch ein sonderlich gemach abgeschieden werden mögen, Welches dan, weil in diesem einen gemach [Bl.2r] 140 Schüler befunden, hochnötig sein will.

Der infimus, Andreas Rubius, Sondershusanus, Hatt bey 80 Knaben in seinem [!] classe, welche alle Täglich zu/verhören vnd zu/beobachten, Ihm nicht woll müglich zu/sein er sich beklaget. Hatt weder Schrifftl[iche] bestallung, noch gewiße zusage. Im vorigen jahre sein Ihm 12 thlr. 12 ggl. gereichet.

Den 3. Septembr[is], In prima et secunda, praesentib[us] Co[n]su[libus], Diaconis vnd Senatoribus [Bürgermeister] examen gehalten, wobei sich befunden:
- 1.) daß ezliche fragen auß dem Huttero ultra captum dieser Knaben.
- 2.) Würden gar zu wenig dicta Scripturae, welche doch der einzige grundt der Glaubens articul, bey jedem loco recitiret.
- In Logicis mangelte eß an deutlichen exempeln.
- Die Analysis Epistolarum Ciceronis war zu weitleufftig.

Von welchem alles, vndt daß nur den rechten verstandt vndt gebrauch der Auctorum die Knaben zu/führen genug sey, der Rector erinnert worden.

Den 4. Septembr[is], examen in den Untersten Classibus angestellet; Vnd bestunden die Knaben in Donato, in utraque Grammatica, in Fabulis Phaedri vnd Ciceronis Epistolis zimblich. Hatten aber zweierlei lateinische Grammaticas, Vossii vnd Rhenii, welche ehister müglichkeit vff eine reduciret werden müßen.

Immittelst wardt den primanis vnd secundanis ein exercitium ex tempore in der Schule zu/schreiben vorgegeben, nach deßen verfertigung der Rector den Phormionem Terentii [Bl.2v] durch ezliche wolabgerichtete Knaben ließ agiren.

Den 5. Sept[embris] Habe mit den eingelieferten ex tempore geschriebenen exercitiis mich wiederumb in die Schule verfüget vnd einem jeden Schüler seine errata vorgezeiget. Eß war in denselben Schrifften keine imitatio Terentii, Ciceronis, etc., (welches doch das einzige mittel ist, gut latein zu/lernen zu/ersehen, Daneben auch contra prima latinae Syntaxeos elementa von den meisten gröblich geirret. Womit nebst ernstlicher vermahnung das examen beschloßen.

Literatur

Handschriftliche Quellen (HQ:)

Berichte des Generalschulinspektors Christoph Schrader an den Herzog August den Jüngeren von Braunschweig-Wolfenbüttel (1650–1666)
Bericht 1: NSAW 14 Alt Fb. 3, Nr. 35
Bericht 2: NSAW 14 Alt Fb. 1, Nr. 36
Bericht 3: NSAW 14 Alt Fb. 3, Nr. 38
Bericht 4: Niedersächsisches Hauptstaatsarchiv Hannover Celle Br. 58, Nr. 965
Berichte des Generalschulinspektors Christoph Schrader an den Herzog Rudolf August von Braunschweig-Wolfenbüttel (1666–1669)
Bericht 5: NSAW 45 Alt 1
Briefe von Christoph Schrader an August den Jüngeren (1646–1666)
HAB Cod. Guelf. 5 Novissimi 2°
Konzepte und Dokumente zur Vorbereitung und Verbreitung der Schulordnung von 1651
  NSAW 40 Slg 2314
  Der Landstände Bedenken und Gravamina, Braunschweig, 15. September 1636
  NSAW 1 Landschaft VIII, 18, Bl. 5r-9r [Über die Reform der Schulen]
Ordo scholasticus (1638) [Gutachten der Universität Helmstedt]
Abschrift hinter einem Exemplar der Schulordnung von 1651 (GD: August 1651, Signatur: HAB: J 106 Helmst. 4° (18))

Gedruckte Quellen (GQ): Signaturen der benutzten Exemplare in der Herzog August Bibliothek in Klammern.

August (1651) [Herzog zu Braunschweig und Braunschweig und Lüneburg]. Schulordnung, Wy es nemlich mit Institution der Jugend in S. Fürstl. Gn. Fürstentümeren, Graf- Herrschaften und Landen, unveränderlich zu halten. Wolfenbüttel: Stern (HAB: J 106 Helmst. 4° (18)).
Blech, G. (1673). *Graecae Grammaticae Synopsis: In usum scholae primum Luneburgensium, quae ad S. Michaelis est, nunc aliarum etiam scholarum, literariaeque adeo iuventutis communem, edita.* (3. Ausg.) Lipsiae: Niemann.
Catalogus. (1650). *Catalogus Derer Bücher, so in Lüneburg und Wolffenbüttel bey Johann und Heinrich Stern, Gebrüdern, zu bekommen, und von Ihnen verlegt oder gedruckt. Nach Ordnung des Alphabets zusammen gesetzet.* Lüneburg, Im Jahr 1650 (HAB: Gn Kapsel 73 (4)).
Catalogus. (1677). *Catalogus Derer Bücher, so in Lüneburg und Wolfenbüttel von denen Sternen, seel. Andenckens, gedruckt oder verlegt, und bey deren Erben, auch bey mir Joh. Kelpen, als sel. Heinrich Sterns Eydam, umb billigen Taxt zu bekommen sind.* Auf vielfältiges Begehren, den Frembden zum besten, Nach Ordnung des Alphabets zusammen gesetzet. [Lüneburg]. Gedruckt im Jahr Christi 1677 (HAB: Be 746).
Cordier, M. (1592). *Colloquiorum scholasticorum libri 5.* Helmstedt: Lucius.
Chytraeus, D. (1585). *Catechesis,* Leipzig, HAB: Yv 511.8° Helmst. (1).
Erasmus, D. (1649). *Liber Aureus Erasmi Roterodami De civilitate morum Puerilium. In usum scholarum adornatus.* Guelpherbyti: Joh. et Henr. Stern (HAB: QuN 441 (2)).
Eutropius, F. (1649). Breviarium Historiae romanae ab Urbe condita, ad annum ejusdem urbis MCXIX [1109]. In C. Heidmann (Hrsg.), *Separatim ad meliora exemplaria editum, et in versiculos distinctum, addita ad oram libri Chronologia accuratiore* (4. Aufl.). Wolferbytti: Johann. et Henr. Stern (HAB: S 1b Helmst. 8° (2); QuN 441 (1)).
Golius, T. (1613). *Educatio puerilis linguae graecae. Fabellae quaedam Aesopi graecae. Ad puerilem educationem in Gymnasio Argentoratensi selectae.* Lipsiae: Valentin Am Ende (HAB: Kf 117).
Golius, T. (1619). *Grammaticae Graecae praecepta primum pro schola Argentinensi conscripta per Theophilum Golium, nunc verò in usum Marchiae Brandenburg: et aliorum Gymnasiorum et scholarum denuò recognita.* Francofurti: Frid. Hartmann (HAB: P 798 Helmst. 8°).
Gualtperius, O. (1649). *Grammatica graeca. Ex optimibus auctoribus collecta [...] à M. Sebastiano Meiero Lubeccensi, Scholae patriae Rectore.* Brunsvigae: Christoph Friedrich Zilliger (HAB: Kf 21) [Andere Ausgaben ibid. 1657, 1675].
Heidmann, C. (1623). *Epitome historica De Imperatoribus sive Caesaribus Augustis Romanorum. A primo eorum C. Iulio Caesare usque ad Constantini Magni filios, et translatam imperii sedem Byzantium quae ex illo tempore est Constantinopolis.* Helmaestadii: Henning Möller (HAB: T 427.4° Helmst. (1)).
Heidmann, C. (1655). *Palaestina sive Terra sancta. Paucis capitibus distincte ordineque explicata et ab ipso autore in illustr. Academia Iulia olim publici Iuris facta [etc]* (2. Aufl.). Wolferbyti: Conrad Buno, Johann Bismarck (HAB: 6.2 Geogr.).
Heidmann, C. (1658). *Europa sive Manuductio ad Geographiam veterem in illustri Academia Iulia* (3. Aufl.). Wolferbyti: Conrad Buno (HAB: 6.1 Geogr.
Heidmann, C. (1660). *Prima Pars Epitomes historicae quae Res illustriores ab orbe condito [...] ad C. Julii Caesaris imperium. Opus postuhumum, nunc primum editum [...] cura Gebhardi Theod. Meier.* Helmaestadii: Calixt (HAB: T 234.4° Helmst. (1)).
Heidmann, C. (1665). *Radices nominum, verborumque latinorum et particularum indeclinabilium,* curante Christoph. Heidmanno olim congestae, nunc ex publico Superiorum Decreto in usum Latinae linguae tironum revisae [...] cum auctario sententiarum, rerum ac formularium, e M. T. Ciceronis libris Philosophicis collectarum, operâ Johannis Bunonis. Lunaeburgi: typis et sumtibus Sterniorum (HAB: Kb 163).

Horneius, K. (1623, 1626, 1646). *Compendium dialecticae succinctum & perbreve, In usum adolescentiae quae his studiis primum imbuitur*. Helmstedt: Rabe; Lucius (HAB: O 141 Helmst. 8° (3)) [1626: Editio secunda, priori correctior. Helmstedt: Rixnerus; 1646: Editio nova, prioribus emendatior. Helmstedt: Mullerus. (HAB: O 131 Helmst. 8° (2)].

Horneius, K. (1636). *Compendium dialecticae succinctum & perbreve,....* Marburg: Chemlinus (HAB: O 141 Helmst. 8° (3)) [Ex libris Johann. Caspar. Trost. ao 1636.; Merkzeichen u. Marginalien von seiner Hand].

Horneius, K. (1657). *Reifliches und Hochvernünftiges Bedencken über das Schulwesen*: Darin außgeführt 1. Worauf eine rechschaffene Erudition bestehe/2. Wie die Fundamenta darzu in den ParticularSchulen zu lege[n]/3. Wodurch die Particular-Schulen in Abgang kommen/4. Wie dieselben wiederum[m] zu heben./Auf vielfaltiges Begehren in offenen Truck heraus gegeben und verlegt. Wolfenbüttel: Buno; Bismarck (HAB: M: Pb 402).

Hutter, L. (1656). *Compendium locorum theologicorum*, ex scripturis sacris et libro Concordiae antehac collectum opera et studio Leonhardi Hutteri, S. Theolog. D. et Professoris in Academia Witteberg[ensis] Ordinarii. Ist aber jetzo, allgemeiner Christenheit, und sonderlich der lieben Schul = Jugend, zum besten, Die Deutsche Version, wie sie der Herr Autor Seel. selbst übersetzet hat, auff jedem Blatt hiebei gefüget. Hildesheim: Petrus Cästens u. Hans Wendel Störtzeus: Erich Kamm (HAB: G152. 8° Helmst.).

Hutter, L. (1661). *Idem.* Braunschweig: Johann Heinrich Duncker; Hildesheim: Justus Hageman (HAB: Te 607).

Kirchmann, J. (1649). *Florilegium ethicum sive sententiae insignores*. Ex optimis quibusque auctoribus latinis collectae, et in certos Locos distributae. In usum scholarum. Guelpherbyti: Joh. et Henr. Stern (HAB: QuN 441 (3)).

Klüver, P. (1652). *Introductionis in vniversam geographiam, tam veterem qvam novam*, libri VI. Brunsvigae: Andreas Duncker; Gothfried Muller (HAB: Ca 171).

Klüver, P. (1659). *Italia antiqua*. Wolferbyti: Buno (HAB: Gg 433).

Klüver, P. (1663). *Germania antiqua*. Wolferbyti: Buno (HAB: M: Cd 97).

Koldewey, F. (1886). *Braunschweigische Schulordnungen von den ältesten Zeiten bis zum Jahre 1828. Schulordnungen der Stadt Braunschweig: Bd. 1. Monumenta Germaniae Paedagogica I* (S. 25–46). Berlin: Hofmann.

Koldewey, F. (1890). *Idem. Schulordnungen des Herzogtums Braunschweig mit Ausschluß der Hauptstadt des Landes: Bd. II. Monumenta Germaniae Paedagogica VIII* (S. 25–78). Berlin: Hofmann.

Melanchthon, P. (Hrsg.). (1616). *Sententiae Salomonis iuxta Hebraicam veritatem summa cura redditae* authore Philippo Melanchthone. Magdeburgi: Andreas Duncker (HAB: A70 Helmst. 8° (1)).

Nendorf, J. (1665). *Syntaxis graeca in usum Scholarum*, ex optimis autoribus collecta, et concinnata à M. Joanne Nendorfio, Scholae Goslariensium Rectore. Editio altera. Goslariae: Nicolas Duncker, 1665, 244 p. 8° (HAB: P 811.8° Helmst.).

Nicéron, J. P. (1728–1745). *Mémoires pour servir à l'histoire des hommes illustres dans la République des Lettres* (43 Bde.). Paris: Briasson.

Phaedrus/Ritterhusius, C. (Hrsg.). (1649). *Phaedri Fabularum Aesopicarum libri 5. In usum scholarum*. Wolfenbüttel: Stern (HAB: Lh 1639 Exemplar des Fürsten Ferdinand Albrecht).

Posselius, J. (1606). „Evangelia kai epistolai tôn kyriakôn kai eortastikôn êmerôn" [etc., griechisch]. Evangelia et epistolae, *quae diebus dominicis et festis sanctorum in Ecclesia, usitato more proponi solent, Graecis versibus reddita, et postremo diligenter multis in locis recognita*, à Johanne Posselio, cum interpretatione latina é regione posita Theophili Cangisseri Hallens[is]. Lipsiae: Iacobus Apelius (HAB: A 366b Helmst. 8°).

Rhenius, J. (1639). *Tirocinium latinae linguae, facillima â ratione pueris commonstrans usum declinationum et conjugationum, nec non communiorum regularum syntaxeos*: Accomodatum iis, qui paradigmata Donati jam utcunque tenent, et regulas de genere nominu ediscunt. Cum privilegio Sac. Caes. Majest. et Sereniss. Elect. Saxon. Lipsiae: Haered. Thomae Schüreri, Matthiae Götzii, Friderici Lanckfisch: Haered. Friderici Lanckisch (HAB: P 890 Helmst. 8°) [mit handschriftlichen Weisheit Sprüchen und Zitaten über den Wert der Erziehung].

Rhenius, J. (1645). *Donatus latino-germanicus seu Ratio declinandi et conjugendi cum vocabulis declinationum*. Lipsiae: Haered. Zachariae Schüreri, Matthiae Götzii, Friderici Lanckfisch: Haered. Friderici Lanckisch. Gebunnde an: Sententiae sacrae ex Evangeliis dominicalibus et aliis Scripturae partibus. Aetati puerili convenientes. Das ist: Geistliche Sprüche etc. Ibid (HAB: Kg 245 (1–2)).

Strubius, J., & Buno, J. (Hrsg.). (1664). *Orbis terrarum veteribus cogniti Typus in binis Tabulis* Joanne Strubio ante hac exhibitus et brevi epitome illustratus; Nunc multis locis emendatus et auctus studio et operâ Iohannis Bunonis. Guelferbyti: Konrad Buno, Typis Sterniis (HAB: 151.57 Quod. (7)).

Severus, S., & Heidmann, C. (Hrsg.) (1651). *Historia sacra*. Cum Optimis primisque Editionibus accuratè collata et recognita. Guelpherbyti: Johannis et Henricus Stern (HAB: S 1b Helmst. 8° (1)).

Vossius, J. G., & Clenardus, N. (1650). *Institutiones linguae Graecae*, olim quidem scriptae a Nicolao Clenardo, nunc autem ab erroribus multis expurgatae, etc, studio atque operâ Gerardi Jo. Vossii. Ed. novissima, prioribus longe emendatior, ac indice Graeco et Latino auctior. Amsterodami: Janssonius (HAB: P 794.8° Helmst.) [Es bleibt kein bekanntes Exemplar von der Ausgabe, die in den Katalogen von 1650 und 1677 des Stern Verlags verzeichnet ist].

Vossius, J. G. (1649). *Elementa rhetorica, Oratoriis ejusdem Partitionibus accomodata in usum scholarum adornata*. Guelferbyti: Joh. et Henr. Stern (HAB: Um 205) [Exemplar des Fürsten Ferdinand Albrecht von Braunschweig-Wolfenbüttel].

Vossius, J. G. (1651). *Latina Grammatica contracta. Ad exemplar Grammaticae Latinae in usum Scholarum adornatae*. Guelferbyti [Wolfenbüttel]: Joh. et Henr. Stern. Gebunden an Idem (1651). *Latina Syntaxis contracta in usum Scholarum*. Ibid. Gebunden an Idem (1651). *Latina Prosodia contracta in usum Scholarum*. Ibid (HAB: Kg 331).

Vossius, J. G. (1659). *Elementa rhetorica*. Oratoriis ejusdem Partitionibus accomodata, et Amstelodami excusa, Jam verò plurimum aucta [...], operâ M. Joh. Sebastiani Mitternachts, P.C. Illustris Ruthenei, quod Gerae est, Rectoris. Wolferbyti: Stern (HAB: S 1b 8° Helmst. (4)).

Vossius, J. G. (1688). *Latina Grammatica ex Decreto illust. DD. Holl. West-Frisiaeque Ordinum, in usum Scholarum adornatae*. Guelferbyti: Caspar Johann Bismarck (HAB: Kg 332).

Weller, J. (1662). *Grammatica Graeca nova*, opera Abrahami Telleri quod dialectos completa, nunc verò ab ipso autore novissime, postquam hactenus saepius impressa publicam adspexit lucem recensita. Hildesiae: Castens (HAB: P 832 8° Helmst.).

Sekundärliteratur

August. (1979). *Sammler, Fürst, Gelehrter: Herzog August zu Braunschweig und Lüneburg. 1579–1666*. Niedersächsische Landesaustellung in Wolfenbüttel, 26.5–31.10.1979, Herzog August Bibliothek. Limbach: Braunschweig.

Blair, A. (2008). Student manuscripts and the textbook. In E. Campi, S. De Angelis, A.-S. Goeing, & A. Grafton (Hrsg.), *Scholarly knowledge: Textbooks in early modern Europe* (S. 39–73). Geneva: Droz.

Campi, E., De Angelis, S., Goeing, A. S., & Grafton, A. T. (Hrsg.). (2008). *Scholarly knowledge: Textbooks in early modern Europe*. Geneva: Droz.

Chartier, R. (1985). Du livre au lire. In R. Chartier (Hrsg.), *Pratiques de la lecture* (S. 62–88). Paris: Rivages.
Dumrese, H. (1956). Der Sternverlag im 17. und 18. Jahrhundert. In *Lüneburg und die Offizin der Sterne* (S. 1–133). Lüneburg: Stern.
Etzold, U. M. (2010). Helmstedt im Druck. Universitätsbuchdrucker und Universitätsbuchbinder. In J. Bruning & U. Gleixner (Hrsg.), *Das Athen der Welfen: die Reformuniversität Helmstedt 1576–1810* (S. 276–283). Ausstellung in der Herzog August Bibliothek Wolfenbüttel 7.2.2010–29.8.2010. Wolfenbüttel: Herzog-August-Bibliothek.
Eule, W. (1921). *Helmstedter Universitäts-Buchdrucker.* Helmstedt: Schmidt.
Grafton, A. T. (2008). Textbooks and the disciplines. In E. Campi, S. De Angelis, A.-S. Goeing, & A. Grafton (Hrsg.), *Scholarly knowledge: Textbooks in early modern Europe* (S. 11–36). Geneva: Droz.
Grotefend, C. L. (1840). *Geschichte der Buchdruckerei in den Hannoverschen und Braunschweigischen Landen* (Bl. h5v-i1r). Hannover: Hahn.
Hettwer, H. (1965). *Herkunft und Zusammenhang der Schulordnungen.* Mainz: Hase & Koehler.
Kuiper, E. J. (1958). *De Hollandse „Schoolordre" van 1625: een studie over het onderwijs op de Latijnse scholen in Nederland in de 17de en 18de eeuw.* Groningen: Wolters.
Le Cam, J.-L. (1996). *La politique scolaire d'Auguste le Jeune de Brunswick-Wolfenbüttel et l'inspecteur Christoph Schrader 1635–1666/1680 (Bd. 1–2).* Wiesbaden: Otto Harrassowitz.
Le Cam, J.-L. (2008). Späthumanismus, ‚Helmstedter Konfessionalisierung' und Säkularisierung der Schule. Zur Genese der Reform von Schule und Schulaufsicht im Herzogtum Braunschweig-Wolfenbüttel nach dem 30jährigen Krieg. In H.-U. Musolff, J. Jacobi, & J.-L. Le Cam (Hrsg.), *Säkularisierung vor der Aufklärung? Bildung, Kirche und Religion 1500–1750* (S. 71–90). Köln: Böhlau.
Le Cam, J.-L. (2011). Breithaupt als Schüler Christoph Schraders und des Helmstedter Späthumanismus. In A. Lindner & R. Lindauer-Huber (Hrsg.), *Joachim Justus Breithaupt (1658–1732). Aspekte von Leben, Wirken und Werk im Kontext* (S. 79–112). Stuttgart: Steiner.
Le Cam, J.-L. (2012). Persistance et renouveau de l'humanisme dans les écoles luthériennes allemandes au XVIIe siècle (Basse-Saxe et Brunswick). In C. Magnin & C. A. Müller (Hrsg.), *Enseignement secondaire, formation humaniste et société, XVIe-XXIe siècle*, Genève: Slatkine (im Druck).
Le Cam, J.-L. (2013). Lecture et appropriation du livre religieux dans le cadre de l'école au XVIIe siècle: l'exemple du Brunswick luthérien. In P. Veit & T. Kaufmann (Hrsg.), *Religiöse Buchpraktiken in der Frühen Neuzeit im Alten Reich und in Frankreich – Les Pratiques religieuses du livre dans le Saint-Empire et en France à l'époque moderne.* Wiesbaden: Harrassowitz (in Vorbereitung).
Mager, I. (2011). Studium im Krieg – Studium im Frieden: die Beziehungen zwischen den Universitäten Helmstedt und Leiden im frühen 17. Jahrhundert. In H. Schmidt-Glintzer (Hrsg.), *Die Reformuniversität Helmstedt 1576–1810. Vorträge zur Ausstellung „Das Athen der Welfen"* (S. 111–139). Wiesbaden: Harrassowitz.
Radeker, S. M. (1981). *Life and Work of Gerardus Joannes Vossius (1575–1649).* Assen: Van Gorcum.
Schmidt, R. (1908). *Deutsche Buchhändler. Deutsche Buchdrucker* (Bd. 5, S. 934–935). Berlin: Weber.
Wittman, R. (1991). *Geschichte des deutschen Buchhandels: ein Überblick.* München: Beck.

Lernmaterialien und Lesepraxis in Ursulinenschulen des 17. und 18. Jahrhunderts

Anne Conrad

Zusammenfassung: Am Beispiel der zur Pariser Observanz gehörenden Ursulinenkonvente in Erfurt und Würzburg wird nach Lernzielen, Methodik, Lernmaterialien und Unterrichtsinhalten der Ursulinenschulen gefragt. In den normativen Quellen werden Schulbücher und Lektüre als selbstverständlich vorausgesetzt, aber nur sehr selten mit Titeln genannt. Ein anderer Zugang zur Lektürepraxis bietet sich mit dem Blick auf den Bibliotheksbestand der Klöster. Dabei nimmt zwar religiöse Literatur den größten Raum ein, doch es finden sich auch Ansatzpunkte für weitergehende, eher „säkulare" Interessen (Geschichte, Geographie, Naturkunde).

Schlüsselwörter: Schulbuch · Bibliothek · Ursulinen · Erfurt · Würzburg

Educational objectives, methods and learning material of Ursuline schools (17th and 18th centuries)

Abstract: Using the example of the Ursuline convents belonging to the Parisian Observance at Erfurt and Würzburg the article analyses educational objectives, methods, learning material and teaching content of Ursuline schools. Normative sources take schoolbooks and reading for granted, but seldom mention special titles. Another access to what was read in praxis is possible through a cloister's book stock. Here religious literature is prevalent, but there are also found rudiments of further, rather "secular" interests (History, Geography, Natural History).

Keywords: Textbook · Library · Ursulines · Erfurt · Würzburg

© Springer Fachmedien Wiesbaden 2012

Prof. Dr. A. Conrad (✉)
Institut für Katholische Theologie, Universität des Saarlandes, Campus A 4.2,
66123 Saarbrücken, Deutschland
E-Mail: a.conrad@mx.uni-saarland.de

Das Zusammenspiel von religiösen und säkularen Inhalten des Lehrens und Lernens gehört zu den wesentlichen Charakteristika frühneuzeitlicher Bildungskonzepte (Musolff et al. 2008). Bildung und Erziehung sind einerseits im Kontext der Konfessionalisierung maßgeblich durch die christlichen Kirchen und deren Ziel, die eigene Lehre konsequent und nachhaltig durchzusetzen, geprägt; Schulen werden daher als wichtigstes Medium konfessioneller Indoktrination von den Kirchen ausdrücklich gefördert. Andererseits lässt sich aber auch bereits vor der Aufklärung in weiten Teilen der frühneuzeitlichen Gesellschaft eine „Relativierung der Ansprüche des Christentums" bis hin zu einer „Abkehr von christlichen Glaubensinhalten und Glaubenspraktiken" beobachten (Conrad und Schmid 2007). Säkulare Inhalte – von den Elementartechniken (Lesen, Schreiben, Rechnen) über Buchführung bis hin zu Naturwissenschaften, Geographie und Geschichte – sind in der städtischen Gesellschaft, im Milieu der Handwerker, Kaufleute und Amtsleute, gefragt und müssen entsprechend vermittelt werden. Die Frage nach der Gewichtung von „säkularen" und „religiösen" Bildungsinhalten ist allerdings mit dem quellenkritischen Problem konfrontiert, dass für das 17. und frühe 18. Jahrhundert zwar die Vermittlung einer säkularen Grundbildung allgemein vorausgesetzt werden kann, deren Inhalte in den Schulordnungen und Chroniken aber kaum thematisiert werden (Rapley 2001, S. 219 f.; vgl. auch Conrad 2004, 2007). Dies gilt auch für die Ursulinenschulen, die im 17. und 18. Jahrhundert in Frankreich nahezu flächendeckend in allen größeren Städten verbreitet waren (im 17. Jh. bestanden etwa 320 Konvente mit jeweils 40–80 Nonnen und Hunderten von Schülerinnen; Rapley 1990, S. 60) und von dort aus auch zahlreiche Niederlassungen im deutschen Sprachraum gründeten (Conrad 1994, S. 140 f.). Sie boten ein zweizügiges Schulsystem an mit unentgeltlichem Elementarunterricht an Tagesschulen, der allen Mädchen aus der Stadt und der näheren Umgebung offen stand, und „höherem" Unterricht in dem zum Kloster gehörenden „Pensionat" für die Mädchen aus dem finanzkräftigen bzw. standesbewussten Adel und Bürgertum. Von den Zeitgenossen wie auch von den Ursulinen selbst wurden ihre Schulen als weibliches Pendant zu den Jesuitenschulen verstanden. Damit zählten sie zur Elite der frühneuzeitlichen Bildungseinrichtungen. Die Gründungen erfolgten im Einvernehmen mit dem Magistrat der jeweiligen Stadt, häufig auf Initiative einzelner Persönlichkeiten der städtischen Führungsschicht. Dies und auch der Zulauf, den die Schulen hatten, lässt darauf schließen, dass das Bildungskonzept der Ursulinenschulen durchaus den „säkularen" Erwartungen entsprach, was sich allerdings in den normativen Quellen (Schulordnungen, Vorschriften für die Nonnen und Schülerinnen) kaum widerspiegelt. Im Gegenteil: In diesen dominiert der „Primat der Religion" (Rutz 2008). Als dezidiert katholische Bildungseinrichtungen pflegten die Ursulinen ein konfessionell-religiöses Selbstverständnis, von dem auch die explizit formulierten Bildungsinhalte bestimmt waren. Ihre Schulen vermittelten nicht nur Wissen und technische Fertigkeiten, sondern waren, wie andere ähnliche Einrichtungen auch, primär eine „Sozialisationsinstanz" (Rutz 2006, S. 385) mit dem Ziel, die Schülerinnen zu „guten Christenmenschen" und „braven Mädchen" zu erziehen (Schraut und Pieri 2004), die in ihrem jeweiligen Lebenszusammenhang als Multiplikatoren der katholischen Lehre fungieren konnten (Conrad 2003).

Für die Frage nach den Lehr- und Lernmaterialien ist dies insofern von Gewicht, als die einschlägigen, relativ leicht zugänglichen Quellen, die uns über die Schulpraxis Auskunft geben könnten, also Regeln, Schulordnungen und Chroniken, den religiösen Aspekt absolut in den Vordergrund rücken. Details der religiösen Bildung und allgemeinere Erziehungsideale (Frömmigkeit, Disziplin, Sauberkeit, guter Umgang miteinander – das, was im Französischen als *civilité* bezeichnet wurde) werden breit abgehandelt, konkrete „weltliche" Lerninhalte im Sinne einer Faktenvermittlung dagegen kaum thematisiert, allerdings implizit vorausgesetzt; erst unter dem Einfluss der Aufklärungspädagogik seit Ende des 18. Jahrhunderts ändert sich dies (Rutz 2006, S. 362, 384; vgl. auch Hofmeister 2007 sowie die Beispiele in der kommentierten Quellendokumentation zu Würzburg: Schraut und Pieri 2004; allgemein zur frühneuzeitlichen Mädchenbildung: Conrad 2007). Eine Möglichkeit, jenseits der normativen Vorgaben danach zu fragen, welche Lehr- und Lernmaterialien faktisch in den Klöstern vorhanden waren, bietet der Blick auf den Bibliotheksbestand der Klöster. Am Beispiel der Erfurter Ursulinenbibliothek, deren Bestand bis zur Gründungszeit zurückreicht, aber noch nicht wissenschaftlich erschlossen ist, sollen hierzu einige Ansatzpunkte aufgezeigt werden.

Im Folgenden werden also Schulbücher, Lektüre und Unterrichtspraxis aus einer mehrfachen Perspektive thematisiert. Zunächst wird, ausgehend von den für die Ursulinenschulen verbindlichen Regeln, nach pädagogischem Konzept und Lehrhinhalten sowie nach Methodik und Lernmaterialien gefragt. Im Anschluss daran wird in einem zweiten Schritt – jenseits der normativen Vorgaben – eine Annäherung an die Lektürepraxis versucht. Im Mittelpunkt stehen dabei die zur Observanz von Paris gehörenden Ursulinenklöster in Würzburg und Erfurt.

1 Pädagogisches Konzept und Lehrinhalte: Schule als Katechese

Die Bildungsinitiativen im konfessionellen Zeitalter standen in engem Zusammenhang mit der Katechese (Conrad 2004, S. 288–293; Hofmeister 2004; Carter 2011), und dies bildet auch den Hintergrund, vor dem sich pädagogisches Konzept, Lehr- und Lernstoffe der Ursulinenschulen primär erschließen lassen. Die Ursulinen waren 1535 im norditalienischen Brescia von Angela Merici als geistliche Gemeinschaft – zunächst ohne ein spezifisches Aufgabenfeld – gegründet worden. Ihr Ziel war eine spirituelle Erneuerung, eine neue geistliche Orientierung, wie sie auch von anderen Gemeinschaften im Rahmen der (katholischen) Reformbewegung des frühen 17. Jahrhunderts – analog zur reformatorischen Bewegung, aber weniger radikal – intendiert war. Protagonisten dieser „evangelistischen" Bewegung, die ihren Schwerpunkt in Italien und Spanien hatte, waren die Jesuiten, die *Societas Jesu* („Gesellschaft Jesu"), ursprünglich ebenfalls kein „Schulorden", sondern „nur" eine geistliche Reformgemeinschaft.

Die Ursulinen breiteten sich – ähnlich wie die Jesuiten – relativ schnell aus, wobei sie in der zweiten Hälfte des 16. Jahrhunderts, als die Reforminitiativen des Konzils von Trient (1545–1563) durchgesetzt werden sollten, besonders vom Mailänder Erzbischof Carlo Borromeo gefördert wurden und ihren hauptsächlichen Arbeitsbereich in der Katechese und Frauenseelsorge fanden. Aus der katechetischen Unterweisung, die im Erzbistum Mailand, nach dessen Vorbild später ähnlich auch in anderen Diözesen, in Katechismus-Schulen („Scolae Doctrinae Christanae", „Schulen der christlichen Lehre") organisiert war, entwickelten sich dann sehr bald katholische Elementarschulen, die von

Ursulinen und anderen Frauengemeinschaften (zu anderen Beispielen vgl. Rapley 1990; Conrad 1991b) geleitet wurden.

Diese Verwurzelung der Ursulinenschulen in der Katechese hatte bleibenden Einfluss auf ihr pädagogisches Konzept wie auch auf die Gestaltung des Unterrichts (Conrad 1995). Unterrichtet wurde zwar grundsätzlich alles, was für den weiteren Lebensweg der Mädchen notwendig schien – in den Elementarschulen gehörten dazu Lesen, Schreiben (besonders Briefeschreiben), Rechnen, manchmal Buchführung sowie unterschiedliche praktische Fertigkeiten. Wesentliches Erziehungsziel war jedoch die religiöse Erziehung. Der Unterricht war strukturiert durch Gebete und religiöse Rituale; Lesen und Schreiben wurde nahezu ausschließlich an Hand religiöser, katechetischer Texte eingeübt; Höhepunkte des Schuljahres, die im Unterricht gezielt vorbereitet wurden, waren die liturgischen Feste, v. a. die feierliche Erstkommunion mit vorangegangener Beichte und die Firmung. Dies gilt im Wesentlichen auch für die „höheren Schulen", die neben dem Elementarunterricht den zweiten Zweig der Ursulinenschulen bildeten. Sie hatten ihren Ursprung in der traditionellen Funktion von Klöstern und Orden als Sozialisations- und Versorgungsinstitutionen von Mädchen aus höheren Ständen. Die „Pensionärinnen", die aufgenommen wurden, zahlten ein „Kostgeld" und trugen damit zur finanziellen Fundierung der Konvente bei (vgl. die instruktive Fallstudie: Krumme 2009). Ihre Ausbildung diente zudem – nicht per se, wohl aber faktisch – der Rekrutierung des eigenen Nachwuchses. Zu den Inhalten, die an den höheren Schulen vermittelt wurden, liegen für das 17. Jahrhundert nur recht unspezifische Angaben vor. Auch hier heißt es, dass „alles" vermittelt wurde, was für ein Mädchen nötig sei. Dazu gehörten neben den Elementarkenntnissen, einschließlich Latein, auch anspruchsvollere Handarbeiten, Zeichnen, Musik, Instrumentenspiel, Tanz und moderne Fremdsprachen. Seit dem späten 17. Jahrhundert findet sich „Biblische Geschichte" im Stundenplan, erst relativ spät kamen im Gefolge der Aufklärung auch die „Realien" Naturkunde und Geographie dazu.

Zu den frühesten Quellen ursulinischer Unterrichtspraxis gehört das Schulreglement der Pariser Ursulinen von 1652 (Conrad 1996). Es liegt vor in einem Druck von 1705 mit dem Titel *Reglemens des Religieuses Ursulines de la Congrégation de Paris,* der u. a. bei den Ursulinen in Erfurt, die die Satzungen der Pariser Ursulinen übernommen hatten, in Gebrauch war. Es gibt v. a. Auskunft über die Organisation der Schule, die Erziehungsziele und die religiöse Bildung. Der erste, ausführlichere Teil befasst sich mit den Pensionärinnen, der zweite mit den externen Schülerinnen der Elementarschulen. Breiten Raum nehmen Anweisungen für die religiöse Erziehung (Gebetspraxis, Katechismus-, Beicht-, Kommunionunterricht) sowie für den Tagesablauf und das Zusammenleben im Internat ein. Ausführlich wird aber auch auf die Methoden des Elementarunterrichts eingegangen. „Höhere" Fächer werden keine explizit erwähnt, wohl aber die Trennung zwischen der Tagesschule für die Externen, in der die Grundlagen vermittelt wurden, und dem Pensionat für eine vertiefte Ausbildung. Die innere Struktur der Schulen war durch das Klassensystem bestimmt: In den Pensionärinnen-Klassen sollten nicht mehr als zwanzig Mädchen sein. Die Externen-Klassen waren größer, wurden aber in Kleingruppen zu je zehn Schülerinnen aufgeteilt, für die eine Schülerin pro Gruppe verantwortlich war. Die beiden Schulen unterstanden jeweils einer Schulleiterin (*Maîtresse generale*); die einzelnen Klassen wurden von je zwei Klassenlehrerinnen (*Maîtresses particulieres*) im wöchentlichen Wechsel (damit sie als Ordensfrauen auch ihren religiösen Verpflichtungen nachkommen konnten) geleitet. Zwei Fachlehrerinnen waren für Rechnen, handschriftliches Lesen, Orthographie und für den Arbeitsunterricht (Nähen, Sticken), der insgesamt in der Beschreibung des Unterrichts breiten Raum einnimmt, zuständig. Ein oder zwei weitere Lehrerinnen brachten den Schülerinnen das Schreiben bei. Hervorgehoben wird, dass Lernmaterialien (Hefte, Blätter, Rechenmünzen, Bücher) ausreichend vorhanden sein müssen; den Lehrerinnen wird eingeschärft, sorgsam damit umzugehen. Von den Schülerinnen wurden Frömmigkeit, eifriges Lernen und gutes Betragen erwartet; durch Lob und Belohnungen sollten sie zum Lernen motiviert, Fehler und Vergehen „ohne Leidenschaft" bestraft werden. Die Lehrerinnen sollten sich durch Engagement und Liebe zu ihrem Beruf auszeichnen und im Umgang mit den Schülerinnen zwar darauf bedacht sein, dass diese im Unterricht Fortschritte machten, ihnen dabei aber mit verantwortungsbewusster „Mütterlichkeit", mit Umsicht, Geduld und Milde begegnen. Diese mehr von Wohlwollen als von Strenge getragene Grundhaltung hatte auch inhaltliche Konsequenzen. Nur vereinzelt finden sich Empfehlungen für bestimmte Lektüre; insgesamt sehen die Regeln eine weitreichende „Lehrmittelfreiheit" vor und setzen voraus, dass die zuständigen Ordensfrauen auf angemessene Bücher und Materialien zurückgreifen.

2 Methodik und Materialien

Bemerkenswert ist, dass in den *Reglemens* zwar nur sehr allgemein die Inhalte des Unterrichts beschrieben, dass aber sehr ausführlich auf die Methodik und im Zusammenhang damit auch auf Lernmaterialien eingegangen wird. Papier und Tinte müssen ausreichend vorhanden sein. Dann sollen die Schülerinnen lernen, die Feder anmutig mit drei Fingern zu halten, und nach und nach das Formen der Buchstaben und Wörter üben: zuerst *o*, und *i*, dann *a, u, m, n*, anschließend *b, d, l, f, g, h*, und *c*, danach Buchstabenverbindungen und Wörter: *uuu, mmm, nnn*, sowie *avancement, communs, communauté, commis*, später noch *honorablemen, supplications, compagnies*, schließlich die römischen und arabischen Ziffern. Jenen, die sich damit schwer tun, sollte die Hand geführt werden; zudem war auf eine gerade Haltung, auf Sauberkeit und vorsichtigen Umgang mit der Tinte zu achten. Für Schreibhefte, Federn und Tinte hatte die Schule zu sorgen. (Reglemens 1705, S. 74–78)

Gerechnet wird mit Münzen (*jettons*) (zum sorgfältigen Umgang damit vgl. Reglemens 1705, S. 139). Dabei sollten die Mädchen verschiedene Rechenarten kennenlernen, „zum Beispiel wie viel ist 7 plus 7, 6 mal 5, und ähnliches. Man beginnt mit den einfachsten Rechnungen, dann mit Sachaufgaben, die sich auf Alltagserfahrungen stützen. Wie viel kostet eine bestimmte Anzahl von Stoffballen, wenn ein bestimmter Preis zugrunde gelegt wird? Wie werden verschiedenen Währungen umgerechnet? Außerdem lernten die Mädchen schriftliches Rechnen und, „sofern sie dazu fähig waren", die Grundlagen der Arithmetik. (Reglemens 1705, S. 86) Dass mit Rechenbüchern gearbeitet wurde ist anzunehmen, auch wenn in den Reglemens keine Buchtitel genannt werden. In der Kölner Ursulinenschule war jedoch im 18. Jahrhundert das „Augsburger Rechenbuch" von Johann Baptist Lechner in Gebrauch (Lechner 1733; vgl. dazu sowie zu weiteren Büchern, die in einem Kölner Verzeichnis von 1780 genannt werden, Rutz 2006, S. 370–380).

Im Orthographieunterricht werden Bücher verwendet, die ebenfalls nicht näher bestimmt werden. Detailliert wird jedoch auch hier die Methode beschrieben: Aus den

„Büchern" wird Wort für Wort eine Passage diktiert; die Mädchen schreiben dies auf ein Blatt Papier und korrigieren anschließend selbst, indem sie das Geschriebene mit dem Text des Buches vergleichen. Die falsch geschriebenen Wörter werden mehrfach (richtig) geschrieben, der gesamte Text am folgenden Tag wiederum diktiert. Erst wenn er fehlerfrei beherrscht wird, darf eine neue Lektion in Angriff genommen werden. (Reglemens 1705, S. 87)

Falls nicht ausreichend „Bücher" zur Verfügung stehen, soll eine andere Methode angewandt werden: Die Lehrerin liest eine Passage vor, die Mädchen schreiben diese in ein Heft. Anschließend buchstabiert die Lehrerin die einzelnen Wörter laut und die Mädchen vergleichen dies mit ihrem Geschriebenen und korrigieren entsprechend. Solange Fehler gemacht werden, wird dies täglich wiederholt. (Reglemens 1705, S. 88)

Offen bleibt auch, an Hand welcher „Bücher" das Lesen geübt wird. Details finden sich wiederum nur ausführlich zur Methode: Jede Schülerin hat das gleiche Buch vor sich. Lehrerin und Schülerinnen machen zu Beginn das Kreuzzeichen, dann buchstabiert die Lehrerin fünf oder sechs Zeilen und liest danach ungefähr eine Seite oder zwei vor. Dabei spricht sie sehr deutlich, macht Pausen und lässt Akzente und Betonungen erkennen. Die Mädchen schauen währenddessen in ihre Bücher und folgen Wort für Wort mit leiser Stimme dem, was die Lehrerin liest. Danach ruft die Lehrerin der Reihe nach die Schülerinnen auf, die mit lauter Stimme alles oder einen Teil ihrerseits vorlesen und, wenn sie Fehler machen, von der Lehrerin korrigiert werden. Solche Übungsstunden sind zweimal täglich vorgesehen, am Vormittag und am Nachmittag, und zwar einmal auf Französisch und einmal auf Latein. Die Dauer der Übungseinheiten soll den Fähigkeiten der Mädchen angepasst werden. Jene, denen es noch schwer fällt, Französisch zu lesen, sollen zweimal täglich Latein lesen (Reglemens 1705, S. 30 f.)

3 Bücher im Unterricht

Das Reglement der Pariser Ursulinen, das in Deutschland auch in Kitzingen, Erfurt und Würzburg den Rahmen vorgab, formuliert als Erziehungsziel, dass die Mädchen nicht nur „gute Christinnen" werden, sondern auch *plus sages,* ein Begriff, der sich im Deutschen nicht nur mit „weise" und „klug" wiedergeben lässt, sondern gerade im Hinblick auf Mädchen auch gerne mit „umsichtig", „vernünftig", „wohlerzogen" und „brav" assoziiert wird. Die Absolventinnen der Ursulinenschulen galten demnach als „bestens ausgebildet in all dem, was für ein Mädchen notwendig ist" (Reglemens 1705, S. 130). Diese Formulierung in den Pariser Regeln wurde verbunden mit der Aufforderung an die Pensionärinnen, ihren Eltern, die ihnen diese Ausbildung ermöglichen, dankbar zu sein und die Schulzeit zu nutzen, um gut zu lernen. Dementsprechend wurden von den Schülerinnen Motivation, Lernbereitschaft und Arbeitsdisziplin erwartet.

Dass diese eher grundsätzlichen Ausführungen inhaltlich kaum konkretisiert werden und auf Lernmaterialien nur sehr allgemein Bezug genommen wird, muss sich allerdings nicht als Nachteil erweisen. Während in zeitgenössischen Traktaten zur Mädchenerziehung vielfach hervorgehoben wird, was Mädchen alles *nicht* lernen und lesen sollen (Conrad 1991a), findet sich in den Ursulinenschulen offenbar ein grundsätzlicher Freiraum für „alles", was als Lern- und Lesestoff „geeignet" erscheint. Dies im Einzelfall zu beurteilen war Sache der zuständigen Lehrerinnen und der Oberin.

In diesem Sinn gehörte es zu den Aufgaben der *Maîtresse generale*, die Lektüre der Mädchen zu kontrollieren, wobei jedoch offenbleibt, wie restriktiv sie vorgehen soll. Wenn ein Mädchen im Sprechzimmer von Besuchern Bücher erhält, muss die *Maîtresse generale* prüfen, ob dies Werke sind, die „zur Frömmigkeit beitragen". Ist dies nicht der Fall, sollen die Bücher wieder zurückgeschickt werden. Neue Bücher, die im Kloster bislang noch nicht gesehen wurden, soll sie zuvor der Oberin zeigen. Die Schülerinnen dürfen nur jene Bücher behalten, die „sehr geistlich" sind und „geeignet für Ordensfrauen und Fortgeschrittene" (*qui seront fort spirituels, et seulement propres à des personnes Religieuses et bien avancées*; Reglemens 1705, S. 16 f.). Restriktionen waren also vorgesehen, wurden aber nicht näher spezifiziert. Es blieb ein gewisser Entscheidungsspielraum.

Andererseits hatte die „Maîtresse generale" auch dafür zu sorgen, dass für die religiöse Unterweisung der Schülerinnen überhaupt geeignete Bücher zur Verfügung standen. Nur an dieser Stelle werden in den Pariser Vorschriften Buchtitel genannt (Reglemens 1705, S. 18 f.), und zwar drei Titel von „Büchern über die christliche Lehre" (*Livres de la Doctrine Chrestienne*): neben dem Catechismus Romanus die *Instruction du chrestien du Cardinal de Richelieu* (Richelieu 1619) und der *Grand tresor de la Doctrine Chrestienne* (Turlot 1631), zwei verbreitete Handbücher zur Katechese. Ansonsten sollten „einige fromme Bücher", die der Fassungskraft der Mädchen angepasst sind und durch die sie für „gute Lektüre" gewonnen werden können („quelques Livres pieux conformes à leur capacité, afin qu'elles s'affectionnent aux bonnes lectures et en profitent", Reglemens 1705, S. 34), in jeder Klasse zur Verfügung stehen und sorgsam aufbewahrt werden. Während des Essens wurde von einer Schülerin vorgelesen, an Sonn- und Feiertagen war im Anschluss an die Rekreation gemeinsame oder individuelle Lektüre eingeplant („quelque lecture pieuse en commun ou en particulier"; Reglemens 1705, S. 11 f., 116). „Quelques Livres de pieté" sollten auch zum Gottesdienst – speziell zur Vesper – mitgenommen und dort gelesen werden (Reglemens 1705, S. 132). Zum Lesestoff gehörten außerdem die Lebensbeschreibungen von Heiligen, deren Lektüre im Zusammenhang mit den „Monatsheiligen" vorgeschrieben war (Reglemens 1705, S. 134): Per Losverfahren fiel jedem Mädchen zum Monatsanfang ein Heiliger oder eine Heilige zu, die im jeweiligen Monat besonders verehrt werden sollten. Der Brauch war durch die Jesuiten etabliert worden und hatte mit seinen spielerischen Elementen (Verlosung der Heiligen, Ausgabe von Zetteln mit Abbildungen des/der Heiligen, Lektüre entsprechender Geschichten) großen Anklang gefunden. Allgemein war es die Aufgabe der „Maîtresse generale", dafür zu sorgen, dass ausreichend Lehr- und Lernmaterialien zur Verfügung standen, und zwar nicht nur Papier und Tinte, sondern auch lateinische und französischen Bücher und Katechismen (Reglemens 1705, S. 157).

4 Lektürepraxis im Spiegel der Ursulinen-Bibliotheken

Lektüre wird zwar in den normativen Quellen der Ursulinen selten explizit benannt, faktisch aber vorausgesetzt. Davon zeugen nicht zuletzt die Bibliotheken der Ursulinenklöster. Ungeachtet des methodischen Problems, inwiefern sich aus dem vorhandenen

Buchbestand überhaupt auf tatsächliche Lesepraxis oder gar Unterrichtslektüre schließen lässt, gibt der Blick in den Bibliotheksbestand des Ursulinenklosters Erfurt, das 1667 gegründet worden war, Anhaltspunkte dafür, wie die eher allgemeinen Angaben der Pariser Regeln von 1652 inhaltlich umgesetzt werden konnten. Die Konvente in Erfurt und Würzburg waren 1667 und 1712 von Ursulinen aus Kitzingen, wo seit 1660 ein Kloster bestand, gegründet worden (zu Erfurt: Müller 1992; Lindner 2003; zum evangelischen Mädchenunterricht vgl. Brück 2006; zu Würzburg: Schraut und Pieri 2004); Kitzingen wiederum ging auf Initiativen aus Metz (gegr. 1649) und Mâcon (gegr. 1615) zurück. Alle Konvente gehörten zur Observanz von Paris, waren also auf die Pariser Regeln verpflichtet.

Die Gründung von Kloster und Schule in Erfurt war Teil der kirchlichen Reformmaßnahmen des Mainzer Kurfürsten und Erzbischofs Johann Philipp von Schönborn (1605–1673), zu dessen Territorium Erfurt seit 1664 gehörte (Schraut 2004a). Im Sinne der Reformdekrete des Konzils von Trient (1545–1563) bemühte sich Schönborn um die Neugestaltung katholischer Frömmigkeit (durch Literatur, Musik, Kirchenarchitektur) und die Hebung des Bildungsniveaus bei den Geistlichen ebenso wie bei den Gläubigen aller Altersgruppen. Dazu gehörten eine durch moderne Methoden attraktiv gestaltete Katechese sowie die Einrichtung von Schulen, in denen Jungen wie Mädchen zu „guten Christenmenschen" erzogen werden sollten. Die Ursulinenkonvente in Erfurt und später auch in Würzburg gehören in diesen Kontext.

Der Hochschätzung der katechetischen Unterweisung entspricht es, dass v. a. Katechismen in größerer Anzahl zum Bibliotheksbestand gehörten. Erhalten ist in Erfurt u. a. ein Exemplar des *Catechismus in außerlesenen Exempeln, kurtzen Fragen, schönen Gesängern, Rejimen und Rejien für Kirchen und Schulen von newern fleißig außgelegt und gestelt* (Vogler 1625), ursprünglich von dem Jesuiten Georg Vogler für eine Würzburger Mädchenschule verfasst und bis ins 18. Jahrhundert ein Bestseller katechetischer Schulliteratur – nicht nur in Mädchenschulen (Pieri 2004, S. 75 f.; Metzger 1982, S. 232). In Würzburg war im 18. Jahrhundert dann die eigens für die Ursulinenschule verfasste *Catholische Glaubens- und Sitten-Lehr, welche über die fünff Haupt-Stück des Catechismi P. Petri Canisii Soc. Jesu, in der Schul deren Ursuliner-Geistlichen zu Würzburg, der weiblichen Jugend ordentlich vorgetragen wird* (Kettler 1734) in Gebrauch. Autor war Martin Kettler, Präsident der Geistlichen Regierung und zugleich Direktor der Ursulinenschule (Pieri 2004, S. 77, 86–88).

Dem für den Reformkatholizismus im Sinne Schönborns ebenfalls typischen Anliegen, den Kindern im Unterricht die biblischen Geschichten nahe zu bringen, entsprach die in Erfurt gedruckte *Kinder- und Bilderbibel, bestehend aus hundert schönen Biblischen Figuren, sowohl zum Nutzen als auch zur Belustigung der Jugend/sich der Bibel bekandt zu machen, wobey zugleich der Kern und Inhalt gantzer h. Schrifft beygefügt* (Kinder- und Bilderbibel 1710). Zur gleichen Gattung gehört ein Band, der allerdings erst gegen Ende des 18. Jahrhunderts zusammengestellt worden war: *Kern der biblischen Geschichte des alten Testaments, daraus der Jugend die vornehmsten Begebenheiten des Volkes Gottes und der berühmtesten Personen aus diesem Volke sehr leicht können bekannt gemacht werden.* (Kern der biblischen Geschichte 1777). Kontroverstheologischen Konfessionalismus spiegelt das Werk des Jesuiten Joseph Malvalete *Das Wort Gottes für den allein seligmachenden Catholischen Glauben in einem Hand-Buechlein verfasset. Zum sicheren und klaren Beweißthum der Römisch-Catholischen Wahrheit täglich zu gebrauchen* (Malvalete 1734). Geistliche und katechetische Literatur ist auch im Würzburger Konvent v. a. präsent. Die Chronik des Würzburger Ursulinenklosters zählt im Gründungsjahr 1712 auf, was den Nonnen von „Gutthätern" gespendet worden war, darunter „von Ihre Hochwürden" mehrere geistliche Bücher: „die betrachtungen von P. Groses, Le Pedagogue Chretien, Le Père Suffren, in vier theil zu teutsch, Reflexion des SS. Pères sur la Ste. Eucharistie, Catechisme Historique", von anderen Persönlichkeiten „den anderen Ledam", „ein Antiphonarium oder vesperbuch Schwartz gebunden", „die Frantzösische Bibel" (Schraut und Pieri 2004, S. 255).

Für den Latein-Unterricht brauchbar war das in Erfurt noch vorhandene Werk von August Casimir Redel: *„Apophtegmata Symbolica per Moralia et Ethica Dogmata Rythmice Constructa",* beigebunden vom gleichen Verfasser ein *„Annus Symbolicus",* in dem die zwölf Monate des Jahres beschrieben werden (Redel 1695a, b). Ebenfalls in der Bibliothek vorhanden sind eine griechisch-lateinische Aristoteles-Ausgabe von 1623 und ein Wörterbuch Französisch – Latein – Deutsch von 1740.

Eine klare Hinwendung zu „weltlichem" Lehr- und Lernstoff, einschließlich der Realien, verbunden mit der Einführung entsprechender „weltlicher" Schulbücher, lässt sich erst im Gefolge der Aufklärung eindeutig nachweisen, als gegen Ende des 18. Jahrhunderts eine Schulreform durchgeführt wurde (Schraut 2004b). Bereits vorher war es jedoch durchaus üblich, für die Pensionärinnen neben den Elementarfächern, dem Arbeitsunterricht und den religiösen Lehrinhalten auch Unterricht in Musik, Instrumentenspiel und Tanzen, aber auch in anderen modernen Sprachen, z. B. Italienisch, anzubieten. Zuständig dafür waren „weltliche", meist männliche „Instruktoren", und der Unterricht wurde in Räumen außerhalb der Klausur erteilt. Gut belegt ist dies für Ursulinenschulen in Innerösterreich: In Graz unterrichtete seit 1688 ein Musiklehrer und seit 1692 ein Tanzlehrer; 1692 wurde das von den Jesuiten übernommene Theaterstück „Josaphat und Barlaa" einstudiert und aufgeführt; 1718 war eine der Ordensfrauen für die Musikerziehung zuständig, 1725 eine andere für den Instrumentalunterricht; externe Lehrer standen zudem für den Italienisch-Unterricht zur Verfügung; Tanz-, Gesang- und Musikunterricht war auch in Klagenfurt üblich (Schillinger-Prassl und Brehmer 2000, S. 55 f., 64).

In den Pariser Regeln von 1652/1705 werden Geographie, Geschichte oder Naturkunde als Unterrichtsfächer noch nicht erwähnt. Erst gegen Ende des 18. Jahrhundert fanden die „Realien" formell Eingang in den Lehrplan. In Würzburg wurde 1786 ein „neuer Schulplan" eingeführt, in dem erstmals im Stundenplan für die Pensionärinnen zusätzlich zu den üblichen Fächern (deutsche und französische Sprache, Rechtschreibung, Rechnen, Handarbeiten sowie Katechismus, biblische Geschichte und das Verfassen schriftlicher Aufsätze über „biblische Wahrheiten") auch „Erdbeschreibung", „Naturlehre" und „Kirchengeschichte" auftauchen (Schraut und Pieri 2004, S. 286 f.). Aus der Ursulinenschule in Straubing sind aus dem Jahr 1784 Prüfungsfragen erhalten, die auch Naturlehre und Naturgeschichte berücksichtigen: „Was ist Natur? Was nennt man Temperament? und wie vielfach ist dasselbe? Aus welchen Theilen besteht der menschliche Körper? Wie viel hat insgeheim der Mensch Gehirn in seinem Kopfe? Zähne im Mund? Blut im Körper? Schwere in seinem Gewicht?" (Schraut und Pieri 2004, S. 299).

In Erfurt finden sich als Werke zur Geographie und Zeitgeschichte *Des Chur = Bayrischen Atlantis Zweyter Theil,* ein Handbuch über Klöster, Stifte und Abteien im

Kurherzogtum Ober- und Niederbayern und in der Oberpfalz (Ertl 1690), außerdem „*Unpartheyische Gedanken etlicher guter Freunde/welche sie über die zu Paris und in den umliegenden Pallästen, insonderheit zu Versailles befindlichen und gesehenen Merckwürdigkeiten/gehört, wobeiy zugleich die darauf sich beziehende Geschichte der letzten Königen von Franckreich mit eingeflochten/und denen sonderlich zu Gefallen auffgesetzt/ welche die Gelegenheit nicht haben dahin zu kommen/und doch gern eine zugängliche Nachricht davon verlangen*" (Unpartheyische Gedanken 1719) und die Bände des *Tableau d'Histoire moderne. Depuis la chute de L'Empire d'Occident, jusqu'à la Paix de Westphalie* (Méhégan 1766).

Auf ein weiter reichendes Interesse an anderen Ländern und Kontinenten lassen die Bücher schließen, die über die Jesuitenmissionen in China und Kanada berichteten, in Erfurt etwa die *Histoire de ce qui s'est passé au Royaume de la Chine en l'année 1624.* (Histoire 1629). Der Band trägt den handschriftlichen Vermerk, dass er den Erfurterinnen im Jahr 1673 von Schwestern aus Metz geschickt worden sei. Erhalten sind auch drei Berichte über die Missionstätigkeit von Jesuiten und Ursulinen in Quebec („*Relation de se qui s'est passé en la nouvelle France*") in den Jahren 1638, 1640–1641 und 1663–1664 (Le Jeune 1638; Vimont 1642; Relation 1665). Der erste dieser Bände enthält wiederum einen handschriftlichen Vermerk, dass dieses Buch von „unseren Müttern" in Paris dem Erfurter Konvent geschickt worden sei. Ein größeres Repertoire an Büchern zur Naturkunde, Geographie und Geschichte findet sich in Erfurt allerdings erst seit dem 19. Jahrhundert.

Einen Übergang zwischen geistlichen und weltlichen Unterrichtsinhalten markiert in Würzburg die Einführung des Fachs „Biblische Geschichte" im Jahr 1774. Als Lehrbuch für die Kinder wurde Johann Ignaz von Felbigers „*Kern der biblischen Geschichten alten und neuen Testaments, mit beygesetzten kurzen Sittenlehren*" (Felbiger 1767) empfohlen, als Handbuch für die Lehrerinnen Nicolas Fontaine: „*Catholischer Geschichtsspiegel: d. i. historischer Auszug aller Begebenheiten Altes und Neuen Testaments*" (Fontaine 1741), ein Werk, das 1670 in Französisch und 1684 erstmals in deutscher Übersetzung erschienen war (Pieri 2004, S. 91).

Erwähnt sei noch, dass sich in Erfurt wie auch in anderen Ursulinenklöstern (vgl. Rutz 2006, S. 370–380) der Einfluss der Aufklärungspädagogik sehr deutlich im Bestand der Bibliothek widerspiegelt. Vertreten sind sowohl protestantische Autoren wie Campe („*Robinson*", 1794), Rochow („*Kinderfreund*", 1805) und die Wochenschrift „*Kinderfreund*" (seit 1781 bis ins 19. Jahrhundert) als auch katholische wie Johann Ignaz von Felbinger („*Eigenschaften, Wissenschaften, und Bezeigen rechtschaffener Schulleute*", 1780) und Bernard Overberg („*Anweisung zum zweckmäßigen Schulunterricht für die Schullehrer im Hochstifte im Münsterlande*", 1804).

5 Fazit

Die aus Erfurt und Würzburg bekannten Bücher lassen erkennen, dass geistliche Lektüre den größten Raum im Bestand der Ursulinenbibliotheken einnahm. Dieser Befund entspricht den normativen Vorgaben der Pariser Regeln und stimmt mit den Überlieferungen aus französischen Klöstern überein (Rapley 1990, 2001). Abgesehen von den vielfachen

Verweisen auf katechetische Literatur bleibt im 17. und frühen 18. Jahrhundert die inhaltliche Beschreibung des Lese- und Lernstoffs jedoch merkwürdig unkonkret. Demgegenüber ist umso irritierender, dass sich die Ursulinen selbst – trotz des v. a. „geistlichen" Lehr- und Lernkanons – intellektuell durchaus auf der Höhe der Zeit fühlten. Als Beispiel sei zum Schluss auf die Pariser Ursuline Mère Marie-Augustine de Pommereu verwiesen. Sie war im Alter von neun Jahren zu den Ursulinen gekommen und dort erzogen worden. Bleibende Bedeutung erlangte sie als Chronistin der Ordens, Autorin geistlicher Werke und Oberin in Paris. Als sie 1699 starb, charakterisierte Madeleine Bruscoly, ihre Nachfolgerin als Oberin, sie in einem Rundbrief an die Ursulinenkonvente folgendermaßen:

> Ein lebhafter, sprühender Geist, zugleich ungemein klar und scharf, vereinigte sich bei ihr mit einem so ungewöhnlich sichern und treuen Gedächtnis, dass sie im Stande war, eine Rede fast Wort für Wort zu behalten. *Die Wissenschaft schien mit ihr geboren zu sein.* Sie kannte die lateinische Sprache und hatte das alte und neue Testament vollkommen inne, ebenso unterrichtet war sie *in der Geschichte und Geographie und in allen andern Zweigen des Wissens, in welchen eine vollkommene Ursuline bewandert ist, die ihrem Berufe gemäß andern nützen will.* In den Handarbeiten leistete sie ganz vorzügliches und wir verdanken ihr die schönsten Stickereien unserer Sacristei. Dabei müssen wir bemerken, dass all ihr Wissen und Können vielmehr als der natürliche Ausfluss ihres Genies zu betrachten ist, denn als Erfolg eines mühsamen Studiums. (Zit. nach Neusee 1893, S. 379; Hervorhebung A. C.)

Nicht nur der Begriff „Wissenschaft" und der eindeutige Verweis auf Latein, Geschichte und Geographie sind hier bemerkenswert, sondern v. a. der Hinweis darauf, dass es zum Selbstverständnis einer „vollkommenen" Ursuline gehört, „ihrem Berufe gemäß andern [zu] nützen". Die Ursulinen sahen ihre Aufgabe darin, ihre Schülerinnen zu standesgemäß gebildeten jungen Frauen zu erziehen; darin lag ihr gesellschaftlicher „Nutzen". Die Lehrinhalte mussten sich daher zwangsläufig den „säkularen" Erwartungen anpassen. Dass die Ursulinen selbst über entsprechende Kenntnisse verfügten und auf die Anforderungen ihrer Zeit flexibel reagieren konnten, war dafür eine selbstverständliche Voraussetzung. Es mag mit dieser Selbstverständlichkeit zu tun haben, dass dies in den Quellen so selten explizit dargelegt wird.

Literatur

Quellen

Ertl, A. G. (1690). *Des Chur = Bayrischen Atlantis Zweyter Theil. 2: Das ist: Eine Grundrichtige ... Abbildung/aller in ... Ober- und Nieder-Bayern auch der Obern Pfaltz hervorleuchtenden vortrefflichen Thomb- und Collegiat-Stifften Abteyen.* Nürnberg: Bleul.

Felbiger, J. I. von (1767). *Kern der biblischen Geschichten alten und neuen Testaments, mit beygesetzten kurzen Sittenlehren.* Sagan.

Fontaine, N. (1741). *Catholischer Geschichtsspiegel: d. i. historischer Auszug aller Begebenheiten Altes und Neuen Testaments.* Sultzbach.

Histoire. (1629). *Histoire de ce qui s'est passé au Royaume de la Chine en l'année 1624. Tirée des letres écrites & adressées au R. P. Mutio Viteleschi, General de la Compagnie de Iesus. Traduite de l'Italien en François par un Pere de al mesme Compagnie.* Paris: Sebastien Cramoisy.

Kern der biblischen Geschichte. (1777). *Kern der biblischen Geschichte des alten Testaments, daraus der Jugend die vornehmsten Begebenheiten des Volkes Gottes und der berühmtesten Personen aus diesem Volke sehr leicht können bekannt gemacht werden.* Mainz.

Kettler, M. (1734). *Catholische Glaubens- und Sitten-Lehr, welche über die fünf Haupt-Stück des Catechismi P. Petri Canisii Soc. Jesu, in der Schul deren Ursuliner-Geistlichen zu Würzburg, der weiblichen Jugend ordentlich vorgetragen wird.* Würzburg.

Kinder- und Bilderbibel. (1710). *Kinder- und Bilderbibel, bestehend aus hundert schönen Biblischen Figuren, sowohl zum Nutzen als auch zur Belustigung der Jugend/sich der Bibel bekandt zu machen, wobey zugleich der Kern und Inhalt gantzer h. Schrifft beygefügt".* Erfurt: Heinrich Beyer (Ursulinenkloster Erfurt, Signatur 747).

Le Jeune, P. S. J. (1638). *Relation de ce qui s'est passé en la nouvelle France en l'Année 1638.* Paris: Sebstien Cramoisy.

Lechner, J. B. (1733). *Facillima artis arithmeticae methodus, das ist sehr leichter Unterricht und Lehr-Art der höchst-nothwendigen und nutzbaristen Rechen-Kunst* (3. Aufl). Augsburg: Lechner.

Malvalete, J. (1734). *Das Wort Gottes für den allein seligmachenden Catholischen Glauben in einem Hand-Buechlein verfasset. Zum sicheren und klaren Beweißthum der Römisch-Catholischen Wahrheit täglich zu gebrauchen.* Erfurt.

Méhégan, G. A. de (1766). *Tableau d'Histoire moderne. Depuis la chute de L'Empire d'Occident, jusqu'à la Paix de Westphalie* (3 Bde). Paris: Saillant.

Redel, A. C. (1695a). *Apophtegmata symbolica per moralia et ethica dogmata, rythmice constructa, pro quocumque statu hominum, tam ecclesiasticis, quam saecularibus, apprime jucunda et proficua.* Augsburg: Johann P. Steudner (http://books.google.com/books, Ursulinenkloster Erfurt, Signatur 743; beigebunden zu Redel 1695b).

Redel, A. C. (1695b). *Annus symbolicus: divisus in menses XII, diebus singulis dans curiosas sententias ad animum pie recreandum, per emblemata versibus leoninis exornatus.* Augsburg: Anton Nepperschmid (http://books.google.com/books, Ursulinenkloster Erfurt, Signatur 743; beigebunden zu Redel 1695a).

Reglemens. (1705). *Reglemens des Religieuses Ursulines de la Congrégation de Paris.* Paris: Louis Josse (Ursulinenkloster Erfurt, Bibliothek) [1652].

Relation. (1665). *Relation de ce qui s'est passé en la nouvelle France en années 1663 & 1664.* Paris: Sebastien Cramoisy.

Richelieu, A.-J. (1619). *Instruction du chrétien.* Avignon.

Turlot, N. (1631). *Le vrai Tresor de la doctrine chrétienne decouvert, en sorte qu'il n'est besoin d'aucune autre recherche pour l'enseigner ou l'apprendre; recueilli et mis en lumière par Nicolas Turlot.* Liège.

Unpartheyische Gedanken. (1719). *Unpartheyische Gedanken etlicher guter Freunde/welche sie über die zu Paris und in den umliegenden Pallästen, insonderheit zu Versailles befindlichen und gesehenen Merckwürdigkeiten/gehört, wobeiy zugleich die darauf sich beziehende Geschichte der letzten Königen von Franckreich mit eingeflochten/und denen sonderlich zu Gefallen auffgesetzt/welche die Gelegenheit nicht haben dahin zu kommen/und doch gern eine zugängliche Nachricht davon verlangen".* Frankfurt a. M.: Samuel Tobias Hocker.

Vimont, B. S. J. (1642). *Relation de ce qui s'est passé en la nouvelle France es années 1640 à 1641. Envoyée au R. Pere Provincial de la Compagnie de Jesus de la Province de France.* Paris: Sebastien Cramoisy.

Vogler, G. (1625). *Catechismus in außerlesenen Exempeln, kurtzen Fragen, schönen Gesängern, Rejimen und Rejien für Kirchen und Schulen von newern fleißig außgelegt und gestelt.* Würzburg: Johann Volmarus.

Sekundärliteratur

Brück, H. (2006). Die Mägdleinschulmeisterinnen. Ein Beitrag zur Erfurter Schulgeschichte des 16. bis 18. Jahrhunderts. *Mitteilungen des Vereins für die Geschichte und Altertumskunde von Erfurt, 67*(14), 106–142.
Carter, K. E. (2011). *Creating catholics. Catechism and primary education in early modern France.* Notre Dame: University of Notre Dame Press.
Conrad, A. (1991a). „Katechismusjungfrauen" und „Scholastikerinnen". Katholische Mädchenbildung in der Frühen Neuzeit. In H. Wunder & C. Vanja (Hrsg.), *Wandel der Geschlechterbeziehungen zu Beginn der Neuzeit* (S. 154–179). Frankfurt a. M.: Suhrkamp.
Conrad, A. (1991b). *Zwischen Kloster und Welt. Ursulinen und Jesuitinnen in der katholischen Reformbewegung des 16./17. Jahrhunderts.* Mainz: Philipp von Zabern.
Conrad, A. (1994). *Mit Klugheit, Mut und Zuversicht. Angela Merici und die Ursulinen.* Mainz: Matthias-Grünewald-Verlag.
Conrad, A. (1995). „Äußere Schulen" und Pensionate. Die Mädchenschulen der Ursulinen, Englischen Fräulein und Notre-Dame-Schwestern im 17. und 18. Jahrhundert. *Rottenburger Jahrbuch für Kirchengeschichte, 14,* 25–35 (Sigmaringen: Jan Throbecke).
Conrad, A. (1996). Das Schulreglement der Ursulinen von 1652. In E. Kleinau & C. Mayer (Hrsg.), *Erziehung und Bildung des weiblichen Geschlechts. Eine kommentierte Quellensammlung zur Bildungs- und Berufsbildungsgeschichte von Mädchen und Frauen* (Bd. 1, S. 22–27). Weinheim: Deutscher Studien Verlag.
Conrad, A. (2003). Die weiblichen „Devoten" als Instrumente der konfessionellen Erziehung in Frankreich und Deutschland. In H. Schilling & M.-A. Gross (Hrsg.), *Im Spannungsfeld von Staat und Kirche. „Minderheiten" und „Erziehung" im deutsch-französischen Gesellschaftsvergleich. 16.–18. Jahrhundert* (S. 191–214). Berlin: Duncker & Humblot.
Conrad, A. (2004). Bildungschancen für Frauen und Mädchen im interkonfessionellen Vergleich. *Archiv für Reformationsgeschichte, 95,* 283–300.
Conrad, A. (2007). Geschichte der Mädchen- und Frauenbildung in Deutschland vom Konzil von Trient zur Französischen Revolution. *Annali di storia dell'educazione, 14,* 29–49.
Conrad, A., & Schmid, P. (2007). Tagungsbericht „Säkularisierung vor der Aufklärung? Bildung, Kirche und Religion. Hsozkult 22.01.2007. http://hsozkult.geschichte.hu-berlin.de/tagungsberichte/id=1461. Zugegriffen: 27. März 2012.
Hofmeister, A. (2007). Von der Theorie zur Praxis? Französische und deutsche Mädchenschulbildung im „Zeitalter der Vernunft". In H. E. Bödeker & M. Gierl (Hrsg.), *Jenseits der Diskurse. Aufklärungspraxis und Institutionenwelt in europäisch komparativer Perspektive* (S. 193–219). Göttingen: Vandenhoeck & Ruprecht.
Hofmeister, A. (2004). Kinder, Küche, Katechismus? Überlegungen zur Elementarbildung von Frauen in der Frühen Neuzeit. In K.-H. Ziessow (Hrsg.), *Frühe Neuzeit. Festschrift für Ernst Hinrichs* (S. 165–188). Bielefeld: Verlag für Regionalgeschichte.
Krumme, H. U. (2009). Graf Schaesbergs Töchter. Annäherung an die pädagogische Realität in der Düsseldorfer und Roermonder Ursulinenschulen zu Beginn des 18. Jahrhunderts. *Düsseldorfer Jahrbuch. Beiträge zur Geschichte des Niederrheins, 79,* 57–119.
Lindner, A. (2003). Das bikonfessionelle Schulwesen Erfurts im 16. und 17. Jahrhundert. In H.-U. Musolff & A.-S. Göing (Hrsg.), *Anfänge und Grundlegungen moderner Pädagogik im 16. und 17. Jahrhundert* (S. 31–51). Köln: Böhlau.
Metzger, W. (1982). *Beispielkatechese der Gegenreformation. Georg Voglers „Catechismus in Außerlesenen Exempeln" Würzburg 1625.* Würzburg: Bayerische Blätter zur Volkskunde.
Müller, C. Sr. OSU. (1992). *Ursulinenkloster Erfurt. Festschrift zum 325jährigen Bestehen.* Erfurt: Ursulinenkloster.
Musolff, H.-U., Jacobi, J., & Le Cam, J.-L. (Hrsg.). (2008). *Säkularisierung vor der Aufklärung? Bildung, Kirche und Religion, 1500–1750.* Köln: Böhlau.

Neusee, V. (1893). *Geschichte der hl. Angela Merici und des von ihr gestifteten Ordens der Ursulinen, bearbeitet von einer Ursuline*. Innsbruck: Fel. Rauch.

Pieri, G. (2004). Obrigkeitliche Erziehungsbemühungen auf der Grundlage des Katechismus. In S. Schraut & G. Pieri (Hrsg.), *Katholische Schulbildung in der Frühen Neuzeit. Vom „guten Christenmenschen" zu „tüchtigen Jungen" und „braven Mädchen". Darstellung und Quellen* (S. 71–107). Paderborn: Schöningh.

Rapley, E. (1990). *The dévotes. Women and church in seventeenth-century France*. Montreal: McGill-Queen's University Press.

Rapley, E. (2001). *A social history of the cloister. Daily life in the teaching monasteries of the old regime*. Montreal: McGill-Queen's University Press.

Rutz, A. (2006). *Bildung – Konfession – Geschlecht. Religiöse Frauengemeinschaften und die katholische Mädchenbildung im Rheinland (16.-18.Jahrhundert)*. Mainz: Philipp von Zabern.

Rutz, A. (2008). Der Primat der Religion. Zur Entstehung und Entwicklung separater Mädchenschulen in den katholischen Territorien des Reiches im 17. Jahrhundert. In H.-U. Musolff, J. Jacobi, & J.-L. Le Cam (Hrsg.), *Säkularisierung vor der Aufklärung? Bildung, Kirche und Religion, 1500–1750* (S. 275–288). Köln: Böhlau.

Schillinger-Prassl, C., & Brehmer, I. (2000). *Mädchenerziehung in Innerösterreich vom Ende des 15. Jahrhunderts bis zur Schulreform unter Maria Theresia und Joseph II.* Graz: Steiermärkisches Landesarchiv.

Schraut, S. (2004a). *Das Haus Schönborn – eine Familienbiographie. Katholischer Reichsadel 1640–1840*. Paderborn: Schöningh.

Schraut, S. (2004b). Der Siegeszug des weltlichen Schulbuchs. In S. Schraut & G. Pieri (Hrsg.), *Katholische Schulbildung in der Frühen Neuzeit. Vom „guten Christenmenschen" zu „tüchtigen Jungen" und „braven Mädchen". Darstellung und Quellen* (S. 109–119). Paderborn: Schöningh.

Schraut, S., & Pieri, G. (2004). *Katholische Schulbildung in der Frühen Neuzeit. Vom „guten Christenmenschen" zu „tüchtigen Jungen" und „braven Mädchen". Darstellung und Quellen*. Paderborn: Schöningh.

Zur Didaktik der Frühaufklärung. Schulbücher und Lektüren für den Philosophieunterricht am Soester Gymnasium zu Beginn des 18. Jahrhunderts

Stephanie Hellekamps · Hans-Ulrich Musolff

Zusammenfassung: Der Beitrag zeigt, welche Texte im Philosophieunterricht des lutherischen Gymnasiums Soest im frühen 18. Jahrhundert gelesen wurden und mit welchen Methoden die Lektüreprozesse der Schüler angeregt und begleitet wurden. Dies geschieht durch die Kombination verschiedener Quellen. Ein von dem damaligen Rektor Rumpaeus verfasstes Lehrbuch ist mit zahlreichen Glossen eines Schülers versehen. Diese Glossen deuten auf einen inhaltlich und methodisch orthodoxen Unterricht hin. Die *Passiones animae* sowie die *Meditationes* Descartes' wurden von dem damaligen Konrektor Marci glossiert. Im Vergleich mit den von ihm geleiteten Disputationen zeigt sich, dass Marcis Unterricht – den cartesianischen Inhalten entsprechend – auch methodisch auf das Selbstdenken der Schüler zielte.

Schlüsselwörter: Lehrbuch · Schulbuch · Disputation · Frühaufklärung · Cartesische Didaktik · *Passiones animae* · Glosse

Didactics of the Early Enlightenment. Schoolbooks and Lessons at the Beginning of the 18th Century – the Example of Soest, Westphalia

Abstract: The paper shows which texts were treated as subjects in the philosophical lessons of the Lutheran gymnasium of Soest in the early 18th century. Which methods were used to elicit and strengthen pupils' understanding of what they read? The research requires combina-

---

© Springer Fachmedien Wiesbaden 2012

Der vorliegende Text ist unter Mitarbeit von Kai-Ole Eberhardt, Darja Fedetschkina, Ricarda Fortmann, Christine Grönniger, Rafael Kuhnert, Konstantin Liebrand, Marc Christoph Philipps, Eva Poensgen, Linda Rohe und Monika Vogel im Kontext des an der WWU Münster von uns durchgeführten DFG-Projekts „Lehrerberuf und Säkularisierungskrisen. Quantitative und qualitative Analysen schulgeschichtlicher Quellen aus Westfalen 1600–1750" entstanden. Für kritische Anmerkungen danken wir den Teilnehmer/innen der ZiF-Arbeitsgemeinschaft im November 2011, namentlich insbesondere Juliane Jacobi.

Prof. Dr. S. Hellekamps (✉) · Dr. phil. habil. H.-U. Musolff
Institut für Erziehungswissenschaft, Westf. Wilhelms-Universität Münster,
Bispinghof 5/8, 48143 Münster, Deutschland
E-Mail: hellekam@uni-muenster.de

Dr. phil. habil. H.-U. Musolff
E-Mail: musolff@uni-muenster.de

tion of sources. A schoolbook of which the author is the then schoolmaster Rumpaeus shows a lot of glosses that were written by the hand of one of his pupils. Theses glosses indicate lessons that were orthodox by method and content. Descartes' *Passiones animae* and *Meditationes* were glossed by the then second schoolmaster, Marci. Compared to some disputations he held as a *Praeses* it is obvious that—according to his Cartesian subjects—he aimed at teaching his pupils to think independently.

Keywords: Manual · School-book · Disputation · Early enlightenment · Cartesian didactics · *Passiones animae* · Gloss

1 Einleitung

Welche Schulbücher und Lektüren wurden am Soester Gymnasium im frühen 18. Jahrhundert nachweislich von den Jugendlichen zum Lernen benutzt? Und inwiefern erlaubt die Beantwortung dieser Frage Rückschlüsse auf die Didaktik, d. h. auf die Konzeption des Lehrens und Lernens, einschließlich der Bestimmung der Inhalte und Methoden, die am Soester Gymnasium im ersten Quartal des 18. Jahrhunderts praktiziert wurde? Der Erörterung dieser Fragen liegt die Annahme zugrunde, dass die Auswahl der Unterrichtsinhalte Auswirkungen auf die methodische Gestaltung des Unterrichts haben kann.

Die Überlieferungslage des 1534 gegründeten lutherischen Gymnasiums der Stadt Soest, die zu den Klevischen Nebenquartieren der preußischen Westprovinz zählte, ist günstig. Um die aufgeworfenen Fragen zu beantworten, kann auf verschiedene Typen von Quellen zurückgegriffen werden, die alle im Soester Stadtarchiv aufbewahrt werden[1]. Im Folgenden werden die tatsächlichen Lektürepraktiken angesichts der Unterrichtsvorbereitung und -gestaltung durch zwei Lehrer sowie die Formen der Schülertätigkeit im Soester Philosophieunterricht des frühen 18. Jahrhunderts untersucht. Die beiden Lehrer waren Rektor Justus Wesselus Rumpaeus (1676–1730) und Konrektor Johann Gottfried Marci (1666–1729). Rumpaeus hatte selbst die Tertia und Secunda des Soester Gymnasiums besucht, bevor er Theologie in Rostock studierte und 1704 in Greifswald promovierte, wo er auch als Sonnabendprediger tätig war. Marci hatte ab 1686 in Jena studiert und dort 1690 den Magistergrad erworben. Ab 1692 besuchte er die Ritterakademie in Halle als kurfürstlicher Stipendiat. Marcis *Disputatio pro licentia habendi collegia* fand wiederum in Jena statt. Die Untersuchung der Lehr-Lerngestalt des Unterrichts dieser beiden Lehrer geschieht im Rückgriff auf eine normative Quelle (die Veranstaltungsankündigung für die Soester Oberstufe von 1709), ein von Rumpaeus verfasstes Lehrbuch, Adrian Heereboords *Meletemata Philosophica*, Descartes' *Passiones animae* und *Meditationes* sowie eine Reihe von Disputationen.

Während des gesamten 17. Jahrhunderts waren die Soester Lehrer, soweit sie uns bekannt sind, darum bemüht, ihren Schülern bewährtes Wissen zu vermitteln. Die Soester Lehrer betrieben *Schulphilosophie*. Im Philosophieunterricht wurden entsprechend solche Inhalte präsentiert, die im Rahmen einzelner philosophischer Schulen Anerkennung gefunden hatten. Darin folgte der Soester Unterricht der universitären Lehre der Philosophie, die ebenfalls auf Weitergabe des Bewahrenswerten gerichtet war. Die lutherische Schulphilosophie des Soester Gymnasiums intendierte während des 17. Jahrhunderts die Rezeption philosophischer Lehre und ihre Tradierung, nicht die Originalität neuen Denkens. Das heißt nicht, dass die Lehrer sich nicht darum bemühten hätten, ihre Begriffe anschlussfähig für die neueren, namentlich naturwissenschaftlichen Forschungen zu halten (vgl. Hellekamps 2009, S. 65–70). Aber sie achteten darauf, dass ihre Lehrinhalte insgesamt in Übereinstimmung mit der lutherischen Orthodoxie blieben. Dazu gehört auch, dass sich die Lehrer weiterhin an Aristoteles abarbeiteten. Über die konkrete methodische Gestaltung des Unterrichts wissen wir wenig. Uns liegt lediglich eine normative Quelle vor, die Fragen der Methode explizit aufgreift. Dies geschieht in der Schulprogrammschrift von 1620 des damaligen Rektors Hermann Nicephorus (1555–1625). Die Überlieferung des frühen 18. Jahrhunderts bringt demgegenüber die tatsächliche Lektürepraxis in den Blick.

2 Ein Lehrbuch in Schülerhand

Von Rumpaeus haben wir 99 Disputationen gefunden, von denen 72 zu drei Disputationssammlungen gehören, sowie ein von ihm verfasstes Lehrbuch über Metaphysik. Als Rektor hatte er sich den Unterricht der obersten Klasse, der Secunda, in Theologie vorbehalten. Für diese Klasse bot er „metaphysisch-theologische Unterweisungen" an, wie wir aus seiner Veranstaltungsankündigung von 1709 wissen. Das uns vorliegende Exemplar seines Lehrbuchs *Institutiones metaphysicae sacrae* von 1712 trägt einen Besitzvermerk des Heinrich Dietmar von Damm, der dieses Buch 1725 erworben hat (Abb. 1). Das Buch ist durchschossen; nur die jeweils rechte oder linke Seite ist bedruckt, die andere Seite ist frei. Die freien Seiten wurden an verschiedenen Stellen sehr ausführlich und kontinuierlich von Hand beschrieben. Die Handschrift ist sauber, regelmäßig und zumeist gut lesbar. Wessen Hand geschrieben hat, kann nur ex negativo geschlossen werden: Handschriftenvergleiche zeigen, dass Rumpaeus nicht der Verfasser des Kommentars war. So ist es naheliegend, den damals 19jährigen von Damm als den Schreiber anzusehen. Von Damm, geboren 1706, war Schüler des Soester Gymnasiums und hat am 18.12.1726 unter Rumpaeus über ein logisches Thema disputiert (vgl. Rumpaeus, von Damm 1726). Das Lehrbuch seines Lehrers hat von Damm als Unterrichtsbuch genutzt, wie die Gebrauchsspuren verraten (vgl. Baldzuhn 2009). Der von seiner Hand geschriebene Kommentar ist übersichtlich gegliedert und ergänzt oder erläutert den gedruckten Text in mehr oder weniger explizitem Bezug zu dessen Inhalt.

Das Thema des ersten Kapitels hat Rumpaeus wie folgt überschrieben: „Caput I. De Usu et Abusu Terminorum Philosophicorum in Theologia" (Rumpaeus 1712, S. 1). Der handschriftliche Kommentar ergänzt den gedruckten Text und bestimmt den Status der Philosophie als Wissenschaft und ihre spezifische Erkenntnisleistung für eine vernünftige und glückliche Lebensführung. Der Kommentar endet auf der Seite mit der Feststellung: „[…] Est scientia rerum tam divinarum, quam humanarum ad vitam communem utilis." („Sie ist die für das gewöhnliche Leben nützliche Wissenschaft ebenso der göttlichen wie der menschlichen Dinge.") Damit war die Sache aber noch nicht geklärt. Zwei Seiten später wird im Kommentar die Frage formuliert: „An Philosophia est utilis et necessaria?" Wie der Kommentar zeigt, galt es nun, diese Frage schulgerecht in ihre allgemeinen und speziellen Aspekte zu untergliedern (Abb. 2). Bevor die Frage auf mehreren Seiten ausführlich erläutert wird, vermerkt der Kommentar ein: „Re." für „Respondens" oder

Abb. 1: Besitzvermerk von Damms

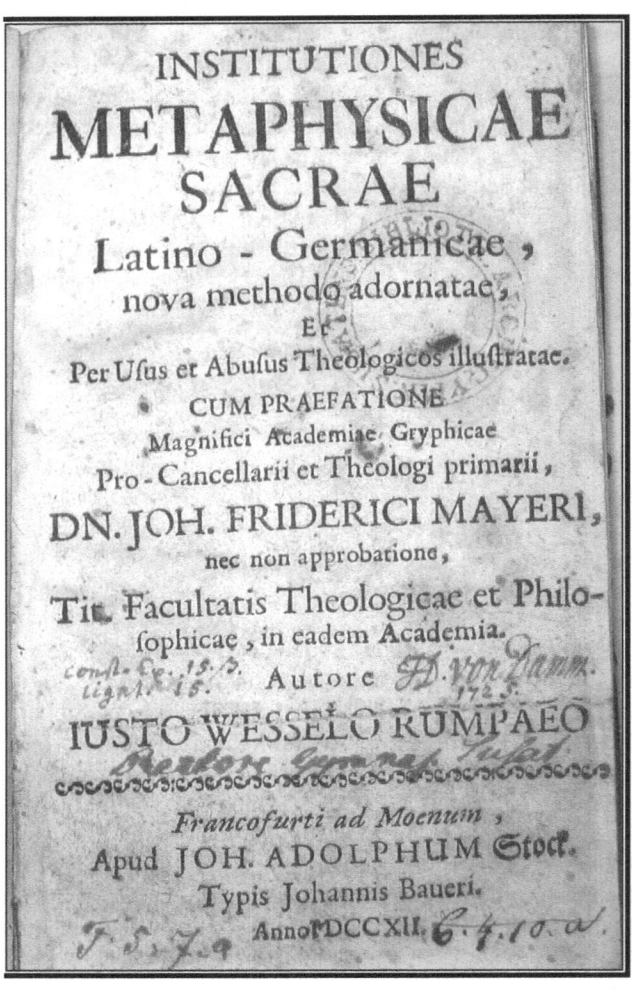

„Responsio". Die handschriftlichen Anmerkungen erinnern hier und im Folgenden mit ihren wiederkehrenden Fragen und Antworten sowie den begrifflichen Zergliederungen an übliche Disputationsformate, wie sie auch Rumpaeus als vorsitzender Praeses hat drucken lassen.

Hat von Damm sich den von ihm geschriebenen Kommentar selbst ausgedacht? Hat er seine eigenen Fragen zum Text formuliert und als sein eigener Respondent beantwortet? Hat er den Kommentar während der häuslichen Lektüre als Unterrichtsvorbereitung notiert? Der Stil des Kommentars spricht nicht dafür. Vielmehr klingt der gelegentlich verknappt und elliptisch formulierende, doch zumeist in vollständigen Sätzen argumentierende handschriftliche Text so, als sei er zunächst mündlich vorgetragen worden, und zwar von jemandem, der über die Materie bereits verfügt. Vermutlich hat der Lehrer Rumpaeus in seiner Vorlesung sein eigenes Buch kommentiert, das den Schülern vorlag.

Zur Didaktik der Frühaufklärung

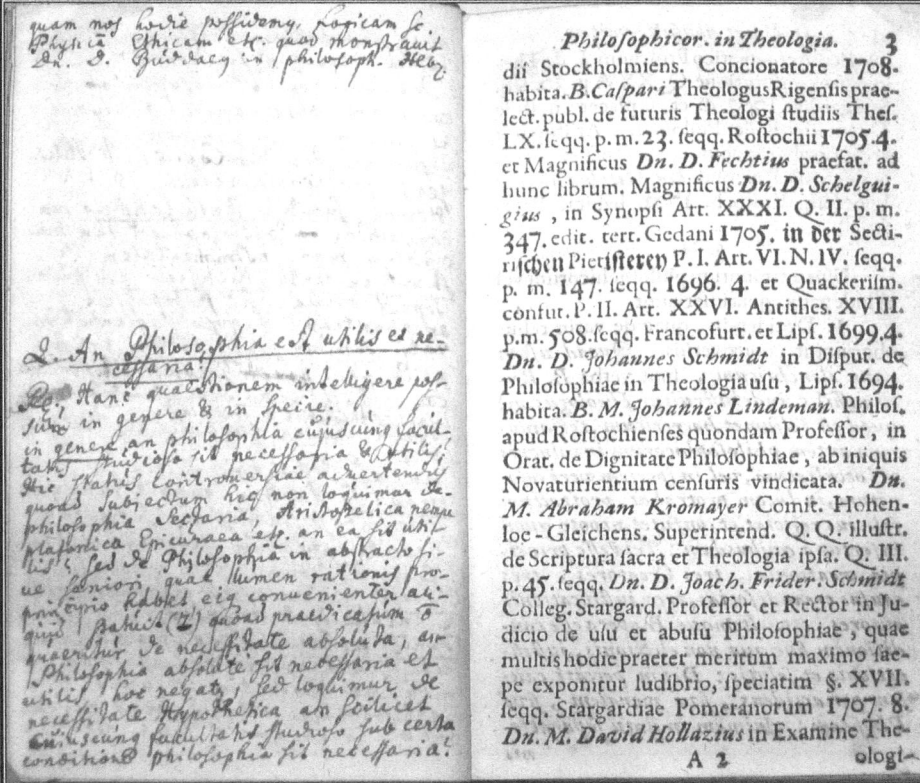

Abb. 2: Schulgerechte Gliederung des handschriftlichen Kommentars

Dabei stützte er sich auf Adrian Heereboords (1614–1661) *Meletemata Philosophica*. Dieses Werk, das 1654 zuerst erschienen ist, wird teilweise wörtlich im Kommentar wiedergegeben. Rumpaeus besaß die gegenüber der Erstauflage verbesserte Ausgabe des Werks von 1680, wie ein handschriftlicher Besitzvermerk belegt (Heereboord 1680). Heereboord war dem Cartesianismus gegenüber aufgeschlossen und persönlicher Freund Descartes' in dessen Leidener Zeit. Allerdings werden in den Glossen von Rumpaeus' Lehrbuch nicht die in den Korollaria von Heereboords Disputationen verteidigten Theoreme der neuen Philosophie (Bacons, Campanellas, Descartes' u. a.) zitiert. Vielmehr bezog sich der Kommentar auf die eigentlichen Disputationstexte, die sich im Wesentlichen im Rahmen der *philosophia recepta*, der traditionellen Schulphilosophie, hielten. Weiterhin paraphrasiert der Kommentar Christian Thomasius mit dessen 1710 erschienenen *Cautelae circa praecognitae jurisprudentiae* (vgl. die Glosse zu Rumpaeus 1712, S. 6). Von dem ebenfalls zitierten Johann Franz Budde besaß Rumpaeus die *Elementa Philosophiae Instrumentalis* von 1703, die mit Besitzvermerk überliefert sind (Budde 1703).

Trotz dieser Zitationen frühaufklärerischer Autoren blieb Rumpaeus *inhaltlich* im Rahmen des schulphilosophisch Anerkannten, wie die spezifische Auswahl der Zitate

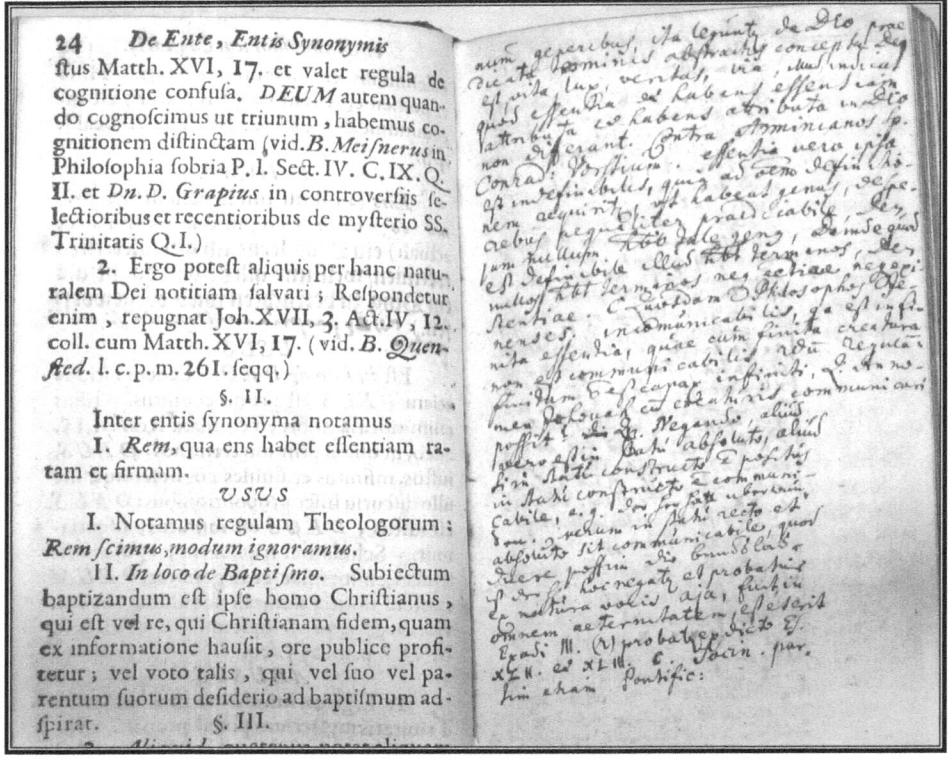

Abb. 3: Im fortlaufenden Satz eingerückter handschriftlicher Kommentar

insbesondere aus Heereboords *Meletemata* zeigt. Diese Orientierung am Bewährten galt ebenfalls für Rumpaeus' *methodisches* Konzept. Denn auch das Schriftbild des Kommentars lässt darauf schließen, dass er seine Anmerkungen zumindest teilweise diktiert hat. Mitten in einer Frage wird der Kommentar plötzlich eingerückt, so als habe der Lehrer in diesem Augenblick darauf hingewiesen, dass beim Mitschreiben ein Rand einzurichten sei (Abb. 3). Tatsächlich hat von Damm auf den folgenden Seiten den auszusparenden Rand durch eine senkrecht gezogene Linie markiert. Dass Rumpaeus das Diktat als Unterrichtsmethode einsetzte, ist der schon zitierten Veranstaltungsankündigung für das Jahr 1709 zu entnehmen. So kündigte er für seine Lehre der Politik an, kurze Lehrsätze zum Mitschreiben zu diktieren, in der Absicht, „die ergiebigere Erhellung dem freieren Diskurs vorzubehalten" („*Politicas* [...] Aphorismis ad calamum dictatis explicabit, uberiorem dilucidationem liberiori reservaturus discursui"; vgl. Series lectionum 1709). Auch heißt es in der Vorlesungsankündigung: „er [Rumpaeus] wird Merkverse, die den Inhalt eines Buches und Kapitels zusammenfassen, an die Hand geben" („versusque mnemonicos, argumentum libri et capitum comprehendentes, subiiciet"; ebd.).

Auch die von Rumpaeus im Jahr 1714 publizierte Disputationssammlung *Institutiones Logicae sacrae* sowie die 1715 veröffentlichte Disputationssammlung *Introductio in Theologiam recens* haben seinen Vorlesungen und mündlichen Übungen, einschließlich der Disputationsübungen, wohl zugrunde gelegen (Rumpaeus 1714, 1715; vgl. auch 1721). Die logische Sammlung vermerkt in einer dem Text vorangestellten Liste akribisch, welcher der insgesamt 32 Schüler bei welchem Abschnitt des Buchs respondiert hat. An der theologischen Sammlung haben 18 namentlich genannte Respondenten mitgewirkt. Der Untertitel dieser Sammlungen vermerkt jeweils, dass sie *in suorum auditorum usus* gedacht seien. Die Sammlung zur Logik war in Rostock entstanden, wo Rumpaeus, wie gesagt, studiert hatte. Nach seiner Promotion hatte er dort als Praeses Disputationen geleitet. Wie er in der Vorrede an den Leser schreibt, hat er die in der Sammlung zur Logik enthaltenen Disputationen am Soester Gymnasium wiederholt. Sowohl die logische als auch die theologische Sammlung sind in Aufbau und Darbietung ihrer Inhalte dem soeben vorgestellten Lehrbuch sehr ähnlich. Die einzelnen Abschnitte sind stark thetisch aufgebaut und intendieren offenkundig das möglichst gute Memorieren einzelner Merksätze. Dem entspricht, dass Rumpaeus in der Vorrede der *Institutiones Logicae Sacrae* schreibt, er habe seinen Rostocker Studenten die fraglichen Inhalte „in das Schreibrohr diktiert" („in studiosae iuuentutis vsus ad calamum tum dictanda fuere"; 1714, Bl. 2 v). Zugleich stellte er in Aussicht, sein „logisch-theologisches Collegium genau abprüfen" zu wollen, und zwar in monatlichen Disputationen („*Menstruis* [...] *Disputationibus Collegium* suum *Logico-Theologicum* [...] excutiet"; Series Lectionum 1709). In seinem Privatunterricht wollte er die Disputationsakte mit verteilten Rollen üben lassen: Die Schüler sollten die Rollen des Respondenten und Opponenten und bezogen auf die Einladung und den Dankesakt auch die Rolle des Praeses einnehmen (vgl. ebd.). In der Regel hat der Respondent in Übereinstimmung mit dem Praeses disputiert. Der Opponent hatte die Aufgabe, die vom Respondenten vorgetragenen Thesen zu widerlegen, damit dieser weitere Argumente zur Verteidigung seiner Thesen anbringen konnte. Als Respondenten werden die Schüler auf die zuvor im Unterricht vermittelten Merksätze zurückgegriffen haben; als Opponenten wussten sie, was sie zu widerlegen haben würden. Wie groß der Anteil der schriftlichen und der mündlichen Unterrichtsformen bei Rumpaeus tatsächlich war, lässt sich auf der Grundlage unserer Quellen nicht rekonstruieren.

Rumpaeus wirkte in wissenschaftlicher Hinsicht am Soester Gymnasium als Mann des Ausgleichs. Er bemühte sich um die Vermittlung zwischen den beharrenden Kräften und denen, die sich neuen Strömungen öffnen wollten. Dies zeigen sein vorsichtiger Rekurs auf Heereboord und seine zustimmenden Zitationen frühaufklärerischer Denker wie Thomasius und Budde. Eine unpolemische Auseinandersetzung mit Descartes ließ Rumpaeus zu, wie seine Disputation mit von Damm bezeugt. Als er 1708 zum Rektor berufen wurde, hatte es schon seit mehreren Jahren Kontroversen um das didaktische Profil der Schule gegeben. An diesen war der damalige Konrektor Johann Gottfried Marci beteiligt gewesen, der sich selbst Hoffnungen auf das Amt des Rektors gemacht hatte. Er war 1697 aus Halle gekommen. Seine Berufung war nicht ohne Komplikationen und Ärger mit der geistlichen Schulaufsicht erfolgt (vgl. Musolff 2009, S. 216–224). Sicherlich hatte Marci trotzdem gehofft, den verstorbenen Rektor Johann Wilhelm Harhoff im Amt zu beerben. Dass dies nicht geklappt hat, hing wohl nicht zuletzt damit zusammen, dass Marci aus Halle die Philosophie Descartes' mitgebracht hatte. Er las mit seinen Schülern Descartes' *Passiones animae*.

3 Der Ethik-Kurs des Konrektors Marci

Marci bezog sich nachweislich auf das Thema von Descartes' letzter Schrift, die *Passiones animae*, in einer Folge von drei auf uns gekommenen Disputationen *de affectibus* aus den Jahren 1700 bis 1702 (vgl. Hellekamps und Musolff 2009, S. 155 ff.). Insgesamt haben wir von ihm eine Disputation gefunden, die er im September 1696 in Jena als Praeses gehalten hat, und sieben, die er in Soest 1699 bis 1704 in kontinuierlicher Folge geleitet hat. Zuletzt hat er 1714 in Soest disputiert. Während seiner gesamten Lehrtätigkeit hat er regelmäßig Reden gehalten, die in gedruckter Form vorliegen. Marci hatte sich sorgfältig auf seinen Unterricht vorbereitet. Das bezeugt das im Soester Stadtarchiv erhaltene Exemplar der *Passiones animae* in der lateinischen Ausgabe von 1672. Marci selbst hat dieses Exemplar, das beweisen Schriftvergleiche, mit zahlreichen Glossen versehen. Die Glossen lassen sich in drei Gruppen unterscheiden.

Erstens gab Marci kurze Worterläuterungen, gelegentlich unter Verweis auf die französische Ausgabe des Werks, im Sinne einer *expositio ad litteram*. Diese Nennungen von Synonyma oder Hinweise auf Parallelstellen innerhalb der *Passiones animae* sind oft als Interlinearglossen vermerkt. In Artikel 24 fügte Marci z. B. interlinear zur Erläuterung der lateinischen Wendung „opera eorundem nervorum" („mittels gleicher Nerven") ein: „in Gall.[ico] interventum" (zu Descartes 1672, S. 12, zwischen der 4. u. 5. Zeile) (Abb. 4). Tatsächlich heißt es an der fraglichen Stelle in der französischen Ausgabe: „par l'entre-

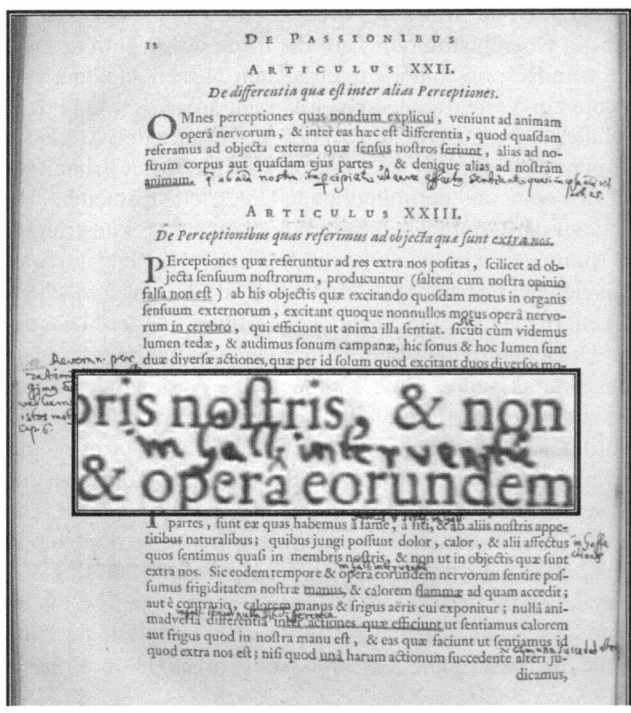

Abb. 4: Beispiel einer Interlinearglosse von Marcis Hand

mise des mesmes nerfs" (Descartes 1996, S. 42). Oder: Die Interlinearglosse im Artikel 50, „vid. § 35 und 36", sollte die immanenten Textbezüge verdeutlichen (zu Descartes 1672, S. 25, zwischen 11. u. 12. Zeile).

Zweitens gibt es z. T. ausführliche Marginalglossen, die den Primärtext kommentieren oder erläutern, gelegentlich mit entsprechenden a, b, c, d – Verweisen im gedruckten Text auf die Marginalie. Und drittens finden sich Bemerkungen, in denen der Lehrer Marci sich selbst Regieanweisungen gibt, z. B.: „Hic non opus est in specie explicare motum singularium membrorum et partium" (zu Descartes 1672, S. 6, marginal am Ende von Artikel 11. „Hier ist es nicht nötig, im Speziellen die Bewegung der einzelnen Glieder und Teile zu erklären"). Oder: „dic potius per venas lacteas [...] ad cor" (S. 9, marginal am Ende von Artikel 15. „Sage besser durch die milchigen Venen [...] zum Herz"). Oder: „Eomodo, quo diximus ante. Et conferantur, quae in hanc materiam dicta alibi" (S. 18, marginal am Ende von Artikel 35. „Auf diese Weise, wie wir zuvor gesagt haben. Und es soll verglichen werden, was zu diesem Stoff anderswo gesagt worden ist") (Abb. 5).

Die Glossen geben Auskunft darüber, wie Marci sich auf seinen Unterricht vorbereitet hat. Indem er sich in seinen Unterrichtsstoff hineindachte, hat er offenbar Hinweise darauf notiert, welche Erläuterungen, zusätzlichen Informationen oder synonymen Begriffe er seinen Schülern *im* Unterricht geben wollte. Ferner hat er überlegt, was er didaktisch reduzieren konnte oder wo er im Anschluss an eine zitierte Stelle seinen Schülern Transfer-Aufgaben stellen konnte. Dabei hat er höchst wahrscheinlich die französische

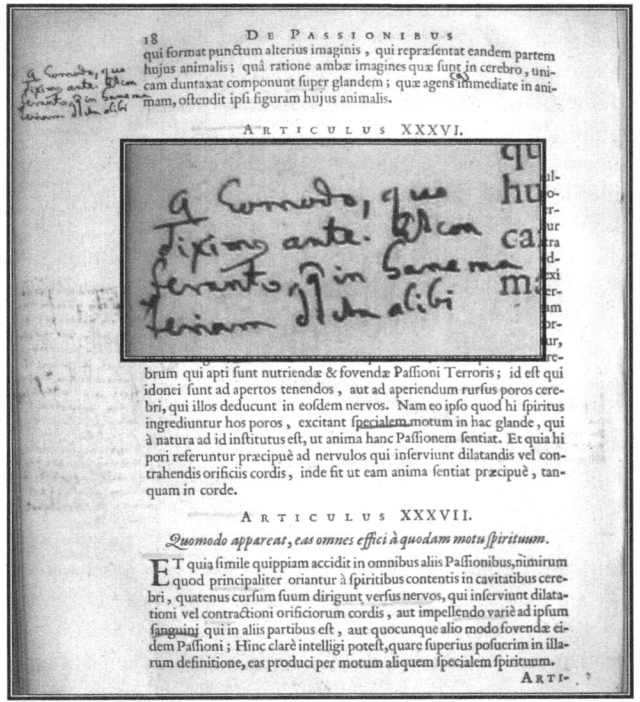

Abb. 5: Beispiel für Marcis Vorstrukturierung seines Vorgehens im Unterricht

Ausgabe des Textes neben die lateinische Ausgabe gelegt. Offenbar wollte er die Textbedeutung philologisch vergleichend genau begreifen. Seine Bemühung darum, die Textgestalt und darüber vermittelt den Textsinn adäquat zu erfassen, deutet darauf hin, dass er die möglichst präzise Textwahrnehmung durch die Schüler befördern wollte.

Inwiefern waren diese Hinweise, Übersetzungen und Erläuterungen, die Marci vorbereitend im Primärtext notiert hat, tatsächlich Gegenstand des Unterrichts? Zur Beantwortung dieser Frage ist die Interlinearglosse interessant, die Marci in Artikel 17 der *Passiones animae* notierte. In Artikel 17 ist über die beiden Funktionen der Gedanken in der menschlichen Seele zu lesen: „quaedam enim sunt actiones animae, aliae ejus passiones sive affectus.". (Descartes 1672, S. 10. „Die einen nämlich sind Tätigkeiten der Seele [Willensakte], die anderen ihre Leiden oder Leidenschaften [Wahrnehmungen]"). Diese Formulierungen weichen von der französischen Ausgabe des Textes ab, in der es heißt: „les unes sont les actions de l'ame, les autres sont ses passions." (Descartes 1996, S. 32). In einer Interlinearglosse zu diesem Artikel verwies Marci auf diese Differenz. So brachte er in der ihm vorliegenden lateinischen Ausgabe der *Passiones animae* die Notiz an (Abb. 6): „additum est hoc ab interprete; sed male, quia Auctor passionum vocabulum hic latius accipit." (Zu Descartes 1672, S. 10, zwischen 4. u. 5. Zeile) „Dies [nämlich der Zusatz ‚sive affectus', d. Verf.] wurde vom Interpreten ergänzt; aber schlecht, weil der Autor den Begriff der Leidenschaften hier im weiteren Sinne versteht.") Dieser weitere Sinn, den Marci dem Autor Descartes unterstellt, schließt die Bedeutungsnuancen des glühenden Wunsches, der Sehnsucht und Liebe ebenso ein wie die des Leidens. Marci dachte wohl daran, dass in den französischen „passions", ähnlich wie in den deutschen „Leidenschaften", das passive Moment des Erleidens oder Erduldens, eben der *passio*, mitschwingt. Durch den inkriminierten Zusatz „sive affectus" wird dieser Aspekt des Erleidens zugunsten des Aspekts der leidenschaftlichen Erregung abgeschwächt. Marci monierte also, dass die lateinische Version den Wortsinn von Leidenschaft unzulässig im Sinne der positiver konnotierten leidenschaftlichen Erregung vereindeutige. Hintergrund seiner Kritik ist die Tatsache, dass Descartes *Les Passions de l'Ame* auf Französisch verfasst und 1649 in Paris publiziert hatte, während die erste lateinische Ausgabe von 1650 auf einer Übersetzung beruhte, die vermutlich nicht autorisiert war.

Wurden diese philologischen Feinheiten im Unterricht behandelt? Wie gesagt, hat Marci seine Schüler im Anschluss an Descartes über die Affekte disputieren lassen. In der ersten Disputation *de affectibus* von 1700, in der Johann Christoph Wenckbach seinem Lehrer respondierte, findet sich im § 1 die Bestimmung, Affekte würden „als Leidenschaften bezeichnet, weil sie bewirken, dass Körper und Seele etwas erleiden. Von den Griechen als *páthe* von *páscho* = patior [bezeichnet]". (Marci und Wenckbach 1700. „Dicuntur quoque perturbationes, maximè à Stoicis. Item passiones, quia faciunt & corpore & animam pati. Graecis πάθη à πάσχώ = patior.") Dass die Disputation den Aspekt des *Leidens* und damit der Passivität des Menschen gegenüber seinen Leidenschaften betonte, lag ganz auf der Linie der zitierten Interlinearglosse Marcis zu Artikel 17. Genau auf den Wortsinn von „Leiden" kam es Marci, wie gezeigt, an. Offenkundig greift die Disputation Marcis Interpretation auf, dass Leidenschaften dem Menschen zum einen widerfahren und zum anderen Leiden verursachen können. Dafür, dass auch die schriftlichen Fassungen der Disputationen von den Schülern zumindest mitgestaltet wurden, sprechen ihr Aufbau und Stil. Die Disputationen führen eine teils mehr (insbesondere die erste und die dritte), teils weniger (insbesondere

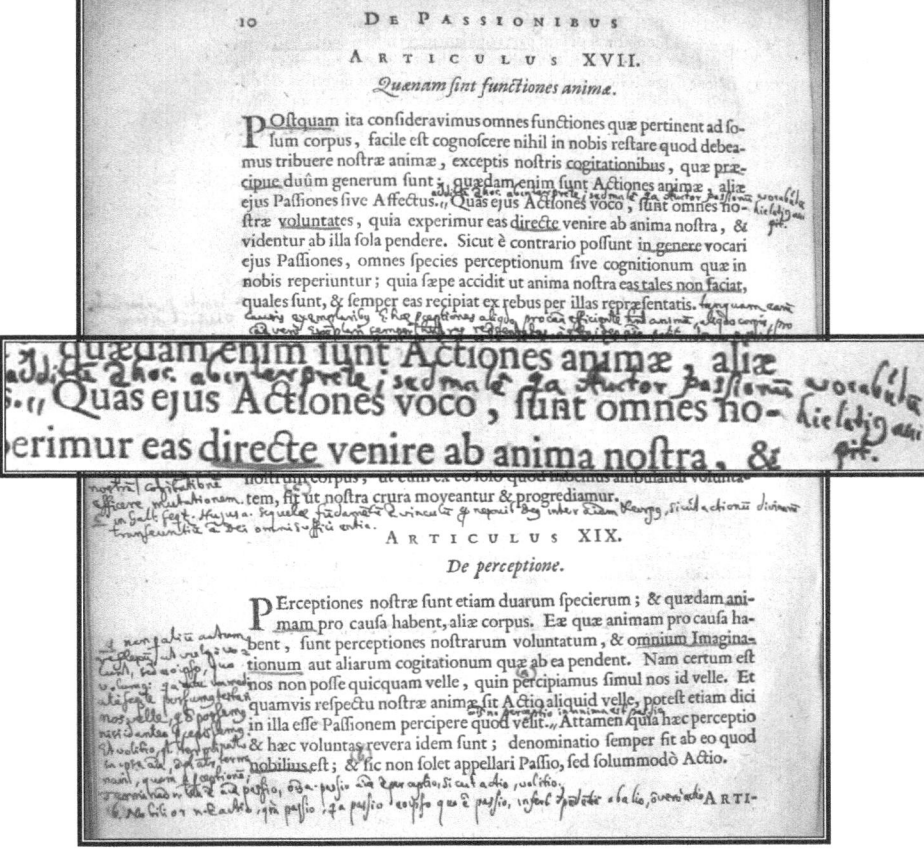

Abb. 6: Beispiel für Marcis lateinisch-französische Textvergleiche

die zweite) konsistente Argumentation vor; mitunter wirken sie etwas unbeholfen, so wenn unvermittelt Zitate und Anmerkungen aus der Bibel eingestreut werden. Interessanterweise verzichten diese Disputationen auf die bei Rumpaeus in Übereinstimmung mit der Tradition üblichen Frage- und Antwortrituale. Der mündliche Disputationsakt wurde ebenfalls im Unterricht vorbereitet und gehörte zu dessen Methodik. In dem mehrfach zitierten Lektionsplan von 1709 kündigte Marci Disputationsübungen zur praktischen Philosophie an, die er als Privatkollegien anbot. Zudem beabsichtigte er die Fortsetzung der öffentlichen Disputationen und Schulreden. Von Diktaten war nicht die Rede.

Leider geben die Quellen keinen Aufschluss darüber, ob den Schülern jeweils ein eigenes Exemplar der *Passiones animae* vorgelegen hat, das die Grundlage für deren eigene Lektüre sowie für die Verschriftlichung der Interpretationsergebnisse in den Disputationen gewesen wäre. Jedenfalls ist es kein Zufall, dass die unter Marci gehaltenen Disputationen sich als diskursive Texte mit der Intention einer fortlaufenden Argumentation und nicht nach dem von Rumpaeus bevorzugten Frage-Antwort-Muster gestalteten.

Die Produktion dieser Texte erforderte die Konzentration darauf, einen kontinuierlichen Gedanken zu entwickeln (auch wenn dies in den drei vorliegenden Disputationen immer nur ansatzweise gelang). Dass es Marci tatsächlich um das Selbstdenken der Schüler ging, erhellt aus seiner Marginalglosse am Ende der *Praefatio ad Lectorem* zu Descartes' *Meditationes*: „ita n[empe]. docendus est discipulus ut q[ui]s. ipse scientiam ex semet ipso inveniat et nihil credere habeat necesse, quod non intelligit". (Zu Descartes 1670. „So nämlich muss der Schüler belehrt werden, dass jemand selbst das Wissen aus sich selbst heraus findet und nichts zu glauben nötig hat, das er nicht versteht.") (Abb. 7) Damit greift Marci einen Gedanken des Cartesianers Abraham Gulich auf, der von 1667–1679 am reformierten Gymnasium in Hamm gelehrt und dort eine neue Didaktik erprobt hatte (vgl. Musolff und Hellekamps 2010). So wandte sich Gulichs Disputation über den Zweifel (zusammen mit seinem Respondenten Gerhard Engelen) an den einzelnen Schüler, der angehalten wurde, Descartes sorgfältig zu lesen, über das Gelesene zu meditieren, sich von den Vorurteilen der Kindheit zu lösen und sich ein eigenes Urteil zu bilden. Auf diese Weise forderte Gulich seine Schüler zum Selbstdenken heraus. Dass Marci Gulich zur Kenntnis genommen hat, beweist eine Marginalie (Abb. 8), die sich ebenfalls in den *Meditationes* findet, und in der auf die erkenntniskritische „Disputatio Domini Gulichi"

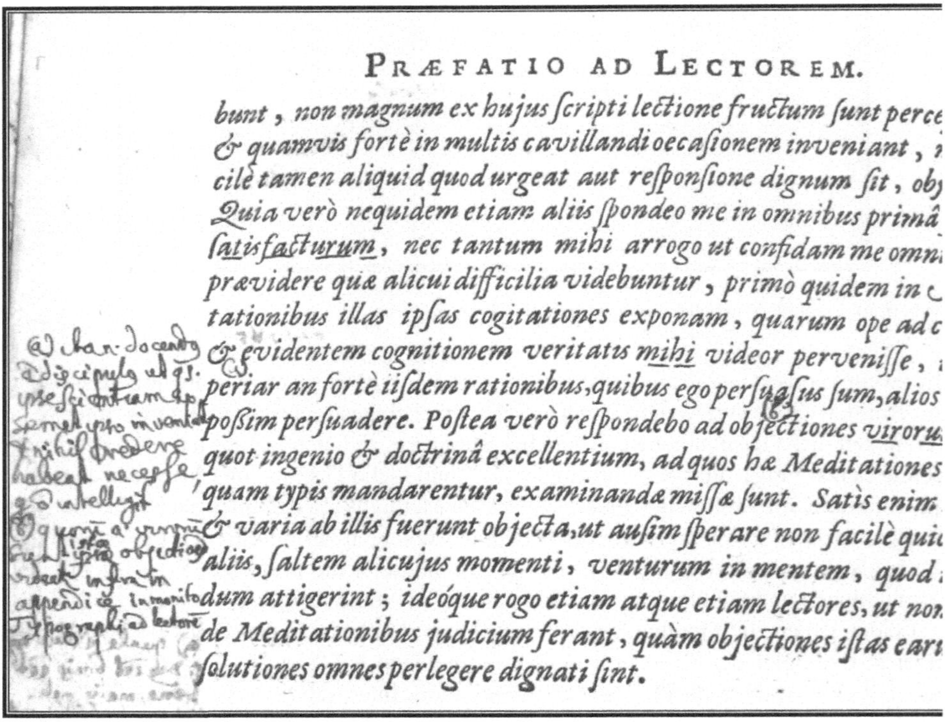

PRÆFATIO AD LECTOREM.

bunt, non magnum ex hujus scripti lectione fructum sunt perce
& quamvis fortè in multis cavillandi occasionem inveniant,
cilè tamen aliquid quod urgeat aut responsione dignum sit, obj
Quia verò nequidem etiam aliis spondeo me in omnibus primâ
satisfacturum, nec tantum mihi arrogo ut confidam me omn
prævidere quæ alicui difficilia videbuntur, primò quidem in
tationibus illas ipsas cogitationes exponam, quarum ope ad c
& evidentem cognitionem veritatis mihi videor pervenisse,
periar an fortè iisdem rationibus, quibus ego persuasus sum, alios
possim persuadere. Postea verò respondebo ad objectiones viroru
quot ingenio & doctrinâ excellentium, ad quos hæ Meditationes
quam typis mandarentur, examinandæ missæ sunt. Satis enim
& varia ab illis fuerunt objecta, ut ausim sperare non facilè qui
aliis, saltem alicujus momenti, venturum in mentem, quod
dum attigerint; ideóque rogo etiam atque etiam lectores, ut non
de Meditationibus judicium ferant, quàm objectiones istas earu
solutiones omnes perlegere dignati sint.

Abb. 7: Die didaktische Intention: das Selbstdenken der Schüler

Zur Didaktik der Frühaufklärung 179

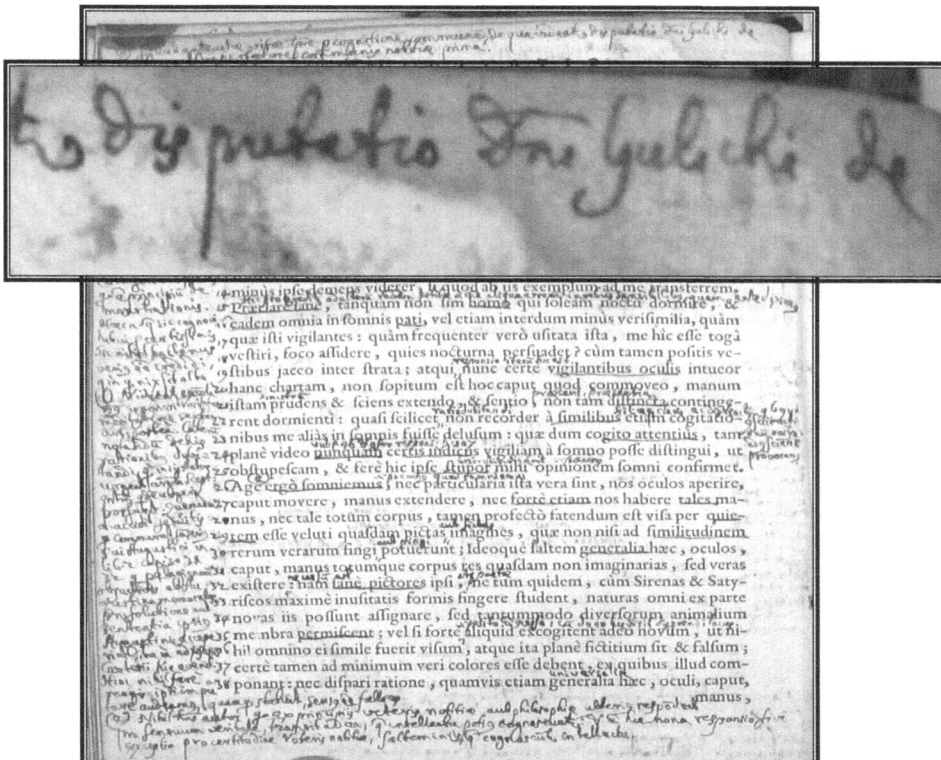

Abb. 8: Beleg für die Rezeption des Cartesianers Gulich

über die Vollkommenheit und Unvollkommenheit der allgemeinen Kenntnis verwiesen wird (zu Descartes 1670, marginal S. 6 oben rechts).

4 Schlussfolgerungen: Zur Didaktik des Oberstufenunterrichts

Welche Rückschlüsse hinsichtlich der im Soester Philosophieunterricht praktizierten Didaktik sind auf der Grundlage unserer Quellen möglich? Gab es einen Zusammenhang zwischen der inhaltlichen Ausrichtung des Unterrichts und seiner methodischen Realisierung? Rumpaeus hatte seinen Unterricht, wie gezeigt, inhaltlich und methodisch im Rahmen der lutherischen Schulphilosophie des frühen 18. Jahrhunderts gestaltet. Dabei orientierte er sich, ausweislich seiner Zitationen, durchaus auch an frühaufklärerischen Denkern, die ihrerseits die aristotelische Schulphilosophie kritisierten. Das akzeptierte Wissen wurde in Rumpaeus' Büchern in autoritätsgestützten Thesen formuliert, in Fragen gekleidet, in Musterlösungen entfaltet und sukzessive beantwortet, auch in Merksätzen, auch durch Diktate. Die Frage-Antwort-Struktur geht insbesondere auf Pedro Fonsecas *Institutiones dialecticae*, Lissabon 1564, zurück, die großen Einfluss auf das jesuitische und protestantische Disputationswesen hatten (vgl. Felipe 2010, S. 39). Anders als Christian Thomasius es bei seinen Bemühungen um die Reform des Halleschen Disputationswesens vorsah (vgl. ebd., S. 42 f.), ging es Rumpaeus nicht um Kritik und Widerspruch, durch die hätte gelernt werden können, Argumente gegen die Thesen des Respondenten bzw. des Praeses vorzubringen. Vielmehr präsentieren seine Lehrbücher, zu denen, wie erläutert, auch seine Disputationssammlungen zu zählen sind, das als richtig zu wissende Wissen in eindeutigen Thesen und Musterantworten. Es ist davon auszugehen, dass Rumpaeus seinem Unterricht insbesondere die eigenen Lehrbücher zugrunde gelegt hat. Offenbar erwartete er die Reproduktion entsprechender Frage- und Antwortmuster in den Übungsdisputationen, vor allem aber in den öffentlichen Disputationen, denen er präsidierte. Inhaltlich und methodisch blieb Rumpaeus orthodox.

Das von Rumpaeus präferierte Muster der Disputation (und damit der Dokumentation von Lernleistungen und Lektürefrüchten) entspricht im Wesentlichen dem, was in Soest in der ersten Hälfte des 17. Jahrhunderts als Norm gegolten haben dürfte. Im Jahr 1620 hatte Rektor Nicephorus im Anhang der von ihm verfassten Schulprogrammschrift ein *Exemplum Disputationis in Schola Susatensi* abdrucken lassen. An diesem Beispiel für die schulische Praxis wollte er veranschaulichen, wie an seiner Schule disputiert werden sollte: Nämlich in „Theses", was im Falle von Nicephorus' Musterdisputation tatsächlich die thesenartig zugespitzte Form implizierte, mit zahlreichen Zitationen alt- und neutestamentarischer Belegstellen sowie im Rückgriff auf anerkannte Autoritäten der Zeit (vgl. Nicephorus 1620). In diesem Text folgen Definitionen, Thesen und Frage-Antwort-Ausführungen aufeinander.

Dieses Modell hat den Soester Oberstufenunterricht im Untersuchungszeitraum in den Fächern Philosophie und Theologie in der ersten Jahrhunderthälfte bestimmt (Abb. 9). Das Säulendiagramm zeigt die Häufigkeitsverteilung von schulgerechten und diskursiv angelegten Disputationen sowie von Mischformen im Untersuchungszeitraum. Rumpaeus sorgte dafür, dass der erste Typ im frühen 18. Jahrhundert in Soest noch einmal prak-

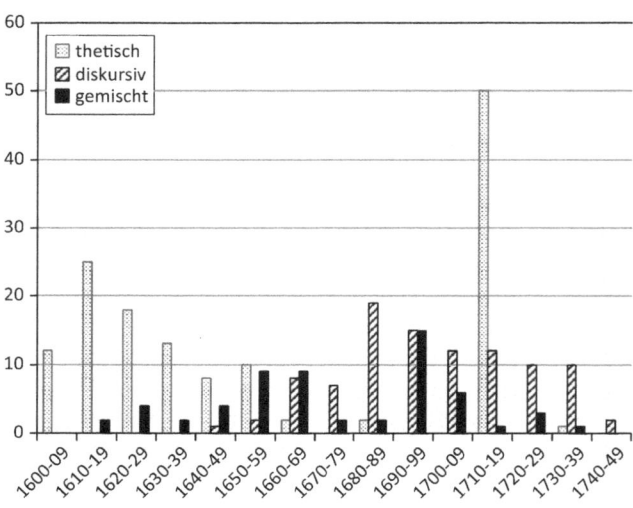

Abb. 9: Soester Disputationen 1600–1749

tiziert wurde. Im Übrigen sind er und sein unmittelbarer Amtsvorgänger Johann Wilhelm Harhoff die einzigen Soester Praesides, bei denen sich Sammeldisputationen beobachten lassen (Abb. 10). Harhoff hatte sich ausdrücklich von der „neuen" Philosophie und von der Missachtung der „Alten" abgegrenzt. Bei Sammeldisputationen war der Respondent nicht für die Erörterung eines bestimmten Themas im Ganzen mitverantwortlich, sondern lediglich für einen eng umgrenzten Aspekt. Auch am lutherischen Gymnasium in Dortmund sind während des gesamten 17. Jahrhunderts zahlreiche schulgerecht aufgebaute Disputationstexte entstanden. Am Dortmunder Gymnasium herrschte bis 1750 eine theologische Profilbildung vor. Auch Rumpaeus war Theologe, und es ist nicht ausgeschlossen, dass er zwischen der Tätigkeit des Gymnasiallehrers und der des Katecheten nicht immer klar getrennt hat. So hatte etwa für Philipp Jakob Spener das Memorieren sowie die Katechismuserklärung nach dem Frage-Antwort-Modell im Vordergrund des kirchlichen Katechismus-Unterrichts gestanden. Die Muster-Fragen aus seinem Buch *Einfältige Erklärung* (1677) zielten nicht auf das, „was ein Schüler wissen will, sondern auf das, was er wissen soll." (Sträter 1995, S. 128). Zumindest teilweise hat Rumpaeus seine Lehre wohl nach dem Modell katechetischer Unterweisung konzipiert: Eine didaktische Perspektive auf die Schüler *als zuhörende Rezipienten, die belehrt werden müssen*, überwiegt.

Die Lehre des Konrektors Marci bildete dazu einen deutlichen Kontrast. Für den Lehrer der Philosophie Marci galt Descartes als unumstößliche Autorität. Das implizierte die Entscheidung für eine auch im Vergleich mit der universitären Lehre außergewöhnliche Lektüre im Unterricht. An keinem anderen der von uns untersuchten fünf westfälischen Gymnasien sind wir bei einem Bestand von über 1500 Disputationen auf den Hinweis gestoßen, dass die *Passiones animae* Gegenstand des Unterrichts gewesen wären. Wie bei Abraham Gulich zeitigte der Cartesianismus Marcis spezifische methodische Praktiken, durch die er die Lektüren seiner Schüler anregen wollte. Marcis didaktische Konzeption zielte deutlich stärker auf das kritische Selbstdenken seiner Schüler als die zeitlich etwas spätere Konzeption des Rumpaeus. Damit entspricht Marcis didaktischer Ansatz Hans Erich Bödekers Charakterisierung des um 1700 veränderten gelehrten Selbstver-

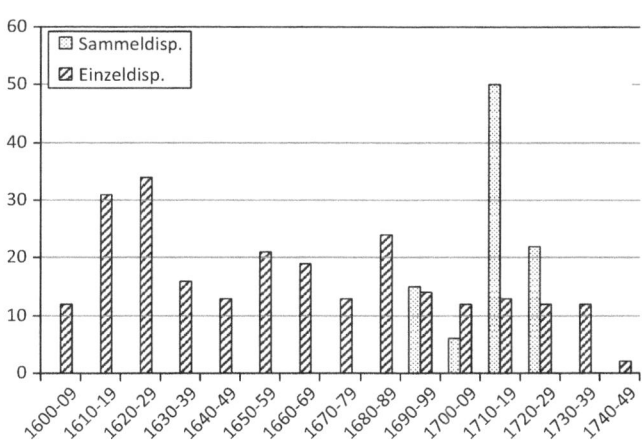

Abb. 10: Sammel- und Einzeldisputationen 1600–1749

ständnisses. Bödeker zufolge wurde „[b]esonderer Nachdruck [...] auf die selbständige, kritische Aneignung des Wissens im Lektüreprozess gelegt." (2008, S. 13) Indes fragt sich, ob Marcis Unterricht die beabsichtigten Denkprozesse bei seinen Schülern wirklich hat auslösen können. Insbesondere die zweite Disputation über die Affekte macht in ihrer sprunghaften, gedanklich wenig konsequenten, z. T. immanent widersprüchlichen Argumentation einen äußerst disparaten Eindruck. Offenkundig waren zumindest einige Schüler mit der an ihnen erprobten cartesianischen Didaktik schlicht überfordert. Möglicherweise hätten sie die klaren Vorgaben, die Rumpaeus in seinem Unterricht gemacht hat, gegenüber der Anforderung, nicht nur selbst zu denken, sondern die eigenen Gedanken auch noch in strukturierter Form zu Papier zu bringen, bevorzugt.

Tatsächlich implizierte diese cartesische Didaktik den Akt der Verschriftlichung dessen, was erarbeitet wurde, durch die Schüler. Offenbar sollten die Schüler die Verschriftlichung zum Anlass nehmen, den Lerninhalt der zuvor im Unterricht behandelten *Passiones animae* erneut zu durchdenken und mögliche Applikationen auf die eigene Lebenspraxis zu reflektieren. Das Schreiben konnte so zum Anlass für die fortwährende und wiederkehrende Reflexion des cartesischen Textes werden. Überdies war es möglich, die schriftliche Fassung der Disputation später wieder zur Hand zu nehmen. Auf diese Weise sollte der Anspruch eingelöst werden, den Descartes selbst formuliert hatte, nämlich über die von ihm aufgeworfenen Fragen ernsthaft zu meditieren.

Hannspeter Marti zufolge lässt sich im Laufe des 17. Jahrhunderts eine Tendenz zur Verschriftlichung des Disputationsgeschehens beobachten (vgl. 2010, S. 68–74). Während zu Beginn des 17. Jahrhunderts der Redeakt selbst im Vordergrund stand, änderte sich dies allmählich seit der zweiten Jahrhunderthälfte. Zugleich wurde am Ende des 17. und zu Beginn des 18. Jahrhunderts diese Tendenz zur Verschriftlichung mit ihren zum Teil vorbereiteten, zum Teil unter den Beteiligten zuvor abgesprochenen Texten, die nur noch vorgelesen wurden, auch kritisiert. Die Kandidaten müssten auf diese Weise ihre Geistesgegenwart und Schlagfertigkeit nicht mehr unter Beweis stellen. Der mündliche Disput sollte wieder aufgewertet werden. Dem wurde wiederum entgegnet, dass erst der Prozess der Verschriftlichung die erforderliche Konzentration auf die Sache ermögliche. Insbesondere im cartesianischen Umfeld wurde der Rückzug in die private Einsamkeit empfohlen, in der sich Nachdenken und Meditation abspielen könnten. So argumentierten z. B. der Leidener Philosophieprofessor Arnold Geulincx (1624–1669) und der Basler Theologe Samuel Werenfels (1657–1740), die beide cartesianischen Gedanken nahestanden. Diese Überlegungen hat Marci offenkundig geteilt. Aber auch andere Soester Praesides haben seit dem späteren 17. und im frühen 18. Jahrhundert die schulgerechte Disputation und die ihr zugrundeliegenden Lern- und Lektürepraktiken wohl nicht mehr für eine didaktisch akzeptable Unterrichtsform gehalten. 25 Jahre nach dem Weggang Gulichs aus Hamm hat es jedenfalls auch im weiter östlich gelegenen Soest für kurze Zeit einen Unterricht gegeben, der sich durch eine cartesianisch inspirierte Didaktik von traditionelleren Praktiken des Lesens und Lernens unterschied. Aber es ist im Nachhinein schwer feststellbar, wie erfolgreich diese Didaktik wirklich gewesen ist.

Anmerkung

1 Alle zitierten Quellen stammen aus dem „Stadtarchiv und wissenschaftliche Stadtbibliothek" Soest. Die hinter den jeweiligen Quellenangaben vermerkten Signaturen beziehen sich auf die Ordnung der Soester Sammlung. Wir danken dem Stadtarchiv, vor allem Dirk Elbert, für die freundliche Genehmigung zum Abdruck der Quellenauszüge.

Literatur

Quellen

Budde, J. F. (1703). [Elementa Philosophiae Instrumentalis seu Institutionum Philosophiae Eclecticae] *Elementa Philosophiae Instrvmentalis seu Institvtionvm Philosophiae Eclecticae.* Glavcha-Halensis: Typis et impensis Orphanotrophii (Signatur: V C 12.5).
Descartes, R. (1996). *Die Leidenschaften der Seele.* Französisch-deutsch. Hrsg. u. übers. v. K. Hammacher. Hamburg: Felix Meiner.
Descartes, R. (1670). [Meditationes de prima Philosophia.... Editio ultima prioribus auctior & emendatior] *Renati Des Cartes Meditationes De Prima Philosophia, In quibus Dei existentia, animæ humanæ à corpore distinctio, demonstrantur.... Editio ultima prioribus auctior & emendatior.* Amstelodami: Apud Danielem Elzevirium (Signatur: 4 C 12.7).
Descartes, R. (1672). [Passiones animae] *Passiones Animæ, Per Renatum Des Cartes.* Amstelodami: Apud Danielem Elzevirium (Signatur: 4 C 12.7).
Heereboord, A. (1680). [Meletemata Philosophica in quibus pleraeque Metaphysicae ventilantur] *Meletemata Philosophica in quibus Pleræque Metaphysicæ ventilantur, tota Ethica... explicatur, universa Physica... exponitur, summa rerum Logicarum per Disputationes traditur.* Amstelædami: JHenrici Wetstenii (Signatur: 4 C.11.6).
Marci, J. G. [Präses], Wenckbach, J. C. [Respondent] (1700). *Disputatio de Affectibus*: Quam Præside M. Joh. Gottfried Marci Svsatens. Lycæi Con-Rector.... ventilationi exponit Respondens Joh. Christophorvs Wenckenbach Wetterà Hassus. Susati: Utz. – [5] Bl.; 4-o.- Soest, Gymn., Diss. (Signatur: P 22.43, 167).
Nicephorus, H. (1620). [Scholastica, Sive Scholae Descriptio] *Scholastica, Sive Scholae Descriptio Nova Novandis Scholis & conservandis aptata. Librisque Dvobis Comprehensa.* Susati: Zeisenii (Signatur: S z 1 nic 1).
Rumpaeus, J. W. (1712). [Institutiones metaphysicae sacrae Latino-Germanicae, nova methodo adornatae] *Institutiones Metaphysicae Sacrae Latino-Germanicae, Nova Methodo Adornatae.* Francoforti ad Moenum: Apud Joh. Adolphum Stock (Signatur: S z 1 ru 2).
Rumpaeus, J. W. (1714). [Institutiones logicae sacrae Latino-Germanicae, recentiorum mente accomodatae] *Institutiones logicae sacrae Latino-Germanicae, Recentiorum mente accomodatae.* Francoforti ad Moenum: Apud Joh. Adolphum Stock (Signatur: 5 133).
Rumpaeus, J. W. (1715). [Introductio in Theologiam recens, maximam partem controversam. In suorum auditorium usus] *Introductio In Theologiam Recens, Maximam Partem Controuersam. In Suorum Auditorium Usus.* Francoforti ad Moenum et Susati: Apud Joseph. Wolschendorff (Signatur: 5 Ji.4.10a).
Rumpaeus, J. W. (1721). *Institutiones Theologicae in Tres Partes Distributae,: Quibus Fidei dogmata et controversiae fere omnes, etiam recentissimae alibi non tractatae....* – Susati et Lipsiae: Wolschendorfff, Lanckisius. – [1] Bl., 468 S., 26 S., [1] Bl.; 4-o (Signatur: IV Kk.11.15, 1).

Rumpaeus, J. W. [Praeses], Damm, H. D. von [Respondent] (1726). [Disquisitio logica de mente humana eiusque speciatim intellectu] *Disqvisitionem Logicam De Mente Hvmana Eiusque Speciatim Intellectv:...* Praeside Jvsto Vvesselo Rvmpaeo Philosoph. et Theologiae Doctore atque archi-gymnasii Rectore... submittit Responsvrvs-Avctor Henricvs Dethmarvs De Damm Svsatensis. Svsati: Hermanni, 26 S.; 4-o. – Soest, Gymn., Diss. (Signaturen: Nn 2.25, 31; P 22.44, 19).

Series Lectionum trium superiorum classium Archi-Gymnasii Susantensis (1709). Susati: Hermanni. – [1] Bl. (Signatur: P 22.52, 38).

Sekundärliteratur

Baldzuhn, M. (2009). *Schulbücher im Trivium des Mittelalters und der Frühen Neuzeit. Die Verschriftlichung von Unterricht in der Text- und Überlieferungsgeschichte der „Fabulae" Avians und der deutschen „Disticha Catonis".* Bd. 1. Berlin: de Gruyter.

Bödeker, H. E. (2008). Strukturen der deutschen Frühaufklärung (1680–1720). Thesen. In H. E. Bödeker (Hrsg.), *Strukturen der deutschen Frühaufklärung (1680–1720)* (S. 9–20). Göttingen: Vandenhoeck und Ruprecht.

Felipe, D. (2010). Ways of disputing and *principia* in 17th century German disputation handbooks. In M. Gindhart, U. Kundert (Hrsg.), *Disputatio 1200–1800. Form, Funktion und Wirkung eines Leitmediums universitärer Wissenskultur* (S. 33–61). Berlin: de Gruyter.

Hellekamps, S. (2009). Kausale Erklärungen und die Einheit der Welt. Physik-Unterricht in Soest im 17. Jahrhundert. In S. Hellekamps & H.-U. Musolff (Hrsg.), *Zwischen Schulhumanismus und Frühaufklärung. Zum Unterricht an westfälischen Gymnasien 1600–1750* (S. 61–76). Münster: Aschendorff.

Hellekamps, S., Musolff, H.-U. (2009). Aufgeklärter Unterricht und cartesische Affektenlehre in Soest um 1700. In S. Hellekamps & H.-U. Musolff (Hrsg.), *Zwischen Schulhumanismus und Frühaufklärung. Zum Unterricht an westfälischen Gymnasien 1600–1750* (S. 155–173). Münster: Aschendorff.

Marti, H. (2010). Disputation und Dissertation. Kontinuität und Wandel im 18. Jahrhundert. In M. Gindhart, U. Kundert (Hrsg.), *Disputatio 1200–1800. Form, Funktion und Wirkung eines Leitmediums universitärer Wissenskultur* (S. 63–85). Berlin: de Gruyter.

Musolff, H.-U. unter Mitarbeit von Bermges, S. u. Denningmann, S. (2009). Die Säkularisierungsphasen der Oberstufen protestantischer Gymnasien 1660–1708. In S. Hellekamps & H.-U. Musolff (Hrsg.), *Zwischen Schulhumanismus und Frühaufklärung. Zum Unterricht an westfälischen Gymnasien 1600–1750* (S. 211–243). Münster: Aschendorff.

Musolff, H.-U., Hellekamps, S. (2010). Bildungsgänge und Seitenwege westfälischer Gymnasiallehrer. In J. Jacobi, J.-L. Le Cam, H.-U. Musolff (Hrsg.), *Vormoderne Bildungsgänge. Selbst- und Fremdbeschreibungen in der Frühen Neuzeit* (S. 131–147). Köln u. a.: Böhlau.

Sträter, U. (1995). *Meditation und Kirchenreform in der lutherischen Kirche des 17. Jahrhunderts.* Tübingen: J. C. B. Mohr (Paul Siebeck).

The books used by Mary Stuart for the exercise on „Acquérir de la doctrine" (1554–1555)

Sylvène Edouard

Abstract: This article presents the findings of a study on the corpus of sixty-four Latin letters written by Mary Stuart between July 1554 and January 1555. The young Queen of Scots who had been at the French court since September 1548 was aged eleven at the time she wrote the letters. These had been given to her as an exercise in rhetoric. Subject of her writing was the necessity of „acquiring doctrine" for a prince. The analysis of all the letters has brought to light which works Mary Stuart studied during the exercise. As a result we know that during the three periods of her writing she imitated Juan Luis Vives' *De ratione studii* and *Satellitium*, one of Aesop's fables, Plutarch's *Moralia*, Jean Brèche's *Manuel royal* as well as Erasmus' *Institutio principis christiani*, then Ravisius Textor's *De officina*, one of Erasmus' *colloquia* and finally his apophtegms.

Keywords: Mary Stuart · Textbooks · Familiar letters · Erasmus · Plutarch · Juan Luis Vives

Wie Maria Stuart sich Prinzipien aneignete ... Die von ihr genutzten Bücher 1554–1555

Zusammenfassung: Dieser Artikel präsentiert die Ergebnisse einer Untersuchung über ein Korpus von lateinischen Briefen, die Maria Stuart zwischen Juli 1554 und Januar 1555 im Rahmen einer schulischen Übung zur Rhetorik verfasst hat. Die junge Königin Schottlands, die seit September 1548 am französischen Hof lebte, war elf Jahre alt, als sie diese Briefe schrieb. Ihr Lehrer hatte ihr das Thema, dass es für einen Prinzen erforderlich ist, „sich Prinzipien anzueignen", aufgegeben. Eine vertiefte Analyse dieser 64 vertraulichen Briefe konnte zeigen, welche Werke Maria genutzt hat. Indem sie die Autoren nachahmte, bezog sie sich in drei Phasen der Erarbeitung auf *De ratione studii* und das *Satellitium* von Juan Luis Vives, auf eine Fabel von Äsop, die *Moralia* von Plutarch, das königliche Manual von Jean Brèche ebenso wie auf die *Institutio principis christiani* von Erasmus, sodann auf *De officina* von Ravisius Textor, eines der Kolloquia von Erasmus und schließlich auf dessen Ausgabe von Apophtegmen.

© Springer Fachmedien Wiesbaden 2012

Maître de Conférences Dr. S. Edouard (✉)
Université Lyon 3, Histoire moderne, 7, rue Chevreul,
69007 Lyon, France
e-mail: sylvene.edouard@gmail.com

Schlüsselwörter: Maria Stuart · Schulbücher · Vertrauliche Briefe · Erasmus · Plutarch · Juan Luis Vives

In the sixteenth century the Renaissance humanists produced an abundant amount of books for educational purposes. But in spite of the number of mirrors, lesson plans and dedications available generally speaking there has been little study of the books actually used for royal education during the first half of the XVI century (Carile 2004). This has resulted in a considerable lack of documentary evidence on the books for education with a limited number of inventories of royal libraries in general and even fewer sources about the purchases of books in particular. However, there is one exception. A rich documentation has been preserved in the case of the books used for the studies of Prince Philip, later Philip II of Spain. These can be found in the Library of the Escurial and also in the National Library of Madrid. The accounts of the books bought by his tutors are preserved in the Archive of Simancas in Spain (Gonzalo Sánchez-Molero 1998a, b, 2004). In the case of Mary Stuart, accounts of general expenditure exist for the years 1550–1551 but there is no reference either to the purchase of books or to any inventory of them. This paper presents the results of research based on a corpus of Latin letters written as a rhetorical exercise by Mary Stuart in 1554–1555 when she was 11 and 12 years old (Mary Stuart 1554). This study has brought to light the use of certain works in the education of the young queen which has enabled us to reconstitute at least a part of the small library at her disposal.

1 The context to the young Queen of Scots' Latin letter writing exercise

The corpus is a collection of 64 short octavo signed Latin letters addressed mainly to members of the court, except for one which was addressed to Jean Calvin. The main recipient was Elisabeth, the eldest daughter of the King, the future Queen of Spain. The others were Claude, Elisabeth's young sister, the Dauphin François, one non identified classmate and the uncles of Mary Stuart. This correspondence was probably fictitious. It is impossible to know in fact if all the letters were actually received. However, a few details lead us to believe that in some cases they were given to the recipients, but that is another subject of research.

Each missive is accompanied by its French version on the left page which was probably written by the tutor. The young Queen of Scots began this exercise in Reims July 1554 and continued until January 1555, writing from Compiègne, Villers-Cotterêts, Paris and Saint-Germain-en-Laye during the constant moves of the Court. The royal children had constituted their own court leading their own lives away from their parents. At that time, Henry II was constantly at war against the emperor Charles V and consequently Catherine de Medici took the royal children together with Mary Stuart into her care. Mary had been in France since the age of six when in 1548 she had been sent by her mother Marie de Lorraine, daughter of the first Duke of Guise, to be saved from the matrimonial ambitions of the king of England Henry VIII to marry her to his son Edward. In fact, after her arrival in France in August 1548, she was treated as a queen and immediately engaged to be married to the Dauphin François (Édouard 2009a). At the "little court", she had her own "royal household" and shared time with the other royal children, the princes François and Monseigneur d'Orléans, the princesses Elisabeth and Claude, and the maids in waiting and pages (BnF, ms fr. 7856 and de Ruble 1891).

In 1554 the children's court rejoined the main Royal Court. At that time, Mary received education from her own private preceptor, Claude Millet, whereas the princes François and Monseigneur d'Orléans were educated by the great Hellenist Pierre Danès, who taught Greek at the *Collège royal* from 1530 to 1535. For their studies the children disposed of a library which was most likely situated on the third floor of the castle in Saint-Germain-en-Laye where they spent a great part of the year. They even possessed their own trunk of books. This and the purchase of books is referred to in the correspondence between the 11 year old Ludovico di Gonzaga at his arrival at the French court in 1551, his governor and chaplain who were both his schoolmasters, and his mother, the duchess of Mantova (ASM, Édouard 2009b). We know then that children at the court received lessons from preceptors and schoolmasters using a number of books required for their studies which the Latin letters written by Mary have helped us to partially identify.

The content and the purpose of these letters facilitate our understanding of the school exercise and the use of books in the education of royal children at that time. Towards the end of July 1554 the tutor gave a subject on „Acquiring the doctrine" to be dealt with in letter form. The aim of the exercise was threefold: the improvement of the art of rhetoric (*inventio, elocutio, dispositio*) through the necessary study of classical writings, the mastering of Latin and the art of writing letters. There were three periods to the writing. First, the tutor taught orally for two months and indicated certain readings from classical authors. In the second period Mary continued the exercise herself and dedicated 15 letters to the subject of learned women. Finally, in a third period, letters 41–64, she resumed the initial exercise dedicated to the necessity of providing erudite practices for a future prince.

Each period of writing is linked with specific works that a patient study has been able to identify. However, it has not been possible to identify with certainty the editions used by the royal pupil. What we can assert however is that she consulted Latin editions foremost. In fact, translations only really appeared in France after the 1520s. The books used by Mary were only translated towards the end of the 1550s. One example is *Les dicts des sept sages* by François Habert in 1550 and by Charles Fontaine in 1557. As far as the classics were concerned, the first integral editions were produced by Jacques Amyot in 1559 with *Les vies parallèles* and in 1572 with *Les Oeuvres morales et meslées de Plutarque*. Otherwise there existed Latin and vernacular translations of a few isolated opera such as Plutarch's *De Romanorum Fortuna* in 1503, *De Alexandri fortuna and virtute* by Guillaume Budé, and the translation of Erasmus's *La touche naïsve pour esprouver l'amy et le flatteur* and *L'art de soy et par bon moyen faire son pofit de ses ennemis* by Antoine du Saix in 1537. The young Queen of Scots had no other choice than to use Latin editions to approach classical culture. Even so, the letters refer only to a sampling of authors studied during her instruction and thus can only give us a limited idea of the reality of her readings and the works she had access to.

From her letters, it can be seen that Mary read principally Plutarch, Erasmus, Ravisius Textor, Juan Luis Vives, Jean Brèche, Aesop and Cicero. For the rhetoric of her writing, she consulted many treatises by Erasmus such as *De conscribendis* and *De duplici copia verborum ac rerum* and others by French rhetoricians such as Pierre Fabri, Pierre de la

Ramée, Omer Talon and Antoine Fouquelin. As for the content, our study reveals the use of several textbooks and very common collections of classical thinking of the time based on apologues, sentences, apophtegms and symbols. In order to write the Latin letters Mary proceeded in a certain way. Once she had selected a book she kept it for a few days to find the arguments necessary for the *inventio* and the *elocutio* of her discourse. Sometimes, however, her curiosity led her away from the initial reading and she ended up reading other authors referred to in her reference books. One example is the reference to Aesop in *Satellitium* by Juan Luis Vives which incited her to read a collection of fables.

In the next section of the paper the books are discussed in the order they were used during the exercise for us to ascertain the different ways the pupil used her books during the different periods of writing.

2 First period of the writing: an exercise of "inventio"

Concerning the first period of writing which lasted from July to September 1554 (letters 1–24), Mary Stuart was first in Reims and then in Compiègne. Queen Catherine, the children and the court remained at the Archbishop's Palace in Reims for a time, and then from the end of July they all went to the castle of Compiègne in Picardy. The young Queen of Scots took a few books with her during her journey for her learning. In the context of the lesson given by her tutor the first book she opened was *De ratione studii* by Juan Luis Vives (Vives 1524a), the humanist famous for his erudition and teaching. He was born in Valencia in 1492 and became famous for his teaching like Erasmus. When he was seventeen, he left his native country to study in Paris, and then he travelled to the Netherlands. In 1517, he began serving the governor of Charles I of Spain, as tutor to his son William of Croÿ. At the death of this protector in 1521, and thanks to his short essay *De intitutione feminae christianae* (Vives 1524b) dedicated to the Queen consort Katharine of Aragon, he received the favours of King Henry VIII and Cardinal Wolsey during their stay in Bruges. At that time he was just concluding a revision of Saint Augustine's *De civitate dei* but the critical reception by theologians in Louvain and their banning of it convinced him to focus on less controversial writings. He published *De ratione studii* in 1524. Its first part was dedicated to Charles Mountjoye, the son of Lord Mountjoye who was close to English humanists and a friend of Erasmus. The second part of the treatise was dedicated to Queen Katharine for the education of her daughter Lady Mary whose tutor he became. During the year 1523, Henry VIII appointed him professor at Oxford University where he held a chair as lecturer. In the first dedication of the *De ratione studii* addressed to Mountjoye, he praised the virtues of the father before he clarified his purpose of reinforcing the virtue and the good tendencies of the son through industrious learning[1]. Throughout 26 short commentaries he forwarded a work plan beginning with God and religion and developing into the concept of divine duty.

Inspired by Vives, in her second letter Mary Stuart encouraged her classmate Elisabeth to study seriously because "les ancians ont dit que les Dieus ne donnent leurs biens aus oisifs, mais les vendent par les labeurs". This sentence corresponded to Vives' second commentary on "opus", work : "Et quatenus Deus non dat munera sua ociosis, ideo labore et diligentia in studiis literarum et uirtutis opus est" (Vives 1539, p. 4) which Mary imitated in this way : "Non est satis in principio tuorum studiorum a Deo peter auxilium. Sed ipse vult ut totis viribus labores" (Mary Stuart, 1554, f. 4). Then she stopped referring to *De ratione* probably because she felt the content irrelevant to her own writing. However recommendations of Vives with a reading list of the best Greek and Latin authors and their best interpretors would have been helpful for her in the pursuit of the exercise.

According to Vives, good instruction is based on the knowledge of Greek and Latin authors. He recommended the letters of Cicero, Pliny, Angelo Poliziano, Filelfo, and saint Sidoine, even Apuleius... as well as the histories written by Suetonius, Livy, Tacitus and *Commentarii de Bello Gallico* by Caesar. Vives also advised books of natural history by Pliny the Younger, Varro, Cato the Elder, etc.; a few poets like Virgil, Horace, Seneca, Lucian, Prudence ...; and grammarians like Perotus, Aldus, Nebrissensis, Valla and others. Concerning Greek authors, he preferred the use of grammars composed by Lascaris and Theodore of Gaza to facilitate the reading of Isocrates, Demosthenes, Plato, Aristotle, Xenophon, Plutarch, Aristophanes, Aeschylus, Euripides and of course Homer. Among the moderns he advised relying on Erasmus to approach the Fables of Aesop and the Dialogues of Lucian of Samosata (Erasmus 1519a); on Valla for Thucydides and Herodotus[2]; on Budé for Plutarch[3]; and on Theodore of Gaza for Aristotle and Theophrastus[4].

This curriculum resembled that Sir Thomas Elyot had proposed in 1531 in *The Boke named the Governour* destined for pupils aged between seven and fourteen (Elyot 1531). This reading list started with approachable readings like fables and wise sayings, continued with stories like those by Homer and Virgil, and finally introduced poetry. The young person was only introduced to public speaking later and then by taking a cue from moral philosophy.

For Vives, however, a curriculum did not differentiate learning phases according to age and he mixed ancient and Christian authors whether they were difficult or not. As for the second part of *De ratione* dedicated to Mary Tudor's education the curriculum was less demanding in terms of reading and focused particularly on the moral goal of instruction, intending to make the Princess a person with all the virtues of a Christian woman. As a result, he recommended the reading of textbooks of collections of moral advice like *Cato's Distiches* and *les dits des sept sages* edited and annotated by Erasmus (Erasmus 1523). To entertain, or as Horace would say, to combine study with pleasure, Vives also suggested reading fables and some edifying stories (about Papirius, Griselda, Lucretius, or Joseph in the *New Testament*.) To teach the true nature of nobility he recommended the Treaty of Valere on war. For good oratorical skills he advocated the examples of Cicero, Seneca, Plutarch, Plato's dialogues, St. Jerome's epistles, Erasmus' *Institutio principis christiani, Enchiridion* and *Paraphrases*, and Thomas More's *Utopia*. Historians that Vives advised to the Princess were Valerius Maximus, the Roman historian Justin and the historian Florus. More interesting is his program of poets for the princess which was restricted to Christian poets such as Sidonius and Prudence.

Thus, in this first half of the sixteenth century despite the advice given by humanists on the subject of reading the particular case of Mary Tudor reveals a less extensive use of classical literature. The same applies to the case of Mary Stuart, as from Letter 3, when a greater reliance on textbooks and a restricted panel of authors can be seen. Whether it is the case of the curriculum designed by Vives for Mary Tudor or that of Mary Stuart's Latin letters, we can see great similarities between them which are mainly due to the fact that the pupils were close in age: Mary Tudor was eight years old in 1524 and Mary Stuart eleven years old in 1554. Mary's letters confirm the modesty of her recourse to classical authors. In fact as from letter 6 all the letters in this first part of the exercise were based on *Satellitium* which Vives had also dedicated to Mary Tudor. However, the first edition of *De ratione* also included *Introductio ad Sapientiam*. The Louvain edition of 1524 consisted of three treaties beginning with *Introductio*, followed by *Satellitium* and ended with *De ratione* (Vives 1539). The Basel edition of 1539 however, began with *De ratione*, followed by *Introductio* and ended with *Satellitium*, which is the order listed by Mary Stuart.

It can be seen that Mary did not use *Introductio* despite its success. This had led it to be translated into several languages: into English in 1540, Castilian in 1544, Italian in 1546 and French in 1548. *Satellitium,* meanwhile, had no other edition and had been dedicated to the English princess in 1524. Its title, "the bodyguard of the Prince" is evocative and well suited to its dedicatee since it takes on the meaning of "the guardian of the soul." It was indeed a question of protecting her against vice by offering more than two hundred maxims or "symbols" invented by Vives. He defined the symbol as a distinctive sign expressed in a sentence of five words or less. The allegorical meaning inherent to the short form required a brief comment to enlighten the book's reader. Vives used a very common genre in educational practice, paremiology, which dates back to ancient times. This ancient gnomic genre had left a considerable legacy since Hesiod, such as pseudo-Cato's distichs, the sentences of the Seven Sages, the Pythagorean symbols or the precepts of Isocrates. Vives' writing was influenced both by Christianity and the Stoicism of Cicero and Seneca (Wolff 2005) with the use of formulas of classical rhetoric such as word games, antithesis and metaphors (Vuilleumier 2000).

Mary Stuart had probably read all the maxims in order to construct her argument in the first stage of her writing. The result is a discourse using comments gleaned from here and there. It begins with a commonplace statement about the education of a future prince namely that the prince is superior to his subjects not only in dignity, but also in wisdom and prudence. Erasmus had set out the principle in his *Institutio principis christiani* and Vives reused it in approximately the same terms. With the young Queen of Scots immersed in the book as a first step in the work ordered by her tutor, the composition of the letters is an illustration of real *inventio* developing the subject from the examples set by Vives. For example, Vives' symbol of the eye on the sceptre concluded the argument relating to the superiority of a prince's wisdom. The eyes of Argus, a reference to Aesop's fable of the two sacks, were used then to encourage a prince to be attentive to his own faults: "Je ne me puis asses ebahi de quoi sur les fautes d'autrui nous sommes plus clairs voians qu'Argus qui avoit cent yeus. Mais pour voir et corriger les notres, nous sommes plus aveugles que la taupe. C'est de quoi se mocque Æsope qui dit qu'en la besace de devant nous portons les vices d'autrui, et en celle qui pend derriere nous mettons les notres. Ne faisons ainsi, ma seur, car celui qui veut parler d'autrui doit estre sans culpe. De Compieme ce 26 juillet."

Letter 6 continued in the following way: "Hier je lisoi une fable en Æsope autant profitable que plaisante. La formis en temps d'hyver faisoit bonne chere du blé qu'elle avoit amassé en este, quand la cicade aiant grand fain vint a elle, pour lui demander a manger. Mais la formis lui dit, que faisois tu en esté? Je chantoi, dit elle. Si tu chantois en esté, repondit la formis, saulte maintenant en hyver[5]. La fable signifie, ma seur, que pendant que sommes jeunes devons mettre peine d'apprendre des lettres, et vertus pour nous conduire en vieillesse. Adieu, et m'aime autant que tu pourras, tu pourras autant que tu voudras."

Basing her argument from a thorough reading of *Satellitium* Mary constructed a synthesis on the subject of a prince's education. During her reading, she encountered a reference to Aesop and his fable of the two sacks. Her curiosity piqued she decided to use the fable of the grasshopper and the ant from a collection of Aesop's fables to teach her recipient: "que pendant que sommes jeunes devons mettre peine d'apprendre des lettres, et vertus pour nous conduire en vieillesse" (letter 6). The genre of the fable which combines an entertaining tale with a moral discourse was a prime educational tool to train the mind to allegory and parables. Fables were very popular and humanists inserted them here and there in their collections, like Vives in *Satellitium* or Erasmus in his *Adagiorum*. Although the corpus of Aesop's fables remained incomplete until the late sixteenth century's Phaedra edition, it had been translated early. Lorenzo Valla, for his part, contributed to the production of one of the most common Latin versions of the time which was then printed and translated into French by King Charles VIII's reader Guillaume Tardif. Tardif had already translated several authors like Vegetius, Poggio for the King as an exercise for his body, entertainment for his mind and absolution of his soul. He pursued his vocation of being useful to royalty and the public domain by offering Aesop's "apologues": "Maintenant vous ay en francois mis les apologues de laurens Valle par luy latins faitz de ezope grec. Auquel livret soubz couleur de fables plusieurs enseignemens sages et vertueux sont briévement comprins. Apologue est langaige par chose familière contenant morale érudition" (Aesop *ca.* 1490, preamble).

Aesop's work had been translated for the first time into French by an Augustinian monk, Julien Macho, in Lyon in 1484. Then, in 1547, an anonymous translation appeared of the former edition called *Aesopus Dorpii* of Louvain by Martin Dorp (1513) which was then published nearly a hundred and fifty times until the mid-seventeenth century (Galand-Hallyn et al. 2001, p. 377). Mary no doubt consulted this book or even perhaps an earlier French edition by Gilles Corrozet which was especially dedicated to the Dauphin Henri. Although it is assumed that she read mainly Latin editions, it is also possible that she read contemporary editions of the works, like those of Sebastian Gryphius published in Lyon around 1550 or that of John Froben in Basel in 1551 which was a small octavo edition. This would have made it easier to handle by young pupils, more easily transportable in a trunk and subsequently a better choice.

After consulting a collection of Aesop's tales and after a closer reading of the works of Vives, it seems that the little Queen of Scots continued her argument with the help of Plutarch's *Moralia*. Her first letters introduced the subject of the doctrine of a prince with a reminder that a future governor needed to learn in order to excel his people in wisdom and acquire the virtues that would enable him to perform his future duties. Mary therefore stressed the importance of working every day. Based on small treatises by Plutarch, she introduced the benefits of education that taught the virtues that are themselves a bulwark against misfortune. Being lettered was the source of the greatest good, knowledge, that a prince could wish to have for the wellbeing of his subjects. And because wellbeing depended on good education, Mary used a well-known metaphor from Plutarch's "Morals", of the bad example of a prince poisoning not a single cup, but the public fountain. Mary seemed to be convinced by the prose of the Greek moralist and encouraged Elisabeth to read it like herself: "Cest pour vous inciter a lire Plutarch, ma mie, et ma bonne seur, que si souvent en mes epitres je fai mension de lui. Car cest un philosophe digne de la lecon d'un prince"/"Quum tam saepe facio mentionem Plutarchi amica summa mea et soror in meis epistolis hoc facio ut ad hunc legendum te incitem. Nam est philosophus dignus lectione principis" (letter 13).

From Letter 13, it is not easy to identify the edition consulted by Mary to read Plutarch. Before the middle of the century there existed numerous and mostly very incomplete collections. Alde Manuce had published a collection of 92 Greek moral treatises in 1509, then Froben in Basel renewed the Greek edition in 1541. In 1530 another Basel editor, Andreas Cratander, published a folio volume of several interpreters of Plutarch's moral works that the editor Sebastian Gryphius from Lyon edited in the same order in 1542 in two octavo volumes of over five hundred pages each (Plutarch 1542). This Latin edition revived a series of translations including *Politica, seu de ciuili institutione liber, ad Traianum imperatorem* by Nicolas Sagundino before 1463, *De virtute morum, Praecepta connubialia* in 1497, *De Musica* by Carlo Valgulio in 1507, *De differentia inter odium et invidiam* (uncertain translator); *De claris mulieribus, siue de virtute mulierum* by Alamano Rinuccini, *Parallela, De liberis educandis* by Guarino Veronese in 1410, *Apophthegmata* by Raffaele Regio in 1507, *Apophthegma Laconica* by Giovanni Regio in 1488, *An bruta animalia ratione utantur, Dialogus* by Gianpetro da Lucca, *Problemata* by Stefano Negri, *Oratio consolatotia ad Apollonium*; *De exilio* by Angelo Barbato; *Amatoriae narrationes* by Angelo Poliziano; *De tranquillitate et Securitate animi, De fortuna Romanorum, De fortuna vel virtute Alexandri, De placitis decretisque philosophorum naturalibus* by Guillaume Budé in 1503; *De his qui tarde a numine corripiuntur* by Willibald Pirckheimer in 1513;—*Quo pacto possis adulatorem ab amico dignoscere, De utilitate capienda ab inimicis, De tuenda bona valetudine, In principe requiri doctrinam, Cum principi philosophandum, Utrum grauiores sint animi morbi quam corporis, Num recte dictum sit ... id est sic uiue ut nemo te sentiat uixisse, De cupidate divitiarum, De vitiosa verecundia, De cohibenda iracundia, De curiositate* by Erasmus, *De nota Pythagorica, ex octauo libro conuiualium quaestionum Plutarchi* by Philipp Melanchton,—*Quod docenda sit virtus, Num improbitas sufficiat ad infelicitatem, Num Philosophari conueniat inter pocula ex primo symposiacon Plutarchi, De fortuna, De virtute et vitio, De amicitia in multos diffusa, Quatenus aut quo fructu liceat iuueni audire poeticam, Quo pacto se quispiam ca. virtutem candorempque morum sentiat profecisse, De auditoris officio, Carolus Valgulius, in Plutarchi Musicam; Stephanus Niger, fraterna benevolentia* by Othmar Nachtgal alias Luscinius. Erasmus dedicated his *Quo pacto possis adulatorem ab amico dignoscere* to King Henry VIII, having himself made an edition of eight treaties in 1514. The idea used by Mary "that virtue can be taught" did not appear in Erasmus's work which reinforces the hypothesis that she used a compilation by Cratander or Gryphius.

This is reinforced further by the fact that the small size of the Lyon edition seems more suitable to the requirements of the nomadic life led by a court which was frequently on the move. Another benefit for the transporting of books in a trunk was its medium-sized thickness which made the books more manageable. In addition there was the presence of an index of names and margins for annotating the text[6]. So it was probably through one of the 1542 or 1549 editions that Mary became aware of the Latin translations of Luscinius. Even if this assumption is most likely, it is also possible that she had access to Jacques

Amyot's own manuscripts which served to write his translation of the first complete Plutarch's Moralia published in 1572. This is possible because Jacques Amyot was at the court in 1553 and had shared the world of the royal children the previous year when he had replaced the tutor Danès to teach the Dauphin and the duke of Orleans for a short time. The presence of Jacques Amyot in the children's court probably contributed greatly to the reputation of Plutarch whom he considered the best philosopher for the young princes, as he himself had written in his epistle dedicated to Charles IX in 1572 twelve or thirteen years earlier: "Et pour ce qu'il me sembla qu'apres les Saintes Lettres la plus belle & la plus digne lecture que lon sçauroit présenter a un jeune Prince, estoient les vies de Plutarch, ie me mis à revoir ce que i'en avois commancé à traduire en nostre langue [...]". This then had incited him to translate the Moral Works (Plutarch 1572).

Mary Stuart, who had probably heard of the lessons by Amyot, retained that Plutarch was a worthy philosopher for royalty to read and recommended him to Elisabeth. However, she hardly used the *Moralia* in the letters after letter 13. Instead she used a *Mirror* that had been dedicated to the niece of François I, Princess Jeanne of Navarre in 1541 by the lawyer Jean Brèche. But she could just as well have been content with textbook references given by Jean Brèche in the *Manuel royal*. Consequently, after leaving aside Vives and Plutarch's *Moralia* she seems to have delved into this *Mirror* addressed to Jeanne of Navarre. However, it is difficult to reconstruct her method of work which appears to be more a personal synthesis of several books. Although The *Manuel royal* was written in French, it does not seem to have inspired Mary Stuart's reflection greatly. Its author, Jean Brèche, a lawyer in Tours was a young writer of twenty years old at the time of the publication of the manual. The Manual was his first book and he wrote many others, such as law treaties or translations of Latin and Greek authors. The Manual is presented as a mirror with the peculiarity of containing several treaties, including the famous *Manuel royal* taken from Plutarch, a treaty by Brèche entitled *Brief Traicté de la Doctrine et condition du Prince* dedicated to Jeanne of Navarre, and finally a translation of an ancient mirror by Isocrates which is at the origin of the modern culture of the Mirror. The title of the treatise written by Brèche is reminiscent of that given by Mary Stuart to her exercise on the "Doctrine du prince"[7]. At that stage of her writing, the Mary used another very important Mirror: *De institutio principis christiani* by Erasmus.

All these treaties were contained in short books of small format. Easily accessible, they allowed Mary to find the erudition necessary for the pursuit of her discourse, providing her with good models. Her letters were divided up into two parts: first, she introduced her discourse apostrophizing her recipient most of the time, then in the second, she imitated her source. But sometimes, this source was cited first and then discussed in a second part. For example Erasmus' *De institutio* provided her with the dictum of Carneades on the subject of flattering which is so damaging to the opinion of the prince and the wellbeing of his subjects: "Carneades disoit que les enfans des Rois n'apprenoient rien bien qu'a picquer un cheval: pour ce qu'en toutes autres choses chacun les flatte. Mais le cheval par ce qui n'entend si cest un povre ou un riche qui est sur lui, un prince ou une personne privee, il jecte bas quiconque ne se scait bien tenir/ Carneades dicebat, spectatissime auuncule, liberos Regum nihil recte discere præter artem equitandi quia in omnibus rebus unusquisque illis assentatur. Sed equs quia non inteligit si sit pauper vel dives qui insidet princeps an privatus excutit a tergo quicunque non bene insiderit." (Letter 23)

Erasmus, 1516: "illud Carneadis Apophthegmata, qui negauit quicunque reste disci a regum filijs, praeter artem equitandi, quod caeteris in rebus omnibus omnes obsecundent et assententur: at unus equus quoniam haud intelligit, patricius insideat an plebeius, diues an pauper, princeps an priuatus, tergo excutit, quicunque parum scite insederit." "Mögen doch wenigstens bei den Christen jene Worte des Karneades weniger wahr sein, dass die Königssöhne nichts außer der Reitkunst lernen sollten, weil im Hinblick auf alle übrigen Fähigkeiten alle ihnen schmeicheln und schöntun: Aber da einzig das Pferd nicht weiß, ob ein Armer oder ein Reicher auf ihm sitzt, ein Fürst oder ein Privatmann, wirft es jeden ab, der ungeschickt im Sattel sitzt."

Then Mary commented on this in the context of a prince's education by demonstrating to the recipient, her uncle the Cardinal of Lorraine that she understood the dangers of the court and its intrigues where wet nurses, companions, servants, the tutor himself and the teacher could be flatterers[8].

The educational use of a mirror by a princess is interesting in so far as mirrors are usually considered as a means to instruct princes on certain aspects of rule and behaviour to be adopted when exercising their authority, and not as a means to educate them. The use however made of mirrors by the tutors of the Dauphins of France in the fifteenth century disprove this seeing as they were kept in the royal library as an educational support for the instruction of young royalty. Brèche's treaty was all the more useful to Mary as it provided the answer to the question posed by the tutor. The book was a source of a multitude of commonplaces from the Classics, such as the famous Pythagorean letter, the Greek letter Y used as a symbol for the two divergent paths of vice and virtue. Thanks to Brèche and his examples Mary was able to illustrate the virtues of a prince and the dangers of a tyrant.

Then one Sunday, while Queen Catherine de Medici was waiting for her to join her company of ladies in her room, Mary became engrossed in reading Erasmus' *Colloquies* condemning idleness, then Epicurus and finally Magdalia in an attempt to extract its moral significance (Erasmus 1519b). While immersed in one of the many editions of the colloquies, she returned to Plutarch, or to Brèche to continue demonstrating to her recipients that a prince should be educated, work hard to become virtuous and avoid being a tyrant, and all this in a succession of increasingly anarchic references. Gradually in her quest to diversify her readings with references to the treaty of Cicero on old age or to a collection of his sayings (Cicero 1552), the lesson petered out with the little Queen becoming less conscientious and less exact in her line of thought. The letter writing exercise had turned into a game where quality no longer mattered.

3 Second period of the writing: on educated women based on Ravisius Textor

After less than two months spent on reading to produce her *inventio* and *imitatio*, Mary pursued the exercise of writing familiar letters, without supplying much effort. As a result it is very easy to find the textbooks she used because she simply copied them word for word. Consequently the two next periods of writing can be analyzed much faster as Mary only utilised two books: *De Officina* by Ravisisius Textor and the collection of *Apophtegmata* edited and annotated by Erasmus.

Regarding the first book, Mary began to use it in letter 26 dated September 10, 1554. The reason for its use appears to be related to an incident that most likely occurred at the court between the children. At that time boys and girls used to play together during recreation, very often reproducing stories borrowed from the romances of chivalry and participating together at celebrations punctuated by dances and fictitious fighting. On one occasion, the boys must have made derogatory remarks on the subject of women. Mary obviously cared about this because she was considered as a young scholar at the court. Consequently she felt attacked and decided to show the young Elisabeth, among other things, that several prominent women in their time were very learned. Here are the terms of the first letter on the subject of educated women: "Afin que vous puissiés répondre à ces beaux deviseurs, qui disoient hier que c'est affaire aux femmes à ne rien scavoir: je vous veuil bien dire, ma sœur, qu'une femme de votre nom a esté si scavante qu'elle leur eut bien répondu si elle i eut été. C'est Elisabeth, abbesse d'Allemaigne, laquelle a écrit de belles oraisons aux sœurs de son couvent, et un œuvre des chemins par lesquels on va à Dieu. Thémistoclea, sœur de Pythagoras, estoit si docte, qu'en plusieurs lieus il a usé des opinions d'icelle, et afin que vous aiés de quoi satisfaire à tels messieurs, je vous en apprendrai un grand nombre d'autres." (letter 26)

In order to continue this catalogue of educated women Mary resorted to a small encyclopaedia written by Jean Tixier, known as Ravisius Textor. Tixier was a French humanist of the early sixteenth century who taught rhetoric at the College of Navarre and had produced several successful works for his students: *Specimen epithetorum* (1518), *Cornucopia* (1519), *Officina, partim historicist poetics partim Referts disciplines* (1520). There existed other compilers of famous people's lives at the time, like Battista Fregoso, Rhodiginus and Barthélémy Chasseneux but it was Tixier who provided the longest list of educated women in his edition in 1520. His list was derived from the list of famous women established by Plutarch or by Boccaccio, which had been reused by Fregoso and Rhodiginus or by Raffaele Maffei. In the preface of *Officina*, Tixier expressed his gratitude to Pierre Danès, and no doubt he wrote with the help of Guillaume Budé, Lefèvre d'Étaples and Olivier de Lyon. His book covers a wide range of commonplaces which he briefly exposed, for example the gods and their worship, the weather and seasons, arts and crafts, judges, educated women or famous men. This compilation of thematic anecdotes originating in ancient culture was obviously intended for the use of students and scholars, as the title of the work, *Officina*, refers both to pharmacy and school (de La Garanderie 1976). It proposes a set of useful references to illustrate any argument (Girod 2002, p. 61) which Mary used.

The first edition of the encyclopaedia in 1520 was a folio collection containing over 380 folios printed in Paris by Antoine Aussourd. The Lyon edition printed in 1541 by Sebastian Gryphius was a two volume octavo (Tixier 1551). Mary was in the royal residence of Villers-Cotterêts when she began the second phase of writing with only the books in her trunk at her disposal to work with. So we can presume that it was the smaller octavo edition of the Encyclopaedia she utilised. This contained a list of 64 women among which Mary retained 54 names. Some were queens, saints and poets but mostly it was compiled of names of learned Greek women. In letter 26, Mary first searched for a woman bearing the name of Elisabeth and discovered a twelfth-century Benedictine abbess who was the narrator of the story of the martyrdom of the 11.000 Virgins. Then in the following letters, as from letter 27, she started with the first woman in Tixier's list—"Vous direz encores a ces babillars qu'il i a eu trois Corinnes tres doctes..." and followed the list closely day after day, with fifteen letters until she finished writing in Paris in October.

She also followed the information given by Tixier very closely and although she paraphrased the *Officina*, she did insert here and there a few variations of vocabulary. The exercise was not very complicated but the effect would be immediate on the boys to show them their mistake. This is what she wrote to Elisabeth: "Retenés diligemment toutes celles que je vous nomme, afin de pouvoir repondre a tous ceus qui tant meprisent notre sexe, disant n'estre affaire aus femmes d'apprendre la langue latine" (letter 28). Although she kept very closely to Tixier's book throughout this period of writing, this does not mean that it was the only book she used. Even if Mary seems to have digressed from the subject set by her tutor when she took the liberty of writing familiar letters for herself we know, nevertheless, from the references to Erasmus' *Colloquies* and especially to the dialogue between Philodoxus and Symbulus on the subject of true glory she continued her lessons with the tutor.

4 Third period of the writing exercise: doctrine of the prince based on the "apophtegmata" of Erasmus

Despite repeated censorship of the works of Erasmus by the Faculty of Theology of the Sorbonne dating back to 1527 there is no doubt that textbooks by the humanist made up part of the princess's little library. Sporadically, she used the *Adages* as well as the *Colloquies* to draw a moral lesson worthy of a prince. Most of the collections of the *colloquies* existed in octavo format of 600–700 pages. The first edition in 1518 had been produced hastily and Erasmus, facing the unexpected success of the book, prepared the text for a new edition in 1522. He had not imagined that his Latin conversations, which were intended to be used as models of discourse tinged with moral enlightenment, would have such a success. Contrary to Guillaume Budé, who had a very elitist conception of the work of writing, Erasmus did not hesitate to lend himself to "trivialities" to such a point that in 1533 he added 47 extra *colloquies*. Of easy reading and very popular, the book contributed to the culture of many a symbolic figure during the Renaissance as it allowed them access to treasures of ancient literature through an ideal library with an additional catalogue of authors (Diu 2011).

Apart from his teaching talent Erasmus also produced translations and comments, a good example of which is the *Apophthegmata* translated mainly from the work of Plutarch. This is what Mary used for the third and last part of her letter writing exercise. Erasmus had prepared this edition, enriching it with other authors in the *Apophthegamtum sive scite dictorum libri sex*, and it was published in Paris in 1531 in a small in-16 format. The book was reprinted several times that year and in total at least twenty-two times before 1555. The dedication was addressed to Prince William, Duke of Cleves, aged fifteen, to propose the teaching of useful and wise historical anecdotes. Among the ancient authors Erasmus quoted Aristotle who was the first to write for a prince, Cicero, Theogony, Isocrates, Valerius Maximus, Frontinus and especially Plutarch. Mary could just as well have used the French translation by Antoine Macault published in Paris in a small in-16 format both in 1543 and in 1545. Antoine Macault was at that time the secretary and valet to Francis I, but he was primarily a poet and a translator. In his dedication to the king, Macault justified the use of great men's sayings. "[…] lesquelles congneues par ceulx que le Ciel a esleuz et appellez icy bas, au plus haut et plus digne lieu, degré et tiltre, leur peuvent grandement servir a bien acquérir et conserver celles richesses de l'esprit et entendement humain, sur lesquelles fortune ne peut estendre ses aesles: le tousjours désireux de nous présenter encores chose qui se peult getter dedans les coffres de vostre librairie de chambre en cestuy voyage […] ay choisi entre mes traductions de l'année passée les rapsodies ou marqueterie qu'Erasme a assemblées des Apophthegmes escriptz par ledict Plutarque principalement, et aussi par quelques autres aucteurs." (Macault 1545)

Apophthegms, pithy sentences, were presented as a wise and pleasant way, "worthy of a prince", to procure wisdom as well as pleasure. The short length of the wise sayings of famous men made them a good base for learning how to read, but at the age of eleven, Mary found much more than that in these gnomic writings. In her letters, Mary did not indiscriminately use any edition of sayings, but used that of Erasmus including his comments. Once again, she did not copy the source text literally, but drew on its content and paraphrased it: Mary: "Aristippe disait que mieux valait être pauvre qu'être indocte, pour ce que le pauvre a seulement affaire d'argent, et l'autre d'humanité." Erasme (in French by Macault): "Il [Aristippe] enseignait qu'il était meilleur d'être mendiant, que ignorant: pour ce que l'un a seulement affaire d'argent, et l'autre d'humanité." (Macault 1545, f. 274b).

She did the same with the following comment of Erasmus and simply concluded thus "Mais nous qui avons assez de richesses, ma sœur, efforçons-nous d'acquérir de la doctrine". In most of these letters, she concluded briefly, inventing her own sentences. For example she wrote in another letter: "Fuyons l'avarice, ma sœur, car elle est en tout indigne de la nature du prince" (letter 45).

She then resumed the lesson on "learning how to acquire princely doctrine" and began by discussing the necessity and virtue of learning. She then suddenly referred to Alexander and devoted four letters on the subject of liberality. She returned again to him later but only to lift certain elements. She jumped from Agesilaus to Dionysius, from Socrates to Lycurgus, or from Diogenes to Mithridates. She only incorporated what was relevant for her to be able to write about a prince's virtue but no longer elaborated an argumentative discourse as in the first part of her writing.

To conclude on the subject of books and their use during the exercise destined for Mary Stuart, we can first of all, say that Mary Stuart disposed of a trunk of books for her room and her journeys. Furthermore in Saint-Germain-en-Laye, she also had use of a larger library reserved for the royal children (she signed one of her letters: "from our library in Saint-Germain"). Secondly, the books in her trunk were probably of a small size ranging between octavo and in-16 format and were mostly written in Latin. We can also assume that she used the most recent editions rather than first editions. The small size of books was not only usual for books used for studies as evidenced by the collection in the Library of the Escorial for the studies of the future Philip II of Spain. Thirdly, these books are characterised above all by the moral content aimed at in the teaching as well as their encyclopaedic form and collections of sayings. But what is to be noted in the case of this lesson, is the emphasis placed on the use of educational treatises. Fourthly, Mary stayed very close to the original texts to illustrate her point and to construct her discourse. On the other hand she did attempt to draw her own conclusions. It was a rhetorical exercise that confirms the importance of commonplaces in the study of rhetoric during the Renaissance and in the education of a Catholic princess.

As far as Mary Stuart is concerned, she was considered to be a young scholar in her time, she appears here as a pupil working on content appropriate to her age, using a limited number of easily accessible works with typical contents to acquire a Renaissance culture. The study plans at the time were ambitious for young royalty, and except for perhaps Edward VI and Elisabeth I of England most did not excel in the exercise. But there again further research is required to ascertain this. In all events, Mary's exercise illustrates one of the major concerns of a tutor at the time. As expressed by Nicole Oresme addressing Charles V, a young prince must be learned and educated but not a philosopher, and should not remain immersed in books, but always carry some with him.

Endnotes

1   Juan Luis Vives 1539, dedicated : "Quum patri tuo clarissimo, & omni uirtutum genere ornatissimo uiro, ostendere cuperem, quantum à me diligeretur, quod ipse in me singulari semper beneuolentia fuerit: decreui aliquid ad te de initijs studiorum scribere, in quibus tota uis est & ratio deinceps eruditionis, ut in seminibus stirpium spés ac futura qualitas. Dedi operam, ne te præceptorum uel copia obruerem, uel difficultate deterrerem. Omnia aptata sunt, quoad præstari à nobis potuit, captui istius ætatis tuæ, aut paulo maioris. Libellum hunc quum tibi mitto, patri me tuo existimo mittere: cui uirtus & institutio tua non minus curæ sunt, quam sua sibi uita: qua tenerius te amabit, si talente præstiteris, qualem ipse optât, probissimum uidelicet & doctissimum. Est in tua manu situm, ut utrunque; ingenio & diligentia consequare. Vale, & exemplum quod domi habes sapientissimi patris, imitare. Londini M. D. XXIII". („Weil ich deinem hochberühmten Vater, einem in jeder Hinsicht ehrenwerten Mann, zeigen wollte, wie sehr er von mir geliebt wurde, da er selbst mir gegenüber immer von einzigartigem Wohlwollen war, habe ich beschlossen, dir einiges über die Anfänge der Studien zu schreiben, in denen die ganze Kraft und damit das Wesen der Bildung liegt, so dass das Säen der Grundlagen Hoffnung und eine zukünftige Wohlgebildetheit ergebe. Ich habe mich bemüht, dich weder mit einer Menge von Vorschriften zu überschütten noch dich durch die schwierige Aufgabe abzuschrecken: Alles wurde dem Fassungsvermögen deines Lebensalters oder eines um etwas fortgeschritteren angepasst, soweit es von uns vertreten werden konnte. Obwohl ich dir dieses Büchlein schicke, glaube ich, dass ich es deinem Vater schicke: Diesem liegen deine Tugend und Unterweisung nicht weniger am Herzen als sein eigenes Leben. Umso zärtlicher wird er dich lieben, wenn du dich durch Talent auszeichnest, wie er es sich selbst wünscht, nämlich sehr rechtschaffen, freilich auch sehr gelehrt. Es liegt in deiner Hand, dass du beides mit Geist und Sorgfalt verfolgst. Leb wohl und ahme das Beispiel nach, das du im Hause deines höchst weisen Vaters hast. London 1523.")

2   In 1474 the translation of the nine books of the History of Herodotus by Lorenzo Valla (1407–1457) was published in Venice. According to the catalogue of the National Library of France, the story of the Peloponnese War by Thucydides, translated by Valla in 1452 was printed a few years later, probably around 1483. However, some believe that the first edition of Thucydides' translation dates from 1502 and came off Alde Manuce's press. Vives was maybe referring to this as the next edition dates from 1526. As early as 1560, Henri Estienne devoted himself to bilingual editions of Herodotus and Thucydides which were based on translations of Valla that the publisher did not fail to criticize severely.

3   Vives recommended Budé to read Politian, whose work influenced greatly the thinking of the French humanist, inspiring his *Annotations aux Pandectes*, his *De Asse*, or the *De philologia*, but at the same time, Budé judged the Italian humanist very severely. Concerning Plutarch, see Guillaume Budé (editor), 1505, and Guillaume Budé (translator), 1506.

4   Theodore of Gaza was a translator of Byzantine origin from the fifteenth century, largely devoted to the work of Aristotle: *Problems* and *History of Animals*, and he had translated the *History of Plants* of Theophrastus: in 1534 a Basel edition reused all of these translations.

5   Aesop 1484, "La formis et la sigalle. Il faict bon amasser en lesté pour vivre en hyver comme il appert par ceste fable dune sigalle qui alla demander au temps dyver a la formis de son blé pour menger. Donc la formis luy dist quas tu fais au temps de lesté passé et la sigalle luy dist jay chanté et la formis luy respondit de mon froment nauras tu point et que tu as chanté tout lesté dance maintenant en hyver. Et pourtant il y a temps de labourer et temps de reposer, car celuy qui ne laboure aura grant fain aux dens".

6   A copy of the Lyon edition of 1542 kept at the Municipal Library of Lyon reveals active reading by its owner. It contains highlighted passages that generally correspond to citations beside which the name of the author and the meaning of his formula is written. Other paragraphs are annotated without adding anything to the original but merely to summarize in the margin.

7   Montaiglon 1855, printed one of Mary Stuart's letters absent from the collection of her letters. Addressed to the mysterious classmate Caludio Quarlocoio, it ends with this note of by the tutor "De Compieme 25 d'Aoust 1554. d'acquerir de la doctrine. A St Germain dernier jour de cest an 1554".

8   Mary wrote: "Car ni les nourrices seullement, ni les compagnons ou serviteurs des princes les flattent, mais aussi et le gouverneur, et le precepteur ne regardant a ce qu'ils laissent le prince meilleur, mais qu'ils s'en allent bien riches. O chose miserable, et la cause que tant le peuple souffre, cest que les princes ne sont bien apprins. Qui me fait vous prier mon oncle de recommander tousjours ma jeunesse a ceux qui plus aiment la vertu que les biens".

Literatur

Quellen
Ungedruckte Quellen

BnF [Bibliothèque nationale de France], ms latin 8660, Mary Stuart (1554), Lettres latines de Marie Stuart Reine d'Écosse et Dauphine de France.
BnF, ms fr. 7856: *Étai des officiers ordonnés pour le service de messeigneurs les Dauphin de Viennois, ducs d'Orléans, d'Engoulesme et d'Anjou, enfans du roy Henry II, depuis le 18 avril 1547 après Pasques jusqu'en décembre 1559.*
ASMa [Archivo di Stato di Mantova], Gonzaga, Busta 625.

Gedruckte Quellen

Aesop (1484). *Fables d'Esope précédées de sa vie par frère Julien Macho des Augustins de Lyon.* Lyon: Matthias Huss and Johann Schabeler.

Aesop (c. 1490). *Apologues d'Esope traduits du Latin de Laurent Valle, par Guillaume Tardif Liseur du Roy Charles VIII*. Paris: A. Vérard, in-fol.

Brèche, J. (1541). *Manuel royal, ou Opuscules de la doctrine et condition du prince: tant en prose, que rythme françoyse. Commentaire de Plutarcque autheur grecque de la Doctrine du Prince: tanslaté en Françoys. Les Octantes preceptes d'Isocrates du régime et gouvernement du Prince, et de la Republique, aussi tournez en Françoys*. Tours: Mathieu Chercelé, in-4°.

Brèche, J. (1544). *Premier livre de l'honneste exercice du prince, à Madame la princesse de Navarre*. Paris: P. Le Preux.

Budé, G. (Ed.). (1505). *Praeclarissima ... Plutarchi Cheronei ex interpretatione Guillielmi Budei ... tria hec opuscula: De tranquillitate et securitate animi ... cui accessit ... laudatissima Basili Magni epistola de vita per solitudinem transigenda. De fortuna Romanorum... De fortuna vel virutte Alexandri...* Paris: in Aedibus ascensianis, in-4°.

Budé, G. (Trans.). (1506). *Plutarchi Cheronei De Placitis philosophorum libri a Guilielmo Budei latini facti*. Paris: Jehan Petit, in-4°.

Cicero, M. T. (1552). *M. T. Ciceronis Sententiae insigniores*. Lyon: Guillaume Rouillé, in-16°.

Elyot, T. Sir. (1531). *The book named the governour*. London: T. Berthelet.

Erasmus, D. (1508). *Adagiorum chiliades tres, ac centuriae fere todiem*. Venice: Alde Manuce, in-2°.

Erasmus, D. (1516a). *Institutio principis christiani*. Basel: Jean Froben, in-4°.

Erasmus, D. (1516b). *Parabolae siue similiia aliquot vocabularum obscurarum interpretationibus a Badio*. Paris: Josse Bade, in-8°.

Erasmus, D. (1517). *De duplici copia verborum ac rerum commentarii duo. Erasmi de ratione studii pueris instituendis commentariolus*. Basel: Froben, in-4°.

Erasmus, D. (1518). *Enchiridion militis christiani*. Basel: Froben, in-4°.

Erasmus, D. (1519a). *Luciani Opuscula, Erasmo Roterodamo interprete*. Florence: Froben, in-8°.

Erasmus, D. (1519b). *Familiarium colloquiorum formulae in gratiam juventutis*. Basel: Froben, in-8°.

Erasmus, D. (1521). *De conscribendis epistolis*. Basel: Froben, in-8°.

Erasmus, D. (1523). *Catonis disticha moralia*. Paris: Josse Bade, in-8°.

Fabri, P. (1521). *Le Grand et vrai Art de Pleine Rhetorique*. Rouen: Thomas Ryer and Simon Gruel, in-8°.

Fouquelin, A. (1555). *La Rhétorique françoise*. Paris: André Wechel.

Macault, A. (1543). *Les Apophthegmes translatées en français par A. Macault*. "on les vend à Paris". in-16.

Macault, A. (1545). *Les Apophthegmes, c'est à dire promptz, subtilz et sententieulx ditz de plusieurs royas, chefs d'armées, philosophes et autres grands personnaiges*. Paris: Jean de Marnef, in-16°.

Montaiglon, A. de. (1855). *Latin themes of Mary Stuart*. London: Warton Club.

Plutarch. (1514). *Plutarchi Chaeronei Opuscula hac serie: Politica; De virtute morum; Praecepta connubialia; De liberis educandis; De tranquillitate animi; De fortuna Romanorum; De virtute et fortuna Alexandri; Parallela; Dee virtutibus mulierum; Apophthegmata; An brutis... insit ration; De pacitis philosophorum; De musica; Problemata*. P., J. Bade, Fol.

Plutarch. (1530). *Plutarchi Chaeronei... Opuscula (quae quidem extant) omnia*. Basel: Cratander, Fol.

Plutarch. (1541). *Plutarchi Chaeronei... Opera moralia*. Basel: Insigrinus, Fol.

Plutarch. (1542). *Plutarchi Chaeronei... Opuscula moralia*. Lyon: Sébastien Gryphe, in-8°.

Plutarch. (1559). *Les vies des hommes illustres grecs et romains ... translatées par Jacques Amyot*. Paris.

Plutarch. (1572). *Les Œuvres Morales et meslees de Plutarch, Tanslatees de Grec en François par Messire Jacques Amyot, à présent évêque d'Auxerre, conseiller du Roy en son privé Conseil et grand Aumosnier de France*. Paris: Michel de Vascosan.

Ramée, P. de la. (1555). *La Dialectique*. Paris: André Wechel.
Talon, O. (1548). *Rhetorica*. Paris.
Tixier, J. (1551). *Officinae Joannis Ravisii Textoris epitome* (Vol. 2). Lyon: Sébastien Gryphe, in-8°.
Vives, J. L. (1524a). *Ioannis Lodovici Vivis Valentini. Introductio ad Sapientiam. Eiusdem Satellitium siue Symbola. Eiusdem Epistolae duae de ratione studii puerilis.* Leuven: Apud Petrum Martinum Alostensem, in-8°.
Vives, J. L. (1524b). *Jo. Lodovici Vivis,... de Institutione foeminae christianae,... libri tres, mira eruditione, elegantia, brevitate, facilitate, plane aurei, pietateque et sanctimonia, vere christiani, christianae in primis virgini, deinde maritae, postremo viduae, novo instituendi argumento longe utilissimi.* Antwerp, in-4°.
Vives, J. L. (1539). *De Ratione studii puerilis, deque uita iuuentutis instituenda, ac moribus studiisque corrigendis, opuscula diuersorum autorum perquam erudita, quæ uersa pagella enumerantur.* Basel.

Sekundärliteratur

Bierlaire, F. (1971). *Érasme et ses Colloques: le livre d'une vie*. Geneva: Droz.
Carile, P. (Dir.). (2004). *La Formazione del Principe in Europa dal Quattrocento al Seicento. Un tema al crocevia di diverse storie*. Roma: Aracne
Diu, I. (2011). "Une lecture des *Adages* d'Érasme, entre bibliographie rêvée et bibliothèque idéale", *@nalyses* [En ligne], Dossiers, Variations bibliographiques. http://www.revue-analyses.org/index.php?id=1820.
Édouard, S. (2009a). *Le Corps d'une reine. Histoire singulière d'Élisabeth de Valois (1546–1568)*. Rennes: PUR.
Édouard, S. (2009b). Vivre et mourir à l'ombre de sa majesté. Louis de Gonzague, futur duc de Nevers, à la petite cour des Enfants de France. In C. Bouneau & C. Le Mao (Dir.), *Jeunesses(s) et élites. Des rapports paradoxaux en Europe de l'Ancien Régime à nos jours* (p. 281–293). Rennes: PUR.
Galand-Hallyn, P., Hallyn, F., & Cave, T. (2001). *Poétiques de la Renaissance*. Geneva: Droz.
La Garanderie, M.-M. de. (1967). *La Correspondance d'Érasme et de Guillaume Budé. Traduction intégrale, annotations et index biographique*. Paris: Vrin.
La Garanderie, M.-M. de. (1976). *Christianisme et lettres profanes (1515–1535). Essai sur les mentalités des milieux intellectuels parisiens et sur la pensée de Guillaume Budé* (Vol. 2). Paris IV.
Girot, J.-E. (2002). *Pindare avant Ronsard*. Geneva: Droz. (Études ronsardiennes, Vol. 6)
Gonzalo Sánchez-Molero, J. L. (1998a). *La "Librería rica" de Felipe II: estudio histórica y catalogación*. Escorial: R.C.U.
Gonzalo Sánchez-Molero, J. L. (1998b). Los libros en la educación de Felipe II (1534–1545). In Biblioteca Nacional (Spain). (Ed.), *Felipe II en la Biblioteca Nacional* (p. 13–18). Madrid: Electa.
Gonzalo Sánchez-Molero, J. L. (2004). *El Erasmismo y la educación de Felipe II (1527–1557)*. Madrid: Universidad Complutense.
Ruble, A. de. (1891). *La première jeunesse de Marie Stuart*. Paris: E. Paul, L. Huard et Guillemin
Vuilleumier, F. (2000). *La Raison des figures symboliques à la Renaissance et à l'âge classique*. Geneva: Droz.
Wolff, É. (2005). Maximes et sentences dans l'œuvre de l'humaniste Vives. *Seizième Siècle, 1*(1), 135–143.

Bücher und Lektüren für junge Mädchen. Das Beispiel Saint-Cyr (Ende 17. Jahrhundert bis 1750)

Dominique Picco

Zusammenfassung: Dieser Artikel ist das Ergebnis einer Untersuchung der Lektüren, Bücher und Bibliotheken von Saint-Cyr, einer Einrichtung für junge Mädchen des französischen Adels, die Ludwig XIV. 1686 gegründet hat. Die pädagogischen Schriften und die Korrespondenz der Mme de Maintenon spiegeln ihr Misstrauen gegenüber Büchern wider. Doch interne Quellen enthüllen, inwiefern die Grundsätze der Gründerin modifiziert wurden. Der Stellenwert der Lektüre außerhalb der festgesetzten Regelstunden ist kaum bekannt. Bibliotheksverzeichnisse erlauben es (mit einem Abstand von ungefähr einem Jahrhundert), die Bedeutung der Erwerbungen trotz der Geringfügigkeit und Unregelmäßigkeit der Ausgaben zu ermessen. Jenseits der Vorstellungen der Marquise über das Lesen, die Auswahl der Bücher und die anzuwendenden Methoden erlaubt diese königliche Einrichtung der Historikerin somit, von der pädagogischen Theorie zur Nutzung des Buchs und zur Lektüre in der weiblichen Erziehung zu gelangen.

Schlüsselwörter: Mme de Maintenon · Saint-Cyr · Schulbücher · Lektüre · Mädchenerziehung · Geschichte der Erziehung · Gendergeschichte

Books and Lessons for Girls. The Example of Saint-Cyr

Abstract: This paper results from an investigation of the prescribted reading, books and libraries in Saint-Cyr, an educational institution reserved for girls of the French nobility that was created by Louis XIV in 1686. The pedagogical writings and the correspondence of Mme de Maintenon reflect her distrust of books, but internal sources reveal how the founders' principles were modified. The place of reading outside the reserved time slots in scholars' timetables isn't known. The inventories of libraries allow us to measure, almost a century apart, the importance of acquisitions, despite the low and irregular spending. Beyond the conceptions of Mme de Maintenon concerning reading, the selection of books, and adopted methods, this royal house allows the historian to move from theory to educational uses of books and reading in female education.

Keywords: Mme de Maintenon · Saint-Cyr · Textbooks · Reading · Girls'education· History of education · Women's history

---

© Springer Fachmedien Wiesbaden 2012

Maître de Conférences Dr. D. Picco (✉)
Université Bordeaux 3, Dep. Histoire moderne,
Domaine Universitaire, 33607 Pessac, CEDEX, Frankreich
E-Mail: dopicco@club-internet.fr

In dieser Hinsicht warn unsre Väter klug,
die sagten, eine Frau wisse durchaus genug,
wenn ihre Geisteskräfte sich imstande sähn,
den Unterschied von Hemd und Hose zu verstehn.
Die Frauen lasen wenig, doch sie lebten gut;
der Haushalt war für sie das Bildungsinstitut,
die Bücher Nadel, Garn und Fingerhut genügten,
womit sie für der Töchter Mitgift nähten, strickten.
Molière, *Die gelehrten Frauen*, 2. Akt, 7. Szene (übers. Rainer Kohlmayer, Reclam, Stuttgart 2007)

So Chrysale in dem erstmals 1672 aufgeführten Stück von Molière, 14 Jahre vor Eröffnung der Maison Royale de Saint Louis in Saint-Cyr bei Versailles. Die Gründung dieser 1686 fertig gestellten Erziehungsanstalt für Töchter verarmter Adeliger durch Ludwig XIV. bestätigt offiziell das leidenschaftliche Interesse seiner zweiten Gemahlin, Françoise d'Aubigné, Marquise de Maintenon, für die Mädchenerziehung und fällt in eine Zeit, in der Dramaturgen und Schriftsteller – Molière, Chappuzeau oder La Bruyère – Frauen, die ihre althergebrachte Rolle vernachlässigen und lieber lesen oder gar schreiben, mit Spott überhäufen. Es ist nicht abzustreiten, dass im ausgehenden 17. Jahrhundert, selbst wenn die Unterlegenheit des weiblichen Geschlechts außer von Poulain de la Barre (1673, 1674) zu keinem Zeitpunkt in Frage gestellt wird, die Erziehung der Mädchen allgemein unerlässlich erscheint. Humanisten und Reformatoren des 16. Jahrhunderts räumten ein, dass man ihnen Grundkenntnisse vermitteln müsse, die einen, um sie zu gefälligen Lebensgefährtinnen zu machen, die anderen wegen ihrer grundlegenden Rolle bei der Vermittlung des Glaubens und der christlichen Moral in katholischen oder protestantischen Familien (Timmermans 1993). Ferner nahm wegen wohltätiger Spenden vieler frommer Zeitgenossen die Zahl der Armenschulen für bedürftige Bürgerinnen, insbesondere in Paris (Sonnet 1987), zu.

Lesen zählt zwar zum unerlässlichen Können von Mädchen, doch empfehlen die französischen Pädagogen in der zweiten Hälfte des 17. Jahrhunderts größte Vorsicht bei der Auswahl von Büchern, so sehr fürchten sie die Folgen von schlechten Lektüren. So decken sich die Befürchtungen von Mme de Maintenon, die sie in ihrer Korrespondenz und ihren pädagogischen Schriften äußert, mit denen von Fleury (1686) oder Fénelon (1687). Anhand verschiedener interner Quellen Saint-Cyrs können die Anpassungen an die Prinzipien der Gründerin abgeschätzt werden, wenngleich sich über den pädagogischen Stellenwert, den die Lektüre im Unterricht einnimmt, nur wenig Informationen finden, wie etwa Angaben zu den im Stundenplan dafür reservierten Stunden von 1686 (Manseau 1902) und 1750 (BNF naf 10678). Ein Vergleich der Aufstellung beweglicher Güter der Erziehungsanstalt zum Zeitpunkt ihrer Eröffnung (ADY D111) mit der von 1776/1790 (ADY D115–141) ermöglicht die Identifizierung der vorhandenen Bücher und Feststellung der Neuerwerbungen. Zwar weist die Buchhaltung ab 1703 bei den außerordentlichen Ausgaben die in die Bibliotheken fließenden Beträge gesondert aus, doch unterscheidet sie die Bücher der Demoiselles, der Schülerinnen, von denen der „Dames" von Saint Louis, der Ordensschwestern, die das Lehrerpersonal bildeten, erst 1730. Deutlich wird der geringe, auf Bücherkäufe entfallende Anteil an den Ausgaben der Anstalt – bezahlte Rechnungen von Buchhändlern oder Mittelsleuten enthalten Titelangaben wie auch Informationen zu den üblichen Lieferanten –, was auch auf die Existenz von Schenkungen schließen lässt.

Über die Vorstellungen von Mme de Maintenon zu Lektüre, Bücherwahl und Methodeneinsatz hinaus ermöglicht der Sonderfall Saint-Cyr dem Historiker, von pädagogischen Theorien zu tatsächlichen Buch- und Lektürepraktiken in einer Erziehungsanstalt für adelige Mädchen überzugehen.

1 Lektüre, Bücher und Mädchenerziehung

Von Ausnahmen abgesehen war die Mädchenerziehung im katholischen Frankreich der zweiten Hälfte des 17. Jahrhunderts sehr dürftig und der religiösen Erziehung vollkommen untergeordnet. In allen Programmen der religiösen Erziehungsanstalten wird das Lesen als Teil des unentbehrlichen Könnens erwähnt. Bei den Ursulineneinrichtungen, den im Königreich am weitesten verbreiteten religiösen Schulen für Internatsschülerinnen der sozialen Führungsschichten und Externer aus einfacheren Milieus, wird empfohlen, die Schülerinnen „in die Mysterien des Glaubens einzuführen, sie darauf vorzubereiten, die Sakramente zu empfangen, sie zum gebotenen Zeitpunkt beten zu lassen, ihnen Lesen, Schreiben, Nähen beizubringen, sie auf alle Arbeiten und ehrenwerten Tätigkeiten vorzubereiten, die man für ihren Stand als nützlich erachtet" (Bourgoing 1643/1997, S. 301). Die Pädagogen des Grand Siècle, die sich für Mädchen aus wohlhabenden Milieus interessieren, beschränken sich auf eben diese Erziehung. In seinem *Traité du choix et de la méthode des études* schreibt Claude Fleury (1686), S. 270[1]: „Man muss sich daher damit zufrieden geben, sie in den gewöhnlichen Dogmen zu unterrichten, ohne in die Theologie einzudringen [...] Grammatik besteht für sie nur in Lesen und Schreiben [...] Auf alles Übrige, Latein und andere Sprachen, Geschichte, Mathematik, Poesie und sonstige Kuriositäten können sie verzichten".

Der gleichzeitig erschienene und mutigere *Traité de l'éducation des filles* (Traktat über die Mädchenerziehung) von Fénelon schränkt allerdings diese Lektüren ein. Für den Autor ist damals „nichts mehr vernachlässigt als die Mädchenerziehung", doch zielt sein Erziehungsprogramm darauf, keine lächerlichen Gelehrten aus ihnen zu machen, denn „Wissbegier mache sie eitel und geziert, es genüge, wenn sie eines Tages ihr Hauswesen zu leiten und ihrem Ehegatten ohne viel Worte zu gehorchen wüssten." (Fénelon 1687/1994, S. 37, deutsche Übersetzung, S. 9). Wenn man sie „Lesen und korrektes Schreiben" (Fénelon 1687/1994, S. 90, deutsche Übersetzung S. 84) lehrt, unterscheidet er zwischen zwei Buchkategorien, solchen, die für sie angemessen und anderen, die unnütz, gar gefährlich sind. Es überrascht nicht, dass der Prälat die Lektüre der Evangelien, der Briefe des Apostels Paulus, des *Catéchisme historique* (Fleury 1679), von Sterbegebeten empfiehlt; erstaunlicher ist seine Empfehlung, ihnen „[...] die großen Vorbilder aus der Geschichte vor Augen zu führen" (Fénelon 1687/1994, S. 67, deutsch S. 56) und sie ein Buch „voll kurzer und wunderbarer Geschichten" lesen lassen (Fénelon 1687/1994, S. 51, deutsch 29). Ausgehend von der Feststellung, dass „Kinder leidenschaftlich lustige Geschichten lieben", schlägt er vor, diese Vorliebe für die religiöse Erziehung zu nutzen.

Horrorgeschichten und Fabeln, die zu Aberglauben führen, werden durch fromme Erzählungen aus der Bibel ersetzt, den Jüngsten auf lebendige Weise vorgetragen und von den Älteren vorgelesen (Fénelon 1687/1994, S. 42, deutsch S. 38 f.; Kapp 1982, S. 335 f.)

Da Frauen „weder den Staat regieren noch in den Krieg ziehen oder in den geistlichen Dienst eintreten sollen", können sie auf Lektüren, die im Zusammenhang mit „Politik, [...] Kriegskunst, [...] Rechtsgelehrsamkeit, [...] Philosophie und Theologie" stehen, verzichten (Fénelon 1687/1994, S. 37, deutsche Übersetzung S. 9). Andere „eitle und gefährliche Gegenstände" sind von diesem Autor absolut geächtet: solche, „welche ihrer Eitelkeit Nahrung geben könnten." Er verurteilt das Verlangen von Frauen nach „Romanen, Komödien und abenteuerlichen Erzählungen mit ihren törichten Liebesgeschichten. Sie füllen ihren Kopf mit Phantastereien", und die Mädchen machen sich eine hochtönende Sprache der Romanhelden zu Eigen. (Fénelon 1687/1994, S. 40, deutsche Übersetzung S. 13). Zur Nutzlosigkeit gesellt sich die Gefahr, dass die adligen Mädchen Spanisch oder Italienisch lernen. Beide Sprachen dienen nur dazu, „gefährliche Bücher zu lesen, welche geeignet wären, die Fehler der Frauen noch zu verschlimmern" (Fénelon 1687/1994, S. 92, deutsche Übersetzung S. 87). Allerdings gibt es einige profane Bücher, „welche die Leidenschaften nicht in gefährlicher Weise reizen." (Fénelon 1687/1994, S. 92, deutsche Übersetzung S. 87). Dazu gehören die griechische und römische Geschichte, die Geschichte Frankreichs und einiger anderer Länder, ja selbst einige rhetorische und poetische Werke, doch wird auch hier kein Titel besonders erwähnt. Auch der äußeren Erscheinung der für diese Mädchen bestimmten Bücher widmet Fénelon Aufmerksamkeit: „Man hat ihnen ein gut gebundenes Buch mit Goldschnitt und schönen Abbildungen und gut ausgebildeter Typographie zu geben" (Fénelon 1687/1994, S. 51, deutsch S. 29).

Zwischen diesen Auffassungen und denen von Mme de Maintenon, die den *Traité de l'éducation des filles* gelesen hat und Fénelon seit dem Winter 1688/1689 (Orcibal 1972)[2] gut kennt, können manche Analogien festgestellt werden. Die Anstalt setzt die von der Marquise in ihren vielen pädagogischen Schriften[3] und ihrer Korrespondenz dargelegten Prinzipien um. Wie in den anderen Mädchenschulen geht es darum, aus den Mädchen durch intensive kirchliche Unterweisung ab der grünen Klasse[4] durch Bibelunterricht, der, so Fénelon, den jungen Mädchen die Dogmen zugänglich macht, „fromme und vernünftige Frauen" zu machen (Maintenon 1854, S. 317). Über die anderen Inhalte lässt sich die Gründerin nicht eindeutig aus. „Ein gutes Französisch" sprechen (Maintenon 1861, S. 352) – also eine gute Aussprache haben – lesen, schreiben, rechnen, d. h. eine „weitergehende Bildung als für ein Weinbauernmädchen" (Maintenon 1861, S. 352), doch in Maßen, denn eine Frau „ist keineswegs verpflichtet, alles zu wissen [...] besser ist es, unwissend zu erscheinen und nicht den Schlaukopf zu spielen" (Maintenon 1861, S. 276). Neben gelehrten Frauen fürchtet die Gründerin v. a. profane Bücher: „Ich halte sie für sehr gefährlich, besonders für Personen unseres Geschlechts, die von Natur aus neugierig sind. [...] Es gibt [...] Bücher, die an sich schlecht sind, wie Romane, denn sie handeln nur von Lastern und Leidenschaften; andere sind weniger schlecht, doch für junge Mädchen ebenso gefährlich, denn sie können ihnen fromme Bücher verleiden und den Verstand aufblähen, wie z. B. die römische Geschichte oder Universalgeschichte, zumindest die aus sagenumwobenen Zeiten" (Maintenon 1861, S. 225 f.). In diesem Punkt ist sie also restriktiver als Fénelon. Angesichts der vorausgeahnten Risiken ermutigt sie die Ordensschwestern zu größter Vorsicht. „Erziehen Sie die Mädchen dazu, bei ihrer Lektüre äußerst maßvoll zu sein, dieser immer Handarbeiten, Hausarbeit, Aufgaben ihres Standes vorzuziehen, und wenn sie lesen wollen, dann nur sorgfältig ausgewählte Bücher, die geeignet sind, ihre Frömmigkeit zu fördern, ihr Urteilsvermögen auszubilden und ihre Moral zu festigen" (Maintenon 1861, S. 225 f.). Die frommen, orthodox-katholischen Bücher müssen von den Mädchen auswendig gelernt werden: Psalter und *Office de la Vierge*, der Katechismus der Diözese von Chartres, einige, dem Alter der Mädchen entsprechende Auszüge aus dem Neuen Testament. Ferner empfiehlt sie die Lektüre der *Imitation de Jésus Christ* (Maintenon 1861, S. 271). Alle anderen Bücher gelten als verdächtig. Mme de Maintenon teilt die Meinung vieler Erzieher, dass Bücher vielfache Risiken darstellen. Schädliche Kirchenlehren, Schriften, die die Fantasie beflügeln – gar anstößige Texte – in einer Schule einzuführen, bedeutet, die Schülerinnen und Ordensschwestern mehreren Gefahren auszusetzen, darunter der Versuchung, gelehrte Frauen zu werden, Schülerinnen und Lehrerinnen letztlich zu verderben oder zumindest, im Wortsinn Pascals, zu „zerstreuen", indem sie sie von ihrem Heilsweg abbringen.

2 Bücher und Bibliotheken Saint-Cyrs

Angesichts des Argwohns, den Mme de Maintenon gegenüber Büchern hegt, könnte man erwarten, nur wenig Bücher in Saint-Cyr vorzufinden; doch ist dem keineswegs so: Sie sind nicht nur allgegenwärtig, vielmehr nimmt ihre Zahl im Laufe der Zeit erheblich zu.

Bei Einzug wurde ein Bestandsverzeichnis angelegt: in seinen 390 Blättern findet sich, offensichtlich bar jeder Logik, zwischen „Jetonbeuteln" zum Zählen Lernen und „Kupferleuchtern und anderem" eine Bücherliste (ADY D111, S. 328). Die Einrichtung verfügt damals über 576 auf fünfzehn Titel entfallende Bücher im Wert von insgesamt etwas über 1.000 L.t. (= Livre tournois, franz. Rechnungseinheit). Darunter sind 336 mit elf verschiedenen Titeln den Ordensschwestern vorbehalten. Die übrigen, also 240, sind für die jungen Mädchen bestimmt: es handelt sich um sechzig Exemplare zu vier Titeln. Da diese Zahl eindeutig unter der von 250 in Saint-Cyr aufzunehmenden Mädchen liegt, kann darauf geschlossen werden, dass die Bücher vermutlich noch nicht gekauft wurden. Diese Werke kommen sehr wahrscheinlich aus der alten Einrichtung in Noisy vor dem Umzug nach Saint-Cyr, die bereits von der Unterstützung Mme de Maintenons und des Königs (Lavallée 1863a, b; Maintenon 2009, S. 520 f.) profitiert hatte. Aufgrund des Fehlens von Archiven dieser Einrichtung bleibt die Herkunft der nach Saint-Cyr verbrachten Bücher allerdings im Dunkeln. Der Briefwechsel zwischen Mme de Maintenon und Mme de Brinon, einer Ursuline und Freundin, Vorsteherin von Noisy und danach erster Ordensoberin in Saint-Cyr, erwähnt die Bücher, ohne allerdings deutlich zu machen, ob es sich um Werke für Schülerinnen oder Lehrerinnen oder um solche handelt, die sich im Eigentum von einer der beiden Frauen befinden. Im August 1683 schreibt Mme de Maintenon: „Ich bitte Sie, mir eine Aufstellung der Bücher zu schicken, die Sie von mir haben, damit ich die auswähle, um die ich Sie bitten möchte" (Maintenon 2009, S. 474). Einige Tage später antwortet die Marquise: „Ich habe selten eine schlechtere Bibliothek gesehen als die, deren Bestandsliste Sie mir schicken, und trotz Lust und Drang, mich an etwas Gutem zu erbauen, bitte ich Sie nur um die *Introduction à la vie dévote*, die *Méditations de sainte Thérèse sur le Pater*, fünf Bände des Neuen Testaments und Davids Psalter. Unter den übrigen sehe ich nur die Bücher von Monsieur de Condom[5], die es wert sind, dass man sie behält. Ich lese und werde die Bücher, die Sie mit geschickt haben, lesen [...]" (Maintenon 2009, S. 476 f.). Einige Tage nach Ankunft in Saint-Cyr beglückwünscht Mme de Maintenon Mme de Brinon, schon alles eingeräumt zu haben: „Die Ordnung, die Sie in die Bücher gebracht haben, macht mir große Freude; ich wünsche von ganzem Herzen, dass sie überall herrscht; es ist für das geistige und irdische Allgemeinwohl der Einrichtung absolut notwendig." (Maintenon 2009, S. 643). Für die Gründerin ist es nicht ausreichend, die vorhandenen Bücher zu ordnen, es müssen weitere angeschafft werden: „Ich möchte, dass Saint Étienne[6] alle Bücher, die sich in der Einrichtung befinden, aufschreibt, und dass sie die, die ich nach und nach dorthin schicke, in die Bestandsliste aufnimmt. Wir werden nicht nachlassen, unsere Bibliothek auszubauen, doch möchte ich diese Aufstellung vorher sehen." (Maintenon 2009, S. 655 f.). Auf den Seiten, die der erste Intendant Saint-Cyrs in seinem Inventar den elementaren Einkäufen widmet, erwähnt er Möbel, Bettwäsche, Geschirr, Mobiliar, die Kleidung der Ordensschwestern und Mädchen, doch verliert er kein Wort über Bücher, auch nicht in seiner Gebäudebeschreibung. Nur ein Raum des Domizils von Mme de Brinon scheint zu der Zeit als Bibliothek zu dienen, „mit Schränken an der ganzen dem Fenster gegenüberliegenden Seite, die mit Messinggittern verschlossen sind" (Manseau 1902, S. 247). Catherine du Pérou, die zwischen 1700 und 1744 mehrfach zur Vorsteherin gewählt wurde, vermerkt seit dem Einzug „auf jedem Tisch" der Klasse „ebenso viele Bücher wie Mädchen" (BMV F629).

Ein Bestandsverzeichnis der Bücher aus vorrevolutionärer Zeit vor dem von 1790 (ADY D115 bis 141) und dem von 1793 (ADY 3Q80) ist in den Archiven nicht erhalten. Wie alle Lehrorden behält Saint-Cyr 1790 die Verwaltung seiner Immobilien, ist aber gezwungen, den Bestand seiner beweglichen Güter zu inventarisieren. Eine Woche lang besuchen drei Verwaltungsbeamte des Versailler Distrikts die Einrichtung und erheben Raum für Raum den Bestand, darunter die Bücher. Die in den Klassen, der Bibliothek der Ordensgemeinschaft, den Krankenzimmern der Mädchen und der Schwarzen aufbewahrten Bücher werden gesondert verzeichnet; die der Apotheke, der Sakristei und des Depots finden sich unter den übrigen Objekten. Das Bestandsverzeichnis der Bibliothek der Ordensgemeinschaft weist, obwohl es am 20. Juli 1790 unterzeichnet wurde, auf jedem Blatt Randvermerke auf, die darauf schließen lassen, dass dieses Dokument, das tatsächlich auf das Jahr 1776 (ADY D118) zurückgeht, von den Verwaltungsbeamten lediglich als Vorlage benutzt und abgeändert wurde. Eine Annahme, die durch vorhandene Streichungen, hinzugefügte Titel, Angaben über die Umstellung von Büchern bestätigt wird. Dieses Bestandsverzeichnis listet die Bücher nach ihrer Aufstellung in den zehn Bibliotheksschränken pro Regal auf (Jacquemin 2007). Insgesamt erfasst man 1790 in der Einrichtung 6.341 Bücher in 10.208 Bänden mit 1.344 verschiedenen Titeln. In einem Jahrhundert wären demnach ca. 5.700 Bücher erworben worden. Kleinformatige Drucke mit schlichtem Einband, überwiegend ohne Illustrationen und über die ganze Einrichtung verteilt, sind bei weitem in der Mehrzahl (Abb. 1).

Nach Exemplaren enthält die Bibliothek der Ordensgemeinschaft etwas weniger als die Hälfte der Bücher – gegenüber 38 % in den Klassen –, allerdings ist ihr Grundbestand abwechslungsreicher: jeder Titel ist im Durchschnitt dreifach vorhanden, bei den Schülerinnen übersteigen sie das Achtfache[7].

Abb. 1: Räumliche Verteilung der Bücher in Saint-Cyr (1790). (Quelle: ADY D115 bis 141 und Jacquemin 2007)

	Zahl der Bücher	%
Ordensbibliothek	3082	48,6%
Blaue Klasse	516	8,1%
Gelbe Klasse	626	9,9%
Grüne Klasse	701	11,1%
Rote Klasse	570	9%
Schwarze	586	9,3%
Krankenstation der Mädchen	146	2,3%
Krankenstation des Ordens	62	1%
Sakristei	25	0,4%
Depot	15	0,2%
Apotheke	12	0,2%
GESAMT	6341	100%

Das letzte Bestandsverzeichnis von 1793 weicht erheblich ab: in einem ersten Teil sind die Bücher alphabetisch nach Verfassern, wenn ohne Verfasser nach Themen geordnet (ADY 3Q80). Es erfasst 15.172 Bände, also eine erheblich höhere Zahl, die mit dem vorangegangenen wenig gemein haben (413 Titel der 1.344 in 1790 vorhandenen). Als nationales Gut hat dieses Dokument, das keine Angaben über die Herkunft der Bücher enthält, keinen Bezug zum Verkauf des beweglichen Eigentums der Einrichtung – die Bücher waren hiervon ausgeschlossen; es entspricht möglicherweise dem Wunsch der Commission des Arts des Departements Seine et Oise nach Zusammenführung der Werke. In diesem Fall würde es die Bände von Saint-Cyr, die des Verwesers der Einrichtung, der Lazaristen, und möglicherweise auch des benachbarten Klosters Notre Dame des Anges erfassen. Angesichts dieser Ungewissheiten wurde diese Quelle nicht ausgewertet.

Bleibt zu ergründen, wie die zusätzlichen 5.000 Bücher in die Regale gelangten. Die Register, in die die Depositarin, eine mit der Buchhaltung beauftragte Ordensschwester, die alltäglichen (Lebensmittel) und außerordentlichen Ausgaben (alle übrigen) einträgt, beziehen sich auf den Zeitraum 1687–1788 (ADY D241–262). Bis zum Beginn des 18. Jahrhunderts geht die Bezahlung von Bücherkäufen eher an Mittelsleute, Hausangestellte oder Geistliche als an Buchhändler. Im August 1698 etwa bezahlt die Einrichtung „für Bücher für den Schulgebrauch" 60 L.t. an den Abt Tiberge, Superior der Missions Étrangères, und 3 Monate später an M. Desallier, einen Buchhändler „für mehrere Bände Bücher laut seiner Aufstellung und Quittung" 101 L.t. 24 Sols (ADY D249). Diese Zahlungen entsprechen häufig einem Teil der verschiedenen Einkäufe. Im September bezahlt die Einrichtung bspw. eine Rechnung über 99 L.t. 8 Sols „für Bücher, ein Ziborium und einen Tabernakel" (ADY D242). Am 14. November 1693 findet man auf einer Rechnung über 383 L.t. von Nanon Balbien, Vertrauensfrau von Mme de Maintenon, 161 L.t. „für Beispiele, damit die Mädchen lernen, zu schreiben" (ADY D 244). Ab 1703 werden die Ausgaben am Ende jedes Jahres pro Posten rekapituliert, was ermöglicht, ihr jeweiliges Gewicht abzuschätzen; ab 1730 sind die Bibliotheken der Mädchen und die der Ordensschwestern getrennt. Die an Lieferanten oder Kommissionäre bezahlten Rechnungen werden erst ab 1740 aufbewahrt (ADY 263–270). Zu betonen ist auch, dass es häufig unmöglich ist, den Preis der Bücher von dem der Einbände zu unterscheiden.

Für den Zeitraum 1703 bis 1788 beläuft sich der Gesamtbetrag der Bücherkäufe (inkl. Einband, sofern keine gegenteilige Angabe) auf 39.286 L.t., was einen unbedeutenden Teil der Gesamtausgaben (0,3 %) und Kosten ohne Nahrungsmittel (0,49 %) darstellt. Für den Gesamtzeitraum verdeckt der Jahresdurchschnitt von 457 Livres sehr große Disparitäten, deren Spanne zwischen keinem Kauf in 1709/1710 und 990 L.t. in 1769 liegt. Saint-Cyr weicht insofern von vielen anderen Schulen, die im Laufe des 18. Jahrhunderts beginnen, für Bücherkäufe einen feste Summe bereit zu stellen, erheblich ab. Das Collège von Navarra veranschlagt 300 L.t. und die Sorbonne ab 1766 1.000 L.t. für Bücher. Im Laufe der Zeit nehmen die Käufe über Mittler schrittweise ab. Zwischen 1686 und 1707 werden nur neun Rechnungen direkt an die vier Buchhändler Dessalier, Dessernie, Anisson et Muguet bezahlt. Mitte des Jahrhunderts werden die meisten Rechnungen direkt an Buchhändler bezahlt – v. a. an Jacques Collombat und die Witwe Mezières; Ende des Jahrhunderts hat Berton ein Quasimonopol. (Jacquemin 2007, S. 62 f.)

Klosterbibliotheken, ob Erziehungsanstalt oder nicht, erhalten im 18. Jahrhundert viele Schenkungen. Die Vorschriften in Saint-Cyr dagegen verbieten jegliche Schenkung; ausgenommen sind die von Mme de Maintenon, Ludwig XIV. und seinen Nachfolgern; dieses Prinzip scheint befolgt worden zu sein, denn im Bestandsverzeichnis von 1776/1790 wird für nur zwei Werke ein Spender angegeben. In ihrer Korrespondenz erwähnt Mme de Maintenon diese Praxis. „Gestern widmeten Sie dem, was ich Ihnen vorlas, so große Aufmerksamkeit, dass ich nicht bis Neujahr warten möchte, Ihnen ein Buch zu schenken", schreibt sie im Dezember 1688 an ein junges Mädchen der blauen Klasse (Maintenon 2009, S. 793). Einige Monate später teilt sie einer Ordensschwester mit: „Ich bringe Ihnen für Sie und die Mädchen bewundernswerte Schriften" (Maintenon 2009, S. 858). Es darf also davon ausgegangen werden, dass in den Archiven keine Spur größerer Spenden erhalten ist.

3 Die Bücher der Schülerinnen und ihre Verwendung

Seit Eröffnung der Einrichtung wurden die Bücher den Klassen zugeordnet: Kontobücher und Rechnungen enthalten hin und wieder Angaben wie „für die Mädchen" oder „für die Klassen". Ab 1730 führen die Jahresauszüge die Ausgaben für die Bibliothek der Ordensgemeinschaft und die der Schülerinnen getrennt auf; 1790 verfügt jede Klasse über einen eigenen Schrank und eigene Bücher. Zwar existieren offensichtlich zwei verschiedene Kategorien von Büchern, doch erlaubte das Lehrpersonal den Schülerinnen vermutlich, ihre Bibliothek zu nutzen oder lieh ihnen Bücher aus.

Die Beschreibung der Bücher in den Katalogen und in den Rechnungsbüchern sind lückenhaft: Titel sind abgekürzt, Verfassernamen werden selten genannt, manchmal findet sich eine Format- oder Einbandangabe. Die Bände sind in den Katalogen nach Größe geordnet, ihr Einheitspreis wird in den Rechnungsbüchern oft angegeben. Auf dieser Materialbasis lassen sich für die Käufe und für die zu einem bestimmten Zeitpunkt im Besitz der Einrichtung befindlichen Bücher nur Annäherungswerte ermitteln. Am besten werden die Werke im Bestandsverzeichnis von 1790, also zu einem späten Zeitpunkt, erfasst; doch ist es unmöglich, zu erfahren, wann sie eingetroffen sind, es sei denn, man sichtete sämtliche Rechnungsbücher und Rechnungen der Einrichtung, was viel Zeit beanspruchen würde, ohne Garantie, beweiskräftige Ergebnisse zu erhalten. Denn die Bücher führen nicht alle Käufe einzeln auf, und ab 1740 ergibt ein Vergleich mit den Rechnungen erhebliche Differenzen. 1741 bspw. liegt der Gesamtbetrag der Bücherrechnungen bei 306 L.t., während die Depositarin Bibliotheksankäufe in Höhe von 667 L.t. ausweist (Jacquemin 2007, S. 59).

1686 befindet sich unter den vier für die Schülerinnen vorgesehenen Werken ein einziges Schulbuch, ein Alphabet zum Einheitspreis von 54 Sols. Die drei restlichen sind *L'imitation de Jésus-Christ* von Thomas a Kempis[8], *L'Introduction à la vie dévote* (Anleitung zum frommen Leben) von François de Sales[9] und *Le Combat spirituel* von Scupoli[10]. Während die beiden ersten zu den Bestsellern katholischer Frömmigkeitsliteratur gehören, ist das dritte weniger bekannt. Zum gleichen Zeitpunkt besitzen die Ordensschwestern ebenfalls vier Exemplare der *Imitation*, eines der *Introduction à la vie dévote*, doch keines des *Combat spirituel*. Ein Jahrhundert später ist letzteres in den Bibliotheken kaum noch zu finden, während die beiden anderen weiterhin in großer Zahl vorhanden sind[11]. Bei den zwischen 1687 und 1707 angeschafften Büchern ist schwer zu erkennen, welche für die Schülerinnen bestimmt sind, es sei denn, es wird explizit darauf hingewiesen oder es handelt sich um eine große Zahl Exemplare. So bezahlt die Depositarin im September 1695 „80 Paar grüne Stundenbücher zu 5 Sols pro Stück" (ADY D244). Abgesehen von Beispielen zum Erlernen der Schrift und einem „Registerbuch des Alphabets" (ADY D244) sind alle angeschafften Bücher religiösen Inhalts: Offizia, Stundenbücher, Kirchenlieder, usw. Im von Hélène Jacquemin (2007) untersuchten Zeitraum 1737–1741 ist unter den identifizierbaren Werken die Vorherrschaft des religiösen Buches kaum geringer als ein halbes Jahrhundert zuvor, und von wenigen Ausnahmen wie Schriftbeispielen und acht Kinderbüchern abgesehen ist es nicht möglich, festzustellen, für wen diese Bücher bestimmt sind. Die in großer Zahl angeschafften Werke sind nach wie vor *L'Imitation* (83 Exemplare innerhalb von zwei Jahren), das *Neue Testament* (57 Exemplare) und die *Journée du chrétien* (60 1741 angeschaffte Exemplare). Wenngleich eine intensive Nutzung dieser Bücher und eine daraus resultierende Abnutzung diese Zahlen rechtfertigen können, ist nicht auszuschließen, dass die Einrichtung den etwa zwanzig Mädchen, die sie in jedem Jahr verlassen, oder auch Wohltätigkeitsvereinen Bücher schenkt. 1740 werden sechs Exemplare der *Athalie* angeschafft (ADY D263); 1776/1790 befinden sich zwei im Schrank der blauen Klasse, zwei bei den Schwarzen und 85 in der Bibliothek der Ordensschwestern. Entspricht die Lektüre dieser Tragödie Racines Ende des 18. Jahrhunderts nicht mehr dem Zeitgeschmack, oder wollen die Schwestern das Buch nicht in den Klassen lassen? Im Jahr darauf kauft die Einrichtung für 18 L.t. eine *Histoire de France* des Paters Daniel; Ende des Jahrhunderts befindet sich dieses einzige Exemplar in der Bibliothek der blauen Klasse; gleiches gilt für den einzigen, im gleichen Jahr angeschafften *Télémaque* (ADY D263)[12].

Wenngleich 1776 bereits ein spätes Datum in der Geschichte der Einrichtung ist, könnten einige Anmerkungen auch auf ein halbes Jahrhundert früher zutreffen, denn in der Zwischenzeit haben die Bibliotheken sicher keine grundlegenden Veränderungen erfahren. Ab diesem Bestandsverzeichnis können die Bücher in sechs Kategorien eingeteilt werden: Theologie und Religion, Geschichte, Wissenschaften und Künste, Literatur, Recht und Jurisprudenz, Saint-Cyrs eigene Schriften, wobei die schwer einzuordnenden nicht berücksichtigt sind (Jacquemin 2007). Der Vergleich der Bibliothek der Schwestern und mit denen der Klassen deckt manche Unterschiede auf. Erstere entspricht dem klassischen Grundbestand einer Kongregationsbibliothek, in dem das Religiöse bei weitem überwiegt, während Wissenschaften, Künste und Literatur nur ein Zehntel der Werke ausmachen. In den Klassenbibliotheken ist der Anteil religiöser Schriften mit einer größeren Themenvielfalt schwächer vertreten. Geschichtsbücher nehmen beim Lehrpersonal wie in den Klassen der Einrichtung sowohl hinsichtlich der Zahl der Titel (146, etwa 11 % des Gesamtbestandes), als auch der Zahl der Exemplare (446, etwa 7 %) den zweiten Platz ein. In einer Zeit, in der Geschichtsdarstellungen modern sind und der Geschichtsunterricht autonom wird, kann sich Saint-Cyr trotz der Klausur dem Zeitgeist nicht entziehen. Neben dem *Catéchisme historique* von Fleury ist die *Instruction sur l'histoire de France* von Le Rageois ab der grünen Klasse vorhanden; im Schrank der gelben Klasse findet man die *Histoire de France* von Mézeray und den *Tableau* von Alletz. Bei den Blauen stehen elf Titel des Paters Maimbourg neben drei Schriften des Abtes Vertot, einem Titel von Rollin und dem *Discours sur l'histoire universelle* von Bossuet. Der *Dictionnaire* von Moreri, die Historiker der Antike, Tacitus und Flavius Josephus, der Abt von Choisy und Dangeau sowie die *Histoire de Charles XII* von Voltaire sind für die Schwestern reserviert.

Ihre Bücher kann die Maison Royale nicht völlig frei auswählen, da ihre *Constitutions* (1700) festlegen, dass der Bischof von Chartres, dem die Einrichtung untersteht, den Bibliothekskatalog jedes Jahr genehmigen muss. Zur Bücherwahl konsultiert Mme de Maintenon hin und wieder diesen Prälaten und andere Geistliche aus ihrem Umfeld, allerdings enthalten die Quellen keine Angaben über ein abgelehntes Buch. Dagegen erwähnen sie Schriften dieser Geistlichen in den Bibliotheken, was auf deren nachhaltigen Einfluss schließen lässt. Bis zum Tod des Königs können Informationen über anzuschaffende Bücher durch Mme de Maintenon nach Saint-Cyr gelangen, die in ständiger Verbindung mit Versailles steht. Als sie sich nach Sant-Cyr zurückzieht, hält sie mit ihrer Korrespondenz viele Kontakte zur Außenwelt aufrecht. Auch nach ihrem Tod ist die Einrichtung nicht von der Welt abgeschnitten. So werden 1787 die 1778 erschienenen *Oeuvres spirituelles* von Mme de Combes, einer ehemaligen Schülerin, angeschafft (ADY D268). Die vermutlich regen Briefwechsel zwischen den ehemaligen Schülerinnen enthielten möglicherweise Lektüreempfehlungen wie die der Mlle d'Aumale (1683–1756). Diese Ehemalige, zugleich Sekretärin von Mme de Maintenon, wendet sich folgendermaßen an Mme de Glapion, Ordensoberin von Saint-Cyr : „Haben Sie in Saint-Cyr ein *Recueil des vertus de Mgr le duc de Bourgogne*, das Père Martinau zu Lebzeiten des Königs verfasst hat, ein Werk, das es wert ist, in Saint-Cyr vorhanden zu sein? Es ist sehr aufschlussreich, und ich halte es für sehr lebensecht" (Asselin 1875, S. 92). Zufall oder Konsequenz, das Buch wird im Bestandsverzeichnis des ausgehenden Jahrhunderts aufgeführt. Es ist also nicht einfach, die Mitverantwortung der einen oder anderen bei der Auswahl der Bücher zu beurteilen.

Zumindest zweimal wurde der Bestand der Einrichtung aus religiösen Gründen teilweise ausgemustert. Die erste Säuberung geschieht zeitgleich mit der Umwandlung der Einrichtung in eine ordentliche religiöse Kongregation 1690–1691; sie hängt damit zusammen, dass Mme de Maintenon sich anlässlich der Anwesenheit des Hofes bei den Theateraufführungen in Saint-Cyr darüber klar wurde, dass „keine Vorsichtsmaßnahme ergriffen werden kann, [...] die Disziplinlosigkeit zu verhindern, die dem Hof folgt" (BNF Ms fr. 11674). Deshalb sorgte sie dafür, „alles, was die Neugier der jungen Mädchen wecken könnte, von ihnen fern zu halten, absolut jede Lektüre, die nicht geeignet war, ihren Geist zu erheben, zu verbannen [...] man suchte in den Klassen alle Manuskripte, die keine frommen Dinge behandelten, man entfernte sie" (BMV F629). 1695, als die Quietismus-Affäre dem guten Namen Saint-Cyrs schadete, werden die Bücher von Mme Guyon oder der Anhänger dieser Form christlicher Mystik konfisziert. Der Bischof von Sens beschreibt ausführlich die Verfolgung verbotener Bücher: „Der Herr Bischof von Chartres [...] begann damit, alle Schriften dieser Frau, die ihm bei seinem ersten Besuch entgangen waren, und v. a. die Manuskripte, zu entfernen. [...] Er verlangte auch, dass man ihm das aushändigt, was der Abt de Fénelon zur Instruktion der Ordensschwestern geschrieben hatte, die ihm unterstanden. [Er] inspizierte alle Zellen und alle frommen Bücher und Schriften; jede präsentierte ihm, was sie gerade las, und er entfernte alles, was ihm verdächtig oder fragwürdig erschien, um es eingehend zu prüfen" (Lavallée 1863a, b, S 355 f.). Trotz dieser beiden Säuberungsaktionen sind die im folgenden Jahrhundert in Saint-Cyr verbleibenden Bücher ausgesprochen zahlreich.

In den Klassenschränken, vielleicht für die Ältesten sogar in den Bibliotheken der Schwestern, stehen den Schülerinnen Bücher zur Verfügung. Doch lesen sie sie auch? Man stößt hier auf die Schwierigkeit, die bei jeder Bibliotheksuntersuchung auftaucht, wenn keine Quellen, die über die Nutzung Auskunft geben, vorhanden sind: Blieben die Bücher auf den Regalen, ohne je benutzt zu werden, oder aber wurden sie es, und wenn ja, wie? Die Quellen sind in diesem Punkt wenig ergiebig. Für die ersten Jahre der Einrichtung sind die Aussagen des Intendanten Manseau aufschlussreich, wenngleich er die pädagogischen Methoden nicht kennt und über die Lehrinhalte schnell hinweggeht – „sie lernen einwandfrei zu lesen, zu schreiben, Rechtschreibung, Rechnen [...]" (Manseau 1902, S. 282) – denn er ist an der Organisation des Unterrichts interessiert. Nach dem Frühstück haben die jungen Mädchen eine erste „allgemeine Lesestunde", danach Schreib- und Rechenunterricht; nach dem Mittagessen und der Mittagspause hören sie, „während sie mit Stickereien, Webarbeiten oder der Wäsche beschäftigt sind", vor dem Rechtschreibunterricht „einer Erbauungslektüre zu". Nach einer kleinen Erfrischung erneut „Schreib-, Lese- und Rechenlektionen", dann ein wenig Handarbeit, darauf Vesper und Katechismus, und der Tag klingt mit dem Abendessen und einer anschließenden Pause aus (Manseau 1902, S. 60). Ende des 17. Jahrhunderts hatten die Schülerinnen also zwei Lektürelektionen pro Tag, und sie hörten einer Lektüre zu. Die Schriftstücke Mme de Maintenons machen deutlich, dass man in Saint-Cyr ebenso wie in den Elementarschulen von Port-Royal oder in den von Jean-Baptiste de la Salle gegründeten christlichen Schulen zuerst französisch, dann lateinisch lesen lernt. Hierzu teilt die Gründerin die Ansicht von Fénelon, der versichert: „Beides, dass sie zuerst lateinisch lesen lernen, was ihnen jegliche Freude an der Lektüre nimmt, und dass man sie daran gewöhnen will, mit forciertem und lächerlichem Pathos zu lesen, verdirbt alles [...], sparen Sie sich die

Mühe, dem Kind exaktes Lesen beizubringen, lassen Sie es so artikulieren, wie es spricht; andere Tonfälle klingen immer falsch, und man merkt ihnen die Deklamation des Collège an [...]" (Fénelon 1687/1994, S. 51, deutsche Übersetzung S. 29). Für beide Pädagogen ist lautes Lesen von großer Bedeutung; zusätzlich zum Theaterspiel erlaubt es, die Artikulation zu kontrollieren, provinzielle Akzente zu eliminieren und die adelige junge Dame auf ihre soziale Rolle vorzubereiten: „Bringen Sie einem Mädchen bei, ordentlich zu lesen. Es ist beschämend, doch alltäglich, dass geistreiche Frauen mit Anstand das, was sie sagen, nicht gut zu artikulieren verstehen; entweder stocken sie, oder sie singen beim Lesen, statt einfach und natürlich, doch entschlossen und ohne Auf und Ab in der Stimme zu artikulieren" (Fénelon 1687/1994, S. 90). Die Bücher ermöglichen der Marquise zufolge ferner, die Rechtschreibung zu lernen. „Wenn Sie mir schreiben", wendet sie sich an ein Mädchen, „lassen Sie ein wenig mehr Abstand zwischen den Zeilen, damit ich die Rechtschreibung korrigieren kann, wenn ich Zeit dazu habe, doch am besten lernt man sie durch Abschreiben aus Büchern" (Maintenon 2009, S. 603).

In einem für La Beaumelle bestimmten Memorandum, als dieser Mitte des folgenden Jahrhunderts an einer Biographie über Mme de Maintenon arbeitet, führen die Schwestern die Organisation der Klassen detailliert auf (BnF naf 10678). Unter den Übungen der Schülerinnen nimmt die nach Lernniveau differenzierte Lektüre einen wichtigen Platz ein. In den drei Klassen bis zum sechzehnten Lebensjahr werden anhand kurzer Lektionen alternierend unterschiedliche Herangehensweisen an die Lektüre: stilles oder lautes Lesen, in lateinischer oder französischer Sprache, geübt. Der Stundenplan der blauen Klasse ist strikter und die Lektüregepflogenheiten sind vielseitiger (Abb. 2).

Zwischen ihrer Gründung durch den Sonnenkönig 1686 und der Regentschaft Ludwigs XV. wurde die Maison Royale de Saint-Cyr von mehreren Generationen adeliger Internatsschülerinnen besucht, die dort erzogen werden sollten. Sie ist sowohl im Hinblick auf den erteilten Unterricht wie in ihrer Pädagogik in mancher Hinsicht traditionell, in anderer wiederum moderner und stützt sich überwiegend auf Bücher. Zum Zeitpunkt ihrer Gründung sind es nur wenige, denn die Bestandsverzeichnisse vermerken keine 600, von denen 240, Alphabetbücher und Andachtsbücher, von den Schülerinnen benutzt werden. Diese geringe Zahl ist zum einen auf den Zeitpunkt der Erstellung des Verzeichnisses zurückzuführen, der quasi mit der Eröffnung zusammenfällt, zum anderen erklärt sie sich aus der ambivalenten Haltung von Mme de Maintenon zum Buch. Es wird als Quelle vieler potentieller Gefahren angesehen, kann aber z. Z. der Reformbestrebungen des Katholizismus, als die Aufhebung des Edikts von Nantes allen noch bewusst ist, bei guter Auswahl zugleich ein wertvolles Mittel zur Festigung des Glaubens sein.

In den folgenden Jahrzehnten wurden viele Bücher unter der Oberaufsicht der Gründerin und Geistlicher angeschafft, denen die spirituelle Leitung der Einrichtung anvertraut war. Zumindest zweimal wurden die Bücher einer strengen Kontrolle unterzogen, zunächst die als zu frivol angesehenen und dann die zum Quietismus neigenden eliminiert. Die Ankäufe waren beachtlich, wenn sie auch nur einen geringen Teil der jährlichen Ausgaben einer Erziehungsanstalt ausmachen, die in jedem Jahr mehr in Bürsten und Besen investiert als in Bücher. Ende des 18. Jahrhunderts sind, wie gesagt, über 6.000 Werke in etwas mehr als 10.000 Bänden vorhanden. Saint-Cyr besitzt damals eine der größten Klosterbibliotheken Frankreichs und die größte eines Frauenklosters[13]. Aus den Bestandsverzeichnissen der Revolutionszeit geht allerdings hervor, dass über die Hälfte

Bücher und Lektüren für junge Mädchen

Uhrzeit	Zitat	Art der Übung
7.15-7.30	„Man liest die Meditation über die Mysterien der Zeit, oder das Evangelium des Tages, das Überlegungen, Lösungen usw. bietet, und das ist, was man stilles Beten nennt."	*Einzellektüre oder lautes Lesen. Unterricht auf Lektürebasis*
8.00-8.30	Heilige Messe	*Einzellektüre oder lautes Lesen*
8.30-9.15	Gesangsunterricht. „Sie singen nur Motetten oder Stücke mit frommen Texten, und die weder Lieder, noch Kantaten oder profane Opern enthalten."	*Auswendig gelernte Texte*
9.15-10.00	„Eine Lehrerin an jedem Tisch lehrt oder lässt wiederholen: Geographie, Heraldik, kurze Geschichte Frankreichs und Abriss der Kirchengeschichte [...] man lehrt sie auch, was ländliche Ökonomie betrifft."	*Einzellektüre oder lautes Lesen. Unterricht auf Lektürebasis*
10.00-11.00	Man bietet ihnen lehrreiche oder angenehme Lektüre oder aber man beschäftigt sie damit, diejenigen singen zu hören [...]"; zugleich arbeiten sie „an Stickereien, zeichnen und weben Teppiche."	*Lautes Lesen*
11.00-12.00	Mittagessen im Refektorium. „Ein Mädchen [...] steigt in die Kanzel und beginnt, in einem Andachtsbuch, oder zumindest einen moralischen Text, zu lesen."	*Lautes Lesen*
13.00-14.00	„Die erste Lehrerin beginnt den Unterricht mit einem Kurzgebet, gefolgt von einer Lektüre, die der Lehrerin Gelegenheit gibt, zu erläutern, Fehler anzuprangern und auf die Tugend hinzuweisen; sie stellt Fragen zu ihrem Unterricht, auf die jedes Mädchen, so weit es kann, antwortet."	*Lautes Lesen. Unterricht auf Lektürebasis. Übung zum Textverständnis der Lektion.*
14.00-14.30	„Sie nehmen die Übung vom Morgen wieder auf, also Geographie, Heraldik, Stickarbeit oder Zeichnen."	*Einzellektüre oder lautes Lesen. Unterricht auf Lektürebasis*
14.30-15.00	„Sie singen zusammen Kirchenlieder, die sie kennen, Motetten usw., ohne ihre Arbeit zu unterbrechen."	*Auswendig gelernte Texte*
15.30-16.00	„Jede nimmt sich für eine halbstündige Lektüre ihr Buch vor. Die Bücher, die sie lesen, sind gewöhnlich die Kirchengeschichte, die Geschichte Frankreichs, Englands, Werke des Paters Maimburg, die Briefe des Apostels Hieronymus, von Sankt Augustin, des hl. Franz von Sales und andere derartige Werke."	*Stille Einzellektüre*
16.00-16.30	„Sie berichten laut über ihre Lektüre."	*Übung zum Textverständnis der Lektüre*
16.30-17.00	„Man bietet ihnen eine nützliche und angenehme Lektüre."	*Lautes Lesen*

Abb. 2: Lektüregepflogenheiten in der blauen Klasse. (BnF naf 10678)

der Bücher nicht für die Schülerinnen, sondern für die Schwestern von Saint Louis, also das Lehrpersonal, bestimmt war. Obwohl es nicht immer möglich ist, Buch und Einband auseinander zu halten, decken die buchhalterischen Quellen eine fehlende Regelmäßigkeit bei der Bücheranschaffung auf, die auf die jährlich schwankenden Nahrungsmittelpreise zurückzuführen ist. Von Alphabetbüchern und Schrifttafeln abgesehen, erschweren diese Dokumente die Unterscheidung zwischen Büchern für Schülerinnen und für Erwachsene; erst anhand der Verzeichnisse von 1776/1790 bekommt man eine genauere Vorstellung. Die einzelnen Bibliotheken waren nicht unbedingt streng voneinander getrennt, und manche Bücher der Schwestern wurden den älteren Mädchen wahrscheinlich ausgeliehen, ja sogar in den Klassen benutzt. Anhand des *Gedächtnisbuches* von 1750 erfährt man außerdem, welche Alphabetbücher und welche der frühen Lehrbücher für den Geschichtsunterricht vom Lehrpersonal als pädagogische Hilfsmittel eingesetzt wurden.

Die Untersuchung der Anschaffungs- und Lektürepraxis der Buchbestände hat gezeigt, dass diese für die Erziehung der Demoiselles von Saint-Cyr im pädagogischen Projekt des Sonnenkönigs und seiner heimlichen Gemahlin, Madame de Maintenons, und ihrer Nachfolgerinnen eine große Bedeutung gehabt haben. Zwar sind die meisten der Bücher in den einzelnen Bibliotheken der Institution religiöse Schriften, andere Bücher bezeugen jedoch, dass die Erzieherinnen noch andere Ziele kannten, als fromme und vernünftige junge Frauen zu bilden. Die jungen Frauen waren nicht nur geschickt in den weiblichen Arbeiten für Damen, sondern darüber hinaus gebildet. Dank ihres Theaterspiels hatten sie gelernt, die französische Sprache gut zu sprechen, sie verfügten über historische und geographische Kenntnisse und waren insgesamt weit entfernt von den Frauen, die den Wünschen von Molières Chrysale (aus *Les Femmes Savantes*) entsprochen hätten.

(Aus dem Französischen von Dietmar Trempenau und Juliane Jacobi)

Anmerkungen

1 Wenn nicht anders vermerkt, sind die Zitate für diesen Aufsatz aus dem Französischen übersetzt.

2 Der erste von Fénelon an Mme de Maintenon gerichtete Brief ist vom Oktober 1689 und der erste, den sie an ihn richtet, vom November 1690.

3 *Entretiens*, *Instructions*, *Conversations* und *Proverbes*.

4 Die Mädchen sind in vier Klassen eingeteilt: rot (7/10 Jahre), grün (11/14 Jahre), gelb (15/16 Jahre) und blau (17/20 Jahre). Die verdienstvollsten Schwarzen in den blauen Klassen, die Novizinnen werden wollten, dienen häufig als Hilfskräfte des Lehrpersonals.

5 Bossuet (1627–1704) war Bischof von Condom, danach Hauslehrer des Dauphin und Bischof von Meaux.

6 Die erste Liste der Demoiselles von Saint-Cyr führt unter den Ehemaligen von Noisy eine Mlle de Saint Étienne auf.

7 36 Ordensschwestern und 250 Mädchen, also durchschnittlich ein Exemplar jedes Titels für zwölf Schwestern und eines für 30 Mädchen.

8 Thomas a Kempis (lat.) oder Th. von Kempen (um 1380–1471). Es handelt sich um ein maßgebliches Werk der *devotio moderna*; erste französische Übersetzung 1493.

9 François de Sales (1567–1622). Erste Ausgabe Lyon 1608. Das Buch wendet sich an eine Frau Philothea und berät sie zu Fragen alltäglicher Frömmigkeit.
10 Laurent Scupoli (um 1530–1610), Theatiner. Erste Ausgabe Venedig 1589; erste französische Ausgabe 1644.
11 78 Exemplare der *Introduction à la vie dévote* (darunter 64 bei den Ordensschwestern und zwei pro Klasse); 132 Exemplare der *Imitation* (eines bei den Ordensschwestern, drei bei den Schwarzen, keines bei den Blauen, 62 bei den Gelben, 39 bei den Grünen, 18 bei den Roten).
12 François Fénelon: Les aventures de Télémaque, Paris 1700 gehörte im 18. Jahrhundert zum Lektürekanon der Oberschichtkinder in ganz Europa.
13 3.000 Bände bei den Karmeliterinnen der Rue d'Enfer in Paris. Nach Claude Joly besitzen nur vier Jesuitenkollegs über 10.000 Bände: Paris, Lyon, Dijon und Straßburg.

Literatur

Handschriftliche Quellen

ADY. Archives départementales des Yvelines.
ADY D111. *Inventaire général des meubles trouvés à Saint-Cyr en 1686.*
ADY D115 à D141 *Inventaires au moment de la suppression de Saint-Cyr.*
ADY D241 à D262 *Registres de comptabilité.*
ADY 3Q80 *Inventaires des livres.*
BmV Bibliothèque municipale de Versailles.
Mémoires de ce qui s'est passé de plus remarquable depuis l'établissement de la Maison de Saint-Cyr, Ms. xviiie, Bibliothèque municipale de Versailles, BMVF629–630.
BnF Bibliothèque nationale de France.
Ms fr.11674: *Mémoires sur la Maison royale de Saint Louis: ce qui s'est passé par rapport à son établissement* dans *Recueil de pièces et mémoires pour servir à l'histoire de la Maison royale de Saint-Cyr (1686–1732).*
Ms naf.10678: *Mémoire de ce qui s'observe dans la royale Maison de Saint Louis [à Saint-Cyr] fondée par Louis XIV.*

Gedruckte Quellen

Asselin, A. (1875). *Quelques lettres inédites d'Anne d'Osmond, marquise d'Havrincourt, et de Marie Jeanne d'Aumale (1721–1724)*. Arras: A. Courtin.
Bourgoing, F. (1643). Règles et constitutions pour les Ursulines de la Présentation Notre Dame. In: C. A. Sarre (1997) *Vivre sa soumission. L'exemple des ursulines provençales et comtadines, 1592–1792.* Paris: Publisud.
Constitutions de la Maison de Saint-Louis établie à Saint-Cyr (1700). Paris: Jean Janisson.
Fénelon, F. (1687/1994). *Traité de l'éducation des filles.* Paris: Klincksiek éd. Deutsche Ausgabe: *Über Mädchenerziehung. Traité de l'éducation des filles* (1963). Ungekürzte Ausgabe hrsg. von C. Richartz. Bochum: Kamp.
Fleury, C. (1679). *Catéchisme historique.* Paris: Veuve Gervais Clouzier.
Fleury, C. (1686). *Traité du choix et de la méthode des études.* Paris: P. Aubouin.
Lavallée, T. (1863a). *La famille d'Aubigné et l'enfance de Mme de Maintenon.* Paris: Plon.
Lavallée, T. (1863b). *Histoire de la Maison Royale de Saint-Cyr (1686–1793).* Paris: Plon.
Maintenon, F. (1854). *Entretien sur l'éducation des filles.* Paris: Charpentier.

Maintenon, F. (1861). *Lettres et entretiens sur l'éducation des filles*. Paris: Charpentier.
Maintenon, F. (2009). *Lettres de Madame de Maintenon, vol. I 1650–1689*. Bots, H. & Bots Estourgie, E. (Ed.). Paris: Champion.
Manseau (1902). *Mémoires*. Versailles: L. Bernard.
Orcibal, J. (1972). *Correspondance de Fénelon, Tome II: Lettres antérieures à l'épiscopat, 1670–1695*. Paris: Klincksiek éd.
Poullain de la Barre, F. (1673). *De l'Égalité des deux sexes*. Paris: Chez Jean du Puis.
Poullain de la Barre, F. (1674). *De l'éducation des dames pour la conduite de l'esprit dans les sciences et dans les mœurs*. Paris: Chez Jean du Puis.

Sekundärliteratur

Jacquemin, J. (2007). *Livres et jeunes filles nobles. L'exemple de la Maison Royale de Saint Louis de Saint-Cyr (1686–1793)*. Angers: Presses universitaires.
Kapp, V. (1982). *Télémaque de Fénelon. La signification d'une œuvre littéraire à la fin du siècle classique*. Tübingen: G. Narr.
Sonnet, M. (1987). *L'éducation des filles au temps des Lumières*. Paris: Cerf.
Timmermans, T. (1993). *L'accès des femmes à la culture (1598–1715)*. Paris: Champion.

Lehrbücher und Lektüren zur Erziehung französischer Prinzen im 17. und 18. Jahrhundert

Pascale Mormiche

Zusammenfassung: Das Interesse dieses Beitrags gilt den Lektüren Ludwigs XV. und seines Sohnes während der Jahre ihrer Erziehung. Dank des Austauschs von Büchern zwischen den königlichen Bibliotheken war es möglich, die tatsächlichen Lektüren zu identifizieren. Den Tausenden von identifizierten Werken zufolge konzentrierte sich der Unterricht der beiden Prinzen auf die Biblische Geschichte, die Geschichte Frankreichs, aber mehr und mehr auch auf die Geschichte Europas und der entfernteren Welt. Ihre Lektüren stützten sich stets auf Karten, mithin auf Stiche, die ihr visuelles Gedächtnis förderten. Die Bücher wurden aus den letzten erschienenen Ausgaben ausgewählt. Sie unterrichteten über den Fortschritt der Wissenschaften und der Geographie, aber gleichermaßen über die zeitgenössischen Kontroversen. Durch seine Lektüren gewann Ludwig XV., mehr als sein Sohn, die Fähigkeit, eine Vielzahl von Sichtweisen einzunehmen. Man entdeckt persönliche Auswahlen des jungen Ludwig XV., die sich auf die italienische Kunst und auf die Musik beziehen, während sein Sohn in Voraussicht der Konflikte um die Mitte des 18. Jahrhunderts seine Bildung hinsichtlich des Rechts und Militärwesens verstärkte.

Schlüsselwörter: Louis XV (1715–1774) · der Dauphin Louis (1729–1765) · Bibliothek · Prinzenerziehung · Geschichte Frankreichs · Geschichte Europas

Schoolbooks and Reading – The Education of French Princes during the 17th and 18th Centuries

Abstract: This Communication focuses on readings of Louis XV and his son during their education. It is through the exchange of books between royal libraries that it was possible to identify the actual readings. By the thousands of books identified it can be recognized that the education of both princes was centred in sacred (holy) history, the history of France, but more and more in the history of Europe and the distant world. Their readings are always based on maps, engravings to promote visual memorization. The books are chosen from the last editions which appeared. Both princes are informed about the progress of science and geography but also about the controversies of the time. More than his son Louis XV had an ability to recognize multiple points of view by

---

© Springer Fachmedien Wiesbaden 2012

Dr. P. Mormiche (✉)
PRAG, Institut de Formation des Maîtres,
Université de Versailles-Saint Quentin en Yvelines,
Histoire moderne, 1, rue d'Alsace Lorraine,
78530 Buc, Frankreich
E-Mail: pascale.mormiche@free.fr

his reading. We discover personal choices of the young Louis XV, concerning the Italian art and music, while his son reinforces his culture in law and art of warfare in anticipation of military conflicts of the midst of the eighteenth century.

Keywords: Louis XV · the Dauphin Louis (1729–1765) · Library · Education of princes · History of France · History of Europe

Bevor wir uns der Frage zuwenden, aus welchen Büchern sich eine Prinzenbibliothek zusammensetzt, wollen wir den besonderen Kontext der Erziehung durch Privatlehrer in Erinnerung rufen. Französische Prinzen werden ab ihrem frühesten Alter von Frauen, Gouvernanten und Intellektuellen erzogen, die sie mit Büchern und bildlichen Darstellungen in Kontakt bringen. Im Alter von sieben Jahren *treten sie ins Mannesalter ein*, d. h. sie werden von einem Dutzend Männern, Hofmeistern, deren Stellvertretern, Privatlehrern, Tutoren und Magistern für Literatur und Wissenschaften, meistens einflussreichen Mitgliedern der königlichen Akademien, erzogen. Der Unterricht beginnt also frühzeitig, ist strukturiert und sehr umfassend. Den Prinzen stehen in den Unterrichtsräumen eigene Bibliotheken zur Verfügung.

Insbesondere in der BnF-Richelieu (Bibliothèque Nationale de France – Site Richelieu) finden sich spezifische Quellen zur Frage der Zusammensetzung dieser Bibliotheken, mehrere, von der Königlichen Bibliothek Paris für die Prinzen in Versailles gelieferte Bibliotheksverzeichnisse und Bestandsaufnahmen der Bücher. Diese Quellen stehen in engem Zusammenhang mit der internen Funktionsweise der Königlichen Bibliothek, nach 1792 Bibliothèque Nationale (Staatsbibliothek). Es sind die Listen von Büchern für die Erziehung mehrerer Prinzengenerationen ausschließlich männlichen Geschlechts durch Privatlehrer. Meine Wahl fiel auf die Quellen für Ludwig XV. und seinen Sohn, den Dauphin, zu Beginn des 18. Jahrhunderts.

Für Ludwig XV. ist das Bibliotheksverzeichnis aus dem Jahr 1729 überliefert, wie es am Ende seiner Erziehung für einen 19-jährigen König bestand. Es ist eine Bibliothek für den Übergang zum Königsamt. Es ist zugleich eine im Hinblick auf den Erziehungserfolg zusammengestellte Bibliothek. Für seinen Sohn, den Dauphin, handelt es sich um Bücher, wie sie zwischen 1736 und 1745 für die Studien eines Jungen zwischen sieben und 15 Jahren verlangt wurden (AR 102). Die angeschafften Werke werden mehrmals jährlich nach Versailles transportiert. Diese Bücher wurden benutzt, was sie von geschenkten, gewidmeten oder anderen Büchern einer Bibliothek, die möglicherweise nie geöffnet wurden, unterscheidet.

Nach Identifizierung der in den Bibliothekslisten aufgeführten Bücher (die nur nach Format, mit Titelstichwort, Autorennamen und Erscheinungsdatum erwähnt werden) kann man die in den „kleinen" Prinzenbibliotheken in Versailles vorhandenen ausgewählten Ausgaben ermitteln. So lässt sich die Frage beantworten, warum ihr Bestand vervollständigt werden musste. Damit wird ermöglicht, sich den tatsächlichen Lektüren zur Erziehung zweier Kronprinzen durch Hofmeister anzunähern, wobei die Analyse dieser Lektüren an Grenzen stößt.

1 Die Bibliotheken für den Unterricht Ludwigs XV.

Nach dem Tod des Herzogs und der Herzogin von Burgund hatte Ludwig XIV. (1643–1715). per Dekret des Rates vom 26. November 1712 bestimmt, für den Dauphin, den älteren Bruder des künftigen, noch im Alter des Kleinkindes befindlichen Ludwig V., eine Bibliothek zusammenzustellen. Es handelte sich um die Einrichtung einer Bibliothek zu Erziehungs- und Unterrichtszwecken, mit der der Abt Perot beauftragt wurde. Eine weitere Information findet sich allerdings nicht, doch wird darauf hingewiesen, dass man für die Erziehung eines Prinzen eine spezifische, für ihn zusammengestellte Bibliothek benötigt.

Wegen des fehlenden Katalogs ist ein Einblick in die Bibliothek des jungen Ludwig XV., als er zwischen 1715 und 1722 im Louvre, in den Tuilerien lebt, nicht möglich. Der Bibliotheksbestand am Ende seiner Erziehung ist dagegen identifizierbar, denn für die Bibliotheken Ludwigs XV. liegen für die Jahre 1729 und 1730 nicht weniger als drei Kataloge vor. Diese dritte Bibliothek ist Gegenstand unseres ersten Teils.

Der König lässt sich 1722 erneut in Versailles nieder. Seine Entscheidung, ab April 1724 wiederum zusammen mit dem zum Bibliotheksverantwortlichen avancierten Abt Perot, dem Privatlehrer des Königs, und seinem Stellvertreter Hardion, unterstützt von Kopisten eine königliche Privatbibliothek zu schaffen, steht fest. Sie könne ab Sommer genutzt werden, schreibt Perot, allerdings erst am 15. August 1724, an Bignon: *„Ich bin so frei, Monsieur, Ihnen über ein heutiges Gespräch mit dem König in seinem Bücherkabinett zu berichten. Seine Majestät fragte mich, ob ich die Memoiren von Mlle de Montpensier erhalten habe; ich bejahte dies mit dem Hinweis, dass sie in Holland gedruckt worden waren und glaubte, es sogar in der Zeitung gelesen zu haben. Mir schien, dass SM wünscht, sie unverzüglich nach ihrem Erscheinen zur Verfügung zu haben. SM suchte auch etwas im Morery; da dieser sehr alt war und nur vier Bände hat, antwortete ich ihm, dass wir ihm die letzte sechsbändige Ausgabe binden lassen. SM hat anschließend mehrere Bücher überflogen, die Sie freundlicherweise vor kurzem geschickt haben, und ich versicherte ihm, dass noch viele andere von ihnen beim Buchbinder seien und uns von Ihnen zugeschickt werden, sobald sie fertig sind, um sein Kabinett zu komplettieren. Auch berichtete ich SM, dass sich derzeit ein Kopist bei mir befindet, der den von mir und Hardion angefertigten Katalog ins Reine schreibt, der nur den Titel jedes Buches enthält, dass Hardion aber an einem anderen, umfassenderen Katalog arbeiten würde, aus dem SM sofort den Autor sowie die wichtigsten behandelten Themen ersehen könne. Wie es mir schien, gefiel dies SM* (AR 102)". Die Privatbibliothek ist also für diesen vierzehnjährigen König durchaus eine Arbeits- und Forschungsstätte, die bald über ein Bestandsverzeichnis verfügen wird.

2 Nach Paris zurückgesandte Bücher

Später gedenkt Abt Bignon, Bibliothekar des Königs, ein allgemeines Bestandsverzeichnis der königlichen Bibliothek anzulegen. Hierzu lässt er einzelne Werke von Versailles nach Paris zurückbringen, da die Bibliotheksaufseher der Ansicht waren, dass es unmöglich sei, den Bestand im Schloss aufzunehmen. Folglich bleiben andere Bücher in Versailles. Am 4. Februar 1729 schickt Perot seinem Vorgesetzten Bignon den 39 Blätter umfassenden Katalog. An diesem Tag verlassen Manuskripte und Druckwerke Versailles in Richtung Paris. Eine gewisse Anzahl Bücher gelangt auf diese Weise in die Königliche Bibliothek in Paris. Ein Teil des Restbestandes der Bibliothek wird verkauft, um *„Bücher zu erwerben, die sich für den Aufbau einer Privatbibliothek des Königs in Versailles eignen, an der seit dem letzten Jahr gearbeitet wird, und zur Begleichung der Kosten für das Binden* (AR 102)".

Abt Targny weist 224 Handschriften aus Versailles nach, die in die Königliche Pariser Bibliothek aufgenommen wurden, während für die 1146 gedruckten Arbeiten keine Bestandsaufnahme vorliegt (naf 5808–5009). Viele Handschriften, darunter etwa ein Drittel vom Beginn der Herrschaft Ludwig XIV., sind Lobreden, gefolgt von militärischen Manuskripten über Infanteristen und über den „Militärschauplatz". Die zu diesem Zeitpunkt zurückgeschickten Arbeiten über die Schweizer Garden wurden vermutlich vom Duc de Maine, Generaloberst der Schweizer und Graubündner, in die Bibliothek integriert, als er mit der Erziehung des jungen Ludwig XV. beauftragt war. Dokumente zur französischen Geschichte machen etwa 25 % des Gesamtbestandes aus. Sie sind vielfältig: Dokumente über die Forstverwaltung von Saint Germain en Laye, Memoiren wie die von Primi Visconti, über die Gesetze, die Herrscher, die Zeremonien wie das große, wunderschöne Dokument über den Carrousel von 1662. Dieser „Carrousel" war das größte und prunkvollste Fest seiner Art. Solche Feste fanden in Paris seit dem 17. Jh. anlässlich prinzlicher Hochzeiten, einflussreicher Gesandtschaften, der Volljährigkeit eines Prinzen (mit 13 Jahren) oder einer Thronbesteigung statt. Das Fest von 1662 wurde von dem damals noch nicht zwanzigjährigen Dauphin geleitet und ist in einem illustrierten Band dokumentiert, eben dem oben erwähnten sehr seltenen und kostbaren Manuskript.

Drei Handschriften über die Endlösung des Protestantenproblems oder auch die Rechtsprechung hinsichtlich der Rechtsansprüche von Maria-Theresia (der ersten Gemahlin Ludwigs XIV.) auf Spanien scheinen nicht mehr aktuell zu sein, seit in Spanien ein Bourbone herrscht. Sieben Arbeiten zur diplomatischen Beziehung mit den Türken von Petis de la Croix sind seit der türkischen Gesandtschaft in Frankreich (1722) nicht mehr interessant. Auch einige Kalkulationsarbeiten, Zeichnungen und Militärpläne sowie Werke religiösen Inhalts verlassen Versailles. Die Bibliothek des jungen Königs in Versailles soll der Funktion eines Königs dienende, seiner Zeit gemäße Arbeiten enthalten, keine Werke von geringem Interesse, die überholt oder weit verbreitet sind.

Erstaunlich ist, dass sich unter den der Königlichen Bibliothek in Paris zurückgeschickten Werken verschiedene Versionen und Arbeiten des jungen Königs Ludwig XV. und seines Vaters aus ihrer Erziehungszeit befinden. So sondert Ludwig XV. einige „Schulhefte" aus! Er trennt sich von den Arbeiten aus dem Kindesalter sowie von denen seines Vaters (1682–1712), insbesondere von einem umfangreichen, handgeschriebenen *Télémaque*, während sein Onkel, Philippe V. von Spanien (1683–1746), die gleichen, von Fénelon beaufsichtigten Arbeiten, aus Erinnerungsgründen nach Madrid hatte kommen lassen. Handelt es sich um ein Aussondern oder um einen von der Bibliothek erwarteten glanzvollen Beginn? Nichts lässt auf das eine oder andere schließen. Jedenfalls fanden im Februar 1729 die handgeschriebenen Arbeiten des Prinzen als Dokumente Eingang in die künftige französische Staatsbibliothek. Allerdings schickt Ludwig XV. nicht alle Arbeiten aus den Jahren seiner Erziehung nach Paris zurück, wie wir später sehen werden.

Tab. 1: Bücheraufnahme in die „kleine" Versailler Bibliothek. (Quelle: Jourdain 1893)

Jahr	Folio	Quart	Oktav-/Duodez	Gesamt
1730	8	19	18	45
1731	8	17	44	69
1732	9	8	68	85
1733	10	6	57	73

Nach diesem Transfer wird zwischen April und Juni 1729 ein neuer Katalog der Versailler Bibliothek des Königs erstellt, da 660 neue Bücher aufgenommen wurden. Am 8. Juli 1729 wurden „*laut von M. Hardion übergebenem und in den Bibliothekspapieren gelassenem Beleg des gleichen Tages für die Privatbibliothek des Königs in Versailles 138 Folio, 175 Quart, 347 Oktav- und Duodez gebunden, insgesamt also 660 Bände; der Anschaffungspreis derer, die sich nicht unter den Dubletten der Bibliothek befunden hätten: 2.502 £tt* (unübersetzbar, d. Verf.) *und für das Binden 3.464, plus Transport 106, also insgesamt 6.072 £tt. Zur Nummerierung dieser Bücher ließ Sr Ladvenant zwei quadratische Platten stechen*" (Jourdain 1893).

Die Bücher werden in der „kleinen Bibliothek" aufgestellt, wie sie von nun an genannt wird. Die kleine Bibliothek nahe den Studierzimmern des Königs am Cour des Cerfs, auf dem gleichen Stockwerk wie die königliche Kammer und die Ratskanzlei, wird vergrößert, bekommt vier statt bisher zwei Fenster, liegt am Innenhof und dehnt sich später auf andere Stockwerke aus. Die Einbände der kleinen Bibliothek mit Goldschnitt wurden im Eiltempo angefertigt, so dass die Buchbinder am 8. Juli 1729 eine zusätzliche Bezahlung verlangen. Das Dekor, die Holztäfelungen dieser Bibliothek, die in Versailles wieder zu besichtigen ist, da sie 2011 erst restauriert wurde, sind mit vielen Ausstattungsmaterialien versehen. Zu Neuaufnahmen kommt es in jedem Jahr, ohne dass sich allerdings ihr Inhalt noch bestimmen ließe (Tab. 1).

Ein lehrreiches Detail: eine weitere thematische Bibliothek war vorgesehen, denn am 29. Dezember 1728 weist Abt Jourdain, „*laut Brief des Comte de Maurepas, auf die Druckgrafiken hin, um sie dem Ingenieur M d'Hermand, zu übergeben, die er* (Jourdain, d. Verf.) *für die sogenannte Militärbibliothek verlangt, die er für den König zusammenstellt und für die der genannte Sieur Hermand sein Gutachten erstellt hat*" (Jourdain 1893). Der König verfügte also über mehrere thematische Bibliotheken für seinen Privatgebrauch.

3 Die Bücher der kleinen Bibliothek Ludwigs XV. um 1730

Schließlich macht Abt Perot eine Bestandaufnahme der Bibliothek. Ferner lässt Kardinal de Fleury, früherer Privatlehrer des Königs, für seinen eigenen Gebrauch einen Katalog erstellen (naf 320), nach *Abrégé d'histoire de France* und *Catéchisme pour le roi* die letzte Prestigearbeit (naf 1024). Der Aufbau einer königlichen Bibliothek ist ein intellektueller und politischer Akt, der den bedeutendsten Persönlichkeiten zukommt, wie Gabriel Naudé es begrifflich gefasst hatte. Zweifellos wollte Fleury die Bestandsaufnahme als beweisträchtige Abhandlung benutzen, die in den Augen gegenwärtiger oder künftiger

Katalog der königlichen Bibliothek zu Versailles Naf 320 oder naf 1024	Gesamt	Folio	Quart	Oktav/ Duodez
Wörterbuch, Grammatik, Wissenschaften, Künste, Geschichte	36	20	10	6
Theologie, Bücher moralisch-christlicher Frömmigkeit	53	3	7	43
Kanonisches und Zivilrecht	32	5	13	14
Philosophie einschl. Logik, Moral, Politik, Metaphysik, Physik und Naturgeschichte	61	4	20	37
Mathematik, Wappenkunst, Architektur, Malerei, Bildhauerei und Werke über verschiedene Künste, Übungen und Berufe	147	58	46	43
Grammatik und literarische Sammelbände	22	2	12	8
Rhetorik, Werke zur Redekunst	20	2	3	15
Poetik, Musik, Fabeln, Romanzen	183	38	43	102
Geographie	31	16	3	12
Chronologie, Universalgeschichte, Altertum	77	24	21	32
Kirchengeschichte einschl. Geschichte des Alten und Neuen Testaments, Konzile, Päpste, Heilige	66	9	29	28
Griechische und Römische Geschichte	45	7	12	26
Byzantinische Geschichte des türkischen und des Deutschen Reiches	29	2	13	14
Geschichte Italiens	28	4	5	19
Allgemeine Geschichte Frankreichs ohne Provinzen und Städte des Königreichs, des Königshauses, der Vorherrschaft der Könige Frankreichs, der Feierlichkeiten und Zeremonien	253	82	70	101
Geschichte Lothringens, der Niederlande, der einzelnen deutschen Staaten und der nördlichen Königreiche	49	11	7	31
Geschichte Englands, Schottlands und Irlands	17	2	3	12
Geschichte Spaniens und Portugals	24	2	5	17
Geschichte Asiens, Afrikas und Amerikas	51	5	21	25
Allgemeine und besondere Reisen in alle Teile der Welt	72	7	27	38
Gesamt	*1296*	*303*	*370*	*623*

Zeugen die vollkommene Erziehung Ludwigs XV., die er beeinflusst hatte, darstellen sollte. 1730 umfasst die Bibliothek 1296 Werke.

Wie wurde die Auswahl der Werke durchgeführt? Es gibt nichts, was darauf schließen ließe, wie der junge Ludwig XV. nach dem Aussortieren von 1729 entschieden hat. Allgemein werden die Bücher beim Aufbau einer Bibliothek nach ihrem Format, nicht nach Autoren eingeteilt.

Die Bibliothek Ludwigs XV. enthält hauptsächlich Geschichtsbücher, Bücher zur Universalgeschichte, über Europa und Herrscherdynastien. Zu einer ausgezeichneten Kenntnis seiner Vorgänger seit Beginn der französischen Monarchie musste der König am Ende seiner Erziehung die grundlegenden Werke besitzen. Die Geschichte ist chronologisch nach Formaten geordnet. Es werden, sobald dies möglich ist, mehrere Werke über eine Regentschaft angeschafft. Die Arbeiten des 16. Jahrhunderts werden so mit den jüngsten

Arbeiten kombiniert, um sie zu vergleichen. Dies zeugt von der methodologischen Reflexion auf den Geschichtsunterricht als besonderes literarisches Genre.

Der *Abrégé d'histoire de France* in fünf Bänden, ein für Ludwig XV. bestimmtes handgeschriebenes Unikat aus der Feder seines Lehrers Fleury, der auch mit seinem Geschichtsunterricht beauftragt war, ist erhalten. Dieser Abriss ist eines der wenigen Manuskripte der Bibliothek. Er wirft ein bedeutsames Problem auf, das an anderer Stelle behandelt wurde: das der Abstammung der französischen Könige, wobei für den legendären Vorfahren Pharamond Partei ergriffen wird. Die aufgeworfene Frage ist auch die der ethnischen Abstammung der Könige Frankreichs zwischen Germanen und Galliern. Die Werke der Bibliothek spiegeln die Auswahl des Lehrers wider, der sich zu der Frage mit Informationen versorgte und Referenzwerke anschaffen ließ, die Stoff zur historischen Polemik boten und zum Nachdenken über die Geschichtsschreibung anregten. Das ist der Fall bei solch gegensätzlichen Historikern wie Varillas, Vertot und Lenglet Dufresnoy, deren Arbeiten sich in der Privatbibliothek des Königs befinden. Folglich ist sich der König nicht einer einzelnen Wahrheit hinsichtlich einer historischen Tatsache bewusst geworden, sondern der schwierigen Konstruktion der historischen Wahrheit, einer Wahrheit, die, als sie zu Papier gebracht wurde, möglicherweise politischen und konjunkturellen Zwängen unterlag, die sie veränderten.

Die Bibliothek, die nach der Krönungszeremonie von 1722 gegründet wurde, enthält einige z. T. illustrierte Werke, die Krönungszeremonien in Reims und Kontroversen behandeln, die zu dieser Zeit über die Heilige Ampulle (die das Salböl für die Salbung bei der Krönung des Königs enthält) und die Glaubwürdigkeit der Salbung entstanden (Menin 1723). Da die letzte dieser rituellen Zeremonien im Jahr 1651 bei der Krönung Ludwigs XIV. stattgefunden hatte, wusste im Jahr 1722 niemand mehr genau, wie vorzugehen war. Die fraglichen Werke sollten dem jungen König den Sinn dieser Zeremonie begreiflich machen. Es sei daran erinnert, dass bei seiner Krönungszeremonie die rituelle Formel in eine hypothetischere Formel umgewandelt wurde: „*Le roi te touche, Dieu te guérisse*" *(Der König berührt Dich, Gott würde dich heilen)*. Die Formel ist hypothetisch, insofern sie im Konditionalis ausgedrückt ist: Gott würde dich heilen (wenn und sofern das möglich ist). Sein Lehrer erlaubte Ludwig XV., einen gewissen Abstand zur Heiligkeit seines Amtes zu halten. Diese Bibliothek stellt unter Beweis, dass die Erziehung Ludwigs XV. entgegen langjähriger Behauptungen nicht eindimensional, sondern dass er vielmehr mit einer Vielzahl von Ideen konfrontiert war.

Zugang hat der König auch zu vielen historischen Quellen, den Memoiren des Hochadels, von Mitgliedern der *Parlements*, auch zu von Frauen verfassten klassischen Werken, den Memoiren von Mme de Motteville und Mlle de Montpensier in der Ausgabe von 1729.

Prachtvolle Werke sind in dieser Bibliothek verwahrt: *Les Campagnes du roy pendant l'année 1675, 1676, 1677, 1678,* mit Miniaturen versehene Manuskripte, in Chagrinleder gebunden (Ms.fr. 7891–7895) und mit Gold oder mit vergoldetem Silber bedeckt wie der *Eloge historique de Roy* und die *Histoire de Louis le grand contenue dans les rapports entre les actions et les vertus des fleurs et des plantes*, ein mit Miniaturen und Schildpatt geschmücktes Manuskript mit Leisten und Verschlüssen aus Gold (Res Ms. Fr. 6995).

Der König schickte zwar seine Lateinarbeiten und die seines Vaters und Onkels zurück, doch er behielt die von ihnen verfassten handgeschriebenen Arbeiten: einen *Recueil des principales maisons du royaume par Mgr le duc de Bourgogne et Mgrs les duc d'Anjou et de Berry*, ein unveröffentlichtes Manuskript, ebenso den *Journal de voyage de M le duc de Bourgogne lorsqu'il accompagné le roy d'Espagne composé par luy même*, ein Manuskript in Oktavformat (Petis de la Croix 1759).

Diese Bibliothek hat den Anspruch, umfassend zu sein. Im Vergleich zeugt die Auswahl von großer Gelehrsamkeit, etwa die Geschichte der Goten (Jordanès 1704) oder Werke über *L'histoire de l'empire ottoman et de Mahomet considéré alors comme un imposteur* (Prideaux 1699). Vorhanden sind Werke zu allen italienischen Staaten, vorzugsweise solche, die von der französischen Präsenz auf der Halbinsel zeugen. Für jede französische Provinz lassen sich, abgesehen von den für die Erziehung seines Vaters angeforderten Intendantenberichten, drei oder vier Dokumente finden. Für die Rechtsprechung bilden viele Gesetzessammlungen des Königreichs, militärische Verfügungen und Marineerlasse die Arbeitsbibliothek des Königs. Vorhanden sind Werke, die eine Polemik auslösten, wie die *Treize livres des parlements de France* von Bernard de la Roche Flavin (Ausgabe von 1621), eine sich reformerisch gebende Arbeit, die seinem Autor allerdings im Parlament von Toulouse eine Verurteilung durch seine Standesgenossen einbrachte. Es findet sich auch das Buch von Héricourt, des Anwalts des Regenten, über *Les lois ecclésiastiques de la France,* bevor es, wie von der Zensur gefordert, in einer Neufassung erschien (1719).

Es mag überraschen, in der Bibliothek eines sehr christlichen Königs – d' un „roi Très Chrétien" – eine Arbeit wie die von Bernard Picard ab 1723 veröffentlichten *Cérémonies et coutumes religieuses de tous les peuples du monde avec les figures* vorzufinden (Hunt et al. 2010). In seiner Studie vergleicht er die *„religiösen Zeremonien und Bräuche götzendienerischer Völker, den überkommenen und den modernen Aberglauben: vulgäre Vorurteile, die die Völker zu Bräuchen und Praktiken verführen, die der Religion entgegengesetzt sind"*. Doch wird sie von zwei päpstlichen Werken über Zeremonien, darunter das *Pontificale Romanum* von Clemens VIII., und einer gewissen Anzahl recht klassischer religiöser Werke begleitet. Neben der von Ludwig XIII. bearbeiteten Rarität *Ordinaire de la pratique religieuse à Paris* in lateinischer Sprache steht der *Catéchisme pour le roi composé par le cardinal de Fleury*, ein zweibändiges Manuskript im Quartformat. An dessen Existenz zweifelte man häufig wegen der Gleichnamigkeit mit Claude Fleury, doch ist hier jeder Zweifel ausgeschlossen. Der Lehrer verfasste, wie im Übrigen fast alle königlichen Erzieher, einen Katechismus. Die einzige Unbekannte ist nunmehr sein heutiger Aufbewahrungsort. Insgesamt umfasst die Bibliothek nur dreiundfünfzig Bücher religiösen und theologischen Inhalts, das sind 5% des Gesamtbestandes.

Es gibt nur wenige Werke zur Rhetorik und Eloquenz; wie wir feststellen konnten, wurden viele Grabreden und feierliche Ansprachen nach Paris zurückgeschickt. Die griechische und römische Geschichte ist nur schwach vertreten. Die Schulunterweisung durch Bücher ist eindeutig beendet.

Die Bibliothek spiegelt eine mit den zeitgenössischen Entwicklungen in ausgesprochenem Einklang stehende Auswahl wider. So finden sich technische Wörterbücher mit Bezug zur Marine, den Wissenschaften (Ozanam), der Schlosserei, Botanik und Züchtung, etwa die kurz zuvor veröffentlichten Arbeiten eines der ersten französischen Agronomen, Pierre Ligiers. Neben der *Physique* von Rohault (1701) stehen die *Principes de physique* des Holländers Hartsocker (1696) und der *Abrégé de la philosophie de Gas-*

sendi, dessen Ideen von Bernier vertreten wurden (1684, 7 Bde.). Der gleiche Hang zu Eklektizismus und intellektueller Vielfalt findet sich auch in den Wissenschaften.

Am Ende seiner Erziehung stehen dem König unterhaltsame Bücher zur Verfügung, für die Prinzenlektüre außergewöhnlich: Sittenromane. Mit dem als Entschuldigung dienenden Hinweis auf die spanisch-maurische Mode am Hof bieten sich ihm zunächst *Zaïde, princesse espagnole* von Madame de la Fayette (1705), *Abramula ou histoire du détrônement de Mahomet IV* von Eustache Le Noble de Tennelière (1696), ein *Don Quichotte* in fünf Bänden (1695) und die *Nouvelles de Miguel de Cervantes* (1723) sowie die Geschichte von *Gil Blas* (1715) in der Übersetzung von Le Sage als Lektüre an. Er hat die Möglichkeit, epische Romane in griechischem Stil, eine *Voyage de Cyrus* von Ramsay (1727) und die *Amours de Neoptolème fils d'Achille propres à former les mœurs d'un jeune prince* von Chansierge (1718) zu lesen. Er erbte zwei gedruckte Ausgaben des *Télémaque* von Fénelon. In seiner Bibliothek stehen französische Romane wie der *Roman comique* von Scarron (1677), *La princesse de Clèves* von Madame de la Fayette (veröffentlicht 1678, allerdings in der Ausgabe von 1719) neben einem anderen Initiationsroman von Liebe und Entsagung, *Le voyage à Fontainebleau* de Prechac (1678), einer originellen Reise in „Ich-Form" zur Schaffung eines Wiedererkennungseffekts und den *Mémoires curieux & galants d'un nouveau voyage en Italie* (1699), ein Werk im Stil eines Reiseberichts, der die Beschreibung einiger italienischer Städte zum Anlass einer amourösen Handlung nimmt. Es scheint offensichtlich, dass man in diesem jungen, als kühl und abweisend geltenden König durch Lektüre Gefühle wecken wollte.

Reiseberichte und Jugendliteratur bereichern die königliche Bibliothek. Dabei handelt es sich um Reiseberichte des 17. Jahrhunderts, die auf Anordnung des Königs oder von Jesuiten verfasst wurden. Ludwig XV. hat Handelskenntnisse, kennt die Herrscher und ost- und westindische Bräuche, das Morgenland, Ägypten, die französischen Territorien in der Welt. Anhand einiger neuer, absolut zeitgemäßer Arbeiten von Frézier (1728) und Laval kann er Bekanntschaft mit dem Yemen (neuen Verhandlungen über Kaffee), Indien und Sumatra machen (Schouten 1725). Doch zum Träumen steht ihm der brandneue englische Roman *Gulliver's Reisen* von Jonathan Swift zur Verfügung, den Abt Guyot-Desfontaines 1727 aus dem Englischen übersetzte. Es handelt sich wohl um die erste auf Französisch veröffentlichte Übersetzung, über die Swift mit dem französischen Übersetzer Guyot-Desfontaines kein Einverständnis erzielt. Es ist zugleich der erste englische Roman, der in einer königlichen Bibliothek gefunden wurde, während England doch zu diesem Zeitpunkt als feindliches Land betrachtet wurde. Offenbar ist er der einzige Prinz, in dessen Bibliothek dieser Roman steht.

Der König besitzt eine umfangreiche Einführung in Kunst und Architektur. Hierin ist die Bibliothek von der 1729 erschienenen *Méthode pour étudier l'histoire* von Nicolas Lenglet Dufresnoy angeregt. Doch Erstaunen weckt v. a. die Zahl und Qualität der französischen und italienischen Kunstbände, die im Themenbereich *Mathematik, das Wappen, die Künste und Übungen und Wissenschaften* zusammengefasst sind und 12 % des Bestandes (oder 148 Titel) ausmachen. Die Auswahl zeugt von einer wahren Leidenschaft für illustrierte Bücher mit Stichen von Monumenten, v. a. aus Rom, von bekannten Malern, Antiquitätenhändlern, Graveuren, italienischen und flämischen Kunstkritikern wie Giovanni Pietro *Bellori* (1613–1696), Pietro Sancti Bartoli (1635–1700), Leonardo Agostini (1593–1669), Giovanni Giacomo de Rossi (1627–1691), Falsa, Carlo Cesio

(1626–1686), Stella, Nicolas d'Origny (1658–1746), Martin de Vos, Aegidio Sadeler (1570–1629), Hubert Goltz (1526–1583)... Diese Vorliebe des Königs für das Rom des *Seicento* wirft die Frage nach dem französischen gegenüber dem italienischen Modell auf und antizipiert die Wiederentdeckung der Antike nach 1750 (Garric 2004). Die Werke werden von einer reichen Auswahl an Architekturbüchern über Monumente in Paris, Versailles und königliche Besitztümer sowie 23 Grafiksammelbände der königlichen Bibliothek vervollständigt. Die meisten sind Foliobände, einige Manuskripte oder zusammengestellte Grafiksammlungen (Le Brun, Berain, Chauveau, Félibien, Silvestre... selbst Callot). Zum visuellen Vergnügen kann der König das Jagdbuch von Gaston Phébus einsehen, ein prächtiges illustriertes, fünfzig Blätter in Folioformat umfassendes Manuskript auf Pergament, das älteste Werk seiner Bibliothek. Er besitzt auch einige Bücher über Kameen und Orden. Zur Heraldik kann er insbesondere auf die prachtvollen Werke von Chevillard mit großen bunten Bildtafeln zurückgreifen, die dieser für Ludwigs Vater und ihn selbst verfasste (das oben erwähnte Portefeuille Fontanieu).

Dieser König scheint ein Liebhaber von Theater und Schauspiel zu sein, wovon sein von den Historikern gezeichnetes Ebenbild zeugt. Er ist nicht ins Théâtre des Italiens gegangen, aber besitzt erstaunlicherweise die Texte des Repertoires von Marivaux, *Comédies jouées au théâtre italien*, von 1723 bis 1729. Ebenfalls nicht gesehen hat er *Le philosophe marié* (1727) von Philippe Néricault Destouches, der seine Karriere dem Regenten verdankt, interpretiert von den Comédiens Français, doch besitzt er das Textbuch. Ebenfalls Kenntnis hat er vom gewaltigen und ersten Erfolg des jungen Voltaire, dem *Œdipe* (1719), und dessen diskreter Tragödie *Hérode et Marianne*. Die Bibliothek enthält auch eine Auswahl Libretti (Oper, Ballett), die man bei einem Prinzen, der als nicht besonders musikalisch galt, nicht vermutete. Vorhanden sind nicht weniger als 38 Folio-, etwa fünfzig Quart- und an die hundert Kleinformate der meisten Hofballette und Opern, d.h. 183 Stücke, 15% insgesamt. Der König konnte gar die *Nouvelles parodies bachiques*, von seinem Musikverleger Ballard zusammengestellte Rundtänze, summen (1700).

Die Analyse dieser Bibliothek ergibt also ein charakteristisches Bild. Wegen vieler Übersetzungen ist die vorherrschende Lektüre Französisch. Die einzigen nicht übersetzten Bücher sind Kunstbände auf Italienisch, die ihm ein beträchtliches Wissen über Rom im 17. Jh. vermitteln. Italienisch lernte der König mittels zweier, dem Grand Dauphin gewidmeter und in seinem Besitz befindlicher Werke von Veneroni. Es ergibt sich insgesamt das Bild eines noch keine 20 Jahre alten, in vielen Bereichen für das Regierungsamt perfekt ausgebildeten Königs mit Präferenz für Geschichte und die Kenntnis seines Königreichs, der Königshäuser und Nachbarstaaten. Eines Königs, der aufgrund sehr vieler Karten mit Positionsbestimmungen, von denen manche an den Wänden seiner Bibliothek gerahmt sind, visuelle Kenntnisse besitzt. Eines Königs, der nicht von Polemiken und Zensuren ferngehalten wurde. Eines Königs, der Musik, Schauspiel und Oper in Paris schätzt und sich auch für das Aktuellste aus Wissenschaft und Technik interessiert. Eines Königs, der sich nicht für die Religion begeistert, der jedoch Kenntnis vom kanonischen Recht und der Kirchengeschichte hat und auch für andere Weltreligionen Interesse zeigt. Diese Werke zeugen, falls sie der junge König konsultierte, von großer Modernität.

4 Lektüre des Dauphin, Sohn Ludwigs XV. (1739–1745)

Der Dauphin, Sohn Ludwigs XV., ist im September 1729 geboren, als sein Vater seine kleine Bibliothek gründet. Sein Unterricht beginnt am 15. Januar 1736, als er mit sechseinhalb Jahren ins Mannesalter eintritt. Es ist zu vermuten, dass eine Bestandsaufnahme der Bibliothek zu dem Zeitpunkt noch nicht vorlag. Der Dauphin erbte vielleicht einige Werke aus der Bibliothek seines Vaters, die vom Cour des Cerfs (mit Hirschgeweihen dekorierten Repräsentationsräumen) in seine dem Unterricht vorbehaltenen Räume im Prinzenflügel transferiert wurden, ein Transfer, der nicht vor 1739 nachgewiesen ist.

Die Verwalterin der städtischen Bibliothek, Agnès Joly, hatte versucht, die Bibliothek des Dauphin im Mannesalter nach den in Versailles, in den großen Bibliotheken und im freien Verkauf gefundenen Bänden zu rekonstruieren (Joly 1968). Sie kommt auf 1.300 Bände, eine geringe Zahl für eine teilweise von Bernard Hours neu zusammengestellte Bibliothek (Hours 1998). Keiner von beiden arbeitet über die Bibliothek, die zu Erziehungs- und Bildungszwecken aufgebaut wurde. Das zeigt, wie wertvoll der Büchertransfer, den wir für die Dauer der Unterrichtszeit des Dauphin untersuchen, für die Einschätzung dieser Bibliothek ist. Die festgestellten Unterschiede zwischen den Büchern der Jahre des Unterrichts und der rekonstruierten Bibliothek im Mannesalter sind erheblich und belegen die Variabilität der Bibliotheken.

Die Erziehungs- und Unterrichtsbibliothek enthält, wie die meisten Bibliotheken der anderen Prinzen, kein Alphabet oder Rechenbuch, keine Elementarschullektüre, die zweifellos den Gouvernanten zur Verfügung stehen, während das Kind in ihren Händen ist.

Am 28. August 1736 werden in den Collèges benutzte Bücher nach Versailles gebracht, um den Lateinunterricht zu beginnen: *Eléments de rudiments d'une langue*, *Hortulus puerorum* (1561) in drei Exemplaren, der *Dictionnaire français-latin* von Joubert, drei Werke von Pater Jouvancey (1735). Bestellt werden auch die *Ad Usum Delphini*, insbesondere die von Anne Dacier (*Florus, Aurélien Victor, Eutropius*), die endlich der Erziehung eines Dauphin zugute kommen werden, denn für die Erziehung des Grand Dauphin waren sie noch nicht fertig gestellt, und sie wurden weder für den Herzog von Burgund noch für Ludwig XV. benutzt.

Obwohl der Dauphin das wissenschaftliche Studium mit seinem Lehrer noch nicht aufgenommen hat, ist einer der ersten persönlichen Wünsche des neunjährigen Jungen, dass man ihm aus Paris den „*in rotem Saffianleder mit goldener Leiste gebundenen Cours de Physique von Abt Nollet*" (1738) herbeischafft, der gerade veröffentlicht worden war und von dem er Kenntnis hat.

Im Alter von zehn Jahren beginnt er im September 1739 den Geschichtsunterricht mit Alter Geschichte und verlangt neun Bände und Karten mit exakter Positionsbestimmung der antiken Stätten. Zu diesem Zeitpunkt befreit sich die römische Geschichtsschreibung von der der Antike, als eine erste Geschichte, die Frucht der gewaltigen Arbeit von Montfaucon (1719) oder de Rollin (1730–1738), es ermöglicht, weniger auf Quellen zurückzugreifen und deren Anteil am Unterricht des Prinzen zu reduzieren.[1] Der Unterricht Ludwigs XV. und der seines Sohnes ist durch eine Abnahme der Themen, weniger Lateinunterricht bei zunehmenden Französischarbeiten gekennzeichnet. Doch kann man deshalb nicht auf ein abnehmendes Studium der Antike schließen. Die Rückkehr zur Antike, die für diesen Zeitraum kennzeichnend ist, begünstigt vielmehr die erneute Auf nahme von seit einem Jahrhundert bei den Prinzen vergessenen Lektüren. Der Dauphin erlernt die Geschichte großer Kämpfer: Cyrus', Philipps und Alexanders von Mazedonien. Als etwa Zehnjähriger liest er griechische Epen. Er ist einer der ersten Prinzen des 18. Jahrhunderts, der wieder zur *Ilias* und *Odyssee* greift. Zu exakter Spracharbeit dienen ihm die Werke des Grammatikers Bouhours, ein Studium, das er anhand der acht Bände von Molière, mit Corneille, zwei Bänden von Racine, dem *Roman comique* von Scarron und *Don Quichotte* fortsetzt. An seinem Schreibstil arbeitet er mit den *Colloques* von Erasmus. 1740 wird das Studium französischer Autoren des *Grand Siècle* mit dramatischen Werken und Prosa vertieft. Er benutzt den 1727 veröffentlichten *Dictionnaire abrégé de la fable, pour l'intelligence des poètes, et la connaissance des tableaux et des statues, dont les sujets sont tirés de la fable* von Pierre Chompré, auf den häufig in den Collèges zurückgegriffen wird. Die biblische Geschichte lernt er mit Hilfe von Werken des 17. Jahrhunderts, etwa der *Histoire de Théodose* von Fléchier und der *Histoire universelle* von Bossuet kennen. Gleichzeitig erlernt er die französische Geschichte (neun Arbeiten). Er stützt sich auf die Beschreibung von Paris von Germain Brice (1713) mit Karten und Stichen der sechsten Ausgabe, die größere bebilderte Falttafeln enthält und großen dokumentarischen Wert hat.

1741, im Alter von zwölf Jahren, als er mit der Bildung zur Regentschaft beginnt, widmet er sich der europäischen Geschichte im weiten Sinn, ja sogar der Weltgeschichte: der Geschichte der Ottomanen (Sagredo 1724), der Geschichte Venedigs (Nani 1682), der Niederlande, Schwedens, des Empire, Englands und Portugals (Vertot 1737), um sich dann der Geschichte anderer Kontinente mit französischen Kolonien zuzuwenden: Amerikas (Cortez 1730, Charlevoix 1736), Siams und Chinas (Lecomte 1687). Bücher über Afrika liegen nicht vor.

Für Europa benutzt er den *Who's who* jener Zeit, *Les Souverains du monde,* ein Werk, das mit der Genealogie ihrer Herrscherhäuser, der Ausdehnung und der Regierung ihrer Staaten bis Ende 1733 bekannt macht. Es geht durchaus darum, die Kenntnisse des künftigen Königs bis hin zum aktuellsten Geschehen zu erweitern. Für diese Lektüren benötigt er über ein Jahr. 1742 studiert er die Geschichte Englands und benutzt, wie sein Vater, die 1707 von Laurence Echard verfasste Geschichte, deren Fortsetzung er verlangt.

Zu diesem Zeitpunkt gibt er die Bücher seiner Erziehungszeit auf und liest Geschichtswerke für Erwachsene. Es finden sich keine Spuren dazu, wie die Lehrgänge und das Lernen abliefen, kein einziges Arbeitsheft ist erhalten. Handelte es sich um laut vorgetragene Lektüren? Bei Betrachtung der ebenfalls zu Studienzwecken gelieferten vielen Landkarten, zu ergänzender Karten und der Kartenausschnitte kommt es zu Diskussionen. Die von mir benutzte Quelle erwähnt nicht alle Lektüren erschöpfend, aber die aus Paris für seine Versailler Bibliothek angeforderten Werke. So finden weder Lehrbücher noch Manuskripte Erwähnung.

1743 nimmt die Zahl der angeforderten Bücher ab, was nicht bedeutet, dass er weniger liest, sondern dass er sich woanders mit Büchern versorgt. Von nun an kann er bspw. Bücher mit seinem eigenen Geld kaufen. Er bestellt den 1743 in drei Bänden veröffentlichten *Abrégé de l'histoire sainte* von Mesangui. Im Jahr seiner Heirat liest er Werke über Frömmigkeit und Moral sehr unterschiedlicher religiöser Strömungen wie die *Essais de morale* von Pierre Nicole (1733–1741), *La perfection chrétienne* von Rodríguez (1742), die gerade erschienen ist, oder den *Traité de la vérité de la religion* des nicht minder berühmten französischen Protestanten Jacques Abbadie, einem Schützling des Großen Kurfürsten von Brandenburg.

Im selben Jahr verlangt er ein Werk von Seneca und einen *Panégyrique de Trajan* von Sacy, identisch mit dem, das mit dem Wappen seiner Schwester Adélaïde verbunden ist (FB 6043). In Vorbereitung der sich anbahnenden Konflikte verlangt er die Karte der Vereinigten Provinzen der katholischen Niederlande, die von Brabant, der Grafschaft Flandern, des Hennegau und eine Karte von Piémont und Montferrat, die alle vom Geographen Claude Delisle angefertigt wurden. Mit der Lektüre der *Histoire des guerres et des négociations qui précèdent le traité de Westphalie* (Bougeant 1744) beschafft er sich Informationsmaterial. Im Vorgriff auf seinen Aufbruch zum Feldzug und zu seiner Feuertaufe an der Ostgrenze und in Flandern lernt er durch Lektüre vieler Militärbücher des vorigen Jahrhunderts: Sully, Vauban, Montecuccolli, Vautier. Verlässt man sich auf seine Lektüre, scheint er sich der strategischen Veränderungen in den 40er Jahren des 18. Jahrhunderts kaum bewusst zu sein.

Am Ende der Erziehung vervollkommnet er seine Studien mit der Rechtswissenschaft. Unter der Aufsicht seines Tutors, des Abts von Saint Cyr, fasst er zwei Rechtsabkommen zusammen und erhält am 15. November 1745 von der königlichen Bibliothek eine Reihe juristischer Werke von Domat, Wiguefort, Grotius und Pufendorf sowie Verfügungen des Militärs und der Marine (1734). Werke, die in etwa denen entsprechen, die sein Vater im gleichen Alter las. 1745 liest er wie der Herzog von Burgund mit sechzehn Jahren die *Annales* von Tacitus.

Anhand dieser Lektüren kann das Persönlichkeitsbild seines Lehrers Boyer und des Dauphin nuanciert werden, das häufig so gezeichnet ist, als sei es von rigoroser Ergebenheit und einer gewissen Form geistiger Beschränkung geprägt gewesen. Doch wie es scheint, wurden diese Lektüren vielmehr von der Freiheit der Meinung bestimmt. Und dies vor Veröffentlichung von Montesquieus *Esprit des lois* im Jahr 1748, der die Missachtung des Rechts bewusst machte. Am Ende seiner Erziehung, als er diese Mängel konstatierte, und zwar zu dem Zeitpunkt, zu dem die Parlamente in Frage gestellt wurden, beabsichtigt der Dauphin, ein Lehrbuch der Moral und des öffentlichen Rechts zu schreiben.

In den der Erziehungszeit folgenden Jahren vertieft er das Geschichtsstudium und liest 1746 Abhandlungen über die Regentschaft Ludwigs XIII. und Ludwigs XIV.; gleichzeitig konsultiert er Werke über die Geschichte zahlreicher Länder und der Diplomatie. Er interessiert sich für das spanische Reich, Neuspanien und die Eroberungen, Persien, Hindustan, China, die Philippineninseln. Viele dieser Werke enthalten anschauliches Kartenmaterial, Faltpläne, Ansichten der Fauna und Flora und Sehenswürdigkeiten dieser Länder, etwa den Fries einer schönen Darstellung vom „*Gefolge des Kaisers von China, wenn er in der Öffentlichkeit erscheint (Marche de l'empereur de la Chine lorsqu'il paroit en public)*" und einen Plan der Fundamente der Stadt Mexiko. Er beweist Interesse für die Türkei und liest die neueste Ausgabe von Paul Lucas (1744).

Er ist jetzt im Alter seines Vaters, als dieser in Versailles seine kleine Bibliothek zusammenstellte. Seine fundierten Geschichtskenntnisse sind mit einem Eklektizismus gepaart, der auf hohe Gelehrsamkeit auf der Grundlage methodologischer Arbeiten schließen lässt. Die Liste der Leihgaben ermöglichte, die Wissensstruktur nachzuweisen. Der Kenntnisstand entwickelt sich im Laufe der Jahre von der letztlich recht begrenzten biblischen Geschichte, der Geschichte der Antike, häufig in französischer Sprache, und der Geschichte Frankreichs bis zur europäischen und Weltgeschichte, der er sich dann öffnet. Seine Studien stützten sich immer auf Landkarten, Stiche und Illustrationen, doch ist sein Geschmack noch nicht gefestigt.

Reicht seine Bildung an die seines Vaters heran? Mit Sicherheit, was die Kultur der Antike und die Literatur betrifft. Doch ahmen seine Lektüre und sein Lernen mehr als die seines Vaters das Korpus der Collèges nach. Im selben Alter hat er noch keine Romane gelesen. Seine geographische Bildung und Weltoffenheit scheinen weitergehender als die seines Vaters zu sein. Es sieht so aus, als habe der Dauphin in seiner Bibliothek in Versailles nur selten um technische und wissenschaftliche Werke gebeten. Doch ist diese Information zu differenzieren, denn zweifellos hatte er am Unterricht von Abt Nollet teil und verfügte über dessen Arbeiten in einer anderen Bibliothek. Aufgrund der zwingenden Umstände, einem erneuten Krieg nach vierzig Jahren Frieden, informierte er sich über militärische Angelegenheiten. Musikbücher, die er bei seiner Mutter Marie Leszczynska finden kann, lieh er keine aus. Seine Wahlen kennzeichnet, dass es zu einem Widerspruch zwischen den Werken und moralischen Fragen gar nicht hat kommen können. Schwieriger wäre es für den Dauphin, die Tatsachen und Ereignisse zu hinterfragen, da ihm mehr als seinem Vater eine definitive Wahrheit über die Dinge mitgegeben wurde.

Die Zahl der Werke, die diesen Prinzen während ihrer Erziehung zur Verfügung standen, bewegt sich in einer Größenordnung von ungefähr tausend Titeln. Es sind im Hinblick auf ihren Informationsgehalt mit großer Sorgfalt ausgewählte Bücher, doch überwiegt ihr bibliographischer Wert zum Zeitpunkt der Zusammenstellung des Bestandes. Der Inhalt der Erziehungsbibliotheken entwickelt sich mit dem Alter des Kindes, doch gibt es bei einer Diskrepanz von etwa zehn Jahren letztlich kaum Unterschiede zwischen Vater und Sohn. Der Rückgriff auf die Bestandausnahmen der Bibliotheken ergibt einen allgemeinen Eindruck über die exakte bibliographische Auswahl und die hohe Bildung, über die die Prinzen nach Abschluss ihrer Erziehung verfügen.

(Aus dem Französischen von Dietmar Trempenau).

Anmerkung

1   Dieses Buch bedeutet eine große herausgeberische Neuheit, die die Vorstellung der Antike und des Mittelalters bis zu den etruskischen, gallischen und ägyptischen Werken ausweitet, indem es „die Geschichte der Zivilisationen" von der bis dahin wesentlich religiösen Geschichte unterscheidet. Es war ein herausgeberischer Misserfolg, weil das Werk sehr teuer war. Es ist deshalb nicht erstaunlich, es in der Bibliothek des Königs zu finden.

Literatur

Quellen

Handschriftliche Quellen

BnF AR 102: Archives de la bibliothèque royale, Education des princes.
BnF naf 5808–5009: Volumes manuscrits apportés de Versailles en la grande bibliothèque du roy à Paris en février 1729, catalogue réalisé par l'abbé de Targny.
BnF naf 1024: Catalogue des livres de la bibliothèque du roy à Versailles, en 1730 par l'abbé Perrot, 266 p., inventaire original, écriture peu soignée.
BnF naf 1023: Catalogue des livres de la bibliothèque particulière du roy à Versailles [1729] identique, plus complet, soigné mais sans index.
BnF naf 320: Catalogue des livres de la bibliothèque du roy à Versailles, (197 f) avec index, copie aux armes du cardinal de Fleury.
BnF portefeuille Fontanieu, naf 7876–7879: *Recueil des principales maisons du royaume par Mgr le duc de Bourgogne et Mgrs les duc d'Anjou et de Berry*. BnF Ms. Fr. 18655–18656, 2 vols., in-folio.
BnF (Grande Réserve) Ms. Fr. 7891–7895: manuscrits des campagnes de 1676–1678
BnF Rés. Ms. Fr. 6995: l'*Histoire de Louis le grand contenue dans les rapports entre les actions et les vertus des fleurs et des plantes* (Donneau de Vizée), 1688, 88 feuillets. 515×350 mm.

Gedruckte Quellen

Baptiste, N. (1682). *Histoire de la république de Venise*, traduit par Tallemant, 4 vol. Cologne, in-12°. (BnF FB-41301 relié aux armes du dauphin (fils de Louis XV)).
Barbinais, Le Gentil de la (1727/1728). *Nouveau Voyage autour du monde*, enrichi de plusieurs plans, vues et perspectives des principales villes et ports du Pérou, Chily, Brésil, avec une description de la Chine et deux mémoires sur les royaumes de la Cochinchine, de Tonkin et du Siam, 2 vol. Paris: Flahaut, in-12°, ou 3 vol., Briasson, in-12°.
Bernard J. F. (1731–1738). *Recueil du voiage au nord contenant divers mémoires très utiles au commerce et à la navigation,* 10 vol, 11 cartes. Amsterdam, in-12°.
Bougeant (1744). Histoire des guerres et des négociations qui précèdent le traité de Westphalie sous le règne de Louis XIII…, 6 vol. Mariette, in-12°.
Bouhours (1691). *Les Entretiens d'Ariste et de Eugène*. Paris: Huart, in-12°.
Bourgogne, Le duc de (1759). Journal du voyage où j'accompagnai le Roi d'Espagne dans ses États, 2 vol. *Curiosités historiques ou recueil de pièces utiles à l'histoire de France, Tome II* (S. 93–250). Amsterdam, in-12°.
Brice, G. (1713). *Description de la ville de Paris et de tout ce qu'elle contient de plus remarquable,* par G. Brice, enrichie d'un nouveau plan et de figures dessinées et gravées correctement. Sixiéme èdition, revue et augmentée par l'auteur, 3 vol. Paris: F. Fournier, in-12°.
Catrou (1705–1715). *Histoire générale de l'empire du mongol, sur les mémoires portugais de Manouchi*. Paris: Nully, in-4°.
Charif Al Din A. (1722). *Histoire de Timur-bec, connu sous le nom de Tamerlan*, traduit en français par Petis de la Croix, 4 vol. Paris: Deshayes, in-12°.
Charlevoix (1736). *Histoire et description générale du Japon, la nature des production du pays, le caractère et les coutumes des habitans* (…) avec les fastes chronologiques, de la découverte du nouveau monde, enrichie de figures en taille douce, 9 vol. Paris: Gaudouin, in-12°.

Charlevoix, Fr. X, le père (1730–1731). *Histoire de l'Isle espagnole ou de Saint Domingue.* Paris: Guerin, in-4°.

Choisy (l'abbé) (1687). *Journal du voyage de Royaume du Siam.* 2 vol. Paris: Cramoisy, in-12°.

Choisy Fr. T. abbé (1689). *Histoire de France sous les règnes de Saint Louis... de Charles V et Charles VI.* Paris: A. Dezallier, in-4°.

Choisy Fr. T. abbé (1689). *La vie de Saint Louis.* Paris: Claude Barbin, in-4°.

Chompré, P. (1727). *Dictionnaire abrégé de la fable, pour l'intelligence des poètes, et la connaissance des tableaux et des statues, dont les sujets sont tirés de la fable.* Paris: Saillant.

Cortez, F. (1730). *Histoire de la Conquête du Mexique ou de la nouvelle Espagne,* traduit par Solis, 2 vol. 5° édit. Paris, in-12°.

Daniel G., le père (1722). *L'histoire de France, depuis l'établissement de la monarchie françoise dans les Gaules,* 7 vol. Paris: Libraires Associés, in-4°.

Davila, H. C. (1630). *Historia delle guerre civili di Francia.* Venise: T. Baglioni, in-4°.

Domat (1713). *Les loix civiles dans leur ordre naturel,* 2 vol. Paris: Pépie, in-folio.

Du Cerceau. *Histoire de la dernière Révolution de Perse,* 2 vol. La Haye: Gosse, in-12°.

Duponcet, J. N., S. J., le père (1709). *Histoire de Scanderbeg, roi d'Albanie.* Paris: J. Mariette, in-8°.

Echard, L. (1728). *Histoire romaine depuis la fondation de Rome jusqu'à la translation de l'empire par Constantin* (-depuis la translation de l'empire par Constantin jusqu'à la prise de Constantinople par Mahomet II), traduite de l'anglois par D. de Larroque et l'abbé P.-F.-G. Desfontaines, 6 vol. Paris: G. Martin, 1728–1742, in-12° (première traduction en français), chez Guérin.

Fontaine, J. (1561). *Hortulus puerorum, pergratus, ac perutilis Latine discentibus... Petit jardin pour les enfans, fort agreable & profitable pour aprendre le Latin,* 2 parties en 1 vol. Lyon: Par Loys et Charles Pesnot.

Gemelli Careri, J. F. (1719). *Voyage autour du monde (1693–1698),* traduit par Dubois de Saint Gelais, 6 vol. Paris: Ganeau, in-12°.

Grotius, H. (1724). *Le droit de la Guerre et de la paix,* traduct. de Barbeyrac J. (1674–1744), 2 vol. Amsterdam: de Coup, in-4°.

Guillet de Saint George (1681). *Histoire du règne de Mahomet II empereur des Turcs.* Paris: Barbin.

Feuquières (1736). *Mémoires sur la guerre où l'on a rassemblé les maximes les plus nécessaires dans les opérations de l'art de la guerre,* 4 vol. Londres: Dunoyer, in-12°.

Heiss, J. von Kogenheim (1731). *Histoire de l'Empire contenant son origine, ses progrès (...) les nouveaux règlements qui ont été faits depuis les traités de Westphalie,* continuée par Bourgeois du Chastenet, 10 vol. Nouv. éd., continuée jusques à présent, augmentée de plusieurs remarques et de nouvelles pièces authentiques, Pays-Bas, 4 vol. La Haye: G. de Voys, in-12°.

Histoire de Thamas Kouli Kan, Sophi de Perse (1740–1741), 2 vol. Amsterdam et Leipzig: Arkstée et Merkus, in-12°.

Jordanès (vers 500/1704). *Histoire générale des Goths,* traduit par Drouet de Maupertuy. 287 S. Paris: Vve de Cl. Barbin.

Jouvancey, J. de (1722). *Histoire poëtique, ou Abrégé de l'histoire des dieux et des héros de la fable, nécessaire à l'intelligence des poëtes,* par le R. P. Jouvenci,... traduit du latin en françois par ***, avec un abbrégé de la géographie, 155 S. Rouen: J.-J. Le Boullenger, in-12°.

Jouvancey, J. de (1725). *Ratio discendi et docendi.* 200 S. Parisiis: apud fratres Barbou, in-12°.

Jouvencey, J. de (1735). *Appendix de diis et heroibus poeticis, ou Abrégé de l'histoire poétique,* par le,... On a ajouté à cet abrégé des notes en françois (par Nicolas Lallemant), pour en faciliter l'explication, 192 S. Paris: J. Barbou, in-16°.

Jourdain, J. N. (1893). *La Bibliothèque du Roi au début du règne de Louis XV (1718–1736).* Journal de l'abbé Jourdain, secrétaire de la Bibliothèque, publié par H. Omont. Paris: impr. de Daupeley-Gouverneur.

Labat, J. B. (dominicain) (1722). *Voyage aux Isles de l'Amérique, contenant l'histoire naturelle de ces pays, l'origine, les mœurs, la religion et le gouvernement des habitants ...,* 6 vol. Paris: Cavelier, Giffard, in-12°.

Lecomte, L., le père mathématicien du Roy (1687). *Nouveaux Mémoires sur l'état présent de la Chine*, 3 vol. avec de nombreuses gravures, certaines dépliantes, beau frontispice gravé représentant Cam-Hy, l'empereur de Chine. Paris: J. Anisson, 1697–1698, in-12°.

Lucas, P. (1744). *Troisième Voyage dans la Turquie, l'Asie, Sourie, Palestine, Égypte, mai 1714-Nov. 1717*, 3 vol. Amsterdam: aux dépens de la Compagnie, in-12°.

Marsollier, L'abbé J. de (1693). *Histoire du ministère du cardinal Ximénés où l'on voit l'origine de la grandeur de la monarchie d'Espagne, les causes de sa décadence et l'histoire de ses conquêtes*. Toulouse: Colomyez, in-12°.

Les Mémoires de Mme de Motteville (1723), du comte de Brienne (Amsterdam, 1719), de la duchesse de Nemours (Genève, Fabri-Barillot, 1751), de Montglat (Amsterdam, 1727), de Forbin (Amsterdam, 1729), de Duguay-Trouin (1740), de La Rochefoucauld (1690), les lettres du cardinal d'Albret, de D'Ossat (Amsterdam, 1732).

Mémoires très fidèles et très exacts des expéditions militaires qui se sont faites en Allemagne, en Hollande et ailleurs depuis le traité d'Aix la Chapelle jusqu'à celle de Nimègue auxquels on a adjoint la Bataille de Seneffe… (1734). Paris: Briasson, in-12°.

Menin, N., conseiller au Parlement de Metz (1723). *Traité historique et chronologique du Sacre et Couronnement de Rois et des Reines de France, depuis Clovis jusqu'à présent*, 507 S. Front. grav., 12 ff. n. ch. Paris: Bauche et Pepingui, in-12°.

Mésenguy, F. P. (1737–1753). *Abrégé de l'Histoire de l'Ancien Testament, où l'on a conservé, autant qu'il a été possible, les propres paroles de l'Ecriture Sainte, avec des Eclaircissements & des Réflexions*, en deux parties. Paris: Jean Desaint.

Montfaucon dom B. de, religieux bénédictin de la Congrégation de S. Maur (1719). *L'Antiquité expliquée et représentée en figures*, 5 vol. pour 10 tomes, avec de belles planches d'objets. Paris: F. Delaulne, in-folio.

Montecuccoli, R. (1735). *Mémoires, I, De l'art militaire, II, de la guerre contre le Turc, III, Relation de la campagne de 1664*. Strasbourg: J. R. Doulssecker le père, in-12°.

Nicole, P. (1733–1741). *Essais de morale contenus en divers traittés sur plusieurs devoirs importans. Essais de morale, ou Lettres écrites par feu Monsieur Nicole, contenant des Réflexions morales sur les Épîtres et Évangiles*, 13 vol. Paris: G. Desprez, in-12°.

Nollet, l'abbé (1738). *Programme ou idée générale d'un Cours de physique expérimentale*. Paris: P.-G. Lemercier, in-8°.

Ordonnances de Louis XIV pour les armées navales et les arsenaux de marin (1734). Paris: Prault.

Prideaux, H. (1699). *La vie de (l'imposteur) Mahomet*. Amsterdam: chez George Gallet, in-12°.

Pufendorf, S. (1712). *Le droit de la nature et des gens, ou Système général des principes les plus importants de la morale, de la jurisprudence et de la politique*, traduct. de Barbeyrac, 2 vol. Amsterdam: P. de Coup, in-4.

Rodríguez, A. (1742). *Pratique de la perfection chrestienne* traduite de l'espagnol du P. Alphonse Rodriguez par l'abbé Regnier des Marais, 6 vol. Paris: Despilly, in-12.

Rollin, C. (1730–1738). *Histoire ancienne des Égyptiens, des Carthaginois, des Assyriens, des Babyloniens, des Mèdes et des Perses, des Macédoniens, des Grecs*. Paris: Vve Etienne, in-12°.

Rollin, C. (1738–1748). *Histoire romaine depuis la fondation de Rome jusqu'à la bataille d'Actium, c'est à dire la fin de la République*, 16 vol. Paris: Vve Estienne, in-12°. (Vve Estienne et fils).

Sagredo, G. (1724). *Histoire de l'Empire ottoman*, traduit de l'italien par J. Laurent, 5 vol. Paris: Barrois, in-8°.

Les Souverains du monde ouvrage qui fait connaître la Généalogie de leurs maisons, l'étendue et le Gouvernement de leurs Etats… avec un catalogue des auteurs qui en ont le mieux écrit (1734). Nouvelle édition, augmentée et conduite jusques à la fin de l'année 1733. Trad. par Bressler und Aschenburg (F.L.V.), 5 vol. Paris: G. Cavelier, in-12°.

Spon, J. (1678). *Voyage d'Italie, de Dalmatie, de Grèce et du Levant fait en 1675 et 1676*, Inscription de chaque ville et leur explication avec quelques médailles et autres monuments antiques. Amsterdam: Boom.

Turenne, H., de La Tour d'Auvergne (1738). *Mémoires sur la guerre.* Paris: Rollin fils, in-12°.
Vauban, S. Le Prestre; marquis de (1737–1742). *Traité de l'attaque et de la défense des places.* La Haye: de Hondt, in-4°.
Vaultier (1694/1695/1740). *Journal des marches, campements, batailles, sièges et mouvements des armées du roi en Flandres et de celles des alliés depuis l'année 1690 jusqu'à présent.* 1° édit. 1694, 2° édit. 1695, Paris: Veuve Coignard (3° édit. 1740, Paris: Veuve Delaulne, in-12°).
De La Vega, G. (1735). *Histoire de la conquête de la Floride: ou relation de ce qui s'est passé dans la découverte de ce Païs*, composée en espagnol par l'inca Garcilasso de La Vega. In P. Richelet (Hrsg.). Nouvelle édition divisée en deux tomes: corrigée & augmentée, avec tres belles cartes & figures en taille douce & d'un indice, 2 vol. Leiden: chez Pierre Van der Aa, in-8°. (*Histoire des Incas rois du Pérou*, 2 vol. Amsterdam: chez Pierre Van der Aa, Paris: Baudouin, in-8°).
De La Vega, G. (1744). *Histoire des Incas rois du Pérou.* Avec des notes et des additions sur l'histoire naturelle de ce pays, par T. F. Dalibard. Paris: Prault, 2 vol. in-8°.
Veneroni (1683). *Le maître d'italien et Nouvelle méthode d'apprendre l'italien par Tables*, dédiée à Monseig. le Dauphin, qui en a fait l'expérience, par le Sieur de *Veneroni*, 4 vol. Paris: chez l'Auteur, Estienne Loyson.
Vertot, R. A. de (1730). *Histoire des révolutions du Portugal.* Paris: chez Nyon, in-12°.
Les voyages de Gulliver de Jonathan Swift, traduit de l'anglais par l'abbé Guyot-Desfontaines (1727), 2 vol. Paris: chez H.-L. Guérin, in-12°.
books.google.frhttp://books.google.fr/books/about/Catalogue_des_livres_de_la_biblioth%C3%A9qu.html?hl=fr&id=RYRBAAAAYAAJ&utm_source=gb-gplus-shareCatalogue des livres de la bibliothèque de feu m. A.-A. Barbier ... Par Antoine-Alexandre Barbier.

Sekundärliteratur

Coirault, Y. (1979). Le tour de France des ducs de Bourgogne et du duc de Berry d'après quelques lettres et relations du temps (décembre 1700, avril 1701). *La découverte de la France au XVIIe siècle.* Paris: CNRS, n° 590, 15–33. 9e Colloque de Marseille; organisé par le Centre méridional de rencontres sur le XVIIe siècle, 25–28 janvier 1979. Paris: Éd. du C.N.R.S., 1980, Gap: Impr. Louis-Jean.
Garric, J.-P. (2004). *Recueils d'Italie: les modèles italiens dans les livres d'architecture français.* Paris: Madraga.
Grell, C. (1987). L'histoire grecque et romaine en France au XVIIIe siècle. *Colloque „Temps et conscience historique à l'époque moderne",* Sorbonne, avril 1986 (S. 59–83), colloque de l'Association des historiens modernistes de France. Paris: PUPS.
Hours, B. (1998). *Le dauphin caché, recherche sur les dévots à la cour de France* (S. 354) HDR (Habilitation à diriger des recherches, non publié, université Paris I-Sorbonne).
Hunt, L., Jacob, M., & Mijnhardt, W. (Hrsg.) (2010). *Bernard, Picart and the First global Vision of religion.* Los Angeles: Getty Publications.
Joly, A. (1968). Les livres du Dauphin, fils de Louis XV. *Humanisme actif. Mélanges d'art et de littérature offerts à Julien Cain* (S. 68). Paris: Hermann.
Mormiche, P. (2009). *Devenir Prince: L'école du pouvoir au XVIIe et XVIIIe siècle.* Paris: CNRS-éditions.

The use of the French "Abreges d'Histoire" during the 17th and 18th centuries

Annie Bruter

Abstract: This paper is about the French "abrégés d'histoire" of the early Modern Age, which many French historians consider to have been textbooks for history lessons. But history proper was not part of the syllabus at the time. These books actually were chronological epitomes used to teach chronology in a time when assigning a date to a historical fact was still controversial and the study of history was limited to the reading of ancient historians. The paper describes the various techniques which these books used to have the students memorize the succession of events.

Keywords: "Abrégés d'histoire" · Chronology · Textbook · Syllabus · History lesson

Die Nutzung französischer „Abrisse der Geschichte" während des 17. und 18. Jahrhunderts

Zusammenfassung: Dieser Text handelt von den französischen „abrégés d'histoire" der frühen Neuzeit, die viele französische Historiker als Textbücher für den Geschichtsunterricht ansehen. Aber Geschichte selbst war kein Bestandteil des damaligen Lehrplans. Tatsächlich waren diese Bücher chronologische Abrisse, die benutzt wurden, um in einer Zeit Chronologie zu lehren, als die Zuordnung eines Datums zu einer historischen Tatsache noch strittig war und das Studium der Geschichte sich auf die Lektüre antiker Historiker beschränkte. Der Text beschreibt die verschiedenen Techniken, die diese Bücher nutzten, damit die Studenten sich die Abfolge der Ereignisse merkten.

© Springer Fachmedien Wiesbaden 2012

Dr. A. Bruter (✉)
Institut national de recherche pédagogique, Service d'histoire de l'éducation,
45, rue d'Ulm, 75230 Paris cedex 05, Frankreich
e-mail: annie.bruter@wanadoo.fr

Schlüsselwörter: „Abrégés d'histoire" · Chronologie · Lehrbuch · Lehrplan · Geschichtsunterricht

This paper will be about the early Modern Age French books which were called *les abrégés d'histoire*, an expression which can be translated into English as "historical epitomes". French historians often consider these *abrégés* as textbooks similar to ours, thus implying that they were used in the same way as today. Hence I will start with explaining why they must be considered in a different way. Then I will show that they actually were chronological epitomes and how the teaching of chronology played an important role in the shaping of a historical course. The evidence I will use is mainly about boys' education, girls being mentioned only in respect to the study of sacred history.

1 History textbooks or historical epitomes?

What exactly is a textbook? Using the words of Alain Choppin, I will define the textbook a book offering the contents to be taught according to a syllabus (Choppin 1992, p. 16). In the textbooks, these contents are divided up into separate lessons. Since historical epitomes are divided up into separate parts, each of which tells about a particular king (or biblical character or Pope or even period when they are about Sacred History), they do look like textbooks.

But there was no syllabus for history in early Modern Age schools. As is well known, the syllabuses of the time consisted in lists of works by the Ancients, carefully graded according to the level of the students, which were to be read and explained by the teacher (Statuts de l'Université de Paris 1814; Ratio studiorum 1997/1599). Some works by ancient historians were mentioned among them, mostly in the syllabuses for the humanities and rhetoric forms, but no historical work about modern times was listed since only ancient authors were considered worth reading (Momigliano 1983, p. 253). Still, the historical epitomes did encompass modern history, which clearly shows that they were not designed to match the needs of the schools. This is especially true of historical epitomes about French history, which was not part of any of the syllabuses.

Besides, the main goal of the teacher when explaining a historical work was not to impart knowledge about the historical facts, as is shown by the instructions given to teachers and by the few examples of historical *praelectiones* that we possess. I will illustrate this mostly with evidence taken from the Jesuit *Ratio studiorum* and Jesuit works, since the *Ratio* offers the most detailed syllabus of the times and does not differ from what we can find in instructions from other quarters as far as history is concerned.

The main thing to have in mind is that the explanation of historical works was to be identical to that of works of another kind, except in one respect. It had to be quicker in order not to break the continuity between the facts. So the teacher's explanation had to be less detailed (cf. Bruter 1997a, pp. 76–80). Except for that, the teacher explaining a historical work was supposed to do exactly the same as when explaining any kind of work. He first had to help the students grasp the meaning of the text they were reading by paraphrasing it and giving explanations about the vocabulary, the grammar, the geographical and historical context, etc. He was also supposed to permeate them with the moral lessons that could be drawn out of the text. Thirdly and above all, he had to show the art of the writer in the choice of words, the rhythm of the narrative, etc., since the text taught in class was not studied for itself but as a model for the composition that the students would have to write later. For imparting historical knowledge was but a secondary objective of the teaching of the humanities, its main goal being to train the students to speak and write Latin (cf. Bruter 1997a, pp. 74–76).

Conversely, any ancient work could offer an opportunity for telling the students about the ancient world (and sometimes about the present world as well). Part of this information was given by the teacher simply to help the students understand what they read. For instance, the reading of a speech for the defense by Cicero entailed explanations about the case but also about Roman courts and Roman judicial procedure. But the teacher was also supposed to display *eruditio*, that is knowledge about Roman and Greek society and culture. From the reading of some printed lessons (Abram 1631), I have been able to conclude that *eruditio* aimed both to expanding the students' Latin vocabulary and entertaining them, since it mostly consisted in two things: first, in accumulating a great number of examples of how some words under scrutiny had been used by Latin or Greek authors —and could be used by the students in their own compositions; secondly, in describing at length ancient *realia* such as the Roman army, the Roman theatre, the Roman festivals, etc. (Bruter 1997b, pp. 61–65). Although they were warned against it by the *Ratio studiorum* and the Jesuit visitors (Lukács 1992, p. 518), who wanted them to concentrate on the teaching of Latin and rhetoric, many teachers obviously enjoyed displaying their knowledge of the ancient world in class during the 16th and early 17th centuries, a taste which later faded away, as François de Dainville has shown (Dainville 1978a, p. 197).

Thus the students actually learned a lot about ancient times, at least during the 16th and early 17th centuries. But such information was not called history since it was not conveyed in the form of a narrative that is in chronological order. Teachers called this kind of historical information "*antiquitates*", as their ancient predecessors had, and strived to deliver it along systematical lines, but these were geographical, not chronological lines. On the other hand, what they called "history" was not a mere collection of past events, of *res gestae*. Significantly, when they wanted to mean *res gestae*, they spoke of "histories" in the plural, *historiae*. The singular form "history" meant something different, a definite kind of discourse obeying the well-known rules set by Cicero: first and foremost, this discourse had to be truthful; it also had to follow the order of times and to be speedy enough to allow the reader to perceive the links between the facts. In short, it was a piece of oratory art, which is the reason why the students had to study historical works in order to achieve rhetorical mastery.

But this is also the reason why the very idea of a "history textbook" was unthinkable. *Res gestae* could be known only through the works of great historians who had followed the oratory rules, such as Livy, Polybius, etc., who each had told about a definite set of events, leaving large gaps in between: hence the plural *historiae* (Momigliano 1983). The French language of the time reflected this conception of history in that it never used the expression *étudier l'histoire* (the study of history). The common way of speaking of the time was to say *lire les historiens* (the reading of the historians) (Bruter 1997b, pp. 104–106) since it was considered impossible to rewrite what great historians had once written, even for pedagogical purposes. As for the history of modern times, no great historian had written about it and there was no point in reading minor ones. Thus there could be no history course encompassing the whole past, at least in French colleges. Through letters sent to Rome by the Jesuit teachers of the Aquitaine province, we know that they asked permission to set up a history course (Lukács 1992, p. 400), probably in order to emulate some protestant schools (as did the Jesuit teachers in Germany), but that was denied to them. The Jesuit order remained faithful to the classical curriculum designed by Quintilian. On the whole, French Catholic and even Protestant colleges followed the same educational pattern. As a result, there could be no history textbook.

Still, we know that historical epitomes have been used at least in some colleges, and also in princely education, so we now have to ask why and how.

2 Historical or chronological epitomes?

Jesuit teachers asked for a historical compendium as soon as 1572 but their request was fulfilled only when Father Orazio Torsellini published his epitome in Rome in 1598. The first French edition of this book listed in the catalogue of the French national library (BnF) was published in Lyon in 1620 (Torsellini 1620) and was followed by more than fifteen reeditions throughout the 17th and early 18th centuries, all of them of small size (the format generally being in-12). Most of them were in Latin, but a French translation was published as soon as 1622 (Torsellini 1622). Unfortunately no study of the differences between the various editions has been made yet although there obviously were some, if only because the contents were regularly expanded in order to cover the years preceding the publication. The same can be said of the *Rationarium temporum* by the Jesuit Denys Petau (a famous Jesuit scholar of the 17th century), the first edition of which was published in 1633 (Petau 1633). Probably this last book was less widely used than the one by Torsellini since the number of its editions is smaller (ten editions in Latin from 1633 to 1702 listed in the BnF catalogue). Moreover it was published only in Paris while Torsellini's epitome was printed not only in Paris but also in Lyon, Rouen, Douai and Caen. But we know that this *Rationarium* has been used in the education of Louis XIV's son through a letter by Bossuet written at the time when he was the Dauphin's tutor, in which Bossuet asked a bookseller to provide him with a copy of this book in large print (Bossuet 1909).

But how were these books used? The academic regulations of the time give no insight into this matter, which is easily understandable since history was not a school subject. Such information must be looked for in other quarters, such as printed matter about historical or educational methods, or in students' copybooks. I will start with books about historical methods.

It is a well-known fact that 16th century scholars have been longing for methods. As far as the reading of historians was concerned, two kinds of methods were advocated in France during the second half of the century. One is exemplified by the book of Droit de Gaillard entitled *Méthode qu'on doit tenir en la lecture de l'histoire* (1579), in which historical facts were grouped together under some moral or religious label. Such a book continued a well-known academic tradition since it was similar to the collections of *loci communes* that the students had to write down in a special notebook (Moss 2002). The other method was offered by Bodin (1566). I will not discuss it in detail, stressing only the point which appears relevant regarding historical epitomes. Bodin found it necessary, before starting to read historical works, to have an idea of the general course of events. As a result, he recommended beginning with the study of a chronological table.

Although chronology was considered as one of the two "eyes of history" (the other one being geography), it must be remembered that chronological science was still a very controversial field of knowledge when Bodin wrote his *Methodus ad facilem historiae cognitionem*. The reasons for the chronological fights were at the same time religious, scientific and practical. All of them account for the large attraction chronology had for scholars of the time (cf. Grafton 1993). But things changed in the 17th century, after great scholars like Scaliger and Petau in France and the Netherlands or Usher in England made chronology a more certain science. A chronological introduction to the reading of historians then became the preliminary stage of serious historical education, as we can see through various works on history or on education, namely those by Lucinge (1614), Labbé (1664), La Mothe le Vayer (1670), Lamy (1966/1706), Fleury (1686), Thomassin (1693), Lenglet-Dufresnoy (1713), and Rollin (1841). Similarly, Pierre Bayle, in a letter to his brother about his studies, advised him to begin with "un abrégé de l'histoire universelle" (cf. Dainville 1978b, p. 232). Of course young children were told about sacred history long before learning chronology and some educators thought that "on ne peut [...] commencer trop tôt à donner aux enfants les principes de l'histoire", "you cannot begin teaching the principles of history too early" (Fleury 1686, p. 218). But it was unanimously admitted that the study of chronology was necessary at some point. Even girls were not spared it, since they had to study sacred history (Fénelon 1687). Rollin wanted them to have "une petite table où seront désignés les six âges qui partagent et renferment toute l'Histoire sainte; et chaque âge sera divisé en un petit nombre d'époques qu'il sera facile de retenir en les répétant exactement à mesure qu'on avancera dans l'histoire" (1841, p. 58)[1].

Did the practice fit the theory? Actual chronological teaching during the 17th century is documented by various kinds of evidence. Some of them come from the sphere of princely education. In 1670 La Mothe Le Vayer, who had been tutor of Louis XIV's brother, published the chronology lessons he had taught his pupil and his eldest brother in his *Introduction chronologique à l'histoire de France pour Monsieur*. In the first part of the book he lists the various epochs since the Creation and gives a few explanations about each of them, focusing on French chronology after the end of the Roman Empire (he only mentions the existence of the German and Turkish Empires, Russia seems unknown to him). In the second part, we find the usual succession of French kings, with a brief account of their reigns interspaced with moral judgments. The book lets us know that *Monsieur* had read the chronicles by Commynes before the lessons started but gives no information about the exact place and moment when these lessons were taught or about the pedagogical tools at La Mothe's disposal. Did he use chronological tables? We do not know.

In any case, Louis XIV agreed to subsidize the printing of tables made by the scholar Jean Rou. Such a step was taken after the duke of Montausier, *gouverneur* of his son *le Dauphin*, had the king see the tables printed on white satin and won his approbation. Bossuet too, Louis XIV's son tutor, approved of the tables and even invited Jean Rou to have dinner with him. Unfortunately, Jean Rou was soon discovered to be a protestant and his chronological tables to contain unorthodox information. He was sent to la

Bastille, the copies of his tables were confiscated and their printing plates were broken (Rou 1857). This was 10 years before the tolerance bill given by Henri IV was revoked, but protestants were already faced with suspicion and ill-treatment. Thus the tables were never used. Still, the story shows how much chronological tables were valued in historical education.

Chronology was also taught in the Jesuit college in Paris, the *collège de Clermont*, at least from the middle of the 17th century onwards. One of its members, Father Philippe Labbé, published several works on chronology, among which are booklets offering quick methods to learn it. The oldest booklet extant was printed in 1649 (Labbé 1649), it is in French. The BnF catalogue also mentions another booklet, this time in Latin (Labbé 1651). Actually, several copies of this book are kept under the same shelf mark, one printed in 1651 and another in 1654, the latter being the 6th edition. The frequency of the reeditions, the Latin language of some of the booklets, their small format and consequently their cheap price make them look similar to the printed booklets offering the Latin or Greek texts to be read in class that school students had to buy every year and which historians now call *les feuilles classiques* (Compère et al. 2009). Thus the booklets by Father Labbé are the first instance of a chronological work explicitly designed for school students, a fact confirmed by a "warning to the studious youth" (*ad studiosam juventutem cautio*) inside one of them.

How were these chronological booklets used? The study of the contents makes the scholar puzzled at first. The main part of these contents consists in sixty lines of verse containing a list of names. Besides these sixty lines are numerous lists of patriarchs, kings, emperors, Popes, etc., which expand the list in verse. But the booklets differ from each other in the way in which they organize facts since they do not all divide up the time according to the same criteria. Moreover, some of them offer calendrical information while others do not. Fortunately Father Labbé later published a thicker volume explaining how he intended these booklets to be put to use. He had designed several steps in chronology learning, the little *Methodus nova* being but the first in a process that could be expanded much further. The student had first to memorize the sixty lines of verse, which would provide him with "une chaîne des temps, & et une échelle ingénieuse de tous les siècles du monde, devant & après la naissance du Messie, composée des plus considérables & des plus grands personnages qui ont paru dans le monde depuis sa création; & qui se suivent tellement l'un l'autre qu'il est très aisé de rapporter à leur temps tout ce qui est advenu de plus mémorable depuis ADAM jusques au Roi Très Chrétien Louis XIV et à l'Empereur Ferdinand III qui règnent heureusement de nos jours" (Labbé 1664, p. 7)[2].

In other words, what were important were not so much the names in themselves as the order of their succession. Mastering this order would make the student able to put any event linked to a name at the right place in this succession. Hence students were to memorize the lists of names before starting to read "histories". The more lists they would have in mind, the more detailed their knowledge of chronology would be. Thus, Father Labbé's booklets offered a method convenient for both teachers and students since the effort demanded of the latter was gradual while easy to control by the former. Unfortunately, no evidence telling whether Labbé's method has been used only with boarders in their private chambers (for the *collège Louis-le-Grand* was a boarding school for the nobility as well as a day school for Parisian students) or with all the pupils in the classroom has been found.

Such a way of learning chronology was similar to the one employed in oral cultures. The Bible itself contains lots of lists that must have been used for the same purpose, which made Labbé's method all the more acceptable. Claude Fleury advocates a similar method in his *Traité du choix et de la méthode des études* (1686, p. 228), recommending to choose epitomes resembling the parts of the Bible "où les seuls noms mis de suite rappellent toute l'histoire de la Genèse", in which the mere succession of names reminds of the history of the Genesis. As Fleury has been tutor to several princes, it is highly probable that he taught them chronology in this way.

The same method was used to teach French chronology, not only in private chambers but even in class. The newspaper *Les Mémoires de Trévoux* lets us know that it was usual for teachers to have their students learn the list of the French kings at the beginning of the 18th century. This fact is confirmed by the copybook of a student from the rhetorical form in the Marseille college (1666), in which we can see a list of French kings besides the teachers' explanations about vocabulary, grammar or oratory techniques. It is entitled *Regum Franciae Regnis Series et Chronologia* and lists all the kings from Pharamond to Louis XIV, as the epitomes did. Since the Marseille college staff was Oratorian, this copybook testifies that chronology teaching had expanded outside Paris and Jesuit colleges in the second half of the 17th century. Thus it seems likely that the 17th century books commonly considered as history textbooks were chronological epitomes used concurrently with the more traditional reading of historical works. As Bayle said in one of his letters to his younger brother, "il ne faut jamais étudier l'histoire, qu'on n'ait des tables de chronologie et des cartes de géographie auprès de soi", you must never study history without having chronological tables and geography maps around (Dainville 1978b, p. 232).

3 Chronological epitomes as a step towards history textbooks

Another kind of use of the chronological epitomes started developing as well but at a time difficult to ascertain since the evidence we possess about it is quite dubious. In 1886 the French scholar Augustin Gazier published a *Mémoire sur le règlement des études dans les lettres humaines* whose author was supposed to be the well-known jansenist Antoine Arnauld (Gazier 1886). This *Mémoire* had been included in Arnauld's *Œuvres complètes*, printed in Lausanne from 1775 to 1783, because the teachers in the colleges of the University of Paris who kept it at the time declared that Arnauld had written it. Probably these jansenist teachers wished to ascribe the rules they followed to someone important in their view. Still, this attribution is quite doubtful. In any case, the daily schedule for each form offered by this *Mémoire* prescribes that the students in the sixth form (the lowest one according to the French way of naming forms) should read the book by "Tursellin" (Torsellini) every day, most certainly to study sacred history since the historical works to be read during the following years were Cornelius Nepos or Quintus Curtius in the fifth form, Livy and Sallust in the fourth and so on. This is the first certain instance of a chronological epitome being used as a reading book in class I have met so far. Since the

Mémoire is known to have belonged to Parisian teachers at the beginning of the 18th century, it is safe to assign the reading of Torsellini's book in class at this very time.

Similarly, the reeditions of the *Rationarium temporum* published at the same time seem to indicate that this book was now used as a reading book since they now started directly with the narrative of the Creation, while the first edition had offered copious information about calendars and the way to ascertain dates before telling about Sacred History. Probably such a way of using the *Rationarium temporum* had begun long before, at least in princely education. Louis XIV's son must have read it since Bossuet asked for a copy "in large print". Similarly, Claude Fleury, when he was *sous-précepteur des enfants de France* under Fénelon, had his pupils read his *Histoire ecclésiastique* at some point, or more probably part of it since this book comprised no less than twenty volumes (cf. *Mémoire de ce qui s'est pratiqué dans les études des princes-enfants de France*, Fleury 1698 *in* Wanner 1975, p. 258).

This new kind of historical pedagogy must be associated with the turn in religious education demonstrated by the publication of such books as Claude Fleury's *Catéchisme historique* (1683) and Fénelon's *Éducation des filles* (1687), which both recommended teaching catechism in a historical rather than dogmatical way. Fleury's *Petit catéchisme historique* could be considered a historical as well as religious textbook for young children. It opened the road to other books of the same kind, such as the *Abrégé de l'histoire et de la morale de l'Ancien Testament* by Mésenguy (1727), a much thicker volume, which is also mentioned as a book that students could read in the *Mémoire* attributed to Arnauld (Gazier 1886, p. 12) and in Rollin's treatise on the study of humanities first published in 1726 (1841, p. 56). Thus the impossibility to rewrite what had been written in ancient times was giving way.

The same evolution is visible in the teaching of French history. The first books which we can consider textbooks for young students appeared in 1684–1687 (the *Méthode facile pour apprendre l'histoire de France* was first published in 1684 and the *Introduction sur l'histoire de France et Romaine par demandes et réponses* by Le Ragois, which offers the same contents as far as French history is concerned, was published 3 years later). Both were the first to be explicitly designed for teaching purposes, as is shown by the fact that they offer the questions to be asked by the master and the answers to be given by the pupil.

The last book that I will consider is the *Pratique de la mémoire artificielle pour apprendre et pour retenir aisément la chronologie et l'histoire universelle* published by the Jesuit Buffier (1705). A shorter version appeared later (probably in 1722) under the title *Nouveaux éléments d'histoire et de géographie à l'usage des pensionnaires du collège Louis-le-Grand* (Buffier 1726). This new title accounts for its being often considered the first historical textbook. Actually, the 1705 edition appears as a step in the process which led from the chronological epitome to the historical textbook since it collects all of the different methods used in the teaching of chronology and history: lines of verse, calendric data, narrative by questions and answers, chronological and genealogical tables, artificial words and annals of the most recent reigns. Two facts must be emphasized. First, this book was not used in class. Although its author Buffier belonged to the *collège Louis-le-Grand* (formerly the *collège de Clermont*), he was not a teacher but a *préfet de chambre*, which means he was responsible for the private studies of the boarders (Buffier even hints in the preliminary discourse of his book at its possible use by people outside the college). These private studies often led to public exhibitions (*les exercices publics*) in which the students demonstrated how learned they were. Among such exhibitions were historical demonstrations, which Buffier's book no doubt helped to prepare in the same way as Labbé's booklets had probably done before. The second fact I wish to emphasize is that the preface of the book declares it is meant to help the people in charge of asking questions as much as to have the students learn chronology, reminding us of the fact that there was no specific historical instruction for the young Jesuits who looked after the boarders at the time.

As for the shorter edition (Buffier 1726), it testifies to the existence of a history course for the college boarders in the years 1720 since it offers a syllabus for each form: the sixth was to study sacred history, the fifth French history, the fourth geography and the third ancient history. The book is devoid of much of the chronological and genealogical stuff that filled the larger one but now offers a part about numismatology. Apparently, dates were no more a problem, and the historical facts after Christ were now divided up into centuries. Nevertheless, the book still offers lines of verse to learn in order to remember the succession of names. Chronology was now firmly established as an integral part of history and all of the techniques tried in the late 17th and early 18th centuries would be put to use by the historical epitomes published later.

Endnotes

1   A small table which shows the six eras that contain and divide up Sacred History; and each era will be divided up into a small number of epochs which will be easy to remember by repeating them exactly while progressing in the study of history.
2   A chain of times, & a clever scale of all the centuries of the world, before and after the birth of the Messiah, made of the most prominent people who took place in the world since it was created; who follow one another so narrowly that it is very easy to relate to their time whatever memorable event which happened from ADAM until the King of France Louis the 14th and the Emperor Ferdinand III who successfully reign to-day.

Literatur

Quellen

Abram, N. (1631). *Commentarius in tertium volumen orationum M. T. Ciceronis*. Paris: S. Cramoisy.
Bodin, J. (1566). *Methodus ad facilem historiae cognitionem*. Paris: Martin Le Jeune.
Bossuet, J. B. (1909). *Correspondance, t. I: 1651–1676*. Paris: Hachette.
Buffier, C. (1705–1706). *Pratique de la mémoire artificielle pour apprendre et pour retenir aisément la chronologie et l'histoire universelle*. Paris: D. Jollet (et N. Le Clerc).
Buffier, C. (1726). *Nouveaux élémens d'histoire et de geografie. A l'usage des pensionnaires du colége de Louis le Grand* (2nd ed.). Imprimé à Rouen, à Paris: chez Pierre-François Giffard, rue Saint Jaque, à Sainte Therese.

Copybook of a student in the Oratorian college of Marseille. (1666). Private property of Dominique Julia.
D*** (Gueulette, S.) (1685/1ère éd. 1684). *Méthode facile pour apprendre l'histoire de France.* Paris: M. Jouvenel.
Droit de Gaillard, P. (1579). *Méthode qu'on doit tenir en la lecture de l'histoire, vray miroir et exemplaire de nostre vie.* Paris: P. Cavellat.
Fénelon, F. de Salignac de la Mothe. (1696/1ère éd. 1687). *De l'Éducation des filles.* Paris: P. Auboin.
Fleury, C. (1683). *Catéchisme historique, contenant en abrégé l'histoire sainte et la doctrine chrétienne* (Vol. 2). Paris: Vve G. Clouzier.
Fleury, C. (1686). *Traité du choix et de la méthode des études.* Paris: P. Aubouin, P. Émery et C. Clousier.
Fleury, C. (1698/1975). Memoire de ce qui s'est pratiqué dans les estudes des princes-enfans de France. In R. E. Wanner (Ed.), *Claude Fleury, 1640–1723, as an educational historiographer and thinker* (pp. 257–260). La Haye: M. Nijhoff.
Gazier, A. (1886). *Mémoire sur le règlement des études dans les lettres humaines, par Antoine Arnauld. Nouvelle édition, d'après un manuscrit du XVIIe siècle, et avec les notes du P. Adry.* Paris: A. Colin.
Labbé, P. (1649). *Méthode aisée pour apprendre la chronologie sacrée et profane en LX vers artificiels.* Paris: G. Meturas.
Labbé, P. (1651). *Methodus chronologiae discendae nova... LX versibus technicis comprehensa.* Paris: G. Meturas.
Labbé, P. (1664). *La Grande et petite méthode pour apprendre la chronologie et l'histoire, tant sacrée que prophane,* dernière édition augmentée. Paris: G. Meturas père et fils.
La Mothe Le Vayer, F. de. (1670). *Introduction chronologique à l'histoire de France pour Monsieur.* Paris: T. Jolly.
Lamy, B. (1966/1706). *Entretiens sur les sciences, dans lesquels on apprend comment l'on doit étudier les sciences et s'en servir pour se faire l'esprit juste et le coeur droit.* Édition critique par F. Girbal & P. Clair. Paris: Presses universitaires de France.
Lenglet-Dufresnoy édition, N. (1713). *Méthode pour étudier l'histoire.* Paris: J. Musier.
Le Ragois, C. (1687). *Instruction sur l'histoire de France et romaine, par demandes et par réponses, avec une explication succincte des Métamorphoses d'Ovide, et un recueil de belles sentences tirées de plusieurs bons auteurs.* Paris: A. Pralard.
Lucinge, R. de. (1614). *La manière de lire l'histoire.* Paris: T. Du Bray.
Lukács, L. (1992). *Monumenta paedagogica Societatis Jesu,* t. VI. Romae: Institutum historicum Societatis Iesu.
Mésenguy, F.-P. (1727). *Abrégé de l'histoire et de la morale de l'Ancien Testament, où l'on a conservé, autant qu'il a été possible, les propres paroles de l'Ecriture sainte.* Paris: Jean Desaint.
Petau, D. (1633). *Rationarium temporum, in partes duas, libros decem tributum, in quo aetatum omnium sacra profanaque historia chronologicis probationibus munita summatim traditur.* Paris: S. Cramoisy.
Ratio studiorum. (1997/1599). *Plan raisonné et institution des études dans la Compagnie de Jésus.* Édition bilingue latin-français, présentée par A. Demoustier & D. Julia (Eds.), traduite par L. Albrieux & D. Pralon-Julia, annotée et commentée par M.-M. Compère. Paris: Belin.
Rollin, C. (1841/1ère éd. 1730–1733). *De la Manière d'enseigner et d'étudier les belles-lettres par rapport à l'esprit et au cœur. Oeuvres complètes* t.VII. Paris: A. Desrez.
Rou, J. (1857). *Mémoires inédits et opuscules de Jean Rou (1638–1711),* publiés pour la Société de l'histoire du protestantisme français, d'après le manuscrit conservé aux archives de l'État à La Haye, par F. Waddington. Paris: Agence centrale de la société.

Statuts de l'Université de Paris. (1814/1598). *Recueil de lois et règlements concernant l'instruction publique depuis l'édit de Henri IV, en 1598, jusqu'à ce jour, t. I*, 1ère section. Paris: Brunot-Labbé.
Thomassin, L. (1693). *La Méthode d'étudier et d'enseigner chrétiennement et solidement les historiens profanes par rapport à la religion chrétienne et aux Écritures*. Paris: L. Roulland le fils.
Torsellini, O. (1620). *Epitomae historiarum libri X*. Lyon: J. Cardon et P. Cavellat.
Torsellini, O. (1622). *Histoire générale depuis la création du monde jusques à l'année 1598, faicte par Horace Turselin, ... et augmentée jusques à present, par Jean Tournet*. Paris: R. Chaudière.

Sekundärliteratur

Bruter, A. (1997a). Entre rhétorique et politique: l'histoire dans les collèges jésuites au XVIIe siècle. *Histoire de l'éducation, 74*, 59–88.
Bruter, A. (1997b). *L'histoire enseignée au Grand Siècle. Naissance d'une pédagogie*. Paris: Belin.
Choppin, A. (1992). *Les manuels scolaires: histoire et actualité*. Paris: Hachette.
Compère, M.-M., Couzinet, M.-D., & Pédeflous, O. (2009). Éléments pour l'histoire d'un genre éditorial. La feuille classique en France aux XVIe et XVIIe siècles. *Histoire de l'éducation, 124*, 27–49.
Dainville, F. de (1978a/1968). L'évolution de l'enseignement de la rhétorique au XVIIe siècle. In F. de Dainville (Ed.), *L'éducation des jésuites* (XVIe-XVIIIe siècles, pp. 185–208). Paris: Éditions de Minuit.
Dainville, F. de (1978b/1951). Le *Ratio discendi et docendi* de Jouvancy. In F. de Dainville (Ed.), *L'éducation des jésuites* (XVIe-XVIIIe siècles, pp. 209–266). Paris: Éditions de Minuit.
Grafton, A. (1993). *Joseph Scaliger. A study in the history of classical scholarship, t. II: Historical chronology*. Oxord: Clarendon Press.
Momigliano, A. (1983). L'histoire ancienne et l'Antiquaire. In A. Momigliano (Ed.), *Problèmes d'historiographie ancienne et moderne* (pp. 244–293). Paris: Gallimard.
Moss, A. (2002). *Les recueils de lieux communs. Apprendre à penser à la Renaissance*. Genève: Droz.
Wanner R. E. (1975). *Claude Fleury, 1640–1723, as an educational historiographer and thinker*. La Haye: M. Nijhoff.

Pädagogik
Aktuelle Neuerscheinungen

Johannes Bilstein, Helga Peskoller (Hrsg.)

Erfahrung – Erfahrungen

Immerhin definieren wichtige Traditionslinien in der Geschichte der Pädagogik alles erzieherische Handeln geradezu über die Manipulation von Erfahrungen. Der Band setzt sich sowohl mit den eher generellen Bedingungen von Erfahrung auseinander als auch mit den jeweils unvergleichlichen, spezifischen Erfahrungen, die menschliches Leben bestimmen.

2013. I, 336 S. mit 16 Abb. u. 1 Tab. Br. ca. € (D) 29,95
ISBN 978-3-658-00019-6

Änderungen vorbehalten. Erhältlich im Buchhandel oder beim Verlag.

Doro-Thea Chwalek, Miguel Diaz, Susann Fegter, Ulrike Graff (Hrsg.)

Jungen – Pädagogik
Praxis und Theorie von Genderpädagogik

Jungen werden in der medialen Berichterstattung und öffentlichen Debatte dargestellt als gesellschaftliche Verlierer und Benachteiligte gegenüber den Mädchen. In diesem Band werden solche Verkürzungen aufgegriffen und es wird gefragt, was gute pädagogische Arbeit mit Jungen ausmacht und was von den Krisenszenarien zu halten ist, die gegenwärtig den Diskurs um die Situation von Jungen bestimmen.

2013. X, 171 S. mit 3 Abb. Br. € (D) 29,95
ISBN 978-3-531-18416-6

Jutta Ecarius, Marcel Eulenbach (Hrsg.)

Jugend und Differenz
Aktuelle Debatten der Jugendforschung

Im Zentrum dieses Bandes stehen Verortungen und Positionsbestimmungen zu den Teilbereichen 'Peers, Schule und Ungleichheit', 'Religion, Migration und Gewalt' und 'Jugend und Geschlecht'. Aufgegriffen und dargestellt werden unterschiedliche Perspektiven und Theorieansätze, die in der Summe einen exklusiven Einblick in den Forschungsstand geben.

2012. VI, 301 S. mit 2 Abb. u. 6 Tab. Br. € (D) 39,95
ISBN 978-3-531-16858-6

Einfach bestellen:
SpringerDE-service@springer.com
tel +49 (0)6221 / 3 45 – 4301
springer-vs.de

Pädagogik
Aktuelle Neuerscheinungen

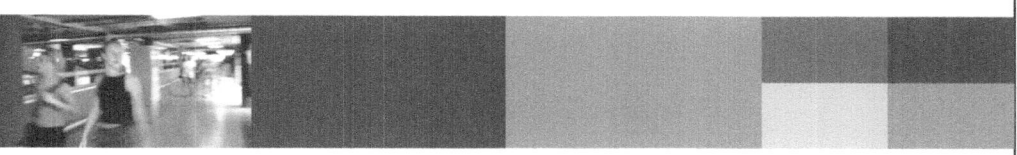

Carola Kuhlmann

Erziehung und Bildung

Einführung in die Geschichte und Aktualität pädagogischer Theorien

Das Lehrbuch gibt einen Überblick über die wichtigsten allgemein- und sozialpädagogischen Konzepte der europäischen Geschichte - von Platon bis Lyotard. Im Zentrum der komprimierten und verständlichen Darstellung von Erziehungs- und Bildungstheorien stehen nicht allein 'Klassiker' oder bis heute beeindruckende Pädagoginnen und Pädagogen, sondern auch weniger vorbildliche Begründer pädagogischer Ideen.

2013. I, 256 S.
Br. € (D) 24,99
ISBN 978-3-531-19386-1

Martin Rothland (Hrsg.)

Belastung und Beanspruchung im Lehrerberuf

Modelle, Befunde, Interventionen

In diesem Studienbuch wird ein verständlicher und orientierender Überblick zu den Grundlagen und der aktuellen Forschungsdiskussion gegeben. Vor allem für Studierende - aber auch Lehrerinnen und Lehrer und psychotherapeutische Mediziner - werden die aktuellen Modelle und Befunde der Lehrerbelastungsforschung komprimiert und einführend erläutert.

2., überarb. Aufl. 2013. VI, 286 S. mit 48 Abb. u. 17 Tab.
Br. € (D) 24,95
ISBN 978-3-531-18246-9

Matthias Rürup, Inka Bormann (Hrsg.)

Innovationen im Bildungswesen

Analytische Zugänge und empirische Befunde

Das Ziel des Bandes ist ein Versuch, die Educational Governance-Perspektive systematisch mit der sich in der Erziehungswissenschaft nunmehr etablierenden Innovationsforschung zu verknüpfen. Der Band möchte die Produktivität möglicher Verknüpfungen von Educational Governance und sozialwissenschaftlicher Innovationsforschung eruieren.

2013. VII, 345 S. mit 12 Abb. u. 16 Tab. Br. € (D) 39,95
ISBN 978-3-531-19700-5

Änderungen vorbehalten. Erhältlich im Buchhandel oder beim Verlag.

Einfach bestellen:
SpringerDE-service@springer.com
tel +49(0)6221 / 345 – 4301
springer-vs.de

The manufacturer's authorised representative in the EU is Springer Nature Customer Service Centre GmbH, Europaplatz 3, 69115 Heidelberg, Germany. If you have any concerns regarding our products, please contact ProductSafety@springernature.com

Printed and bound by CPI Group (UK) Ltd, Croydon, CR0 4YY

23/03/2026

02076736-0017